当代人力资源管理系列教材

现代人事管理学

潘文庆　主编

科 学 出 版 社
北　京

内 容 简 介

本书依据《中华人民共和国公务员法》，结合我国改革开放实践中人事制度改革的新鲜经验，阐发了当前人事管理的基本理论，解读了人事管理的主要规则和运作机制。全书内容涉及国家公务员的管理、国有企业和事业单位的人事管理、专业技术人员和专业技术职称职务的管理、人事部门自身建设等各个方面，内容全面、分析系统、观点新颖、操作性强，实现了理论性与实操性的有机结合。

本书既可作为高等院校经济管理类教材，也可作为相关培训用书，又可作为组织人事工作者的实操手册。

图书在版编目(CIP)数据

现代人事管理学/潘文庆主编. —北京：科学出版社，2014
当代人力资源管理系列教材
ISBN 978-7-03-041422-9
Ⅰ.①现… Ⅱ.①潘… Ⅲ.①人事管理学-教材 Ⅳ.①D035.2
中国版本图书馆 CIP 数据核字（2014）第 165838 号

责任编辑：王京苏 / 责任校对：蒋 萍
责任印制：赵 博 / 封面设计：蓝正设计

科学出版社出版
北京东黄城根北街 16 号
邮政编码：100717
http://www.sciencep.com
天津市新科印刷有限公司印刷
科学出版社发行 各地新华书店经销
*
2015 年 4 月第 一 版 开本：787×1092 1/16
2025 年 6 月第十八次印刷 印张：19 1/4
字数：457 000
定价：38.00 元
（如有印装质量问题，我社负责调换）

Series Preface 丛书序

人力资源管理是企业管理的重要职能。与财务管理等其他职能管理相比，人力资源管理的效果会更多地受到雇员主观能动性的影响，因而具有更大的不确定性。这需要人力资源管理者充分理解雇员个性的多样性，根据雇员不同的需求特点，设立具有针对性的激励制度和约束机制，最大程度地激发雇员的工作热情和工作潜能，以实现雇员利益目标和组织绩效目标的一致。人力资源管理者决不仅仅是企业绩效的追求者，同时也一定是雇员利益的守护者。

与土地、资本、技术等企业生产要素相比，知识的重要性越来越突出，知识管理已成为人力资源管理的重要内容。设计知识创新机制、实现企业知识编码、构建知识共享平台是人力资源管理者面临的重要任务。这需要将人力资源管理的重点从绩效管理拓展到创新管理、从雇员的工作技能管理拓展到雇员的学习能力培养。人力资源管理者不仅是监督者，同时也应该是教育者。

与作业管理等需要严格的时间控制和空间界限的管理活动相比，人力资源管理具有长期性和渗透性。价值观、行为模式、道德规范等企业文化要素对人力资源管理制度的设计和人力资源管理活动的效果发挥着关键的作用。企业文化的设计与修炼、传承与发展是人力资源管理者的重要责任。只有升华雇员的社会责任、提高企业的信用资本，人力资源管理才能达到维持企业持续经营的长远目的，才能实现企业提高社会福利的使命和愿景。

人力资源管理是华南师范大学经济与管理学院重要的教学和科研领域。长期以来，一批年富力强的中青年教师在该领域辛勤耕耘，取得了可喜的成效。在科学出版社的精心组织下，学院组织力量撰写了这套丛书，试图反映人力资源管理的主要内容以及人力资源管理的新趋势，并就教于同行专家和社会各界人士。

彭璧玉

二〇一五年一月十九日于广州

Foreword 前言

管理是人类社会存在的一种方式，有了人就出现了管理的问题。随着经济的快速发展与信息时代的来临，世界形势发生了极为深刻的变化，管理出现了全新的格局，以人为本的管理原则也已经成为公认的准则。面对信息化、经济全球化等新形势的出现，国际竞争日趋激烈，国际竞争其实就是国家创新能力的竞争，归根到底是人才的竞争。相应地，人事管理在管理中越来越突显出它的重要性，只有加强人事管理工作的创新才能提升国家的创新能力，形成人才脱颖而出的制度机制，只有普及人事管理的教育才能全面提高劳动者素质，才能满足我国在国际人才和劳动力市场竞争能力的需要。因此，进一步加强现代人事管理知识与技能的教育意义重大。

近年来，人们对人事管理工作越来越重视，我国在人事管理领域的理论创新与实践应用方面成绩斐然，在人事管理教育和培训方面发展迅猛，关于人事管理的教材和论著也层出不穷。但我们注意到，目前不少关于人事管理的教材都侧重于对公务员的人事管理，一些相关教材存在着重理论轻实践、知识体系不全、应用性不强等问题，仍然需要编写一本理论与实践相结合、内容更全、适用面更广、实用性更强、具有中国特色与专业特点的教材。

本教材以我国改革开放实践中人事制度改革的政策措施和最新研究成果为基础，把现代人事管理的基本概念和相关理论作为切入点，在注重理论体系完整性的同时，更注重理论与实践相结合，融知识性、实用性和指导性于一体。在理论体系方面，本书共分为十章，结合实际问题，介绍和探讨了人事管理的基本理论、发展历史、人事分类、职称与职务管理、人事规划、录用与培训、变动与流动、绩效与薪酬、监察等各个方面，基本上涵盖了现代人事管理学的内容，同时也展望了国内外相关理论发展的新趋势，附录了一些政策性文件；在实际应用方面，本书介绍国内外人事管理实践中的最新动态和方法，通过案例分析介绍本领域的热点、难点问题，以及解决问题的思路与方法；此外本书还另外附有同步练习集。本书结构设计严谨合理，内容全面，分析系统，观点新颖，操作性强，达到理论性与实操性的有机结合，体现了人事管理的科学性、系统性和实用性的特点。本书既可作为干部培训和高等院校教育的教科书，又可作为政府、企事业单位等组织人事工作者的实操手册。

本书是集体劳动的成果，由潘文庆任主编，参与写作的有潘文庆、叶文清、路晓娟、崔惠斌、李溢航、吴梦迪、杨丽、何颖欣，张晓娜、康容参与校稿。

本书在编写过程中引用了大量的中外文献，在网上收集了一些相关的资料和案例，并得到了科学出版社编辑的热情帮助，在此一并向所有被引用文献的作者以及给予我们帮助的出版社编辑表示诚挚的谢意。同时，尽管我们努力确保本书能够全面地反映现代人事管理领域的基本研究内容，但由于我们水平有限，时间紧迫，书中难免存在疏漏与不足之处，恳请广大读者在使用中不吝赐教，将您的宝贵意见及时反馈给我们，以利于本书的不断充实和完善。

编　者

2015年1月

Contents

目录

CHAPTER 1

第一章 绪　论

[内容提要]

人事管理学是一门研究人事管理活动规律的社会科学，综合性、应用性较强，它的最终目的是使人与事相协调，最大限度地发挥人的潜能，提高工作效率，适应社会经济的发展需要。

本章较全面地介绍了人事管理的有关理论，包括人事管理学的研究对象、特点、内容和基本观点，人事管理的性质、地位和作用以及人事管理学与其他相关学科的关系。

[学习要点]

1. 掌握人事管理的含义；
2. 掌握人事管理学的研究对象、特点、内容和基本观点；
3. 了解人事管理学的目标和原则；
4. 掌握人事管理学的功能、特性和作用；
5. 理解人事管理学与社会学、行政管理学的关系。

第一节　人事管理学是一门科学

人事管理学是一门科学，因为它有特殊的研究对象、研究内容和研究方法，所以在社会科学领域和社会发展中有其特殊的地位和作用。学习和研究人事管理学，以正确的理论来指导人事管理工作的实践，对提高人事管理工作水平，提高工作效率，推动人事工作的开展，加强我国现代化建设，具有极其重要的意义。

一、人事管理学概述

（一）人事的含义

“人事”一词，在我国古已有之。古人所说的“人事”，主要是指下面几种情况。

（1）指人情事理或人世间的事情。例如，《史记·太史公自序》中说：“夫《春秋》，上明三五之道，下辨人事之纪。”杜甫《小至》诗中说：“天时人事日相催，冬至阳生春又来。”

（2）指人为之事或人力。例如，《孟子·告子上》中说：“今夫麰麦……虽有不同，则地有肥饶、雨露之养、人事之不齐。”《六韬·农器》中说：“战攻守御之具，尽在人事。”

（3）指交际应酬或送人的礼物。例如，《后汉书·黄琬传》中说：“时权富子弟，多以人事得举。”白居易在《论于頔裴均状》中也说：“窃见外使人秦，不问贤愚，皆欲仰希圣恩，傍结权贵，上须进奉，下须人事。”

（4）指男女之事。例如，《红楼梦》第六回：〖袭人〗“近来也渐通人事。”

（5）官员的任免升降等事宜。今亦指对人员的管理使用和考核奖惩等项工作。清纪昀《阅微草堂笔记·滦阳消夏录二》：“以人事譬之，同一迁官，尚书迁一级则宰相，典史迁一级不过主簿耳。”郭沫若 《洪波曲》第九章：“这首先表现在政治部内上层人事的波动上。”

（6）中医学术语。指人体之气的变化规律。例如，《素问·著至教论》云：“而道上知天文，下知地理，中知人事，可以长久。”

由此可见，在人类社会生活中，许多与人有关的事情，都可以称为“人事”。从管理学的角度看，“人事”是指社会劳动过程中人与人、人与事、人与组织之间的相互关系。

在社会生产和生活过程中，人与人之间、人与事之间必然发生相关联系，并形成一定的关系。所谓“人事”，并非分别指人和事两个方面，而是指人和事的关系，即以人治事。人需要做事，事需要人去做，人不能离开事，事也不能离开人，所谓用人，就是用人于事。离开了事，就无所谓用人，离开了人，也就无所谓做事。当然，这里所说的人，是指各职业岗位上的人，这里所说的事，是指社会上的各种职业岗位。因此，作为人事管理学所研究的“人事”，应该从社会生产、社会关系和社会管理角度上来理解。由于研究的角度不同，可分为广义和狭义的“人事”。广义的“人事”是指在社会生产和生活过程中，人与人、人与事、人与组织之间的相互关系。而狭义的“人事”是指用人以治事，力求人与事的协调。人人有事，事事有人，要做到人尽其才，事竟其功，这就需要进行人事管理。

（二）管理的含义

管理是指通过计划、组织、指挥、协调、控制及创新等手段，结合人力、物力、财力、信息等资源，高效达成组织目标的过程。

构成管理的基本要素是：管理者、管理对象和管理手段。

（1）管理者。管理活动的主体，指具有一定管理能力，并从事管理活动的人。

（2）管理对象。它主要包括人力资源、物力资源、财力资源、时空资源和信息资源五个方面，其中人力资源是管理最重要的对象。

（3）管理手段。它是传递管理者和管理对象相互作用的媒介系统，主要指管理的规章制度、物质技术、科学理论、原则、经验以及方法等。

（三）人事管理的含义

所谓人事管理，是指以从事社会劳动的人与相关的事之间的相互关系为对象，通过组织、协调、控制、监督等手段，谋求人与事以及共事人之间的相互适应，实现充分发挥人的潜能，从而实现高效完成事情这一目标所进行的管理活动。

理解这一概念应把握三个要点。

（1）人事管理并不直接管理社会劳动过程，也不是简单地对人或事进行管理，而是对社会劳动过程中人与事之间的相互关系进行管理。人事管理的职能是谋求社会劳动过程中人与事相互适应，做到事得其人，人尽其才。离开了人与事的关系，把人与事各自孤立起来，就混淆了人事管理同其他管理的本质区别。专门管理人的活动可分为政治思想管理、行政管理、法纪管理、保健管理等，专门管理事的活动又可分为计划管理、生产管理、财务管理、价格管理、金融管理等，但它们并不能称之为人事管理。可见，人事管理的对象是人与事的关系。

（2）人事管理是通过组织、协调、控制、监督等手段进行的。组织是指在“知人”和“识事”的基础上，根据因事择人的原则，使人与事结合起来。协调是指根据人与事各自的发展变化，及时调整它们之间的关系，保持人事相宜的良好状态。控制是指采用行政的、组织的、思想的等办法，来防止人与事关系的对抗。监督是指对组织、协调、控制人事关系活动过程的监察。监督必须做到人事管理过程公开化、透明化、法制化。

（3）人事管理并不是让人消极地、被动地适应事的需要。因为每个人的能力特点和水平存在差异，必须把人安置在合适的工作岗位（事）上，才可以使其才华得到充分施展。因此，根据每个人才华的施展程度和能力的提高程度，及时、能动地调整其工作岗位，创造学习进步的条件，是人事管理的基本职能。可见，人事管理并不是消极的、静态的管理，而是积极的、动态的管理。

（四）人事管理学的含义

人事管理学是以人事管理活动为研究对象，正确反映人事管理活动的客观规律的科学。

人事管理学通过对人事管理活动的研究，揭示人事管理的内在联系和客观规律，并以其系统的原理制度和科学的方法体系来指导人事管理的实践，同时接受实践的检验，坚持在实践中不断发展和完善，为人事管理服务，使人事管理逐步实现科学化、现代化、法制化，不断提高人事管理的水平。具体来说，人事管理学主要是研究人事管理的产生和发展，人事管理的对象、性质、特点和作用，人事管理的基本原则、方针、政策和人事法规，以及现代科学管理理论和方法在人事管理诸环节中的运用等。

二、人事管理学的研究对象

人事管理学的研究对象主要包括两方面：一是社会组织中的人、事以及人事之间的关系及其发展变化规律；二是古今中外人事制度，其重点是研究人与事恰当结合的规律及其在人事管理实践中的应用。

（一）研究人、事以及人和事的结合

1. 研究事

（1）它是研究社会各级各类组织的职能以及组织内不同工作职能的性质、任务、特点和研究任职者的资格、条件、要求等。

（2）它是研究各级各类组织中人事管理各个环节的特点和相互联系，并从中探索人事管理工作的规律。

（3）它是研究各级各类组织中的事同社会环境、经济生活之间相互影响和作用的规律。

2. 研究人

（1）它是从人的个体出发，研究人的思想、行为、知识和才能在一定社会环境影响下的产生、发展和变化过程，并在全面考察了解的基础上，根据人的能力和特长来分配不同工作，做到知人善用。

（2）它是从人的群体出发，研究人的群体结构与功能之间的关系，即人在群体中的分工协作关系、纵向和横向的信息沟通关系，以及各种人才的适当比例和智力、能力互补等关系，以求得群体功能的最佳发挥。

3. 研究人与事的结合

人事管理就是用人以治事。围绕这个问题，研究职位的特点与人的行为特点，使人的行为规范与职位工作要求相统一。这种统一就是要求事在人先，以事求人；事得其人，以人治事，达到共同发展的目的。

（二）研究古今中外人事制度

研究古今中外人事制度，就是对中国古代和外国的人事管理制度、管理体制、管理原则和管理方法进行分析比较，加以有选择地继承和吸收，取其精华，去其糟粕，古为今用，洋为中用，为建立一套具有中国特色的适合市场经济变化的人事管理制度提供历史的和现实的客观依据。

三、人事管理学的特点

每一门学科都有特殊的研究对象，从而决定了它与其他学科存在不同的特点。人事管理学的特点，来自人事管理学特殊的研究对象。人事管理学的特点主要有以下三方面。

（一）人事管理学是一门实用性较强的科学

随着科学技术的突飞猛进，生产社会化程度不断提高，社会生活日趋多样化和复杂化。社会的稳定和发展，不仅需要直接从事生产、科技文化活动的员工，而且需要管理者管理社会各方面的事务，以保证社会这部大机器的协调发展。社会的正常运转正是靠各种各样的管

理活动来维持和发展。因此，挑选各级各类管理人员，把他们安排在合适的管理岗位上，并采取一系列的管理手段，促使他们尽职尽责地进行管理活动，这对于社会的稳定和发展至关重要。可见，人事管理是直接为经济、政治、文化建设服务的。而人事管理学正是阐明人事管理活动如何更好地为国家的经济、政治、文化建设服务的学科，体现出实用性的特点。

（二）人事管理学是一门交叉性较强的科学

人事管理学是研究人事关系产生、发展、变化规律的科学，其目的是谋求人与事的科学结合和共事人之间的密切配合，从而充分发挥每一位员工的积极性和创造性，提高办事效率。人事管理的对象和任务，决定了它必须研究有关的事，以便“因事择人”，必须研究有关的人，以便“因人施用”，还必须研究人与事、共事人之间关系发展变化的规律，以便探索调整相互关系的原则和方法，还必须研究影响人们行为的主客观因素，以便探索强化人们行为的各种途径和方法等。人事管理学要完成本学科的任务，必然涉及哲学、社会学、经济学、政治学、管理学、行政学、法学、心理学、领导学等学科，利用这些学科的理论成果来解答人事管理面临的问题，充实人事管理学的内容。因此，不能把人事管理学与其他学科割裂或者对立。

（三）人事管理学是一门政治性较强的科学

马克思在论述管理的二重性时指出：一方面，管理体现了社会劳动过程中必然产生的组织、指挥、协调、监督等功能，反映社会协作劳动过程本身的自然要求，是一系列科学方法的总结。另一方面，管理又是一定生产关系的体现，是生产资料占有者维护和实现其利益的过程。因此，管理又具有同生产关系、社会制度相联系的社会属性，即政治属性或阶级属性。人事管理制度作为国家政治体制的重要组成部分，它从组织上保证政治体制的运转，并为经济体制、科技体制、教育体制、文化体制等提供组织保障。

在不同社会制度下，人事管理的社会属性是不同的。资本主义社会的人事管理制度是为适应资本主义私有制而建立起来的，是为维护资本主义制度，维护资产阶级利益服务的。因此，资本主义的人事管理制度除了反映社会协作劳动过程人与事、人与人之间的自然关系以外，同时也反映了资产阶级与雇佣劳动者之间剥削与被剥削、压迫与被压迫的社会关系。社会主义的人事管理制度则是为适应社会主义公有制而建立起来，是维护社会主义制度，实现劳动人民当家做权利的管理制度。社会主义的人事管理制度除了反映社会协作劳动过程的自然关系外，同时还反映了劳动者之间同志式互助合作的社会主义关系。人事管理的二重性，决定了人事管理学是一门具有较强政治性的科学。

四、人事管理学的内容

人事管理学包括一系列正确处理人们社会关系中的人事关系以及相关专业知识的科学知识体系，是管理科学的组成部分之一。具体说来，人事管理学应包括以下主要内容。

（一）人事管理理论

人事管理应有其专门的指导思想和理论框架，应探索社会关系中人事关系的实质并做出科学的研究分析，形成学科性的理论成果。例如，人事管理的产生和发展，人事管理的对象，人事管理的性质、特点和作用，人事管理的基本原则、方针、政策和人事法规等。

（二）人事管理体制

人事管理不但要求有一套科学的人事管理理论，而且要求对人事管理的层次、职权、范围等进行全面的整体的分析，即人事管理体制。人事管理应该对各级行政管理部门和业务部门在人事管理上的分权与集权，提名、任免与审批，职位、职责和职权等体制问题做出理论上的剖析。

（三）人事管理业务知识

在一定的历史背景条件下，经过人们不断摸索和总结经验，人事管理形成了规范的具体的业务知识。做好人事管理工作的基础就是设计一套包括各方面具体业务要求的完备的人事管理制度。人事管理业务主要包括：招聘、录用、考核、奖惩、工资、福利、职称、退休、编制、档案、培训等内容。

（四）人事管理现代化

随着社会的发展和变革，人事管理和其他管理工作一样，也出现如何实现现代化的问题。例如，人才需要量的预测，人才职业与等级结构的合理安排，人才规划的编制和统计方法，智力资源的充分利用，人力资本或智力开发的投入与产出等。

（五）人事管理的比较研究

一个国家人事管理的性质是和这个国家的国体、政体和国情密切相关的。因此，不能生搬硬套他国的人事管理办法，也不能把历史上的老一套办法原封不动地采用。但是，进行人事管理的比较研究依然十分重要，因为通过比较能够分析不同方法的利弊。从世界各国人事制度改革的趋势看，目前普遍重视业务专家的作用，强调管理的专业化，人事制度正向民主化、科学化、法制化方向发展。英、美、法、日、德等国都否定君主恩赐制和各种党派分赃制，改为通过业绩考核来选拔、培养和晋升人才。因此，我们应该将其他国家在人事管理上的有益做法进行深入分析，以作为改革我国人事管理制度的参考和借鉴。

五、人事管理学的基本观点

人事管理学必须坚持人事管理的基本观点，适应历史新时期人事体制改革的需要，运用科学方法，探索人事管理的规律，以迎接知识经济时代的挑战。具体地说，人事管理学中需要强调以下几个基本观点。

（一）必须以人为核心进行管理

现代化人事管理要求必须以人为核心进行管理，因为人是在生产力诸要素中起决定作用的因素。人类得以生存和发展，离不开吃、穿、住、用的消费资料，不管他在开始生产以前还是在生产期间都是一样的。而人们所需要的各种消费资料，只能通过劳动生产出来。生产和消费的矛盾形成经济发展的动力。人的需要是驱使人从事劳动的最终动因。人在劳动过程中不仅使自然物发生形式的变化，而且在自然物的变化中实现自己的目的。

人们劳动的目的是为了满足需要，而这种需要不仅是物质的需要、生理的需要，而且还包括精神的需要、心理的需要。研究表明，满足物质的、生理的需要，实际上只能消除人们心中的“不快”，而不能给予他积极的“满足”，因而也不能提高劳动者内在的荣誉感和绩效水平。那些以为只要利用金钱、物质的激励就可增加人们积极性的观点，显然不完全符合实际。

组织活力的源泉，在于脑力劳动者和体力劳动者的智慧、积极性和创造力。当员工的主人翁地位在组织的各项制度中得到切实的保障，他们的劳动又与自身的物质利益紧密联系时，员工的智慧、积极性和创造力就能充分地发挥出来。要保证员工在组织中的主人翁地位，关键是高度重视人的价值。只有充分发挥自己才能的劳动，才能激发员工的价值感。这是人的内蕴的顽强倾向，是人的不可扼制本性。如果他的劳动不能发挥自己的才能和特长，就会压抑人的本性，造成巨大的痛苦。这种精神需要并不能被物质需要替代。因此在管理过程中，人事管理者一定要给予充分的注意。

（二）必须充分调动人的积极性

要调动员工的积极性，就是要尊重人、了解人、关心人、重用人，以便使人能在最佳的精神状态下去能动地表现自己。具体地说，组织可采取以下措施调动员工的积极性。

第一，施加适当压力。组织给不同能力的员工施加适当的工作压力，员工会感受到组织的信任和器重，从而激发工作的积极性，充分发挥智慧才能完成任务，不仅达到人尽其才的目的，同时也是考察人、培养人的机会。

第二，引导教育员工。组织应积极鼓励工作效率高的员工，发挥榜样的示范教育作用。同时也要鼓励因非主观原因造成失职的员工，振奋其精神，使其感受到组织的关怀。对于主观原因导致工作失误的员工，批评方式要因人而异，注意适可而止，避免损伤自尊心，侧重引导其吸取教训、总结经验。

第三，广纳合理建议。提倡员工培养创造性思维并积极发表意见，为员工发表意见创造条件，提供渠道，适当辅以奖励，从而激发员工的主人翁责任感，真正参与到组织的生产管理中。同时要注意，对建议未被采纳者，必须通过恰当的方式及时给予回复并表示感谢，为员工发表意见营造开放包容的氛围。

第四，关心员工生活。组织除了关心员工的工作情况外，还必须关心员工的生活情况，如婚姻、健康等，切实解决员工生活中的迫切问题，使其充分感受到组织的关怀和重视。组织中的人事管理者应通过各种方式深入员工基层，增进感情的交流。

第五，信任尊重员工。组织必须掌握员工能力、抱负、感情与个性的差异，有针对性地进行沟通交流。决策指挥不当而造成员工工作失误的，要主动承担责任，特别要敢于承担员工在创造性工作中产生差错的责任，使其感受到组织对其工作的信任和支持。对于敢做敢言的员工要给予充分的尊重和信任，保护其积极性，同时也可获得职工的尊重和信任。

第六，营造良好氛围。组织气氛是指企业经营者的领导方式、管理方法以及员工彼此相处的情况等所综合而成的企业环境。良好的组织气氛对职工的行为动机有举足轻重的影响。组织可通过民主的管理方式、科学的管理方法、规范的管理制度引导树立良好的组织氛围，及时正确处理领导与员工、员工之间的摩擦，帮助他们排除因纠纷带来的烦恼与苦闷。氛围良好的组织，员工更加愿意充分发挥其智能，坚定其向心力，其系统效应就可能是“1+1>2”；组织气候不良的社会组织，成员相互之间内耗丛生，互相摩擦，就会出现离心力，互相抵消力量，其系统效应就可能是“1–1=0”，甚至等于负值。

人事管理不仅是一门科学，也是一门艺术。人事管理的中心是“人心”，而人心难以捉摸，所以如何激发人心，鼓舞人心，调动人的积极性，体现出人事管理的艺术水平。因此，在人事管理中，掌握一些心理规律是十分必要的。例如，一般人都希望别人因肯定他的能力而给予工作，而不是出于同情怜悯；一般人都希望跟着值得尊敬和信赖的领导做事，得到明确而合理的工作指示，希望工作成果得到肯定而实现价值；一般人都希望身心健康地工作，所以重视带薪休假、健康检查、医疗服务、安全措施等福利措施；一般人都寻求安全感，所以退休金计划、保险计划、储蓄计划、工作稳定等措施均有助于提高士气，从而提高生产效率。以上情况说明规范的制度措施只是从客观上保障人事工作的顺利开展，同时还需根据人性的特点有艺术性地开展工作，调动员工的积极性。

（三）必须适应社会生产力发展的要求

社会生产的迅猛发展，必将对人事管理产生重大影响。

第一，社会生产力的提高和新技术革命对劳动力的需求产生正反两个方面的影响。一方面，由于先进技术的采用，生产效率成倍提高，对劳动力数量的需求减少；另一方面，科技业务的开拓，创造出更多新的就业岗位。

第二，社会生产力的提高和新技术革命对劳动力的质量提出了更高的要求。信息时代改变了职业特征，企业更多依赖知识和信息进行创造性的劳动，脑力劳动者在劳动者队伍中的比例将会明显增大，员工本身的素质亟须提高。此外，新技术革命对劳动就业结构产生影响。微电子、激光、光导纤维、新材料、新能源、海洋工程、空间工业、生物工程和机器人等技术密集、知识密集型的“朝阳产业”蒸蒸日上，劳动密集型产业逐步走向衰退没落。产业结构的变动引起了劳动结构的变动，相当一部分传统工业部门的员工将面临转入新兴技术部门就业的问题，这就要求员工重新接受教育和训练。

第三，社会生产力的开发将对劳动就业的方式产生影响。由于工厂自动化、办公室自动化和家庭自动化，劳动就业的方式呈现分散性、流动性和灵活性的特点。新的生产体系促进劳动单位小型化，使生产的分散和非都市化成为可能，而且使千百万工作岗位重新回到家庭，工作地点不再局限于办公室。实际上，目前有一些工作已经可以在家里完成，如经纪人、贸易代表人员、建筑师、设计师、工业部门的顾问、律师等。在劳动时间管理上，也可采用弹性工作时间，部分时间在家工作而另一部分时间在办公室工作等。总之，人事管理必须适应社会生产力发展要求。

（四）必须适应社会主义市场经济发展的环境

在社会主义的市场经济条件下，每一个组织都是责、权、利结合的统一体，为了自身的发展，有必要也有可能按自己的意愿实现各种生产要素的结合，对以知识和人才表现出来的人的要素自主地进行调配和使用，而不再像产品经济运行那样，只按生产资料的当然所有者——国家的指令来配备人事。

市场经济机制的一个显著特点，就是利用每一个经济单元对自身利益追求的内在动力，以及各种经济杠杆的力量，使社会的各部分生产要素在客观经济规律的支配下，流向最能发挥其效益的地区和部门，实现各要素最合理的配置，从而实现各经济单元自身利益，实现社会的整体利益。

为此，要打破建立在产品经济机制基础上的自上而下、以统包统分的人事安排为表现形式的、对知识和人才等生产要素实行指令性分配的旧的人事管理制度，建立起全国统一的、为社会共有的知识和劳务市场，使作为生产要素的人和其他生产要素一样，能排除种种不合理的人为干扰，按照各种经济规律的客观要求，形成与其他生产要素的最佳配合。

人事管理的一个重要内容是人事配备，这实质上是知识和人才资源的分配。既然我们肯定社会主义经济是市场经济，那么，就不能脱离市场经济运行的种种客观规律来看待作为生产要素之一的知识和劳动力。这就要求人事制度有一个根本的变化，改变原有产品经济的僵化模式，代之以适应市场经济发展的新的人事管理模式。其中，国家统管的人事管理范围将进行调整。除仍需由国家机关直接承担责任的组织外，一般应由职责权统一的社会经济单元根据自己生产、业务活动的需要，按照自己的组织程序自主地进行人事安排；原有的自上而下的纵向指令性的人事管理，将补充以纵横交叉的开放式管理；封闭式的部门所有制，将让位于开放式的社会所有制。原由国家机关控制的人才资源中相当一部分将转归由社会管理，国家机关最终将和其他社会单位一样，只是使用社会人才资源的一个单位，而不是人才资源的所有者。多样化的人事管理方式将取代原来渠道和方式相对单一的管理模式。人们显露才华、做出贡献的机会是均等的，人才的合理使用不是靠机遇和“伯乐”的“慧眼”。而是依靠科学的优选法，依靠现代化的人事管理体制。

（五）必须重视职位和人员测评

所谓职位是由组织分配给每一个员工的职务和责任。现在，我们在人事管理中最薄弱的一个环节就是忽视职位分析。相当多的管理员工和辅助员工缺乏职位分析，虽然有些单位也实行岗位责任制，但在定员、考核、评比、晋升等方面缺乏科学的依据。人们抱怨有的员工上班时间“一杯茶，一支烟，一张报纸看半天”，感叹有些组织人浮于事、会议泛滥成灾，有些组织“官多兵少”，成了“五官科”。这都归因于落后的人事管理理念和制度，尤其是缺乏职位分析的概念。这就提出了一系列问题，设立这样一个职务有没有必要？究竟干些什么工作？有多大的工作量？工作以后会有多大效果？各个职务每天工作得怎样，有没有记录，有没有效果？一个工作人员出差一个月，究竟干了些什么？一个工作人员坐在办公室里，有多少时间用于办公，有多少时间用于聊天？假如没有职位分析，这些问题就没有明确的答复。那么，八小时工作制坚持得再好，也会毫无意义。没有效率，纪律就成了没有内核的空壳。

因此，人事管理应强调职位分析科学化，明确职位内容，真正做到因事设人，而不是因人设事，应科学确定编制、录用管理和机构安置，应进行职位评价并从量的方面测算所需人员，研究明确员工应具备的条件和充实对员工培训的内容，加强确立员工岗位目标。职位分析的主要项目包括职位的目的、完成职位的方法和条件，以及职位要求的熟练程度。

经济发达国家（如美国和日本）在人事管理中都十分重视职位分析，许多国家都专门规定了职位分析项目，进行了广泛的职位分类。但是，仅进行职位分类还不够，还需要进行员工测评，即重视员工定量考核，进行科学测评。不重视员工测评和定量考核的结果，会挫伤员工的积极性，影响员工之间的团结，阻碍劳动效率的提高，影响人才的选拔和人力资源的合理开发。

总之，人事管理是一门具有实用价值的科学，我们必须掌握其内在的规律性。无论是宏观的人事管理，还是微观的人事管理，都是有规律性可循的。这些人事管理的规律往往不是孤立地、单独地发生作用，而是共同起作用，或相互制约、相互渗透。例如，人才供求规律就受到效率提高规律的影响，工作效率提高的同时对劳动量的需求将会减少。又如，人的行为规律与人尽其才规律也紧密相关，真正按照人尽其才规律的要求，用人所长，或者注意人才的合理流动，或者注意人力资源的开发，就可能使劳动者感到心情舒畅，积极性、创造性得以充分发挥，精神需要得到充分满足，就会直接影响劳动者的行为。所以，这些规律构成了一个完整的体系，构成了一门具有严密结构的人事管理学。

第二节　人事管理的性质、地位及作用

一、人事管理的目标和原则

（一）人事管理的目标

人事管理的对象是人。人和人之间不仅存在着分工的不同，而且存在着需求和利益上的差异。这种差异具体地表现在社会、集体和个人三者的相互关系上。人事管理的根本目标，就是要通过一系列的管理手段，调节人与人之间在需求和利益上的矛盾，以实现人们在行动上的协调一致。这里所说的管理手段，包括职位分类、人员分类、选拔、考核、奖惩、流动、工资福利、辞职退休等。

人事管理的这一根本目标带有明显的双重性质：一方面，施加影响于人，使个人的需要和利益服从社会的需要和利益；另一方面，则要服务于人，使个人的合理需要得到满足，使个人的正当利益得到保护。前一个方面，反映了社会对个人的要求。社会的需要反映人们的共同需要和长远需要，这是社会得以存在和发展的前提。正因为如此，人事管理的初始含义，就是对个人施加影响，使之服从社会需要，服务于社会的共同目标。后一个方面，则反映了个人对社会的要求。个人的需要反映着劳动者个人的自身利益和眼前利益，不仅是个人得以生存和发展的条件，而且是社会得以存在和发展的条件。这是因为，社会本身就是由人类及其活动构成的。人是社会的主体，具体表现在：①个人需要的满足，会不断地为社会创造着作为行动主体的人；②个人需要的不断满足，是推动和激励个人为社会做出贡献的动因。

作为社会管理核心部分的人事管理，必须有利于人，造福于人，不断提高人的需要，并最大限度地予以满足。从一定意义上说社会是服务于人的，既施影响于人，又造福于人，既有个人对社会的服从，又有社会对个人的保障，使社会、集体和个人在目标、行动上高度和谐，这正是人事管理的根本特征。

在人事管理中，做到有利于人、造福于人，关键在于保障个人的正当权利。这主要包括以下权利。

首先，选择职业的权利。在现代社会生活中，职业选择是一个具有重大社会意义的问题。在社会主义国家中，职业选择权是个人决策权中最主要的一种权利。就业既是创造社会财富的手段，又是劳动者生存的基本途径。职业岗位合适与否，直接关系到劳动者能力的发挥程度，从而影响到对社会做出贡献的大小，也关系到个人劳动报酬的多寡。职业选择，对于劳动者个人来说，直接涉及物质利益和精神利益。因此，必须保证劳动者的职业选择权。取消或限制这一权利，劳动者的其他权利便无从谈起。

其次，获得劳动报酬以及享受社会福利的权利。在人事管理中，必须把劳动贡献和劳动报酬联系起来。对劳动者个人而言，为社会做出贡献，是一种义务，而获得合理报酬，又是一种权利。这一权利包括两层内容，即劳动有酬和多劳多得。在社会主义初级阶段要求劳动者不计报酬地劳动，是对劳动者合法权利的排除，不符合社会主义原则。搞平均主义，开“大锅饭”，是对劳动者权利的侵犯。保障劳动者的这一权利，是人事管理的重要任务之一。

最后，接受教育和获得发展的权利。当代科学技术和社会经济的迅猛发展，对劳动者的德、识、才、学等方面不断提出越来越高的要求。为适应这一新形势，劳动者迫切要求在职业岗位上接受教育，不断获得发展。这是一种正当的权利，人事管理制度应当给予保障。目前，我国已经广泛举办各种形式、多种规格的成人教育，如脱产进修、业余自学、电大、刊授、函授等。人事管理部门应当积极创造条件，鼓励、引导劳动者参加学习活动，以保证这一权利的实现。

人事管理目标的双重性，决定了人事管理的复杂性和艰巨性。实现人事管理的双重目标，对于经济和社会的发展，有着重大的意义。

（二）人事管理的基本原则

所谓原则，是指人们观察问题和处理问题的准绳，是依据于一定原理和实践，并加以抽象概括的简明论断，成为指导实践的依据。要做好人事工作，必须遵循下列基本原则。

1. 适应需要

人事管理是为经济基础服务的。要服从稳定政治局面，以及稳步发展经济和科学技术的需要，来确定人事管理工作的路线、方针、政策，并对工作人员的录用、培训和调动，以及机构、编制等，不断做出新的调整。

2. 任人唯贤

中国历来都存在着任人唯贤和任人唯亲两个对立的路线。历史事实证明：任人唯贤，事业就兴旺发达；任人唯亲，事业就腐败衰落。只有坚持任人唯贤，才能使大批优秀人才源源不断地成长起来。我国人事管理的根本任务就在于发现和合理使用人才，因此，任人唯贤仍是一项重要原则。

3. 竞争择优

在人事管理中，要贯彻公开、平等、竞争、择优的原则。所谓公开，就是有关人事政策、法规和管理办法包括考试录用规则，必须向社会公开，争取最广泛的人员参加竞争考试，在最大的范围内选择最优秀的人才。所谓平等，就是公民在人事法规面前，人人平等。凡是符合条件的，都在同等条件下平等竞争。所谓竞争，就是在人事工作中，引入竞争机制，无论在考核、考试中，还是在录用、晋升时，都必须实行公平竞争，为优秀人才的脱颖而出提供均等的机会。所谓择优，就是在竞争中举优劣汰，挑选最佳人才。

4. 适才适用

能力只有与工作性质和职位相一致时，才能得到充分的发挥。要做到这一点，就要求人事管理必须做到适才适用。所谓适才适用，就是根据每个人的专长和能力、性格和品德、志趣与条件，把合适的人安排在合适的岗位上，各得其所，人尽其才。

5. 依法管理

建立健全人事法规，坚持依法办事，是做好人事工作的重要保证。人事管理工作内容复杂、涉及面广，只有坚持依法办事，才能有效地抵制各种不正之风。现行的人事管理法规还不够完善。因此，必须制定和完善各种单项法规，使国家行政机关、企事业单位工作人员的选拔、录用、考核、任免、奖惩、培训、工资、福利、退职、退休等过程有法可依，逐步实现人事管理的法制化。

二、人事管理的性质

人事管理一方面具有自然属性，另一方面又具有社会属性。自然属性源于其科学性，而社会属性则源于其政治性或阶级性。

（一）人事管理的自然属性

这是不为社会制度所制约的属性，无论在什么样的社会制度下，人事管理都有许多共同的地方。宏观方面，包括人事管理的综合性、实践性、科学性等；微观方面，包括人事管理各环节上的具体操作过程和技术技能等，具体表现在以下几个方面。

（1）人事管理过程具备三个要素，即管理者、管理对象、管理方式。三者缺一不可，否则不可能构成人事管理的过程。

（2）人事管理的方式在于谋求人与事的最佳组合。其目的是要把员工合理地组织起来，对员工进行合理的调配和使用，不仅要发挥每一个人的特长和潜能，而且要注意使人的整体效能得以最优实现，提高办事效率。

（3）人事管理者要有人才观念，即要有爱才之心、识才之眼、用才之术、护才之胆、举才之德、容才之量。

（4）人事管理对象中的人，要具备一定程度的文化教育和思想教育基础，具有一定的专业理论和技术能力。

（5）人事管理有其自身所特有的客观规律。

（二）人事管理的社会属性

人事管理属于上层建筑，是国家政治制度的组成部分，因而必然受到社会制度的制约，具有浓厚的政治色彩。不同时代、不同社会制度下的人事管理有着本质区别。封建社会的官吏制度是为地主阶级服务的，适应于封建经济的发展；西方的文官制度是适应资本主义生产方式的需要建立起来的，是为资产阶级的利益服务的。

人事管理的二重性不可抹杀，它是建立中国特色的人事制度的理论依据。人事管理的自然属性说明在不同的历史阶段，不同的社会制度下，人事制度并没有不可超越的界限，因而不同社会制度、不同历史时期的人事管理方式和方法可以互相借鉴，取长补短；就其社会属性而言，因为生产资料的所有制形式不同，人事管理的目的以及管理中的管理者与被管理者的关系有着本质的区别。所以，改革和完善我国的人事制度，必须立足于我国的国情。

三、人事管理的地位

人事管理是社会管理的核心部分，在整个社会管理中占有特殊重要的地位。人事管理在现代管理中的地位，是由人事管理本身的重要性所决定的。

社会是由人们的互相交往而组成的。在社会中，人们的行为彼此联系、相互制约。由于利益的不一致、政治思想及道德水平的不同、个人心理的差异，以及其他自然的、社会的原因，人们之间在思想上和行为上不协调，力量相互牵制和抵触，影响到社会秩序的安定。一般情况下，这种状态不利于社会大多数成员的共同利益。所以产生了社会管理的必要性。

为维持社会成员之间的正常交往，保证社会生活的正常进行，社会必须对人们施加不同形式的影响，以使人们的行为符合社会规范，适应社会的制度、原则和价值观念，这就是社会管理过程。所谓社会管理，就是社会为了保证各项功能的正常发挥、维持社会秩序而运用各种社会力量对社会成员所施加的影响或约束。社会管理的实质，就是一部分人（管理者）运用一定的方式作用于另一部分人（被管理者），以达到预定的目的。当然，管理者和被管理者的地位是相对的。在不同的时间和空间，管理者和被管理者的地位往往是相互交叉的。

社会管理具有极其广泛而多样的内容，主要有社会经济活动管理、社会政治生活管理、文化生活管理等。在每一个领域中，又可以分成具体的部门，如社会经济生活领域包括工业、农业、商业、交通运输业等部门，而每个经济部门又由众多的企业所组成。各领域的管理都要服从社会管理的共同目标，同时在管理内容和方式上又各有其相对独立性。例如，社会管理所要协调的关系包括纵横两个方面：在纵向上，从社会整体、部门到基层组织构成了由上到下的系统；在横向上，部门之间、地区之间、基层组织之间，也存在着多种内容、多种形式的关系。这种纵横关系就形成了社会的联系之网。每个人、每个单位都在这“网”中占着一定位置，担负着相应的职能，发挥着特定的作用。社会管理内容的广泛性和多样性，同时也表现在社会关系的复杂性上。

在社会管理广泛而多样的内容中，人事管理占据着特殊重要的地位，是它的核心部分。原因包括以下几个方面。

首先，人事管理具有普遍性。人是社会的主体，对社会生活各个领域的管理都不能离开人——管理者和被管理者。由于社会生活的各个领域、各个部门、各个基层组织所担负的社会功能不同，在社会发展中所起作用不同，对它们的管理方式也有所不同。但有一点是相同的，即对它们的管理活动都是由人来承担，并且是为了人们的利益而展开的。人是所有社会活动的出发点和归宿。因此，对人的管理就成为社会管理的普遍性的内容。从一定意义上讲，社会管理就是对人及其行为的管理。

其次，人事管理具有主导性。社会管理活动，既包括直接对人的管理，也包括对物的管理，以及对由此而派生的对人和物的关系的管理。对人的管理和对物的管理是社会管理的两大因素。在这两大因素中，对人的管理是主导因素，它制约着对物的管理。作为物质生产的结果、体现为社会财富的物，是人创造的，并用来为人的利益服务，直接满足人的需要，为人们进行创造性的劳动提供物质条件。尽管人的社会行为不能脱离一定的物质条件，但人依然处于一种主导地位。在社会管理中，只有管好了人，才可能管好事。随着科学技术和社会生产力的发展，各项事业的成败，越来越取决于人的因素，取决于对人的科学管理。

最后，人事管理具有能动性和创造性。这是由人自身的能动性决定的，人是有思想、有情感，能自我控制、自主地从事创造活动的有机体。作为人事管理对象（或曰客体）的人，在管理过程中不是被动的、消极的。所以，为了实现人事管理的目的，对人的管理就必须适应人的特性。人事管理的这一基本特征，必然渗透到整个社会管理之中。社会管理要取得成效，搞好人的管理是关键，而要搞好人的管理，则必须尊重人，充分发挥人的能动性和创造性。

作为社会管理核心部分的人事管理，对于整个社会，对于生活在社会中的每一个人，都具有十分重要的意义。

第一，通过对人与人之间、人与事之间关系的调适，保证社会秩序的安定与社会生活的正常进行。社会秩序的安定，意味着决定社会秩序的各项因素之间存在着相对平衡。人的状况，如人能否找到适当的工作岗位，能否获得合理的劳动收入，能否发挥自己的聪明才智，能否有一个良好的工作（劳动）环境和适宜的生活条件，能否有一个心情舒畅、气氛融洽的人际关系等，这些都直接地关系到社会秩序的安定。社会秩序的安定，是社会生活正常进行的一个前提，而这在很大程度上取决于对人的管理。

第二，合理的人事管理，有力地推动着社会功能的充分发挥，从而保证社会向前发展。由人们互相交往而组成的社会，无论其整体或各个组成部分，都具有特定的功能。整个社会的功能主要有：为人们提供生存和发展环境的功能，继承、保存和发展人类文化的功能，提供、过滤、传导信息的功能，规定人的思想和行为模式即社会规范的功能等。社会的各个组成部分（经济、政治、文化等）又各有自己的功能。例如，社会经济的功能，就是为人们提供物质产品和劳务，并按照一定的原则在社会成员之间进行分配。社会的功能具体体现在不同职业岗位的职责上。如果没有相应的职业岗位的设立，没有适当的人去完成这些岗位职责，社会的种种功能便无从完成，社会生活也就不能正常进行，社会就不能向前发展。

第三，人事管理通过人与事的适当结合，使人得到展现才能的机会和不断发展的条件，从而实现人的现代化。任何一个社会的现代化，既包括物的现代化，也包括人的现代化。人的现代化不能脱离物的现代化而孤立地完成，但也不是说，必须在物的现代化完成之后才能实现人的现代化。这两个方面是相互依存的，两者的关系协调得好，就可以互相促进，否则，就会互相牵制。人事管理的意义就在于，通过人与事的协调，调动人的主观能动性和创造性，促进个性和才能的全面发展。

由此看来，人事管理工作的好坏，决定了其他各项管理职能实现与否以及程度如何，决定了其他各项现代管理工作的成败。抓住了人事管理，就抓住了现代管理科学的核心。

四、人事管理的功能

（一）有助于实现人与事的最佳结合

每个人在社会生活中都占据一定的位置，扮演一定的角色，承担一定的责任。人并不是命中注定会获得某一特定角色的，而且在获得某一角色之后还会发生变换。所以，对每个劳动者来说，都存在着一个选择问题，即选定其在社会生活中的适当位置。这个问题的解决，并非完全取决于个人的意愿，而是由两个方面的因素来决定：一是社会的需要。一定的生产力水平，一定的产业结构，以及社会为发展经济、文化等各项事业的任务，决定了社会所能提供的就业机会，即决定着社会能提供多少就业岗位。离开了社会的需要，也就无个人的角色可言。二是个人条件，即个人的政治觉悟和道德水准、体力和智力状况。这些条件决定着一个劳动者所担任的特定角色。也就是说，在一定时期内，需要多少就业人员，决定于社会的需要。但是，究竟由谁担任什么角色，这又取决于个人的德、智、体等条件。人事管理的作用，就在于根据社会需要和个人条件，将各个职业岗位与各个劳动者直接地、具体地、合理地结合起来。一个人在社会劳动中所占据的位置（担负的角色），决定着他的社会职责以及与职责相适应的权利和义务。

（二）有助于实现职责、能力和环境的协调

一定的职位要求其承担者具备相应的品德和才能，这是完成职责的主观条件。一个人的能力和品德主要是在他接受教育的过程中获得的。人事管理的基本功能之一，便是通过教育

（培训）使劳动者获得相应的主观条件。随着社会的进步和科学技术的提高，各类职位对人的能力的要求，也在不断地提高。例如，机械工人的职责是利用工具加工出机械部件。完成这一职责的手段，过去是手工工具，后来是机床，而后又发展为由电脑控制的自动化的机具系统。这就要求机械工人的科学文化知识和技术水平相应地发生变化。不仅如此，新的职业不断涌现，一些旧的职业又在消失，这就更加加重了人事管理中的培训功能。这种培训不仅要使劳动者掌握完成职责的本领，而且要使劳动者积极地、主动地去完成自己的职责，即培育他们的使命感、责任感。

劳动者完成任何职责，都必须具有相应的工作（劳动）环境和条件。这包括技术装备、工作环境、生活福利设施、人际关系等。这些条件的创设，不可避免地受到社会的经济和技术水平的制约。具体到一个单位和一个劳动者，又与领导者和人事管理者的努力大有关系。人事管理的功能不仅在于知人、用人、培育人，而且要为劳动者施展其才能，完成其职责创设良好的条件。而这个功能长期以来未受到足够的重视，目前，社会实践使人们日益认识到这一功能的重要意义。

（三）有助于对劳动者的工作进行监督评价与奖惩

为了监督和评价劳动者工作的顺利开展，必须建立完善的奖励与惩罚制度，奖勤罚懒，奖优罚劣，以调动劳动者的积极性、主动性和创造性，全面地、持续地、良好地完成所担负的职责。

监督、评价、奖惩，是人事管理的重要功能。它们的意义在于：首先，保证正在进行的工作过程能按照既定的目标顺利发展。其次，将前后两个工作过程紧密连接起来。评价和奖惩是实现上一个过程与下一个过程连接的手段。最后，通过评价，可以了解阶段性工作的完成程度和效果，为下一个过程做好经验上的准备。奖励和惩罚，是为了调动积极因素，克服消极因素，为下一个过程提供新的动力。

人事管理所具有的社会功能表明，它作为一个过程，包括对劳动者的选拔、使用、培训、监督、考核、评价与奖惩等管理活动。一个人从开始进入劳动领域，到劳动过程结束，都处于人事管理的范围之中。也就是说，人事管理贯穿于劳动过程的始终。

人事管理的功能决定了人事管理的要素。人事管理活动由以下三项基本要素构成：第一，人事管理的主体，即人事管理工作者，这包括领导者和专业人事工作者。第二，人事管理的客体，即接受管理的员工，这包括在业者和谋业者，也就是人口学中所说的现实劳动力人口。第三，人事管理机制，指的是有关人事管理的制度、原则、方法等。正是这一机制，使主体和客体联系起来，从而达到人事管理的目的。对人事管理的研究，必须从这三个方面来进行。

五、人事管理的特性

（一）社会性

这在阶级社会中主要表现为阶级性。人事管理，在任何社会制度下，都是社会对人的管理。在这里，社会是管理者，人是被管理者。社会对人的管理，是基于社会自身的政治经济制度、文化传统以及社会发展对人的要求。而人之所以接受管理，是因为人的正常活动有赖于社会生活的顺利进行，人把自己的思想和行动统一于社会的目标。在社会对人的管理中，社会是主导的、决定的方面，个人则是从属的方面。这就是说，人事管理体现的是社会的意志、利益和要求。人事管理与人的利益和愿望之间的关系，决定于社会的性质以及由此产生的社会和个人之间的关系。

在阶级社会里，社会的意志就是统治阶级利益的集中表现。封建社会的官吏制度服从于封建地主阶级的统治需要。资本主义的文官制度反映着资产阶级的利益。在社会主义社会里，人事管理集中体现着劳动人民的需要，即在不断发展社会生产的基础上逐步提高人民物质和文化生活水平的需要，维持正常的社会秩序，保持安定团结的氛围，建立良好的社会环境，实现全面发展的需要。

（二）利益的多极性

在社会主义人事管理中，存在着多方面的利益关系。人事管理的任务，就在于协调这些利益关系。在社会主义人事管理中，不存在管理者和被管理者之间的根本利害冲突，但这并不等于说，不存在利益上的不一致。社会是一个多层次结构：国家、企业（集体）和个人，每个层次都有自身相对独立的利益，这种利益上的多层次性必然反映到人事管理中来，在人事管理中，必须顾及多方面的利益，使之协调，以求得共同发展。

（三）管理的层次性

劳动者按其专长可分成许多类别，通常讲的“三百六十行”就是指的这种类别，而且，还可以分为许多层次。例如，学历层次可分为研究生、本科生、中专生及中学生等，一个城市的职务层次可分为市长、区长、街道办事处主任等，一个部门的职务层次有部长、司局长、处长、科长、科员等，科研机构的学衔层次可分为研究员、副研究员、助理研究员、研究实习员等，高等学校的职务层次有教授、副教授、讲师、助教等。总之，众多的劳动者并不是处于同一层次上。这种层次性，既是社会生活本身的要求，也是由人们各自的主观条件所决定的。劳动者的层次性，决定了对人的管理的层次性。对不同层次上的人，在管理机构、管理制度、管理方法等方面，都是有区别的，这种层次性也要求管理的阶梯性，即要求分级管理。

六、人事管理的作用

（一）科学的人事管理是保证国家机器运转的必要条件

古今中外，任何一个国家的统治阶级都选择忠于本阶级意志和利益的人来行使和执行国家公务，这是巩固其政权，实现其意志，推行其主张的先决条件。任何一个国家都要按照统治阶级的意志去推行政治、经济、文化、军事等方面的政策和法令。但这一切都离不开人，都需要由人去施行。行政工作的成败与否关键在于用什么样的人，能否协调好人与事、人与人之间的关系。人事管理历来是国家行政管理的重要内容，它被称为“国家机器”的司机，决定着整个“国家机器”运转的速度和功能。从历史上看，我国历代王朝的兴衰都与用人有关。汉高祖刘邦善于用贤才良将而得天下；唐太宗李世民招贤纳士而出现了“贞观之治”；南宋皇帝赵构因重用奸相秦桧而杀害了爱国名将岳飞，从而断送了半壁江山。这类事实在历史上不胜枚举。所以，人事管理的好坏，决定着国家的成败、存亡。

（二）科学的人事管理是推动生产力发展的重要手段

生产力是推动经济和社会发展的基本动力，而人是生产力中最基本、最活跃、最关键的因素。这也就是说，提高人的素质，开发人的智力，运用科学的管理方法和政策充分调动人的积极性、创造性，合理利用人力资源，是提高生产力水平的重要手段。任何一项社会活动，只有通过一定的形式把人组织起来，人们才能采取有效的共同行动，达到预期的目的。当今世界，各国之间的经济竞争归根结底是人才的竞争。而所有这一切都离不开人事管理，因为人事管理的基本任务就是人才的选拔和使用。人才使用得当，生产力就会进步，经济就会繁荣，国家就会昌盛富强。正如民主革命的伟大先驱孙中山指出的那样："教养有道，则天无枉生之才；鼓励以方，则野无郁抑之士；任使得法，则朝无幸进之徒。其三者不失其序，则人尽其才矣。人既尽其才，则百事俱举；百事俱举，则富强不足谋也。"所以，人事管理对促进生产力的发展，推动经济和社会进步有着重要的作用。这是因为：第一，人事管理是通过录用、选拔、任用等一系列管理活动，把人才与相应的事结合起来的，而这一过程直接关系到人才是否"学以致用"，关系到是否"人适其事""事得其人"。第二，人与事的关系总是处于"不适应→适应→再不适应→再适应……"这样一个交替渐进的矛盾运动过程中。由不适应到适应，除了个人因素的调整之外，还需要依靠人事管理的调整活动，如职务升降、岗位转换和组织人才的合理流动等，才能达到新的相适应的关系。第三，人事管理通过考核和以考核为基础的奖惩、工资福利等制度，激励各类人员的积极性和创造性。

（三）科学的人事管理对开发人才资源起重要作用

现代人事管理的主要任务，就在于要不断探索、分析各类职位和人才的特点，研究掌握各类人才成长和管理的客观规律，为社会发展需要开发人才资源。无数事实告诉我们，科学有效的人事管理制度，能为人才脱颖而出提供平等竞争的机会和良好的社会工作环境，有利于人才的挖掘、发现、培养和使用，有利于调动人才的积极性和创造性，促进人才的成长，并能激励人们刻苦学习，早日成才；反之，落后、保守的人事制度，就会埋没人才，压制人才，对国家的人才建设产生消极影响。因此，建立科学的人事管理制度，合理地开发和充分地利用人才资源，对于我国社会主义现代化事业的成败，有着决定性的意义。

第三节 人事管理学的理论基础及其同相关学科的关系

人事管理学作为一门政治性、应用性、综合性较强的科学，与许多学科都有着密不可分的联系。这一点，无论是从人事管理学产生发展的历史上看，还是从逻辑上看，都是如此。美国人事管理学家迈克尔·朱修斯认为，对人事管理工作有益的知识领域主要有 12 门学科：①哲学，探索人类特性和人类行为的本质；②伦理学，处理和解决道德观念和价值判断问题；③逻辑学，论证推理规律和原则；④数学，描述量、体积系统之间的精确关系；⑤心理学，研究个人意识和个人行动的现象；⑥社会学，研究人类群体的形式和功能；⑦人类学，研究自然、环境同人类社会和文化形态之间的关系；⑧医学，所有分支都旨在保障人类的健康；⑨历史学，以记载和解释以往的事件为主旨；⑩经济学，旨在对有限资源的各种竞争的用途做出最佳选择；⑪管理学，研究对有组织的人员的灵活领导；⑫政治学，是研究人们怎样被人统治和统治自己的问题。我们认为，尽管每一学科与人事管理学发生联系的角度不同（如哲学、管理学等为人事管理学提供理论依据，而行政学、领导学、人才学、心理学等在很大程度上则与人事管理学是相互补充的），但它们之间存在着密切的联系这一点是毋庸置疑的。

一、人事管理学的理论基础

（一）哲学基础

马克思主义认为，任何一门科学，都离不开哲学的基础。人事管理学也必须以哲学为理论基础，否则，它的理论将流于表面，因为处理人事管理中各种问题都离不开人们的世界观和方法论。

古今中外的哲学，不论是哪一个时代，哪一种流派的学说，也不论其研究对象和范围如何，人的问题是永恒的主题。例如，人的本质或本性是什么，人在宇宙中居于怎样的位置，在社会中以何种方式组合起来，人能否认识及如何认识外在世界，人在实践中怎样去改造世界等；近现代哲学尤其突出人的问题。同样，以人为中心的管理学（当然也包括人事管理学），不论哪一个时期，什么样的流派，所提倡的管理方式如何，总是要体现出对人的态度和看法。有人就曾把管理称为管理哲学。与其说每一种人事管理的方式、过程及学说都反映出一种哲学观念，不如说每一种人事管理的方式或学说都是以一定的哲学理论观点为基础的。

回顾历史我们可以发现：每个时代、每一流派的人事管理理论，总是以一定的哲学观念或理论为背景并与这一背景协调一致的。当把人看成同工具一样消极、被动的时候，则需要采取强制手段进行硬管理（如英国的欧文的“人是机器”式的管理，美国的泰勒式的管理等）；而如果把人看成是积极主动富有创造性的社会人，则需要采取依靠调动积极性来提高劳动生产率的方式进行软管理。

社会主义人事管理学的哲学理论基础，是马克思主义的哲学理论、观点和方法。这是因为，马克思主义哲学关于人的本质的理论，是树立正确的人事管理思想，采用科学的方法和措施对人员进行有效管理的理论基础。

马克思主义哲学关于人的本质的理论包括以下三个方面的内容：①人的本质是自然属性和社会属性的辩证统一，即自然属性（如饮食、运动、休息、睡眠、性等）是社会属性（如劳动、交往、求知、道德等）的自然物质基础，但又受到社会属性的制约，是社会化的自然属性，而社会属性是人的本质属性；②人的本质不是先天固有的，而是在社会实践活动中形成的；③人的本质是随着人类社会生产方式的变革而不断变化和发展的。

马克思主义哲学中关于人的本质的上述看法，对人事管理具有如下指导作用。

（1）既然人的属性具有两重性即自然属性和社会属性，而社会属性又是人的本质属性，所以在人事管理过程中就必须注意正确运用激励手段，充分认识到协调人与人之间的关系从而调动工作积极性是比物质奖励更为重要的因素。所谓“物质奖励与精神激励相结合，重在精神鼓励”的根据就在于此。

（2）既然人的本质就其现实性上说是社会关系的总和，而社会关系又总是处在不断变化之中的，所以在人事管理工作中就要用发展的眼光看人，而不能用一成不变的静止眼光看人。

（3）马克思主义认为，一切活动都是人的实践活动，人是社会的主人，因而，人的尊严应该得到最大限度的尊重。我们的制度决定了我们的人事管理是民主管理，管理者与被管理者是平等的关系。人事管理绝不是少数领导与人事管理部门的事，而是领导者、管理者与被管理者共同参与、相互沟通、传递信息的过程。

（二）管理学基础

普通管理学是人事管理学的母体。所谓普通管理学，是研究各种管理工作一般规律的科学，它以各种管理活动的共性为研究内容。因而，人事管理学作为管理学的一个分支，必将以普通管理学的理论原理作为指导。管理科学发展到今天已成为一门结构严密、内容丰富的学科。它的基本概念、原理及其研究方法均可在人事管理学的内容及研究过程中得到体现。下面，仅从现代管理学基本原理上加以说明。

1. 系统原理

它是现代管理学的基本原理，这一原理以系统论的思想为依据。系统论认为，世界上的一切事物，包括自然界和人类社会，都是由若干相互联系的要素组成的有机整体，即系统；系统具有层次性，低层次的系统是高层次系统的组成要素；系统的整体功能要大于其组成要素的简单相加，而这取决于要素之间的组合方式是否最佳，即系统的结构决定其功能，最佳的结构才能使系统的功能最优；同时，系统的平衡和稳定是相对的，要想保持系统的优化功能，必须根据来自系统之外的信息对系统的结构做出及时的调整。系统原理对于人事管理是相当重要的。

（1）人事管理作为一个系统要想达到最优的功能，应当遵循人员优化组合的原则（反过来“优化组合”的理论基础就是系统原理）。不仅管理者与被管理者之间要保持一种合理的关系，管理者与管理者之间、被管理者与被管理者之间同样也要有一种优化的组合，因为每个人的资历、经验、学识和才能千差万别，人事管理必须保证相应素质的人处在相应的位置上，使得人尽其才，备尽所能；同时，由于人的素质的变化，岗位之间也要保持合理的流动。

（2）人事管理作为一个系统，是社会大系统的子系统。系统的整体性原理要求人事工作的政策、原则必须与政治、经济等社会大系统协调一致，互相配套，以保持社会协调、稳定地发展。所以，人事制度的改革不是孤立的，必须与政治经济体制的改革协调一致，具有同步性。

2. 封闭反馈自控原理

这一原理要求，一个管理系统必须由指挥中心、执行机构、接受单位、监控组织和反馈组织五大部分组成。它的运行机构必须相对封闭，并且能自我控制。

人事管理系统是一个自控系统：人事管理中的每一项决策在经过各级人事部门到达基层后，要及时听取反馈意见，并据此做出及时的调整，以使决策更加切合实际。在这一过程中反馈信息的准确性和可信度是至关重要的。如果某一项决策涉及面比较广，甚至牵涉整个社会这一大系统，为了使政策出台后保持一定的连续性和稳定性，就应当在政策出台前，先在小范围内进行试验或试点，及时获取反馈信息，待政策成熟完善后再出台。

二、人事管理学与相关学科的关系

（一）人事管理学与社会学的关系

人事管理学，就是专门研究用人之道的学科。在社会生活中，用人是一种相对独立的社会行为。社会生产力越高，文化、科学、技术越发达，用人这种社会行为的相对独立性，以及它对经济和社会发展所起的作用也就越大。用人既然是一种社会行为，我们理所当然地应当把它放在社会环境中来加以探讨，即应当用社会学的观点和方法来研究人事管理。

社会学，是对人和社会进行综合性、总体性研究的一门具体的社会科学。它把社会看成是一个相对独立于自然界的大“系统”，其内部又分为若干部分，构成许多较小的“系统”，各自又具有其相对独立性。揭示社会整体与部分之间，社会生活的各方面或各部分之间内在的、必然的联系，正是社会学研究的任务。因此，需强调两点：一是把人和社会并列为社会学研究的对象。人是社会的主体，对社会的研究，归根到底是对人及其活动的研究。二是突出了这种研究的综合性和总体性。社会学既研究社会的总体，也研究社会的各个组成部分。但是，无论对总体的研究还是对部分的研究，都伴随着一种综合性和总体性的特点。这正是它与其他具体的社会科学学科的区别所在。

用社会学的观点和方法来观察、分析、研究人事管理问题，这意味着：首先，要把人事管理作为社会生活的一个重要组成部分来加以研究。人事管理是与社会整体密切地联系在一起的，它不能离开社会生活的其他领域而孤立存在。人事管理的制度和方法，要受社会整体的制约或决定，不存在超然于社会整体之上的人事管理。而人事管理本身也对整个社会生活的正常发展起着巨大的作用。其次，人事管理是一种社会活动，它的主体和客体都是社会中的人，而人的思想、情感和行为，无不打上社会的烙印。用社会学的观点和方法来研究人，就是把人放到一定的社会环境和背景中去，从社会总体上综合地考察人的社会行为。最后，和人事管理学本身不同，这种研究的目的，不在于向人们提供关于人事管理的具体知识，而是要为人们提供一些观察和分析人事管理问题的基本思想和基本方法。

（二）人事管理学与行政管理学的关系

管理分行政管理和企事业管理两部分。

（1）从联系上看，行政管理学是研究政府行政管理的科学，其主要内容有政府部门的组织、领导、人事行政、决策等。它既是政治学的一个分支，也是管理学的一个分支。由于人事行政是行政管理学研究的主要内容，所以，一般把人事管理学看成行政管理学的一个分支。这种看法有一定的依据。

（2）从区别上看，由于行政管理学中的人事行政只研究对政府部门机关工作人员的管理，而人事管理学在广义上则是指对各级机关、企事业单位和社会团体中的各种工作人员进行管理的研究，因而从逻辑上说，人事管理学的研究范围要广于行政管理学对人事行政的研究。尽管行政管理学对于人事行政研究的原则、理论在一定程度上也适用于企事业的人事管理。在我国尤其如此，这是由公有制特点所决定的，在私有制前提下，政府公共部门的人事管理与私人企事业的人事管理是有一定差别的，但却不能取而代之。从这一点上说，人事管理学是独立于企事业管理学和行政管理学之外的一门学科。

综上所述，人事管理学与行政管理学既存在着密切联系，又有一定的区别，它们不能互相代替。

（三）人事管理学与领导学的关系

领导学，是适应现代社会活动复杂化的形势而出现的一门具有综合性、应用性的新型学科。它是研究领导活动过程规律的科学。其主要内容包括领导职能、领导组织、领导方法、领导者等。

（1）从联系上看，领导科学与人事管理学同属于管理学的分支，因而管理学上的基本理论、原则、方法对于两者都适用。

第一，领导的计划、组织、指挥等职能，实质上是协调人与事之间的关系。能否做到知人善任，协调好人际关系以达到领导目标，是领导者必备的素质。所以，人事管理学关于人与人、人与事之间发展变化规律的研究对领导学来说是必要的补充和参考。

第二，人事管理过程，在一定意义上说是一种基层的、具体的领导过程。人事管理过程同样有计划、组织、协调、控制等环节，尽管具体内容、角度与领导学不完全相同，但原则、方法是一致的。人事管理过程中的管理者、被管理者及其相互关系，同领导过程中的领导者、被领导者及其相互关系是相对应的。所以，人事管理学也要吸取领导学的有关成果来不断充实自身的研究。

（2）从区别上看，领导过程属于高层次的管理，领导学是对各种具体管理的概括，具有全局性、战略性特点，所以，同人事管理学相比，在研究范围、层次和对象上是不同的。此外，从研究方法上看，人事管理是一种具体的管理，因而在很大程度上可以借助数学、系统工程等进行定量描述。而领导工作由于十分复杂，千变万化，领导者所面临的问题具有很大的随机性，所以，领导学定性研究的成分较大。

（四）人事管理学与人才学的关系

人才学，是一门研究人才现象，揭示人才规律，探讨如何实现人尽其才、才尽其用的科学。

（1）从联系上看，人才学为人事管理合理地运用人才资源提供理论依据。人事管理学的研究必须吸取人才学研究的有关成果和方法；反之，人事管理过程也为人才学的研究提供了大量的实际素材，促进人才学的发展。总之，人才学与人事管理学相互联系，相互促进，它们在理论体系和研究方法上各有所长。

（2）从区别上看，人才学主要是研究人才的本质、类型、要素、群体结构，人才成长及辈出的基本规律等。同时，人才学还研究如何发现人才、识别人才、选拔人才、使用人才、管理人才，以及如何促进人才的合理流动等。

（五）人事管理学与心理学的关系

人事管理学与心理学的关系极为密切。近年来，人事管理学与心理学的结合导致了一门新学科的诞生——人事管理心理学。人事管理离不开人，而每个人的心理特征决定着其行为方向。人事管理必须以心理学所揭示的心理现象及其规律为基础，不同年龄、不同性别、不同经历、不同职业的人，其心理特征不完全相同。正确认识和把握其规律，对做好人事管理工作十分重要。人事管理工作的许多环节（如任免、提拔、降职、工资奖励、考试考核等）都有心理上的因素，都存在着一个正激励还是负激励的问题。人的心理活动分为认识系统（如感觉、知觉、表象、记忆、想象、思维）、动力系统（如需要、动机、情感、兴趣）、调节系统（如意志）、制约系统（如能力、气质、性格）等。人事管理人员必须掌握心理学的有关知识，对不同心理类型的人给予合理的安排和使用。总之，人事管理学的研究必须吸取心理学的研究成果，只有这样才能在选人、用人、调动人的积极性上有的放矢。当然，人事管理学的研究也为心理学提出了许多新的课题，促进心理学的发展，行为科学的产生对心理学发展的巨大影响就是一个鲜明的例证。

[思考题]

1. 如何理解人事管理的含义?
2. 人事管理学的研究对象是什么?
3. 如何理解人事管理学的特点和基本观点?
4. 如何理解人事管理学的功能?
5. 如何理解人事管理学的作用?
6. 如何理解人事管理学与社会学的关系?
7. 如何理解人事管理学与行政管理的关系?

[案例分析]

中办国办发布深化事业单位人事制度改革意见

中共中央办公厅、国务院办公厅印发《关于进一步深化事业单位人事制度改革的意见》的通知（2011年8月2日）:

《关于进一步深化事业单位人事制度改革的意见》已经中央领导同志同意，现印发给你们，请认真贯彻执行。

关于进一步深化事业单位人事制度改革的意见:

为贯彻落实党的十七大和十七届二中、三中、四中、五中全会精神，按照《中共中央、国务院关于分类推进事业单位改革的指导意见》和《2011—2020年深化干部人事制度改革规划纲要》要求，现就进一步深化事业单位人事制度改革提出如下意见。

一、深化事业单位人事制度改革的指导思想、基本原则和目标任务

（1）指导思想。深化事业单位人事制度改革，要以邓小平理论和“三个代表”重要思想为指导，深入贯彻落实科学发展观，根据完善社会主义市场经济体制和发展社会事业的需要，坚持科学化、民主化、制度化方向，全面推行聘用制度和岗位管理制度，创新管理体制，转换用人机制，整合人才资源，凝聚优秀人才，充分调动事业单位各类人才的积极性、主动性、创造性，为促进社会公益事业发展、全面建设小康社会、构建社会主义和谐社会提供人才保障。

（2）基本原则。贯彻落实党的干部路线方针政策，坚持党管干部和党管人才；坚持德才兼备、以德为先用人标准；坚持民主、公开、竞争、择优；坚持分类推进，充分体现不同类型、不同行业的特点；坚持责、权、利相结合，维护事业单位和工作人员的合法权益。

（3）目标任务。按照中央关于深化干部人事制度改革和分类推进事业单位改革的总体要求，以转换用人机制和搞活用人制度为核心，以健全聘用制度和岗位管理制度为重点，形成权责清晰、分类科学、机制灵活、监管有力，符合事业单位特点和人才成长规律的人事管理制度，实现由固定用人向合同用人转变，由身份管理向岗位管理转变。到2015年，全面建立聘用制度，完善岗位管理制度，普遍推行公开招聘制度和竞聘上岗制度，建立健全考核奖惩制度。到2020年，形成健全的管理体制、完善的用人机制和完备的政策法规体系。

二、分类推进事业单位人事制度改革

（1）根据事业单位分类实行不同的人事管理制度。从事公益服务事业单位，实行以聘用

制度和岗位管理制度为主要内容的事业单位人事管理制度；承担行政职能事业单位，转为行政机构的，实行公务员制度；从事生产经营活动事业单位，转为企业的，实行劳动合同制度。

（2）对从事公益服务事业单位实行分类管理。公益一类事业单位，在审批编制内设岗，规范人事管理，搞活内部用人机制；公益二类事业单位，在备案编制内设岗，赋予单位灵活的人事管理权。积极探索完善不同类型公益类事业单位在聘用合同、岗位设置、公开招聘、竞聘上岗等方面的不同管理办法。

（3）做好事业单位转为行政机构的人员过渡工作。承担行政职能事业单位转为行政机构或者与有关部门职能和机构进行整合，人员需要过渡为公务员，必须根据公务员法有关规定，严格按照任职条件和规定程序录用、转任和调任人员，做好过渡工作。

（4）做好事业单位转企改制的人事劳动政策衔接工作。从事生产经营活动事业单位转为企业的，应当依法与在职职工签订劳动合同，做好聘用合同与劳动合同的转换工作。根据国家有关规定，做好转企改制单位职工社会保险关系建立或接续工作，办理档案接转手续。保证转制前已经离退休人员的原国家规定的离退休费待遇标准不变，支付方式和待遇调整按国家有关规定执行；转制前参加工作、转制后退休的人员，其待遇按照国家有关政策执行。

（5）实施鼓励社会力量兴办公益事业的人事政策。社会力量兴办公益事业的，公平享受政府在人才培养、吸引、评价、使用等方面的各项政策，公平参与政府开展的人才宣传、表彰、奖励等方面活动，政府支持人才创新创业的资金、项目、信息等公共资源向其公平开放。制定灵活多样的人才柔性流动政策，鼓励人才有序流动，有关部门和单位应按照国家有关规定，办理人事劳动关系衔接、社会保险关系转移、档案接转等手续。

三、着力推进事业单位用人机制转换

（1）全面推行聘用制度。加快完成聘用制度推行工作，事业单位与其工作人员应按照国家有关规定签订聘用合同。要把聘用合同作为事业单位人事管理的基本依据，通过聘用合同规范单位和工作人员的人事关系，建立起以合同管理为基础的用人机制。对关键岗位人员、骨干人员可按有关规定实行长期聘用，以保持队伍的相对稳定。加强聘用合同日常管理，着重规范聘用合同订立、变更、续订等重要环节。完善聘用制度相关政策规定，制定出台不同行业事业单位实行聘用制度的具体办法。

（2）全面实施岗位管理制度。事业单位专业技术人员、管理人员、工勤技能人员都要实行岗位管理。国家确定事业单位通用的岗位类别和等级，事业单位按照有关规定自主确定岗位，自主聘用人员，实现按需设岗、竞聘上岗、按岗聘用、合同管理。加大事业单位岗位设置实施工作力度，加强分类指导，尽快实现岗位管理制度全面入轨。探索不同类型事业单位岗位结构比例和最高等级的调整办法，不断优化岗位结构，形成动态管理机制。开展专业技术一级岗位设置实施工作。在事业单位管理岗位推行职员制度。建立健全以岗位职责任务为基础的培训制度，提高各类人员履行岗位职责的能力水平。

（3）全面实行公开招聘制度。事业单位新进人员，除国家政策性安置、按干部人事管理权限由上级任命及涉密岗位等确需使用其他方法选拔任用人员外，全面实行公开招聘。公开招聘要做到信息公开、过程公开、结果公开。要在公平、公正的基础上，逐步打破地域和身份界限，创造平等竞争的环境。要把加强宏观管理与落实单位用人自主权结合起来，坚持规范程序、分类指导、分级管理，探索符合不同行业、专业和岗位特点的招聘办法。逐步建立事业单位公开招聘信息服务网络。探索建立事业单位关键岗位和重大项目负责人全球招聘制度。到 2015 年，完善相关政策规定，实现事业单位公开招聘制度的规范化。通过公开招聘，扩大选人用人视野，匡正选人用人风气，严把人员进口关，提高新进人员素质。

（4）大力推行竞聘上岗制度。研究制定事业单位竞聘上岗规定。竞聘上岗要成为事业单位内部人员选拔聘用的主要方式。要坚持公开、公平、公正的原则，采取个人自荐或群众推荐及组织提名等方式产生人选，根据岗位不同特点，灵活运用笔试、面试、民主测评、专家评议等方法实行竞聘上岗。要以岗位职责任务和任职条件为标准，以品德、能力和业绩为依据，严格条件，规范程序，择优聘用。竞聘实行职业资格准入控制的岗位，必须符合准入控制的要求。通过竞聘上岗，促进优秀人才脱颖而出，逐步实现能上能下。

（5）健全考核奖惩制度。完善事业单位工作人员考核制度，建立健全以聘用合同和岗位职责为依据、以工作绩效为重点内容、以服务对象满意度为基础的考核办法，将考核结果作为调整人员岗位、工资以及解除、续订聘用合同的基本依据。研究制定事业单位工作人员考核规定。建立符合事业单位特点的奖惩制度，充分发挥奖惩在人事管理中的激励和约束作用。

（6）完善人员退出机制。畅通人员出口，拓展人员正常退出渠道。规范解除、终止聘用合同的条件、程序和经济补偿方面的规定。事业单位与其工作人员依法解除聘用合同，要按照国家有关规定做好社会保险关系建立或接续工作，办理档案接转手续。研究建立与聘用制度和岗位管理制度相适应的事业单位工作人员退休制度。

（7）完善权益保障机制。加强事业单位人事争议处理制度建设，健全人事争议处理机制，公平公正、及时有效地处理人事争议，维护单位和工作人员双方的合法权益。探索调解的有效方式，鼓励通过调解解决人事争议。加强事业单位人事争议仲裁工作，加大人事争议案件处理力度，做好人事争议仲裁与司法的衔接。建立健全事业单位工作人员申诉办法，制定申诉规则，规范复核、申诉的受理和办案程序。

（8）健全领导人员选拔任用和管理监督制度。坚持正确用人导向，突出行业和岗位特点，明确事业单位领导人员选拔任用的基本原则、标准条件。加大事业单位领导人员竞争性选拔力度，探索完善多种选拔方式。实行事业单位领导人员任期制，建立健全事业单位领导班子和领导人员任期目标责任制。结合事业单位特点，探索实行领导人员聘任制，进一步完善委任、选任等多种任用方式。以服务和促进公益事业科学发展为目标，研究确定体现不同行业特点的考核内容和指标体系。改进考核方式，扩大考核民主，坚持以年度考核为基础，加强任（聘）期考核，增强考核工作的系统性和完整性。要将考核结果作为加强领导班子建设和对领导人员选拔任用、培养教育、管理监督、激励约束的重要依据。建立健全事业单位内部民主决策和监督约束机制，加强对事业单位领导人员的日常管理监督。到2015年，初步形成比较完善的符合不同行业特点的事业单位领导人员管理制度和综合考核评价制度。

四、完善事业单位人事制度改革的配套政策措施

（1）完善人员流动政策。畅通人员流动渠道，破除阻碍人员流动的体制性障碍，建立与聘用制度相适应的人员流动政策和管理办法。健全人力资源市场机制，完善人力资源市场体系，为事业单位人事制度改革营造环境。逐步建立健全社会化人事档案管理系统，做好事业单位与机关、企业及其他组织间人员流动的政策衔接，促进不同类型单位、不同所有制单位之间的人员流动。

（2）加快推进职称制度改革。统筹专业技术职务聘任制度和职业资格制度，以品德、能力和业绩为导向，健全专业技术人才评价机制。进一步完善评价标准，创新评价方式，严格评价程序，实现事业单位专业技术人员职称评审与岗位聘用的有机结合。

（3）完善未聘人员安置政策。在推行聘用制度过程中，首次签订聘用合同时未被聘用的正式在册工作人员属未聘人员。未聘人员安置应坚持内部消化为主、多种渠道安置的原则，不能简单推向社会，在解决养老、医疗、失业等社会保险问题的基础上，逐步探索扩大社会安置的渠道和办法。

（4）加强人事监督管理和服务。事业单位人事综合管理部门要加大对事业单位贯彻落实人事政策法规的监督检查力度，建立制度化、经常化的执法监督检查机制，严肃查处事业单位人事管理违法违规案件。健全民主管理制度，充分发挥职工代表大会和工会的职能作用。

发挥社会舆论和人民群众的监督作用。搭建服务平台，在公开招聘、业务培训等方面创新服务方式，提高为事业单位及其工作人员服务的水平。

（5）加强人事政策法规体系建设。制定事业单位人事管理条例，形成以人事管理条例为核心，以岗位设置、公开招聘、竞聘上岗、聘用合同、考核、培训、奖励、处分、申诉、工资福利、退休、人事争议处理、人事监管等各单项制度为主要内容的政策法规体系，实现事业单位人事管理的规范化、法制化。

五、加强领导，统筹规划，确保事业单位人事制度改革平稳推进

（1）提高认识，加强领导。各级党委和政府要高度重视事业单位人事制度改革，把这项工作摆上重要议事日程，履行好宏观指导、统筹协调的职责。要切实加强党对事业单位人事制度改革的领导，充分发挥事业单位党组织的核心作用，用事业凝聚人才，以人才推进事业。要加强宣传和思想政治工作，形成正确的舆论导向和良好的改革氛围，保障群众的知情权、参与权、选择权和监督权，引导他们积极支持和参与改革。

（2）统筹规划，分类推进。各级组织、人力资源社会保障部门要充分发挥职能作用，按照分类推进事业单位改革的总体要求，加强与相关职能部门协调配合，做好与机构编制、收入分配、社会保险、财政制度以及行业体制改革的配套衔接，统筹规划，周密部署，有计划、有步骤、分阶段、分行业推进事业单位人事制度改革。

（3）狠抓落实，稳步实施。各地区各部门要根据本意见，结合实际情况，制定具体实施办法，切实把各项改革任务落到实处。要注意处理好改革发展稳定的关系，把握好改革的节奏和进度，及时研究和妥善解决改革中遇到的新情况新问题，消除改革中的不安定因素，确保改革平稳有序推进。

（资料来源：http://finance.ifeng.com/a/20140313/11878632_0.shtml）

[案例讨论题]

1. 根据本章知识，讨论为什么中央要进行事业单位人事制度改革？
2. 根据本章知识，事业单位人事制度改革需要注意什么？

CHAPTER 2

第二章　人事管理的历史发展

[内容提要]

世界各国的人事管理都有着自身发展的独特历史，其中以中国的人事管理思想最为丰富，人事管理体系最为完善，对世界近现代人事管理制度的创立具有直接的影响；西方文官制度是适应现代行政管理及民主政治发展的需要而产生并逐渐发展为世界上一种具有代表性的人事管理制度。

本章较全面地介绍了人事管理的历史和发展，包括中国古代的官吏制度及人事管理思想、中国古代人事制度的经验和缺陷、西方文官制度的产生和共同特点、中国近现代的人事制度的成就及局限性，以及人事管理的信息、立法和现代化。

[学习要点]

1. 了解中国古代的官吏制度；
2. 掌握中国古代的人事管理思想；
3. 了解中国古代人事制度的经验和缺陷；
4. 了解西方文官制度的产生；
5. 掌握西方文官制度的共同特点；
6. 了解中国近现代的人事制度的成就及局限性；
7. 领会人事管理的信息、立法和现代化。

第一节 中国古代的官吏制度

中国古代的官吏制度，可以上溯到奴隶社会。但有历史典籍可查的，主要是秦以后的中国封建社会的官吏制度。如果从当时世界各国人事制度的完备程度来看，中国封建社会的官吏制度非常发达。这是因为：中国封建社会的官吏制度，不但产生得最早，而且也发展得相当完备，在当时世界各地中处于领先地位，对世界各国也曾产生过一定的影响，曾被许多国家所借鉴。近代西方文官制度的很多内容，都可以在中国的历史上找到根源。

一、中国古代官吏制度的演变

我国古代的官吏制度的形成，大致可以分为三个阶段：一是萌芽阶段，从尧舜至先秦；二是成长阶段，从秦朝至南北朝；三是成熟阶段，从隋唐至晚清。

（一）萌芽阶段（夏至秦统一以前）

这一阶段即秦始皇统一中国之前的时期。这一时期，虽没有产生用人治事的明确制度，但不少的用人思想和做法，都对后期官吏制度的产生和发展有一定的影响。在此，我们根据历史发展顺序一一做出说明和介绍。

1. 夏朝以前

这个时期被称为五帝时代。当时处于原始公社，没有国家。在管理方面，是原始贤能制时代。当时的部落酋长和其他管理人员，由民族部落全体人员或部落联盟会议民主选举产生。也就是说，那时实行的是禅让制，是通过让贤的方法来产生首领继承人。传说中的尧、舜、禹等先后担任炎黄部落联盟的首领，且严格按“禅让”的方法进行民主、和平性的新老交替。这种“天下为公”“选贤与能”的禅让制度，就是萌芽中的人事管理制度。

2. 夏、商、周时代

（1）夏朝。它是中国历史上第一个奴隶制国家。从此，中国进入了阶级社会。在奴隶社会中，中国的人事管理，基本上是实行以宗法血统关系为特征的世袭制，王位传子。

（2）商朝。到了国家机构比较完备的商朝，实行父死子继（而且是嫡长子）与兄终弟及的交替制，以嫡长子继为主，弟及为辅。夏商人事制度的基本特点是王族垄断公职，实行亲贵合一。

（3）西周。西周时，依照宗法制的血统世袭关系，实行“世卿世禄”制度（即贵族的爵位世袭制）。天子、诸侯、卿大夫以至士，世代相传，永不变更。只要生于贵族之家，便可无功受禄。

西周设置了三公（太师、太傅、太保）和六官（天、地、春、夏、秋、冬官），其中天官为首，辅佐周王，主管人事，总揽政务。所谓“六卿分职，各率其属”，是指地方已设政府机构（方遂）和职官（方正、遂师）。全国官吏共约 400 人。担任主要官职者，大多由周王和诸侯按宗法制层层分封。这些被封的贵族和官员身份实行世卿制，即典型的嫡长子继承制。

3. 春秋、战国时期

（1）春秋时期。当时，跻身政治舞台的新兴封建地主阶级向旧有的人事制度发起了挑战。齐、晋、楚等诸侯国先后成功地尝试了选贤任能、富国强兵之道。吴、越等国的人事制度变革，更鲜明地显示出一个规律：得人才者胜，失人才者败。国家兴亡，关键在于人事管理制度是否具有吸引和招揽人才的优越性。

（2）战国时期。这时，逐步设立了中央和地方政府机构。地方政府多为郡县二级制。地方行政官吏由中央委派和任免。在人才培养方面，私人讲学之风很盛行。这种通过讲学培养人才的方法，适应了招揽人才的需要。

（二）成长阶段（秦至南北朝）

这个阶段是官吏制度成长的阶段。

1. 秦朝

由于秦始皇统一了天下，实行高度的中央集权制，于是建立了强大的中央机构，并把天下分为36郡。这就需要很多的官吏，因而在官吏选拔、管理方面产生了很多的办法和规定，有些形成了制度。秦朝在人事制度方面进行了以下改革。

（1）废除分封制，实行以郡县制为基础的封建中央集权制。全国的官吏任免权统一于中央政府。

（2）破除世卿世禄制，实行官吏选任制度。它是指采用立功进仕，献策进仕和荐举进仕等多种办法，选拔官吏。

（3）实行官吏考核制度。它是通过上级核查官吏政绩。

（4）废除世封制，实行俸禄制。它是按功劳政绩给官吏以报酬。

在秦朝的郡、县级官吏，称为郡守、县令，均由中央政府任免。中央设立“三公九卿”，协助皇帝处理政治、军事、经济等事务，其任免权都掌握在皇帝手中。这一政治体制加强了皇帝对政权的控制，为后来的历代封建王朝所沿袭。

2. 两汉至南北朝录用人才的方式

两汉的国家体制，从中央机构到郡县划分，都基本上沿袭秦制，即所谓“汉承秦制”。但是，在录用人才方面，采取了一些新的方式。这是因为，汉朝建立以后，仅从功臣和权势人物的亲戚中挑选人才的做法，已远远不能满足国家的需要。

两汉至南北朝。它主要经历的朝代有：三国（魏、蜀、吴）、晋（西晋、东晋）、南北朝等。这期间录用人才的主要方式有以下几种。

（1）察举制。所谓察举制，又称荐举或乡举里选，即由皇帝每年下诏征求人才。察举是大规模的、制度化的、由下而上推荐人才的方法。

（2）征辟制。帝王召见并授予官职之意。其做法是由中央高级官吏和地方官（如郡守）直接征聘人才或向皇帝推荐作为自己官府的属吏。

（3）九品中正制。这一制度始于魏朝，延续实行到南北朝。它的做法是：在各州郡设置大、小中正官负责选拔官吏，“由小中正品第人才，以上大中正；大中正核实，以上司徒；司徒再核，然后付尚书”选用。中正必须由本地人充任，负责将本地人物评为上上、上中、上下、中上、中中、中下、下上、下中、下下九个品级，以此作为选拔官吏的依据，以备随时任用。这个制度避免了“察举制”较为零散的荐举方法，采取了系统的“人才网”方式，利于国家对人才的需求。

3. 两汉至南北朝的官吏考核办法

在考核制度方面，汉武帝时已有比较明确的规定。当时的考核办法有三种。

（1）对官员实行课考，公卿百官逐级考核下属。当年一小考，三年一大考，考核时以会议形式公开评议。

（2）“上计”。郡国地方长官年终向上级汇报工作。其内容分门别类，如户口增减、农桑垦殖、漕运水利、钱谷运输、教育选举、灾害疾病等情况，并把这些政绩写在“上计簿”上。

（3）监察。把全国分为 13 个监察区，由 13 部刺史按六条规定视察郡国长官。这是中国最早的监察制度。

（三）成熟阶段（隋、唐、五代、宋、元、明、清）

这一阶段人事管理的最大特点，是实行开科取士的科举制度。这一制度对我国和欧美各国的人事管理制度都产生了重大影响。

1. 选拔人才的方式——科举制

科举制，是指用分科取士的办法，录用政府官吏的制度。

2. 培养人才的方式——官学和私学

从唐朝至清朝，人才的培养都依赖官学和私学两种制度。私学是私人学习文化或讲学的场所，如私塾和私人书院。官学包括：中央的国子监和省、府、州、县的官办学校，它是专为国家培养科举考生和某些官吏的学校。

3. 考核制度的完备

在官吏的考核奖惩制度方面，唐、宋、明、清各朝代都在前代的基础上有新的发展，走向标准化。

例如，唐代的“四善”“二十七最”就是作为考核官吏的标准，并根据考核结果进行赏罚。所谓四善即：①德义有闻（仁义道德远近驰名）；②清慎明著（清廉、勤慎、彰明较著）；③公平可称（公正平易，不偏不倚，值得称赞）；④格勤匪懈（勤勤恳恳，始终如一）。所谓二十七最，是指各种最好的官的标准。例如，第十三最为“赏罚严明，攻战必克，为将军之最”。根据考核标准，量其功过分为九等。一最、三善为上中，一最、二善为上下，以此下推，然后进行奖惩。中上以上的晋级加禄，中中的不动，中下以下的降等降薪，下下的解职。

4. 管理机构及监察制度

（1）在管理机构方面，我国古代自唐、宋以后，涉及人事管理事务的政府机构主要有以下三个：①吏部，掌管全国文职官吏的任免、考核、升降、奖惩以及制定中央和地方各级政府机构文职官吏的编制、名额等；②礼部，管理科举考试及官学（中央官学“国子监”另设管理机构）和学官（又称教官，即主管学务的官员和官学的教师）；③御史台（明以后改为都察院），掌管对各级官吏的监察。

（2）监察制度。宋代除中央设御史台纠察百官，肃正纲纪外，还派遣观察使、按察使、通刺等官兼任监督地方的职务，以加强地方官吏的监察。元代除了设御史负责监察全国的官吏和一般机关的工作外，还设六科（吏、户、礼、兵、刑、工），分别专门监察中央六部。

5. 退休制度

古代称退休为“致事”或“致仕”，意思是交还官职。《礼记曲礼》云“大夫七十而致仕”。如唐朝规定，职官 70 岁以上都得退休，年龄未到但身体不好的也可以退休。退休后，五品以上的官，可得半禄；有功之臣可得全禄。京官六品以下，外官五品以下退休的，各有永业田以养老。明、清两代退休年龄提前到 60 岁。

二、中国古代的人事管理思想

思想与实践总是相互促进、共同发展的。中国古代比较完备的人事管理制度，与丰富的人事管理思想是密不可分的。中国古代的人事管理思想早已融入中华文明和世界文明的思想宝库，给后人留下了许许多多值得学习和借鉴的东西。综合史料记载，中国古代的人事管理思想可以概括为以下几个方面。

（一）人治的思想

人治的思想在中国古代统治者的政治管理思想中占有十分重要的地位。

这是因为，中国历代王朝的兴亡盛衰都与人才的任用有着密切的关系。用人得当，贤者、智者在位，国家便兴旺发达；用人不当，邪者、愚者当道，国家便会趋于衰亡。这种历史事实渗透到古代政治家和思想家们的头脑中，使他们极其重视对人才的选拔和任用。

例如，墨子曾说过："国有贤良之士众，则国家之治厚；贤良之士寡，则国家之治薄，故大人之务，将在于用贤而已。"荀子也指出："治生于君子，乱生于小人。"《管子·权修》中说："一年之计，莫如树谷；十年之计，莫如树木；终生之计，莫如树人。"宋朝胡瑗更以最明确的语言指出："致天下之治者在人才。"

尽管人治思想反映的是封建地主阶级的利益，理论上和实践上都有其局限性，但是它关于重视人才和选拔任用人才的人事思想，是值得借鉴的。

（二）"任人唯贤"的思想

人治的思想一旦上升到首要地位，"任人唯贤"的思想和做法便是自然而然的了，因为用人则需用贤能之士，而非平庸之辈。中国虽然历来都存在着任人唯贤和任人唯亲两种事实，但在理论上却从来没有发生过用贤还是用亲的争论。

例如，封建社会的世袭制即皇位的继承人"立长不以贤"是社会制度所决定的，是为了解决皇位继承上的争端而制定的，并不是根据"任人唯亲"的原则确立的。

古代人主张任人唯贤，在做法上有两个显著的特点：一个是反对任人唯亲，另一个是反对论资排辈。

因为，在古代统治阶级内部，眼光较为远大的政治家和思想家们，从本阶级的长远利益出发，主张任人唯贤；而眼光短浅的人，却只着眼于他们眼前的私利，极大地破坏了统治阶级的长远利益。由于用人不当而国破家亡、身败名裂的事例史书频载。有鉴于惨痛的历史教训，进步的思想家们也一再地对这种不良的社会现象提出针砭。

例如，墨子认为一个英明的君主用人不应该以亲疏为标准，而应该以是否有功、是否有能为标准。荀况也认为，选拔人才只能是有否德、才这样一个标准，而不应该是其他标准。在此方面做出榜样的封建君主是唐太宗李世民。他在册封皇后之兄、唐王朝的开国功臣长孙无忌官职时说，他给长孙无忌加官晋爵是根据任人唯贤的原则，而不是出于亲戚的私情。

综上所述，任人唯贤，反对任人唯亲和论资排辈，是中国古代统治阶级在人事管理上一贯提倡的。

（三）用人"不求全责备，而取其长，避其短"的思想

中国古代的政治家和思想家曾注意到了人的能力和才智的千差万别。有人长于此而短于

彼，有人长于彼而短于此，要求一个人十全十美是不可能的。

例如，有些人豪放，但粗鲁；而有些人细心，但却胆怯；有些人聪明，但做事不够严谨；而做事严谨的人，却往往不那么聪明；有些人在大是大非面前，是非分明，却不拘小节；而在小节上端庄谨慎的人，在大是大非问题上却模棱两可。

如果求全责备，那么世上便无可用之人了。汉朝的东方朔曾警告人们说："水至清则无鱼，人至察则无徒。"因此，如果不求全责备，就会在每一个人身上发现长处，就会有取之不尽、用之不竭的人才。

在中国古代封建帝王中，对人才不求全责备、善于用人所长的要算唐太宗李世民了。在李世民统治期间，较为正确地贯彻了"用人如器，各取所长"的思想。他认为一个英明的君主用人，好比一个木工用木一样，大小、曲直的各种木料在一个好木工手里，都有用途，无一弃材。他指出："君主用人，如巧匠之制木；直者以为辕，曲者以为轮，长者以为栋梁，短者以为拱角，无论曲直长短，各有所施。君主之用人亦犹是也。智者取其谋，愚者取其力，勇者取其威，怯者取其慎，无智愚勇怯，兼而用之。故良将无弃才，明主无弃士，不以一恶忘其善，勿以小瑕掩其功。"

三、中国古代人事制度的经验

我国古代人事制度作为几千年封建社会的产物，不可避免地烙上封建社会色彩，具有明显的局限性。然而经过一两千年的发展与演进，我国古代人事制度就其具体运作机制而言，亦不断制度化、规范化，其中仍有一些经验是值得我们吸收和借鉴的。

（一）以法治吏

以法治官，以官弘法。用法律的形式确认和调整官吏制度，以法律来保障和约束官吏行为，是中国历代王朝官吏管理制度的另一重要特征。虽然中国古代社会强调君权至上，但从人事制度的整个运作过程来看，法律在官吏管理方面仍起着不可替代的作用。

一是具有完备的体系。据《尚书·伊训》篇记载：制官刑，儆于有位。曰："敢有恒舞于官，酣歌于室，时谓巫风。敢有殉于货色，恒于游畋，时谓淫风。敢有侮圣气，逆忠直，远耆德，比顽童，时谓乱风。"大概是讲整治官吏的刑书，是为整肃官吏，以警戒渎职草率从政之意。这估计就是中国古代关于国家官吏法的最早雏形。

到了秦汉时期，国家开始制定职官吏律。秦汉简中《置吏律》《效律》《司空律》《传食律》《行书律》等，都属于这一类，构成了秦汉行政立法的重要内容。

魏晋南北朝时期，随着官吏组织的膨胀和扩大，官吏规范也以典、格、令等形式出现，内容不断增加。其中以曹魏时期的《魏律》18篇、北齐的重罪10条和南齐的官当较具代表性。

唐朝时期，《唐六典》的问世则是中国古代行政法成熟的标志，它对从中央到地方的官吏机构的名称、长官、员额、职权、人员违法处置等各个环节都做了具体详细的规定。唐朝以后的宋、元、明、清官吏法主要是以会典的形式出现，内容更为完备详尽，形成了中国古代吏治的官法体系。

二是具有严格的执法机制。徒善不足以为政，徒法不足以自行。要保持吏治清明，除了周详完备的法律外，还必须严格执法。只有严格执行官吏的有关法令，治吏才能达到根本。中国古代也秉从治吏从严的原则，历代王朝对于官吏违纪枉法、败坏官纪官风等恶劣行为进行依法严惩。

《尚书·伊训篇》记载："臣下不匡，其刑墨，具训于蒙士。"凡是不匡正之卿士，一律要处以墨刑，并以此来训诫下士。

西周时的成文刑法《吕刑》规定：对于因断案有误而蒙受冤枉的人向天子和家宰上诉，若转送机关失职，扣压材料，长官就要受到法律惩罚，在外朝门外的红石上站立三天；对依仗权势，袒护犯法、借职报私、敲诈勒索、行贿受贿等行为一律要进行严肃处理。

秦汉时期的官律，集行政和刑法于一体，明确规定了官吏的责任与义务，凡违反责任与义务的，都要受到一定的惩治。惩治措施包括行政处罚和刑事惩治，严重者甚至被处死罪连坐。

到唐宋时期，惩治官吏犯罪的立法及其措施以法典的形式得到正式确认。对于官吏职务犯罪（如贪赃受贿、擅权争利、失职行为、违纪行为、破坏司法等行为）规定了详密的处罚措施，把重惩官吏违纪违法作为维护国家机构正常运作的重要手段。

明、清时期是中国古代官刑发展的最后一个时期。明清时把《吏律》作为刑律的一个组成部分，主要规定了对在任官吏职务犯罪所应科定的刑罚，其中主要包括选任官吏犯罪、玩忽职守犯罪，败坏官风、官纪等。惩治形式有杖责、充军、刑杀、诛族，甚至死后戮尸，其惩处程度之严厉，手段之残忍，为历史罕见。

（二）合理的管理机制

中国历代统治阶级为了有效管理官吏，使其在统治过程中充分发挥才能，建立了一套合理的选用优秀人才、激励有功官吏和保障致仕属臣为核心的管理机制。

第一，竞争择优的用人原则。"为政全在得人"，坚持竞争择优、德才兼备的原则是历代统治阶级选官用人的基本标准。

春秋战国时期，百花齐放，百家争鸣。诸子百家极力主张"尊贤""尚贤"，他们通过游说上书，选贤荐能，以求打破用人的等级观念。各国以军功、力田为标准选贤用能。秦汉时期，为了加强以皇帝为首的中央集权体制，强化对官吏的培育、选任和管理，建立了客卿、察举、征辟等制度，广开才路，招揽各种人才和有识之士，同时还采取守、真、假、平、领、视、录、兼、行、督和待诏等方式任用人才，这在一定程度上限制和减少对王国官、地方官、宗室外戚和宦官等的任用。魏晋南北朝时推行九品中正制就其目的而言也是为了吸收部分优秀的中小地主参与政权。基本三项标准之一的"状"，反映的就是德行才能。刘毅在评论该制度时也指出，"名状以当才清，品辈以得实为平"。但该制度在实践过程时却违背初衷。

用人竞争择优原则的最好体现是隋唐时代推行的科举制，分科考试、量才取士的科举制度，比较公开、平等地向社会招揽人才，在官吏选任上，唯才是举、量才授职、不避亲疏、士庶并重、赏罚分明，使官吏任用制度走上了规范化的轨道，不仅保证了官吏素质，提高了办事效率，而且把用贤、科考与任官三者结合起来，打击了士族的势力，调动了庶族参与统治的热情。

第二，按功行赏的激励机制。激励机制是中国古代官吏制度中的重要组成部分，主要包括酬劳和奖赏。酬劳是历代王朝给予入仕之人政治地位、荣誉称号以及经济待遇的总称，主要包括品秩、封爵、俸禄，以及勋位、休假、封典、谥法等；奖赏则是官吏考核之后，对功绩显著者的奖励措施。

品秩是古代官吏制度中与官职并行的等级制度，是官吏们地位尊卑、能力大小的标志，也是国家管理官吏的重要手段。品秩制度作为古代官吏酬劳的重要内容，可以使官员们在品级上获得官职、封祖荫子，在经济上得到俸禄，占有土地、房屋，在法律上减免税役，在礼仪上享用印绶、车马、仪仗等。

封爵是古代最高统治者封授宗室、开国元勋以及有功之臣的荣誉称号，其最大特点就是唯功劳是封。康有为在其《官制议》中指出，“爵位以酬勋旧年德也，所以尊显之，其意在报。故有治者之材者不拘资格可以任官，然未有积累之功不必加尊显之爵位也”。

俸禄也是古代官吏酬劳的主要内容之一。它是古代历朝政府给予官吏的物质报酬，以此保障官吏本人及其家庭的生活。其内容合理，方法得当，可真正起到物质鼓励作用。

对于官吏的奖赏，主要是通过官吏职位的升迁、品级的进阶、俸禄的增加和荣誉的赏赐等形式实现。奖赏标准亦是坚持推优进贤、裁顽汰劣、德才兼备的原则。

第三，老有所养的保障措施。中国历代的官吏在致仕之后虽不能享受原在职时的物质报酬，但一般都能获得一定的物质以保障他们颐养天年。其中食俸和赐物是古代致仕官吏经济待遇的重要形式。

食俸，除少数皇帝特恩给全额外，一般均少于任职期间数额，大致按原官禄的比例或给半俸或给 1/3 不等。

赐物是食俸的重要补充。通过发给一定比例数额不等的俸禄，以赏赐致仕官员的任职功绩。赐物种类繁多，大致有金银、米粮、宅第、绢帛、土地、耕牛、奴仆等。

食俸和赐物是古代官吏退养之后重要的经济来源，加之其在职期间的积累和超经济收入，已足够保障其退休之后养尊处优的生活。

四、中国古代人事制度的缺陷

（一）君权至上的人身依附关系极为严重

中国古代是一个君主专制的社会，从夏朝起就建立了以奴隶主贵族为首的奴隶主贵族专制的政体，至公元前 221 年，秦灭六国建立起统一的中央集权的封建君主专制国家，历经 2000 多年的发展，专制主义制度不断强化，越来越趋于极端，皇帝集中了一切大权，形成“天下之事无大小，皆决于上”的局面。皇权绝对凌驾于任何法律制度之上，官吏制度自然也不例外。因此，在中国古代社会，即使有各种官吏管理的法律措施，其存废损益，有无执行，也都维系于君王一个人身上。而且，从根本上讲，这种官吏制度体现的是奴才与主子的关系，任何官吏只不过是君王的家臣和奴仆而已，君主凭个人喜好就可以决定官吏的去留生死，因此再完备的制度也只为君王一个人服务。在这种制度下，奸佞之徒仍可牢握重权，阿谀之辈也能平步青云。这实际上是封建人身依附关系在政治制度上的体现。

这种人身依附关系具体表现为：各级官吏经一定方式选任后必须对君主效忠，绝对服从；各级官吏在从属关系上形成一个自上而下，由内及外的层级节制体系，上级有决策、指挥的权利，下级有服从、执行的义务，各有专责范围，不得擅越；政府官吏整体上形成一个比较稳固的统治系统，凌驾于社会之上，并对君王负完全的责任。

（二）入仕的不正当竞争途径

虽然历代统治者强调用人的“贤能”，但事实上在具体贯彻的过程中存在着众多的不正当的用人途径，由选举做官的人同由这些途径入仕的人相比，只占少数部分。这些途径主要有以资历定升迁，论门第出身和纳赀制度等。这些不正当的竞争方式极大地挫伤了中小地主阶级参政的积极性。

以资历定升迁，导致良莠不分、埋没大量人才。古代知识分子要博得高官，就必须长期挣扎在仕途之上以期有足够的资历。清朝的龚自珍指出，"今之进身之日，或年二十至四十不等，依中计之，以三十为断，翰林至荣之选也，然自庶吉至尚书，大抵须三十年或三十五年；至大学士又十年而弱。……大抵由其始宦之日，凡三十五年而至一品，极速亦三十年"。康有为在给朝廷的万言书中就尖锐地指出，"盖循资格者可以得庸谨，不可以得异才，用耄老者，可以守常，不可以应变"。

以门第高下为标准选任官吏是中国古代用人制度的又一特色。在古代社会，只要是出身豪门大族的子弟，凭其祖宗门第荫袭，都能获得仕途上的优先权。明朝规定：三品以上京官任职三年称职无过者，许其一子免考入监，有特殊贡献的官员不受品秩和任职的年限的限制，由皇帝特旨准予荫叙，这种荒谬的人事制度在中国古代社会甚为流行。

纳赀制度（卖官制度）始于秦始皇。据《史记·秦始皇本纪》记载："始皇四年，天下疫，百姓内粟千石，拜爵一级。"此后历代各朝大都有类似规定。这种"有资即可搏官，才品俱在勿论"的卖官鬻爵制度使中国古代官场日渐腐败黑暗。

（三）官吏选用的不平等政策

在中国古代历朝的官吏管理制度中，统治阶级由于民族、阶级、历史局限性，在官吏选用时往往会采取带有明显歧视性色彩的不平等政策。这些不平等政策体现为阶级等级差异、贫富差异、类型差异和性别差异。

西汉时期对官吏为官资格做出种种限制，规定，无资者不得为官，商贾子孙不得为官，市井子孙不得为吏，贾人赘婿及吏坐赃者禁锢不得为吏。

宋朝之前参加科举考试荐举的考生，无论贡生或生徒，都要接受资格审查，凡出身低微，祖上无功者，凡工商杂类，非书香官宦后裔者，均不得参加科举考试。唐宪宗诏令的《严定应试人事例敕》规定：自今以后，外府所送进士，如迹涉疏狂、兼亏礼数，或曾为官司科罚，或曾任州府小吏，有一事不合入清流者，虽薄有词艺，并不得申送入。元、清两代的选官用人政策不仅具有财产、等级之分，且带有严格的民族界限和阶级界限。《清史稿·选举志》明文规定：八旗户下人，汉人家奴，长随，不得滥入仕籍。在内务府、理藩院等重要机构中，汉人均不为所用。

除对阶级、财产、身份等方面的限制外，历代统治者还在人才类型、性别等方面做了严格限制。在类型上，存在着贵德贱艺、重道轻器的倾向，在选拔和使用人才时，往往偏重于经史、政治和军事方面的人才，而轻视技艺、工商等方面的人才；在性别上，以儒家"三纲五常"为准则，奉行"内言不出于阃，外言不入于阃"的措施，不许妇女参加考试，参与政权。

第二节　西方文官制度

西方文官制度是适应现代行政管理及民主政治发展的需要而产生和发展起来的。它最早起源于19世纪初的英国，此后美国、法国、德国、意大利等国家纷纷效法，逐渐发展为世界上一种具有代表性的人事管理制度。

一、文官与文官制度

西方资本主义国家人事管理主要内容是文官制度，也有的国家称为公务员制度。所谓文官，一般是指通过非选举程序而被任命担任政府公职的人员。世界各国对文官范围的界定不尽一致，总体上看存在三种基本类型：一是以英国为代表的小范围型，主要指中央政府系统中非选举产生和非政治任命的事务官，即除去政治性官员以外的常任文职人员。二是以美国为代表的中范围型。它把中央政府机关中的所有公职人员都称为文官，既包括政务官，又包括事务官，但适用文官法的只是事务官。同时美国公共事业单位的人员和国有企业的管理人员也都属于文官的范围。三是以日本和法国为代表的大范围型。包括从中央到地方政府机关所有公职人员，以及国会工作人员、审判官、检察官、国有企业事业单位的工作人员、市乡村镇的公职人员等。虽然各国对文官范围的界定模式不一、方法不同，但大致分为政务官与事务官两类。政务官指经选举或特殊任命产生，属“制定政策型”、行使国家权力、实行任期制的“高级”或“特别职”公务员；事务官是指经公开考试录用，属“执行政策型”、执行国家公务、无过失长期任职的“低级”或“一般职”公务员。在西方国家，文官主要是指“事务官”这类不与内阁共进退，经过公开考试录用，实行常任制的政府文职公务人员。

文官制度，是西方各国为文官的分类、考试、录用、考核、奖惩、待遇、培训、晋升、调动、解职、退休、保障等做出系统规定的规章制度和体制。目的在于选贤任能，提高行政效率及维持政府行政行为的连续性。从管理的科学性和系统性的角度看，因各国国情的差异，文官的内涵和外延不尽相同，但总的说来，各国的文官制度都对文官的考试录用、责任义务、职位分类、政绩考核、奖惩任免、职务升降、工资福利、社会保险以及文官的管理机构等做了周密的规定，并在实践中不断加以修订和补充，使文官的管理朝着日益科学化和系统化的方向发展。从各国文官制度的约束力角度看，均具有严格的法律效应。为避免流于形式，西方各国大都把基本成熟的文官制度从立法的角度加以规范。例如，美国于1883年颁布了《联邦文官法》(即《彭德尔顿法》)，瑞士于1927年颁布了《联邦公务员总章程》，波兰于1928年颁布了《国家工作人员法》，法国于1946年颁布了《公务员总章程》，日本于1947年颁布了《国家公务员法》，联邦德国于1953年颁布实施《联邦德国公务员法》等，这些使文官的管理有了严格的法律依据。

二、西方文官制度的产生

文官制度是资产阶级革命后，在欧洲主要资本主义国家中先后逐渐形成的一种公共人事制度。其中英国的文官制度不仅产生得最早；而且发展也比较完备，在西方文官制度中具有一定的代表性。

英国文官制度的产生和发展大体经历了酝酿准备、正式建立和改革完备的三个阶段。19世纪40年代和50年代，首先完成了工业革命的英国工业资产阶级，从建立一个高效率的廉价政府的需要出发，对以前由于执政党更迭、内阁变迁而引起的政府行政人员大规模进退和执政党上台后公开进行肥缺分赃的状况极为不满，产生了改革官吏制度的强烈要求。从19世纪初到30年代，英国财政部等几个主要部相继设立了常务次官，产生了不受党派之争影响，不与内阁共进退，可长期担任实际行政职务的事务官，这些为文官制度的产生奠定了思想基础和社会基础。

1853 年英国斯坦福·诺斯科威和查尔斯·杜维廉两人起草了《关于建立英国常任文官制度的报告》，对当时官吏制度的各种腐败现象进行了尖锐的抨击，并提出了公开竞争考试，择优录用文官等一套建立文官制度的建议，这又为文官制度的正式建立提供了直接的依据。

1855 年和 1870 年，英国政府两次以枢密院名义颁布了改革官吏制度的命令，确立了公开竞争考试用人制度，从此英国文官制度正式确立。其中 1868 年的富尔顿改革规模较大，内容主要是：成立文官部，加强了文官的政治地位；调整了录用文官的原则，改书面考试为口试；重视专家的作用，强调政府工作的专业化、知识化；注重文官的培训等。改革后的文官制度趋于完备，奠定了英国现代文官制度的基础。

英国建立并改革文官制度的做法，对其他资本主义国家建立和改革文官制度产生了较大的影响。1883 年，美国通过了《文官制度法》，结束了 50 年之久的党派分赃制，建立了功绩制的文官制度。1878 年，美国国会又通过了《文官制度改革法》，确立了功绩制 9 项原则，并撤销文官委员会，成立功绩制保护委员会和人事管理局。日本明治维新后，开始仿效英国的文官制度。第二次世界大战后，搬用了美国文官制度，规定了“民主”与“效率”为公务员制度的基本原则。法、德等其他国家也都相继建立了文官制度。

西方资本主义文官制度，是工业革命后为适应资本主义生产方式发展需要而建立的一项人事制度。它是工业资产阶级在反对封建君主恩赐官职制和资产阶级政党肥缺分赃制的基础上形成，并通过不断的改革逐步完备起来的。它反映了资产阶级“机会均等”和“自由竞争”政策在用人方面的要求，核心内容是通过公开竞争考试，择优录用和严格考核、论功行赏来提高行政效率。它的基本原则主要是：民主原则、平等原则、公开原则、效能原则和内行领导原则等。

三、西方文官制度的共同特点

文官制度是适应现代政府科学管理的需要而建立起来的一种官吏制度。西方文官制度从产生到现在已有百余年历史。虽然各国建立文官制度的时间不同，制度本身也各有一些特点，但仍具有一些共同特征。

（一）法治化

西方各国的文官制度，是建立在法制化管理的基础上。其重要特点之一，就是立法较完备，种类繁多，内容广泛。文官的职位、地位、待遇均由法律来保障，有关文官的考试、录用、奖惩、晋升、考核、培训、退职、退休以及分类管理等一系列制度，都以法律形式加以固定。公务人员行使权力、执行公务必须以法律为依据，其行政行为也必须在法律和法规限定以及行政授权范围内，任何违法或越权行为都要受到司法制裁或行政处罚。文官履行公务时，只对法律或法定职位负责，而不对任何党派或个人负责，任何党派或个人均不得介入或干涉公务人员依法实施行政行为。一切有关文官的规定及其修订、更换和重新确认等，都必须由法定机关经法定程序审理决议后才有法律效力。依法管理，不仅提高了政府工作效率，而且还使文官在执行公务中和个人行为上有章可循，依法办事，有效地约束和遏制了文官的违法违纪行为。

（二）政治中立

政治中立是19世纪英、美等国建立文官制度时期的产物，是西方文官制度基本原则之一。实行政治中立，既有政治上的意图，又有技术上的考虑。为了保持政府工作的连续性、稳定性，也为了保证文官不受党派纷争的影响而公正地履行职责，西方各国都对文官的政治倾向予以严格限制，如规定文官不得以公职身份参加某些政治活动，不得任议员，不得参加竞选，不得参加政党或工会，不准罢工，不得接受政治捐款等。这些规定，一方面是为避免文官受到党派政治斗争的影响，"与内阁共进退"；另一方面，也是西方国家行政、立法、司法三权分立原则的重要体现。

（三）政事分开

严格区分政务官与事务官，是西方文官制度的重要特点之一，也是西方文官制度建立的重要标志。一般来说，政务官是通过选举或政治任命产生，有任期，随选举胜负而进退，主要负责政策的制定。事务官则是通过公开考试而择优任用，实行"无过失不受免职处分"的职务常任制，不与内阁共进退，主要负责政策的执行。两类官员在范围、性质、产生、职责和管理办法等方面明显不同，事务官属于文官法的调整对象。

（四）职务常任

在西方，文官被当成一种职业，一旦任用即取得法定身份，受国家法律保护，成为终身职业(除非本人自愿转业)；文官非因违法失职并经过法定程序不得被免职或停薪，即使被认定有错，本人也有申诉和说明理由的权利；文官的身份一经确认，即享有法律规定的一切权益，非经法律程序，任何部门或个人不得剥夺其权益。文官职业化和职务常任制是西方文官制度的一个基本原则和重要特征，也是文官的一项身份保障权利，其目的主要是为了稳定政府工作人员队伍和吸引优秀人才为政府服务，同时也与现代政府管理的专业化密切相关。现代行政管理事务的复杂化、多样化和规范化的趋势，决定政府公务日趋专门化，政府公务人员也必须相应地专业化，即必须具备职务上所需的专门知识和技能，每一个职位不仅需要了解和熟知众多的相关法律、法规的条款和惯例，而且需要懂得并实际运用这些条款、惯例来处理问题。而这种专门知识和技能需要通过相当长时间的正式教育、培训和实际经历才能形成。职务常任将有助于充分发挥文官的专业知识和技能，更好地提高文官队伍素质。

（五）功绩制

功绩制是各国文官制度的重要原则之一。对文官的考核，英国、美国叫"考绩"，日本称"勤务评定"，法国叫"鉴定"，名称不一，但内容和作用却是一致的，都注重考核工作业绩，并把考核结果作为职务升降、奖惩的重要依据。例如，1978年10月美国会通过了"文官制度改革法"，以法律形式重新确立了"功绩制"九条原则：公开竞争；公平对待；同工同酬；保持公德；效率原则；奖优罚劣；注重培训；政治中立；职业保障。这九条原则与以往的法律相比，有两点新内容：第一，强调利用报酬来鼓励政府雇员的工作积极性；第二，保护揭发政府工作缺点和弊病的人不受打击报复。按照功绩制九条原则的要求进行的文官制度改革，标志着美国文官制度发展到一个新阶段。功绩制的实行，不仅有利于保证任人唯贤和奖优罚劣，而且能有效避免官员任用、升职降职、赏罚上的个人好恶及感情干扰的弊端，真正体现机会均等、平等竞争的原则。

（六）成套的管理体制，强调官纪官风和职业道德

为了把庞大的文官队伍有机地组织起来，西方各国都分别建立了符合本国特点的文官管理体系，有统一的文官机构、严格的考试录用制度、培训制度、晋升方式，合理优厚的福利保障制度。强调公务人员不仅要具备高素质，竭诚为国民服务，而且必须讲究职业道德。为此，不少国家的文官制度做了明确、具体的规定，制定了完整的纪律、规章和行为准则。例如，依法办事，廉洁自律，遵守纪律，严守秘密，不得经商，不得参加与本部门有关的营利活动，不得兼职等。有的国家还对公务人员的形象提出了要求，如“刚正不阿的形象”等。

长期以来，具有上述基本特征的西方国家文官制度，对提高政府的行政管理效率、维持多党竞争条件下国家政权的稳定性和国家政策的连续性，加速资本主义商品经济的繁荣和社会生产力的发展，都起到了积极的促进作用。当然，同任何一种社会政治制度一样，西方国家的文官制度也存在着某些局限性和弊端，但若从宏观的角度，以科学、理性的标准来衡量它时，可以发现它仍不失为是一种有效的现代人事行政制度。

第三节　中国近现代的人事制度

一、近现代中国人事制度演变

中国近现代不仅是政治制度发生巨大变化的时期，也是人事制度发生重大变动的时期。从1840年鸦片战争以后，中国封建人事制度逐步瓦解，半封建半殖民地的人事制度逐渐形成。同中国古代人事制度相比，近现代人事制度的一个显著特点就是废除古代人事制度的核心——科举制度，开始建立和推行文官制度和公务员制度。这一过程历经数十年，大致可分为下列四个时期。

（一）晚清时期

这是中国近现代公务员制度的酝酿时期。一些先进的知识分子，针对腐朽了的封建人事制度，提出了改革人事制度的主张。资产阶级维新派提出官吏专职化，即所谓“专职司”，主张“吏胥之宜易用士人，百官之官终生专职”，这种带有常任业务官含义的主张，显然是受了西方文官制度的影响。以孙中山为代表的资产阶级革命派进一步提出建立独立的考选机构——考试院，这显然也是主张在中国建立资产阶级的文官制度。但上述主张都未被清政府所接受。在清末的最后几年，清政府不得不进行人事制度的改革，如废除科举制，建立新式学堂，但近现代文官制度还只处于萌芽阶段。

（二）南京临时政府时期

这是中国文官制度的筹建时期。以孙中山为首的南京临时政府锐意进行人事制度的改革，起草了《文官考试令》《文官考试委员会官职令》《任官令》等文件，为建立文官制度进行积极的准备工作。但由于南京临时政府存在的时间短暂，上述筹建文官制度的法令草案没有正式颁布，文官制度也并没正式实行。

（三）北洋政府时期

这是中国近现代文官制度正式建立时期。袁世凯称帝后，在政治上打着“共和”的招牌，在人事制度方面，推行文官制度。从1913年以后连续颁布了一系列法规，对文官的考试、任用、考绩、服务、保障、抚恤、监督等做了明确规定。1916年6月，北洋军阀政府举行第一次文官高等考试，此后，文官制度逐步建立起来。

（四）南京国民政府时期

这是中国近现代公务员制度开始实行时期。民国初年，虽然正式实行了文官制度，但由于北洋军阀的破坏和践踏，文官制度声名狼藉。为了与北洋政府相区别，广州国民政府开始提出“公务人员”的名称。南京国民政府成立以后，沿用了广州国民政府关于公务员的提法，并正式建立了公务员制度。南京国民政府的公务员制度大致上与北洋军阀政府的文官制度相同，但在具体体制方面更加完备。在考试方面，增加了检定考试、升等考试，在管理方面，建立了全国性的人事机构——考试院；在监督方面，建立了监察院；在任用方面，南京国民政府通过考试录取的公务员人数也比北洋政府时期有所增加。但是，南京国民政府并没有认真推行公务员制度，加上当时吏治十分腐败，到了20世纪40年代末期终于随着国民党政府的垮台而瓦解。

值得提出的是，第一次国共合作失败以后，中国共产党独立地在农村建立了革命政权，与此同时，也相应地建立了人事制度。我党创建根据地时的人事制度对南京国民政府的公务员制度做了根本性的改革，建立了干部的任用、考核、选拔、奖惩、教育、监督等一系列制度。在对国民党政权的人事制度进行改革的同时，根据地也酝酿建立公务员制度。抗日战争以后，一些根据地的干部就称公务员或公务人员。只是由于当时全国尚未解放及其他各种原因，没有建立起完备的公务员制度。但是，中国共产党在革命战争时期积累了丰富的干部人事管理经验，为新中国干部人事制度的建立奠定了思想基础和组织基础。

二、近现代中国人事制度的评价

从1912年1月到1949年10月中华人民共和国成立期间，尽管中国历史经历了北洋军阀的黑暗统治，出现了短暂的帝制复辟，但总体上是以“中华民国”的名义来行使其行政权力的。“中华民国”的行政管理体制，大体经过了资产阶级总统行政首脑负责制，北洋政府的军阀专制和蒋介石的新军阀独裁制三个阶段。从本质上讲，他们都是建立在为大资产阶级、大官僚买办阶级政治服务基础上的国家政权。但从历史的角度看，“中华民国”的建立是中国资产阶级按照西方资产阶级共和国方案改造中国的一次尝试。它的诞生，结束了中国2000多年的封建专制，具有伟大的历史意义。因此，对近现代中国政权体系制度之重要环节的人事制度，也应以科学的态度和历史的眼光，对其做出合理的评价。

（一）近现代中国人事制度的成就

近现代我国人事制度的转型是一次跨时代意义的演进。

一方面，从近现代人事制度的确立原则看，“中华民国”时期的人事制度，大体上是按照孙中山的“五权学说”建立起来的。孙中山以资产阶级民主主义精神，抛弃了自上而下的改革道路，批判了封建专制体制，力图按照资产阶级共和国的蓝图，建立起一套适合于中国的文官制度及其运行机制。孙中山认为，三权分立在西方资产阶级革命时代曾起过很大的作用，但现在已不适用了。他认为时代前进了，社会进步了，三权分立还不够，应在行政、立法、司法权之外，加上考选权和监察权，统称五权分立。孙中山指出，西方资产阶级国家是通过选举、委任两条途径来遴选官吏的。但是这两种办法都难免出问题，选举可以作弊，委任难免任人唯亲，为了克服这两方面的弊端，必须设立专门的机构负责官吏的考选和监察。这种新型的设想与主张不仅是对中国封建科举制的超越与突破，也是对西方文官制度的改革与发展。

另一方面，人事制度的具体措施不乏科学性与先进性，这是几千年封建社会官吏制度所无法比拟的。在官吏考选方面，南京国民政府建立与施行的高等文官考试制度，体现了近代民主政治公开竞争、公正无私的某些特点，考生不分男女、财产、宗教、种族、阶级、党派一律平等，废除了搜身制度，严格的考场纪律考试程序和违纪处罚制度有利于人才选拔与政治清明，避免了任人唯亲与贪污受贿等现象；在官吏的铨叙方面，通过高等文官考试，在国民党中央政府的各部门以及某些地方机构中都有了考试出身的中级官员，他们绝大多数担任荐任秘书、科长、专员，有的担任秘书、司长、处长，这些官员均能各就岗位，发挥专长，成为政府的中坚力量；在官吏的监察方面，以 1928 年到 1947 年的国民党训政时期为例，国民党在中央设立监察院、审计院，地方设立监察区，监察使、监察使署、监察院区巡察团等，掌握着对全国大小官吏的弹劾权、调查权、纠举权、建议权、监试权、审计权等，使监察院真正“为国爪牙、为民喉舌、为三民主义前卫”。

（二）近现代中国人事制度的局限性

近现代中国人事制度的局限性表现在两方面。一方面，它在某种程度上仍然带有浓厚的封建色彩。袁世凯上台之后，以总统制代替了责任内阁制、集权制代替了分权制。总统可以连选连任，只要参议院认为不必改选，总统就可以在任期到限后继续担任，总统候选人由总统提出三名，总统不但可以提自己之名，也可提儿子之名，这不啻为世袭制。南京国民政府成立之后，蒋介石就开始经营起个人独裁政治体制。1928 年，蒋介石担任国民革命军总司令兼军事委员会主席，到 1935 年底，蒋介石同时拥有 21 个官衔。同时，蒋介石还以“剿匪”为名建立起了控制国家机器的私人机构——武汉三省总部和军事委员会委员长南昌行营，俨然成了统治中国的最大独裁者。这些独裁者们对大小官吏的升降去留，拥有绝对的控制权。可以看出，这种体制下的官吏制度如同封建社会一样只唯一人马首是瞻。

另一方面，“中华民国”时期社会的动荡不安，造成了中国近现代人事制度的残缺和落后。南京临时政府的短命和北洋军阀的混战大抵只为近现代中国学习西方文官制度建立了一个雏形，许多人事制度无法确立和真正施行，到国民党政府时期，负责官吏考试、任用、铨叙、升迁、奖惩等事项的考试院才真正建立。不可否认，国民政府的公务员制度较北洋政府时期的官吏制度无疑是个明显的进步，但由于国民党的专制独裁和派系斗争，使得这些制度无法得以有效的执行，整个文官制度处于落后、混乱和腐败的状态。

三、建国后我国人事管理制度的发展

我国社会主义人事管理制度从它产生到现在大致经历了以下几个发展阶段。

第一阶段（1949 年 10 月~1966 年 4 月），即“文化大革命”前 17 年，这是我国人事管理制度形成和发展的时期。在这个时期，首先从中央到地方，以及各部门，都建立了相应的人事管理机构，统一负责人事行政管理工作。其次，根据社会主义发展的需要，逐步建立了包括招收录用、调配使用、培训、任免、奖惩、考核、工资福利、退职退休、军队干部转业安置，以及大中专毕业生的分配等一套规章制度，逐步形成了高度集中的人事管理体制。再次，吸收录用和任命了一大批国家干部，保证了国家和社会生活的稳定和发展。最后，在工资分配方面，国家干部的工资从解放初期的供给制、包干制过渡到职务等级工资制。

第二阶段（1966年5月~1976年），即“文化大革命”的十年动乱时期。这个时期，党和国家在政治路线上的错误，导致了社会生活各个领域的全面动乱。作为国家行政之本和社会管理核心部分的人事管理，首当其冲地遭到了严重破坏：从上到下的人事管理机构被“砸烂”了，正常的人事管理活动停顿了，代之而起的是帮派林立、各自为政，以派划线、任人唯亲，顺我者昌、逆我者亡等封建主义和法西斯主义的用人原则一度猖獗。

第三阶段（1977年~1987年9月），即“文化大革命”之后到党的第十三次全国代表大会召开之前的10年。这10年是我国人事管理制度恢复、发展和探索改革的时期。首先，恢复并逐步加强了各级人事管理机构，统一负责人事行政管理工作。其次，恢复和充实了一些行之有效的人事管理法规。例如，1978年国务院颁发的《关于安置老弱病残干部的暂行办法》、1979年中央组织部的《关于实行干部考核制度的意见》、1980年民政部关于《干部调配工作暂行规定》、1982年劳动人事部关于《吸收录用干部问题的若干规定》、1982年中共中央《关于建立干部退休制度的规定》等。这些法规的制定和颁布实行，对人事管理的正常化起了较好的作用。再次，随着经济体制改革的逐步展开，对人事管理制度进行了一些探索性的改革。主要是：①制定了以革命化、年轻化、知识化、专业化为内容的新的干部工作方针，使原来的德才兼备、又红又专的方针更加具体和明确。②废除干部领导职务终身制，对一些领导职务规定了任期和连任届数；实行退休制度；加强了政绩考核，实行“能上能下”。③改革任用制度，实行选任制、聘任制、考任制等多种形式并存的任用制度。④下放干部管理权限，由原来下管两级变为下管一级，实行分级负责的办法。⑤改革干部调配制度，改变单一的统包统配为计划调配和人才流动相结合的调配制度，实行用人单位和个人双向选择的就业制度。⑥改革人事考核方式，静态考核和动态考核结合，专门机构考核和群众民主考核结合、定性考核和定量考核结合，并在此基础上突出动态考核、群众民主考核和定量考核。⑦推行岗位责任制，把干部的责、权、利结合起来。⑧军队转业干部的安置试行先培训后上岗的制度。⑨改革国家行政机关和事业单位干部的工资制度，实行以职务工资为主要内容的结构工资制。⑩对专业技术干部推行职称评聘制等。上述改革不仅是探索性的，而且各项改革基本上是孤立进行的，相互不配套，改革的内容主要属于操作性的管理活动，而不是管理体制上的改革。

第四阶段（1987年10月以后），即党的第十三次全国代表大会以后。在党的第十三次全国代表大会上，党中央提出了我国政治体制改革的基本设想，干部人事制度改革作为政治体制改革的重要内容之一提到了议事日程。在这个时期，干部人事制度的改革将有以下特点：①干部人事制度是作为政治体制改革的有机组成部分，和政治体制改革配套进行；②干部人事制度的改革将不再是局部性、操作性的改革，而是全局性的、相互配套进行的改革，是人事管理体制的根本改革；③改革将与人事立法同时进行；④对“国家干部”进行科学分类，建立和实施国家公务员制度。

四、新中国成立后干部人事制度存在的问题

新中国的干部人事制度为我国社会主义建设提供了强有力的组织保证，发挥了积极的作用，但是，随着我国改革开放的推进和社会经济的发展，行政事务日益复杂、多样。在这种情况下，原有的干部人事制度的弊端日益显露。集中表现为以下方面。

（一）干部管理权限过于集中，管人与管事相脱节

在我国长期的革命战争环境中和新中国成立初期的政治经济条件下，形成了高度集中的干部管理体制。这种干部管理体制虽几经改革，但其基本模式没有改变。从横向上看，党政不分，政企不分。党组织部门过多干预政府人事部门的具体工作，从政府领导：机关工作人员到专业人员统统由各级党组织管理，从选拔、使用到管理培训都由党组织决定，人事部门成了组织部门的一个“门市部”，而政府过多干预企业人事，企业没有自己的用人自主权；从纵向上看，“下管一级”的精神没有得到落实，上级党委、政府仍然直接参与下级组织、人事部门的微观管理活动，下级部门没有自主权。这种高度集中的管理体制，使各级、各部门、各行业不能根据各自的情况、工作性质、难易程度等灵活地有针对性地管理干部，从而造成管人与管事脱节，在这种情况下，人事管理失误在所难免。

（二）“国家干部”概念过于笼统，缺乏科学分类，管理模式单一

在我国原有干部人事制度下，干部是一个极其庞大而又复杂的群体，不论是党和国家机关的工作人员，还是群众团体工作人员，也不论是企事业单位的管理人员，还是各类专业技术人员，都统统称为“国家干部”。对干部没有严格规范的分类，管理方式简单划一，用管理党政干部的模式管理其他干部，所有干部不论其从事的业务工作性质、特点如何都以行政级别划线，向党政干部看齐，这就形成了严重的“官本位”现象，不利于专业人员技术队伍的发展，阻碍优秀人才的成长和脱颖而出。

（三）原有干部人事制度不健全、不配套

尽管经历了几十年的发展，我国建立起了一系列人事制度，但各项制度仍然很不健全。例如，在干部录用和考核上，缺少客观标准和规范性的程序，主观性很强，且缺少透明度与社会监督；在干部的培训上，没有形成制度化，培训作为干部的权利和义务没能充分体现出来，在培训对象上存在着严重的一刀切的现象，没有针对性；在干部的辞职、辞退上，一方面强调统一与服从，人才无法自由流动，另一方面没有一套行之有效的辞退制度，用人单位对不适宜在本单位工作的人员也无法进行淘汰和更新，干部队伍缺乏流动；在对干部的监督上，监督机制不健全，缺少对监督主体权力、责任、职能、方式、程度、分工与制约等方面严格的规定，且监督民主功能不健全，防范性功能也不充分。另外，在原有这些人事制度中，没有把对干部的升降、任免、奖惩、培训制度与干部的分类、考绩、考核很好结合起来，未能做到各项制度统一配套，协调一致。

（四）干部管理不规范，重人治、轻法治

我国经历了漫长的封建社会，封建制度下“一朝天子一朝臣”“任人唯亲”的思想在中国老百姓心中根深蒂固，人们往往重视个人之间的亲密关系，忽视法规和章程。新中国成立后，

尽管党和政府花了相当多的时间和精力建设干部管理制度，但一直未能形成一套科学、完整、系统的干部管理制度，干部管理很不规范。加上在高度集中的干部管理体制下，少数领导干部大权在握，又缺乏强有力的内外部监督，助长了干部管理中的个人专断和权力滥用。在以上几种因素作用下，对干部的管理往往不能依法管理，而是靠“长官意志”，靠领导干部的一句话或一个号令解决问题，干部管理中批条子、走后门、拉帮结伙的现象较严重。

第四节 人事管理的信息、立法和现代化

现代化管理离不开信息。没有大量、准确的人事信息，就不可能进行科学的人事决策，进行正常的人事管理，就不可能改善和提高人事管理水平。因此，充分利用各种渠道来获得人事信息，是人事管理部门的一项经常性任务。

人事立法是国家对人事管理中的人与事的有关方面及相互作用的各个环节制定系统的法律规范。人事立法应遵循以下几个原则：遵守立法权限的原则、效力分级的原则、程序合法的原则、体系完整的原则和稳定与适应的原则。

在现代化的管理中，人事管理现代化占有重要的地位。人事管理现代化的标志是：科学化、法制化、系统化和专家化。

一、人事信息

现代化管理离不开信息。任何一个管理系统，除了要有物质、能量之外，还必须要有信息。信息是构成管理系统的三大要素之一。人事管理是现代化管理的重要管理系统之一，它不仅要有一定的设备、机构，以及人员、规章、制度和工作程序等，而且要有多种多样的信息传递。现代化人事管理离不开人事信息的收集、传输和反馈。

（一）人事信息的含义

人事信息的含义，目前还各说不一。

概括起来，信息有三个共同点：一是信息指消息、资料、情报、观点等知识性的东西；二是信息离不开传递、沟通，没有传递、沟通，也就谈不上信息；三是信息是决策的基础，没有信息作基础的决策是盲目的决策。

一般说来，人事信息，是指在人与事，以及共事的人与人之间相互关系产生、发展、变化过程中所反映出来的各种现象，当这些现象被人们感知，并用语言形式描绘成种种消息资料等时，就成为人事信息。

（二）人事信息在人事管理中的地位和作用

人事信息的传递、沟通，是实现人事管理科学化、民主化、法制化的关键。无论是人事决策、计划、组织、指挥、控制、协调，都离不开人事信息的传递、沟通。因此，有效的人事管理是借助于大量而且准确的人事信息的传递和沟通来实现的。

人事信息对人事管理的巨大作用，主要有三方面。

1. 人事信息是人事决策的基础

人事决策是各种决策中最重要、最困难的决策之一。说它重要，是因为人事决策直接关

系到任用什么人和怎样用人的问题。它直接影响到我们事业的成败、国家的兴衰。说它困难，是因为人与物不一样，是一个复杂、易变的因素，对人难以做到彻底、准确的了解，所以增加了决策的难度。要想使人事决策正确、有效，唯一的办法就是收集和掌握尽可能全面的人事信息。

人们做出的任何决策，归根到底都是为了改造和推动客观事物的发展，以满足人们的需要。要改造客观事物，推动客观事物发展，首先必须对客观事物有全面的了解。

而人事决策的目的，是为了事得其人，人适其事，充分调动广大人员的积极性、主动性、创造性，大大提高办事效率，加快现代化建设的发展。为此，必须首先全面而深入地了解客观存在着的人与事、共事的人与人之间各种关系的状况，只有充分掌握各种人事信息才能做出准确而有效的人事决策。

2. 人事信息是实现人事管理的手段

人事决策需要各种各样的信息作为基础。同样，一旦决策做出之后，只有把已经做出的人事决策变成各种各样的人事信息，并通过各种渠道传递到接受决策的单位或个人，才能形成和实现人事管理。那种只会下决心、做决策，而不善于把决策的内容变成各种信息形式贯彻实行的人，是不可能实现人事管理职能的。

把人事决策内容变成各种各样的信息形式，这是执行决策、实现人事管理的关键。把人事决策变成信息，也就是变成人事规章、制度、决定、意见、指示，以及措施、步骤等，从而把人事决策的内容具体化、规范化、程序化，以便执行单位实施。

人事决策变成各种各样信息时，一般要求做到以下几点：一是明确、清楚。信息必须是明确的，而不是模棱两可的；信息必须是清楚的，使接受信息的人能很快懂得其含义。二是简短扼要。信息应尽可能简短些，而且要抓住要害，才容易被别人重视和接受。三是有机联系。各种信息之间应该是有机联系、互相衔接配套的，它们都应紧紧围绕着贯彻决策内容这个中心，而不应互相矛盾。

3. 信息反馈是改进人事决策和提高人事管理水平的重要途径

将在执行过程中的有关信息返回到决策部门，同原来的决策进行比较，形成偏差信号，这个过程就叫做信息反馈。人事决策比其他任何一种决策的有效性都低些。这不仅因为人事决策直接关系到人，并且人又是世界上最复杂、多变的因素，而且，在人事信息的沟通方面，存在着以下多种障碍因素。

（1）传递来的信息表达不清楚，不准确。各人的认识水平不同，接触客观事物的范围和程度等不相同，因而，获得的信息的数量和质量是不相同的。当某人把一些表面的、片面的、不准确的信息传递到决策部门，而决策部门又根据这些信息做出决策时，决策的失误就难以避免。

（2）接受信息的人的主观错觉。由于人的经历和受教育程度的不同，对同一事物往往产生不同的看法和理解，所以，当他们接受到同一信息时，常常会有不同的看法和理解，其中有些看法和理解是错误的。根据对信息的错误看法和理解来做出决策，决策的失误自然是难免的。

（3）个人动机的因素。每个人都在社会中生活，各自有自己的利益。当某种信息妨碍到个人利益时，他往往会考虑是否传递或者是否如实传递。这种情况，会造成信息失真，从而影响到决策的有效性。

纠正人事决策的失误，提高人事决策的准确性，除了不断提高人们的思想觉悟和知识水平之外，主要的办法就是加强人事信息反馈，增加信息的数量，提高信息质量，逐步用全面的信息来代替片面的信息，用准确的信息代替失真的信息。只有这样，才能不断提高人事决策的有效性，加强和提高人事管理水平。

（三）正确处理人事信息工作中的几个关系

现代人事管理离不开人事信息，只有依靠灵敏、迅速、大量、准确的信息，才能使人事决策建立在科学的基础上，才能不断改善和加强人事管理。为此，就要正确处理好人事信息工作中的几个关系。

1. 数量与质量的关系

为了使人事决策有充分的依据，必须不断扩大信息来源，大大增加信息量。信息量不只是信息数量的多寡，而且包括信息来源的范围是否广泛。

人事决策不仅要有大量信息，而且要有高质量的信息作为依据。信息的质量主要指信息的真实性和新鲜度。信息是客观情况的反映，这种反映应该是对真相的反映，而不是假相的反映。社会在不断前进，人们的管理决策和管理活动也应不断改进。为此，就需要不断获得新的信息，陈旧的信息对新的决策没有多少价值。因此，不断提高人事信息的质量，是不断改进人事决策、提高人事管理水平的前提条件。

信息的数量和质量的关系是对立统一的关系。数量不等于质量，质量也不等于数量。任何一个数量都包含一定的质量，以一定的质量而存在。数量同样不能脱离质量而孤立存在。为了提高人事决策的科学性，改善和加强人事管理，我们应该把人事信息的量和质量结合起来。当前，应以扩大信息来源、增加信息量入手，在此基础上逐步提高信息的质量。

2. 一般与个别的关系

在人事信息中，往往会有一般的、共同的信息与个别的、特殊的信息的矛盾。例如，某一项人事决策做出并实施之后，多数人反映良好，认为决策正确；但也可能有少数人反映不好，认为决策失误。这样，就出现了一般信息和个别信息的矛盾。

在这种情况下，决策者和执行者都不应该忽视其中任何一种信息。多数人提供相同的一般信息，可以加强决策者做出决策的信心；而少数人提供的相反的个别信息，又可以引起决策者的深思和反省，使决策过程更为慎重、科学。在中国社会里，由于崇尚权力、迷信权威的心理仍然存在，阿谀奉承、趋炎附势的习气还没有完全根除，有些人迎合某些决策者的需要提供假信息，决策者根据这种假信息做出的决策必然失误。所以，决策者不仅要听取一般的信息，而且也要听取个别信息；不仅听取符合自己心理状况的信息，而且也要听取不符合自己心理状况的信息。

3. 正反馈与负反馈的关系

正反馈信息，是指对已有的决策做出积极反馈的信息；负反馈信息，是指对已有的决策做出消极反馈的信息。正反馈信息和负反馈信息，也就是人们常说的报喜和报忧。对决策者来说，这两种信息都从不同侧面给决策过程提供了依据，因而都是必要的。

从人们的一般心理倾向来说，正反馈信息往往容易接受，而对负反馈信息则不易接受，这是处理正反馈信息和负反馈信息的心理障碍。

从认识论方面看，决策不过是人们在对客观情况进行分析综合基础上的一种推断。推断的结论是否正确，不仅取决于推断过程是否合理，而且取决于对客观情况的分析综合是否符合客观实际。

由于客观事物的复杂性和人们认识能力的局限性，决策的失误或不完全正确是难免的。所以，从决策过程来说，负反馈信息有助于我们修正决策，改进决策，往往起到正反馈信息难以发挥的重大作用。

4. 正式渠道传递的信息与非正式渠道传递的信息的关系

信息按其来源渠道的不同，有正式渠道传递的信息和非正式渠道传递的信息两类。正式渠道传递的信息，是指通过组织系统，具有标准格式传递的信息，如下级向上级定期抄报的工作报告、情况反映等；上级给下属单位发出的指示、通知、通报，以及通过各种"官办"的渠道传递的信息等。非正式渠道传递的信息，是指个人之间，以及非正式组织之间传递的信息。非正式渠道的信息通常被称为"小道消息"。

在正常情况下，决策者应首先重视通过正式渠道传递来的信息，因为这种信息不仅比较全面，而且是经过初步整理加工和筛选，准确度较高。根据这样的信息做出决策，可以保证决策的正确性，决策者决不能根据道听途说的小道消息来做决策。但是，这不等于说决策者对非正式渠道传递来的信息可以不屑一顾。小道消息不应作为决策的根据，但有时可以作为决策时的参考，特别是在正式渠道不畅通的特定情况下，有时小道消息则成了"正道消息"的先兆。

二、人事立法

（一）人事立法的含义

人事立法，是国家对人事管理中的人与事的有关方面及相互作用的各个环节制定系统的法律规范。人事立法应包括以下几层含义。

一是人事立法是国家对人事管理的法制化。人事立法是将人事管理各个环节的措施，如录用、任用、考核、奖惩、培训、晋升、回避、退职退休等，形成制度，并定型化，上升为法律。人事管理的内容，就是人事立法的内容。

二是人事立法包括人事法规的制定、修改和废止。

三是人事立法属于行政立法范畴，是行政立法的重要组成部分。因此，行政立法的原则、程序都适用于人事立法。

人事立法在行政管理中占有重要地位。各国的人事立法都有一定的原则和程序。但由于各国政治制度不同，人事管理的内容、范围不同，人事立法的内容、名称、概念又都有很大的差异。其共同点是，现代国家一般都比较重视人事立法工作，并根据自己的国情，建立了比较完整的人事管理法规体系。

（二）人事立法的意义

人事立法在人事管理中具有重要意义。这是因为，人是管理国家事务的主体，他们的素质直接关系到机关工作的效率和国家的形象，所以对人的管理是国家管理工作中最关键的环节。人事管理的重要性，决定了人事立法在国家法律体系中的地位和作用。人事立法是人事管理的主要手段之一。只有通过人事立法，才能做到人事工作法制化，从根本上保证整个人事管理活动乃至国家机构的正常运转。具体地说，人事立法的意义如下。

1. 有利于保证干部队伍的高质量

由于历史的原因，我国的人事管理长期以来缺乏系统、完整的法律规范，已有的法律、法规和规章制度也很不健全、不配套，再加上人们的法制观念淡薄，在实际工作中存在着无法可依和有法不依的情况。近年来，我国党政干部腐败现象日趋严重，一个重要的原因就是用人缺乏法制。加强人事立法，把国家工作人员的录用、晋升、工资、福利、奖惩、交流、回避等内容以法律形式固定下来，并严格实施，使人事管理工作做到有法可依和有法必依，一方面克服了人事管理中的主观随意性和用人问题上的不正之风；另一方面，把住了人员的“进口关”，提高了国家工作人员的整体素质。这样就从制度上保证了干部队伍的高质量。

2. 有利于提高国家机关的工作效率

办事拖拉，互相推诿，不讲效率，不负责任是国家机关干部中官僚主义的重要表现。这些现象之所以大量存在且屡禁不止，一个重要的原因是权力过分集中，权限职责不明和规章制度不健全，即缺乏约束人们行为的法律规范。有了人事立法，就可以明确每个国家工作人员的权利、义务、责任、奖惩和晋升的条件等，从而使他们尽职尽责，尽心尽力地为国家工作，并能发挥主动性和创造性，使机关的工作效率大大提高。

3. 有利于推动行政管理的制度化和法制化过程

行政管理活动需要一整套制度保证。有了健全的制度、法规，就可以避免人的意志给行政管理带来的负效应。人事立法是行政立法的重要组成部分，人事立法工作做好了，就可保证在人事管理中做到依法执法，从而大大推动整个行政管理的制度化、法制化进程。

（三）我国人事立法的现状和立法需求

新中国成立以来，我国已经制定了相当数量的人事管理法规和政策文件，尤其是改革开放以后，中央和地方加快了人事人才法律法规建设的进度，初步建立了比较完备的人事政策法规体系。我国现有人事法律 1 部，规章 56 部，规范性文件 380 余件。在公务员管理方面，出台了《公务员法》，这是我国干部人事管理方面第一部总章程性质的法律；在事业单位人事管理方面，先后出台了一系列规范性文件，2002 年的《关于在事业单位试行人员聘用制的若干意见》为事业单位改革指明了方向；在人才流动管理方面，颁布了《人才市场管理规定》。人事法规建设已经具有了较好的基础。

但是，人事立法尚不能完全适应依法治国、依法行政和人事工作发展的需要，人事法律体系建设仍然需要进一步加强和完善。一方面，要加快人事立法的进程，尽快出台更全面、更系统的人事法规政策，制定具有可操作性的法规和实施细则，扩大法律覆盖面，使人事人才各项工作有法可依。另一方面，健全人事法律体系，要分类别、分层次、分环节，按照人事部立法规划，分短期、中期、长期逐步出台法律法规。在众多有待建立或完善的立法项目中，有两项任务是当前最重要的，即《公务员法》配套法规和事业单位人事管理法规的建设。

（四）人事立法的原则

人事立法的原则，是指国家立法机关或行政机关制定人事法规时必须依据和遵循的基本原则。根据国家有关规定，任何行政立法都必须遵循：坚持四项基本原则；符合宪法和国家基本法律，符合党的路线、方针和政策；从实际出发，实事求是；坚持民主集中制，充分发扬民主等。人事立法属于行政立法范畴，因此，也必须坚持上述基本原则。根据我国实际和有关法律规定，人事立法在技术上，还应遵循以下原则。

1. 遵守立法权限原则

制定人事法规必须严格遵守立法权限。立法权限原则包括三方面内容。

（1）立法的内容要以宪法或国家有关法律的有关规定为依据，与其内容一致，如有抵触，制定的人事法规必须撤销、变更或废止。

（2）行政机关制定的人事法规，只能由有立法权的机关或被授权立法的机关在授权范围内制定，没有立法权的机关或超越了授权范围所制定的人事法规无效。

（3）下级行政机关制定的行政规章，必须以现行法规或上级行政法规的规定为依据；遵守立法权限，这是保证我国人事法律法规统一性的重要措施。

2. 效力分级原则

人事法规的效力因制定人事法规的机关所处的地位不同而不同，有着严格的层次性。一般来说，下级立法机关制定的人事法规必须服从上级立法机关制定的法规。根据我国宪法和法律的规定：全国人民代表大会及其常务委员会制定的法律的效力，高于国务院制定的行政法规的效力；国务院制定的行政法规的效力，高于地方行政机关制定的行政规章的效力；省级政府制定的行政规章的效力，高于省级以下政府制定的行政规章的效力。人事立法也适用上述规定。各级行政机关制定人事法律规章时，必须遵守效力分级原则，使本行政机关制定的人事法规或规章，同其所处的地位和管辖范围相适应；若超出了自己所管辖的范围，便失去效力。

3. 程序合法的原则

任何立法都必须遵循一定的程序，人事立法也不例外。我国的宪法和有关法律，虽然没有对人事立法的程序做出明确规定，但《国务院组织法》中规定："国务院工作中的重大问题，必须经国务院常务会议或国务院全体会议讨论决定"，"国务院发布的决定、命令和行政法规，由总理签署"。1987 年 4 月，国务院办公厅发布了《行政法规制定程序暂行条例》，人事立法也应参照执行。人事立法必须遵循一定的程序，目的是要保障立法的质量。

4. 体系完整原则

人事法规是一个完整的有机整体，各环节不能中断，要相互协调。一个完整的人事法规体系应该包括基本法，各单项管理法规和各部门、各地方人事规章。而我国目前不仅没有制定出人事管理的基本法规，就是各单项法规也不健全。因此，今后我国的人事立法必须要考虑体系的完整性，注意各项法规的协调一致，上下衔接、配套，以发挥人事法规的整体效益。

5. 稳定与适应原则

人事法规和其他法律、法规一样，要有一定的稳定性，不能朝令夕改。这就要求人事立法必须反映人事管理的实际和规律，不仅考虑到新制定的法律与旧的人事法规的连续性，而且还要考虑到与现有人事政策的联系。要求人事立法坚持稳定原则，是为了维护人事法规的尊严，而不是因"人"因"言"立法、废法。

但是，人事法规又不能像宪法、刑法、婚姻法那样能在较长时期内保持不变，而应根据国家经济、政治形势的发展，根据改革开放的需要而及时地调整、修改、废止和重新制定。这是现代人事管理立法的基本要求。

三、人事管理现代化

（一）人事管理现代化的含义

所谓人事管理现代化，就是把现代化管理的理论、方法和手段，运用到人事管理工作中去，使人事工作在迅速变化的现代社会面前保持高效率，以适应现代化社会生产和科学技术的发展。

在现代化的管理中，人事管理现代化占有重要的地位，起着十分重要的作用。这是因为现代化管理的基本要素是人、财、物、信息以及时间等。其中起关键作用的基本要素就是人。人既是管理者，又是被管理者，在管理中占有双重位置，而且具有巨大的能动性。所以，人是现代化管理诸因素中最重要的因素。人事管理以人作为自己的工作对象，连接着管理与被管理两个方面，在管理活动中起着关键性的作用。因此，人事管理现代化是整个管理现代化的重要一环。

人事管理现代化的内容十分丰富，通常包括四个方面，即人事管理思想现代化、人事管理组织现代化、人事管理方法现代化和人事管理手段现代化。这四个方面的内容是相互联系、相互补充、协调统一的。

（二）人事管理现代化的标志

人事管理现代化的指标体系是综合性的。它既要体现一般管理现代化的内容，又要体现人事管理的特点。人事管理现代化的标志，主要包括以下四个方面。

1. 科学化

用科学的方法处理问题，已成为进行现代化社会管理的一个重要标志。人事管理的科学化具体表现为以下三个方面。

（1）完整的知识体系。这个体系应包括人事管理学、人事心理学、人才学、人事社会学的全部内容，以及政治学、行政学、教育学、伦理学、法学、劳动生理学、经济学、人类学等学科的部分内容。这个知识体系，为人事管理活动，提出了理论依据和业务指导，并随着人类实践和认识的发展不断完善。

（2）科学的管理方法和手段。人事管理的科学化是建立在最新科学与技术成果的基础上的，是在抛弃陈旧、落后的方法，改进现有的管理手段的同时，引进先进的方法和手段，特别是引进了起源于自然科学而适用于人事管理特点的先进方法，并用先进的技术手段装备管理机构。

（3）高效率的管理体制。在我国，社会政治制度决定了我国人事制度的社会属性，而社会制度为人事管理提供了优越的条件。因此，只有建立有活力的高效率的体制和制度，才能使社会制度的优越性充分发挥作用，人事管理才能收益其中。

2. 法制化

人事管理法制化，是完善人事管理的客观要求，是人事制度改革的重要内容。其基本内容包括：建立完备的法规体系和进行切实的法治管理，彻底克服“人治”，使人事管理完全纳入法制轨道。

随着我国改革的深入发展，人事管理的内容也越来越复杂；人事管理的法制化也越来越重要。如果法制不完备，那么，依人不依法、依言不依法的现象就必然存在。在现代化的管理中，存在着无章可循、无法可依；职责不清、赏罚不明等问题，势必阻碍生产力的发展，延滞科技的进步。因此，法制化是人事管理现代化的一个重要条件。

人事管理法制化，关键在于搞好人事干部的自身建设，提高人员的素质。法是靠人制定的，也是靠人实施的。如果不造就大批的优秀人才，人事管理法规体系就难以建立起来；即使建立起来了，也很难付诸实施。因此，提高干部的素质与立法、执法是同等重要的。人事管理实现法制化，不仅是经济规律和现代化管理原则的要求，也是推进人事管理科学化、健全人事管理各环节的法律规范、达到人事管理现代化的需要。

3. 系统化

现代化管理，必须掌握系统分析和系统工程的方法。人事管理系统化，是人事管理现代化的一个重点。系统化与科学化、法制化、专家化不同，它侧重于从制度方面考虑问题。一方面，是人事制度与其他制度的相互关系；另一方面，是人事制度内部各种制度的相互关系。

人事管理是一个开放系统。人事制度的建设，不是孤立的活动。它是在一定的政治、经济环境中起作用，并为一定的政治、经济目的服务的。研究人事管理，必须研究这个系统所处的环境，即研究政治系统、经济系统、法律、科技和文教系统和各大管理系统对人事管理系统的影响，以及人事管理系统的反影响。

人事管理系统内有许多元素，如管理人员、管理机构、规章制度、各业务环节等，都可以看成它的“元素”。系统作为统一的整体，具有一定的功能。它通过各元素之间的联系来实现。在人事管理系统中，各元素之间的联系是否有序，联系的方式和效果是否最优，直接影响着人事管理的水平。人事管理系统化的一个重要目标，是围绕着责任制和考核制，逐步建立起完整配套的干部“进、管、出”制度。实现系统化，除了要解决制度问题外，还有一个掌握系统方法的问题，即学会应用系统工程和系统分析法。这对搞好人事管理现代化，具有重要的意义。

4. 专家化

人事管理的专家化，对实现人事管理现代化有着重要的意义。管理活动是由人去完成的。管理水平直接决定于管理者的水平。没有一支掌握现代管理理论、管理方法和管理技术的专家队伍，管理现代化就不可能实现。人事管理的科学化、法制化、系统化和专家化之间是相辅相成、互相促进的关系。没有专家化，也就不可能有科学化、法制化和系统化。

实现人事管理专家化，应达到下面两个目标：第一，在人事管理的理论战线上，有一支人数众多的造诣较深的队伍，这支队伍有能力对人事管理业务提供理论指导；第二，在人事管理的实际工作领域，有一支庞大的、受过严格训练的、熟悉业务的队伍，这支队伍是各级人事部门的中坚力量。

四、人事管理现代化的方法

现代化管理采用的科学方法是多种多样的。其中与人事管理关系比较密切的也有多种，如社会学方法、心理测量法、统计分析法、运筹法等。

（一）社会学方法

我们这里所说的社会学方法，指的是社会学的具体研究方法，特别是社会调查法。社会调查在方式上可以分为普遍调查、抽样调查、典型调查和个案调查。

（1）普遍调查。它又叫全面调查，也可简称普查。这种调查是对调查的总体，逐一不漏地进行调查。普遍调查没有抽样误差，各项工作组织得好，可得到准确资料，特别适合在范围较小的需要调查精度高的单位内进行。

（2）抽样调查。抽样调查，是从总体中按一定的方法选取部分对象进行调查，并用这部分对象的调查结果推断总体。被选取的部分对象叫做样本。抽样调查的优点在于节省调查的人力、财力和时间。抽样调查不仅是产品检验的重要方法，也是社会调查中普遍应用的重要方法。

（3）典型调查。典型调查，是对调查对象在初步了解的基础上，有计划、有目的地选择若干具有代表性的，以体现事物的最一般、最本质的特征。典型调查在我国也是一种行之有效的调查研究方法。

（4）个案调查。个案调查，是一种定性的研究方式。它是将某一个调查单位作为一个“个案”，对其中的若干现象、特征和过程作深入调查，从详尽的资料中取得对调查单位的可靠认识。

（二）统计法

统计法，是运用统计学方法对所搜集到的有关数量资料进行整理和分析，以推论出大量社会现象的特征和变化规律的方法。在管理的各个领域，统计法都起着重要的作用。特别是近20年来，由于统计学的发展和电子计算机的广泛应用，统计学在管理中的地位日益显著。统计工作一般包括调查、整理、分析、提出建议四个阶段。其中，分析是统计工作的核心，也是把感性认识上升为理性认识的关键一环。

统计分析有两个基本方法，即比较法和结构法。

（1）比较法。它是对具有可比性的数据进行纵向、横向或交叉比较，从中找出差异。通过横向比较分析，可以了解事物的相对状态；通过纵向比较分析，可以掌握事物变化的轨迹和趋势；通过交叉分析，可以深化对事物相对状态和变化轨迹的认识，了解事物变化的相对速度、方向和趋势。总之，通过比较找出差别，再分析造成差别的原因，从而揭露事物的本质联系。

（2）结构法。它是统计分组法，即根据统计分析的目的，把大量的统计资料，按一定的标准划分为若干部分，进行分组统计。通过结构法，可以区分客观现象的类型，反映统计总体各个部分之间的比例，揭示现象间的相互依存关系。结构法可与比较法配合使用。

（三）心理测验法

心理测验，是心理学的重要研究课题，已设计出的心理测验法数不胜数。其中，适用于人事管理的心理测验法有普遍能力测验，事务能力测验，机械能力测验，管理能力测验以及职业兴趣、性格、态度、士气、技巧和成就测量等。心理测验可以作为选拔人才，人员安排、考核以及调整不适应形势发展的人事管理政策等工作的重要工具。

心理测验要具有相当高的可靠性和正确性，一个优秀、健全的测验必须具备两个基本要素，即测验本身应有正确性和可靠性。另外，人事测验还特别注重测量的实用性，也就是希望测验可以有效地达到挑选人员的目的。

除上述三种方法之外，与现代人事管理密切相关的还有其他一些科学方法，如运筹法、线性规划、对策论、搜索论、库存论、可靠性理论等。这些方法大都起源于自然学系领域。它们在被管理活动利用和吸收的过程中产生了一门新学科——管理科学。管理科学的知识非常丰富，系统性很强。人事管理现代化是管理科学的中心内容之一，对这一点应给予充分的注意。

[思考题]

1. 如何理解中国古代的人事管理思想？
2. 中国古代人事制度有哪些经验和缺陷？
3. 西方文官制度有哪些共同特点？
4. 中国近现代的人事制度有哪些成就及局限性？
5. 如何理解人事管理的信息、立法和现代化？

[案例分析]

关于加快推进全省机关事业单位人事管理信息化建设的意见

各市人力资源社会保障局：

为加快推进全省机关事业单位人事管理信息化建设，根据《人力资源和社会保障信息化建设“十二五”规划》（人社部发〔2011〕99号）及中央和省委、省政府有关部署精神，结合我省实际，现提出以下意见。

一、指导思想、基本原则和总体目标

（一）指导思想

深入贯彻党的十八大、十八届三中全会精神，全面推进全省机关事业单位人事管理信息化建设，加快整合现有资源，进一步改进管理方式，规范管理程序，提高办事效率，提升人事管理科学化、规范化、信息化水平，提高机关事业单位干部人才队伍素质，更好地服务经济社会发展。

（二）基本原则

推进全省机关事业单位人事管理信息化建设应遵循以下基本原则。

统一指导，分级负责。省人力资源社会保障厅负责统一指导、统筹协调推进全省机关事业单位人事管理信息化建设，各设区市人力资源社会保障局负责组织实施本级及所辖县（市、区）机关事业单位人事管理信息化建设。

标准规范，因地制宜。开发应用统一的业务管理软件，规范工作流程，强化分工负责和协调配合。在统一规范的前提下，各级人力资源社会保障部门结合本地实际需求，改造完善信息系统。

资源共享，保障安全。加强与组织、机构编制、财政等部门联合，共同参与、协同推进，实现数据共享，提高数据利用效率。加大投入，严格管理，确保系统运行和数据信息安全。

（三）总体目标

在现有人事管理信息化建设的基础上，统筹规划、分步实施，2014年年底前建成全省机关事业单位人事综合管理信息平台，全面安装使用统一的信息系统管理软件，建立完善全省机关事业单位人员基础信息库，基本实现人事管理业务的网上审批和办理。到2015年年底前，实现全省机关事业单位机构和人员信息数据联网，全省机关事业单位人事管理科学化、规范化、信息化水平进一步提高。预计到2020年，机关事业单位人事管理信息化运行机制顺畅，一体化管理机制比较完善，人事管理工作效率和水平明显提高。

二、重点任务

（一）全面提升信息系统业务功能

将现行的“山东省人事编制综合管理信息系统”更名为“山东省机关事业单位人事综合管理信息系统”，并进行升级改造，扩展管理内容，拓宽应用范围，提升服务功能，健全完善各个业务管理和应用系统模块（子系统）功能，搭建统一、完整、系统、快捷的机关事业单位人事管理信息平台，实现人事管理业务的办公自动化。进一步完善现有功能，逐步将人事计划管理、人员调配、转业军官与退役士兵安置、公务员管理、事业单位人事管理、工资福利和离退休待遇审核与统发等各项人事管理业务纳入信息系统管理，实现对机关事业单位工作人员“进、管、出”全程管理和服务。整合资源，实现对现有的人事管理及与人事管理相关的业务系统的数据迁移，通过数据接口整合到一个统一的系统。

完善机关事业单位人事计划管理系统（模块）。改进年度计划提报、调整追加、审理、记录、使用查询等功能；完善《增人计划卡》卡号分配、查询、打印等功能。

完善人员变动信息维护管理系统（模块）。完善人员增减业务审核指标体系，健全业务提示、提醒功能，强化人员增减业务联动审核。

完善全省公务员管理系统（子系统）。延伸公务员管理业务网上办理链条，完善公务员考录、登记、职位管理、考核奖惩、教育培训功能，融合衔接公务员的干部管理与职位管理工作流程，理顺整合机关单位党政人才管理的相关信息系统，提高公务员管理工作的信息化水平。

完善全省事业单位人事管理系统（模块）。健全岗位设置申报审批、岗位聘用备案、表彰奖励审核备案、开除处分备案等功能，改进公开招聘模块，完善业务审批、备注、统计、搜索、查询、记录等功能，规范网上业务办理的工作流程。

建立军转干部安置管理系统（模块）。整合军转安置工作流程，实现省直及各市安置方案的上报、审核及军转干部报到流程的网上办理，逐步实现军转安置工作的信息化、规范化和科学化。

完善机关事业单位工资管理系统（模块）。改进完善审核程序，增加相关业务处理功能，优化业务处理、业务审批和业务入库环节的性能，进一步增加提醒、向导、帮助等功能，提高软件的易用性。

建立机关事业单位人员内部调配网上备案系统（模块）。整合人员内部调整增减人员审核功能，实现申报、审核、备案网上办理。

建立和完善全省机关事业单位人事管理网上办公系统和人事编制信息综合分析系统，实现网上审核业务与信息资料传输，提高行政效率、降低行政成本，根据需要生成机关事业单位人员、工资等各类报表、宏观信息数据和图形分析，实时掌握工作人员队伍现状，为促进依法科学决策提供信息数据服务。

（二）健全完善机关事业单位人员信息数据库

健全完善全省统一的机关事业单位人员基础信息库，将各级机关事业单位正式工作人员、非在职人员和离退休、退职人员及计划外人员全部纳入数据库管理，按照统一的标准和指标采集人员基础信息，实时更新维护，实行动态管理。适应形势发展和人事管理工作需要，健全完善指标体系。建立健全人员信息管理制度，明确职责分工，规范工作流程，维护人员信息数据权威性。

完善机关事业单位正式工作人员和离退休（退职）人员管理数据库。改造完善现行人员数据库，对在职人员按职位、岗位进行分类管理。对党政机关分别按公务员（综合管理类、专业技术类、行政执法类）、机关工勤人员分类管理；对参照公务员法管理的群团机关和事业单位按参公人员（综合管理类、专业技术类、行政执法类）、工勤人员分类管理（对双轨制管理单位增加专业技术人员类别）；对事业单位按管理人员、专业技术人员、工勤技能人员、运动员分类管理。

建立机关事业单位计划外人员管理数据库。将机关事业单位计划外人员纳入数据库进行专项管理，实时掌握计划外用人情况，建立规范管理制度，强化监管措施。

建立职业院校聘用专业兼职教师数据库。将职业院校在规定的 20% 的编制限额内经批准聘用的专业兼职教师纳入数据库进行专项管理，实时掌握专业兼职教师队伍状况，强化聘期人员管理。

（三）建立健全业务协作联动机制

统筹推进信息系统的网上业务管理，实现流程再造，改进管理方式，规范管理程序，提高办事效率。

加强人力资源社会保障部门内部各人事管理业务机构之间的协作联动，确定业务流程和数据流向，充分利用信息化手段，在进人计划管理、公务员管理、事业单位人事管理、人员调配、军转安置、工资审核等各项人事管理业务中，形成相互协调配合的一体化工作机制。

探索建立机关事业单位人事管理与社会保险经办、劳动人事争议调解仲裁、劳动监察等业务的信息共享机制，减少重复劳动，提高办事效率。

（四）建立信息共享机制

利用信息技术和网络途径，通过开发中间对接系统、畅通数据接口，建立部门间的数据共享机制，推进人力资源社会保障部门与相关部门之间的业务协作联动。努力推进与组织、机构编制、财政等部门的信息网络互联互通、资源共享。提供相关数据服务，为领导和有关部门提供决策参考。

开发建设与财政预算对接系统。建立人事管理信息系统与财政部门预算管理系统的有效对接，将人事信息系统中机关事业单位的人员、工资等人事信息数据共享给预算系统使用，实现与财政部门共用一套数据，保证基本支出预算编制的准确性，提高财政预算管理精细化水平，提高工作效率，减轻基层单位工作量。

开发建设与财政统发工资对接系统。建立基层单位人事与财务及人力资源社会保障与财政部门的有效对接，将经过人力资源社会保障部门审核通过的人员工资数据推送到对接系统，通过对接系统共享给财政统发工资系统，提高财政统发工资管理工作效率和工作质量。

开发建设与组织部门的对接系统。建立与全国公务员管理信息系统的有效对接，将相关公务员信息共享给全国公务员管理信息系统，保障全国数据采集管理需求。

开发建设与机构编制部门的对接系统。建立与机构编制管理信息系统的有效对接，实现机关事业单位机构编制和实名制管理人员信息共享，提高信息资源使用效益，避免多头维护和重复劳动。

（五）全面推广应用人事综合管理信息系统

开发建设和推广应用全省统一通用的综合管理信息系统，将全省各级机关事业单位全部纳入信息系统统筹管理，切实提高全省各级机关事业单位人事管理科学化、规范化和信息化水平。

加快信息系统开发。加快整合现有资源，减少重复投入，在现有信息系统的基础上，根据各级人事管理工作需要，统一组织技术力量进行改造完善，开发设计通用版本人事综合管理信息系统。

全面推广应用。在全省各市、县（市、区）安装使用统一通用版本的人事综合管理信息系统。系统运行所需硬件、网络由各市根据软件运行和人员信息管理的要求配备。各级机关事业单位使用软件客户端，操作生成并报送业务，由各级人力资源社会保障部门按照管理权限审批和办理相关业务事项。

完善运行机制。按照全省统一部署要求，结合本地实际，做好信息系统运行调试，保障系统运行高效、安全和可持续。进一步改进管理方式，规范管理程序，完善工作流程，健全工作制度，实现人事管理与信息化建设的良性互动。

三、保障措施

（一）加强组织领导

人事管理信息化建设是加强基层基础工作的一项重要举措，全省各级人力资源社会保障部门要高度重视，积极争取同级党委、政府和相关部门加大对人事管理信息化建设的投入和支持力度，帮助解决建设中遇到的困难和问题。要明确责任领导，落实具体的负责部门、负责人，相关职能部门、职能处室必须联动。将人事管理信息化建设工作纳入全省人力资源社会保障事业发展年度综合考核。各市要根据省里的统一部署要求，研究制定具体的实施意见，于 2 月底前报省人力资源社会保障厅。

（二）整合资源，加大投入

全省各级人力资源社会保障部门要积极整合利用现有资源，按照数据集中与系统集中、纵向集中与横向整合、系统集中与业务协同有机结合的原则，积极推进“省级集中”。将机关事业单位人事管理信息化纳入“金保工程二期”总体建设规划，集中、规范、统筹建设人事业务管理信息平台，根据实际需求在全省统一的人事管理信息平台上开发完善相关模块，避免各自为战、多头建设。要积极争取财政支持，将人事管理信息化软件开发、设备购置、运行维护等方面的经费纳入部门预算统筹解决。在经费使用上，要统筹安排，保障重点，避免重复投入和浪费。

（三）健全制度，规范管理

全省各级人力资源社会保障部门要健全完善机关事业单位人员信息管理制度，严格信息采集、业务审批、安全和保密管理程序，定期清理核查维护相关信息，确保人员信息真实、准确、规范、完整、安全。要加强工作创新，规范工作流程，强化协调配合，加大信息共享，积极推进建立人事管理业务相互协调配合的一体化工作机制，充分利用信息化手段改进管理方式、规范管理程序、提高办事效率。

（四）加强队伍建设

全省各级人力资源社会保障部门要加大人事管理信息化的人才队伍建设力度，选配政治业务素质高、具有一定信息化专业知识的同志从事管理工作。要加强业务指导，开展多种形式的交流和培训，提升工作人员的业务素质和信息化工作水平。从事人事管理工作的同志要加强学习，努力提高自身素质和专业水平，不断适应人事管理信息化的新要求。

山东省人力资源和社会保障厅

2014 年 1 月

（资料来源：http://www.sdhrss.gov.cn/cm/001/001005/73764479763247.htm）

[案例讨论题]

1. 从该案例中看，为什么要进行人事管理信息化建设？
2. 从该案例中看，山东省对人事管理信息化建设的要求是什么？

HAPTER 3

第三章 人事分类制度

[内容提要]

本章阐述了人事管理两种基本的分类体制：品位分类和职位分类。主要介绍两种分类制度的产生与发展、优缺点；职位分类的起因、基本概念、原则和功能；职位分类的步骤与方法。

[学习要点]

1. 掌握品位分类的含义与特点；
2. 了解品位分类的产生与发展；
3. 掌握职位分类的含义与特点；
4. 了解职位分类的产生与发展；
5. 掌握职位、职级、职等的含义；
6. 掌握职位分类的起因、原则和功能；
7. 掌握职位分类的步骤与方法。

第一节 品位分类

一、品位分类的含义

“品位”分类，是英文“rank classifition”的中文译名。“rank”一词的含义是高低大小排列而成的等级，因中国古代文官制度以“品”来标志官等官级，所以译为品位分类。所谓品位分类制度，就是主要以个人的资历条件（如学历、工作经历）和身份（如家庭背景）作为分类依据的一种分类制度。它比较强调个人的条件。

品位分类制的基本要素：一是品，即官阶；二是位，即职位、职务。官阶或品，标志身份等级，代表地位的高低，身份的尊卑和薪俸的多寡。职位虽然代表着职务和责任，但在相当多的情况下，则是权力的标志。职位越高，权力越大。品和位，即官阶和职位之间可以是互相对应的，有什么样的官阶担任什么样的职位；也可以是彼此脱节的，或有官无职，或官大职小，或职大官小。在官阶和职位之间，品位分类制更着眼于官阶，即人的身份等级。品定于人，官随人走，而职位则可以和官阶脱节，这就说明了，品位分类制的基本特点是以“人”即官阶而不是以职位为中心。

品位分类是以人员所具有的资格条件为主要依据，以职务或等级高低来确定待遇的人事分类管理制度，具有如下特点。

第一，品位分类建立的是以“人”为中心的分类体系。品位分类的对象是人以及人格化的职务等级与其他资格条件，重视公职人员的学历、资历、经验和能力。背景在公职录用和升迁中起着至关重要的作用，任职年限、德才表现等通用资格条件成为公职人员晋升的主要依据。因此，品位分类体现的是人在事先。

第二，品位分类强调公职人员的综合管理能力。品位分类注重公职人员具备的德才、贡献、能力水平、任职年限等通用的资格条件，强调的是“通才”而非特殊知识或技能。

第三，职责划分简单。品位分类对职位的分类以职务划分的形式表现出来，而职务的工作与责任内容较为广泛。总体来说，以品位分类为基础建立起来的人事架构比较简单。

第四，官位和等级职位可以分离。在采用品位分类的国家，官等是任职者的固有身份，具有永久的个人属性；官等和职位可能不一致，薪酬则取决于官等而不取决于所从事的工作。

二、品位分类的产生与发展

（一）品位的产生

品位分类是应用于国家工作人员的一种分类方法。品位分类产生的历史源远流长，源于等级森严的奴隶制专制制度的国家管理。

据考证，世界上第一个奴隶制专制制度国家大约产生于古埃及。古埃及是一个中央集权的奴隶制国家。国王（称为“法老”）具有绝对的、至高无上的权力，他的意志就是法律。国王之下设宰相。宰相辅佐国王统摄财政、司法、军事、祭祀和农田水利等中央部门。宰相通常由太子或皇亲贵戚充任。州长是最大的地方官，直接由国王任命，负责管理征税、派劳役、兴修农田水利等多项国家管理事务。臣属中的官职有大小高低之分，高官厚爵多由王室成员和贵族们把持并世袭，只有中下级官职才任用平民。这说明古埃及遵循的是亲贵合一、家国相通的组织原则，皇亲贵戚和在社会上有财产、有地位的人是国家的当然统治者。同时也说明，古埃及的官职设置和任用带有品位分类的印记。

到了我国的夏、商、周时代，亲贵合一、家国相通的国家组织原则虽然仍无改变，无论是诸侯、国君还是卿大夫都是世袭制，但是，品位分类的特征已日渐明显，官职官位的设置已日益增多，大小官职的排列次序已日益受到重视。

到了公元前 221 年，我国第一个统一的专制主义中央集权制封建国家建立。虽然皇帝仍总揽全国军事、政治、经济、司法等一切大权，“天下之事无大小皆决于上”，所有官吏均由皇帝任免，但是过去执政的贵族已逐渐被全国范围内的官僚所取代，郡县制代替了封国制。同时，文武百官已有了级别和爵号之分。这说明，这时的品位分类已经基本形成。品位分类这种人事分类方法已经产生了。

（二）品位的发展

从秦始皇统一中国到清朝灭亡，我国共经历了 2100 余年漫长的封建君主专制的社会历史阶段。在此期间，英、法、日等国亦经历了长短不同的封建君主专制的社会发展阶段。在世界各国封建君主专制的社会历史阶段中，品位分类这种人事分类方法逐渐演变，与不同国家、不同时期封建君主专制的政治、经济、文化发展相适应。有必要指出，封建君主专制国家的品位分类呈现出一个共同点——官员的管理过于注重身份、地位、等级、名分等背景条件。执政者个人的意志在官员的任免、升降、奖惩等方面起着举足轻重的作用。

英国是世界上第一个君主立宪的国家。随着君主立宪政体的建立，封建专制的君本位品位分类结构开始解体，国王的人事任免权受到越来越大的限制。之后，新兴资产阶级的力量进一步壮大，逐渐形成由多数党领袖组阁这一惯例。这就是有名的政党分赃制。在政党分赃制中，尽管多数党领袖的意见在组阁中起着至关重要的作用，长官意志仍十分突出，但伴随政党分赃制而出现的现代文官制度——国家公务员制度，给品位分类这种人事分类方法注入了活力。

英国是实行品位分类制度的典型国家。他们原先将公务员分为工业人员和非工业人员两大类。尽管在 20 个世纪 70 年代初，英国政府宣布取消了原来公务员等级划分结构，而以工作性质为基础，将所有非工业部门公务员的职务划分为十大类，即综合类、科学类、专业技术类、培训类、法律类、秘书类、社会保障类、警察类、资料处理类、调查研究类。其中每个职类又分为 2~10 个职级。公务员的职级就是根据其所任职务及资历、学历确定的。但是，品位分类仍然是英国公务员制度的基础。

英国政府的分类制度经历了初建、发展和改革几个时期，并经历了若干次重要的结构性改革。

（1）初建时期，1854 ~ 1870 年。此时期英国政府分类结构建立的依据为 1854 年《关于建立英国常任文官制度的报告》。该报告主张将政府文官区分为高低两大类，高级文官负责行政和管理工作，必须受过大学教育；低级文官处理日常性和机械性事务，受过普通教育即可。由于这个报告在议会讨论时遭到反对，所以关于文官分类的主张在当时未能得到实施。1870 年，英国政府的文官分类制度有了实质性的突破。这一年，英国政府颁布了关于文官制度的第二个枢密院令，将政府文官正式区分为执行政策的上层和办理日常事务的下层。与之相应，文官也划分为两个等级。英国文官分类制度的框架基本形成。

（2）发展时期，1870～1971年。1870年英国文官分类制度的建立，为这一制度的不断完善发展奠定了基础，使之在此后100年间不断得以充实。英国议会于1876年和1890年分别对文官分类进行改革，基本上是在1870年确定的框架中进行的，其主要内容为：第一，严格控制第一级人员的数量，在质量上严格把关；第二，在第二级内再划分为较细的等级，并确定不同等级流动的条件；第三，规定第二级升入第一级的资格条件。

第二次世界大战后，随着工业人员和专业人员成为相对独立的部分，英国政府的文官结构发生了较为突出的变化，出现了不同门类人员的结构性划分，开始出现工业人员和非工业人员两大类。其中工业人员又分为10类。工业人员在待遇上有专门的规定，情况与一般文官有所不同。非工业人员是指在行政机关工作的文官（包括外交官员），包括两大类：一类是专业人员；另一类为专业行政类。

（3）改革和改革后时期，1971年以后。1971年，英国政府对公务员实行“公开结构”，宣布取消原有的等级的划分，代之以一个包括所有非工业部门职位在内的统一的等级结构。这一结构共分为10类，包括：综合类（包括行政人员、经济学家、统计学家、新闻官员、图书管理人员）、科学类、专家技术类（包括建筑师、测量勘探人员、电力和机械工程师、制图员及航海部门人员）、秘书类、社会保障类、培训类、法律类、警察类、调查研究类、资料处理类。英国公务员现有10个职类，26个职组，84个职系。

三、对品位分类制度的评价

（一）品位分类制的优点

第一，品位分类制度没有严格的分类程序和依据，职位划分简单，在实践中简便易行，在应付特殊情况和紧急需要时具有优势。

第二，注重公职人员的综合管理能力，实行官随人走的品位分类，有利于公职人员的正常流动，使他们了解更多的工作门类和工作内容，成为通用型人才。

第三，注重学历背景，有利于提高公共部门人力资源的整体素质，吸纳优秀人才。

第四，强调年资、官职相对分离，使公职人员不致因职位调动而引起地位、待遇变化，有利于公共部门人力资源队伍的稳定。

（二）品位分类制的不足

第一，由于品位分类强调的是人在事先、因人设岗，按此形成的行政组织结构比较松散，容易造成机构臃肿、人浮于事的局面。

第二，过于注重公职人员的学历、资历、身份、地位等条件，不利于学历低、资历浅但能力强、水平高的人才脱颖而出，不利于人尽其才和充分合理地使用人才，影响公务效率和工作积极性的提高。

第三，全部公职人员划分为若干不同的等级，容易滋生上下隔阂、彼此歧视的心理，服务意识、团队合作精神差，工作步调难以一致与整齐。

第四，缺乏对公职人员的规范化工作要求，使公职人员的考核、培训、晋升等缺乏客观依据。

第五，以官阶定待遇，容易导致同工不同酬的现象，不利于对公职人员的激励。

第二节 职 位 分 类

科学的分类制度是实行科学管理的基础和出发点，职位分类制是以事为中心的现代人事制度，有规范化的系统分类，没有官、职分离的现象，不存在独立的官等，职等就是官等。实行职位分类的国家，一般都制定有专门的职位分类法，大致包含职系、职组、职类、职级、职等等基本概念。职位分类可以描述为这样一种过程，即把各种职位按工作性质和业务种类的不同，从横向上划分为若干职组、职系；再按工作责任、难易程度和所需资格条件的不同，在纵向上划分为若干职级、职等，使每一个职位都能在纵向分类和横向分类交叉构成的职位分类结构体系中找出自己的位置，从而实现对人员科学化、标准化、专业化和系统化的管理。职位分类为各项管理提供了依据，职位设置中关于任职资格条件与工作职责的规定，为录用、考核、职务任免、职务升降、培训、交流、职务聘任提供了客观标准。

一、职位分类的含义

所谓职位分类，就是以职位为分类对象，按照其工作性质和内容、责任轻重、难易程度、和所需资格条件等因素分为不同的类别和等级。

从职位分类的含义中我们可以看出，职位分类具有以下几个特征。

第一，职位分类是以“事”为中心的分类，遵循“因事择人”的原则，分类的对象是职位，而不是职位上的人。

第二，职位分类所依据的基本标准要素是职位的工作性质、难易程度、责任大小及所需资格条件。

第三，职位分类不是解决某一个职位具体应该干什么，而是对各个职位所干的事进行客观分析与评价，由此确定每一个职位在职位分类结构中所处的位置，达到分类管理的目的。

第四，职位分类不是固定不变的，会随着职位结构和组织职能、职位工作的变化而变化。

第五，职位分类本身不是目的，而只是人事管理的一种科学方法。

二、职位分类的优缺点

（一）职位分类的优点

（1）因事设人，能够有效避免因人设事、滥竽充数的现象。

（2）可以使考试和考核标准客观，有利于事得其人，人尽其才。

（3）便于实行公平合理的工资待遇和制订工作人员的培训筹划。

（4）可以做到职责分明，淘汰不必要的推诿纠纷，有利于获得职位的最佳人选，治理机构重叠、层次过多、授权不清、人浮于事等问题，提高组织机构的科学化、系统化水平，使组织机构处于合理高效的状态。

（5）有一套严格的法规文件。

（6）以工作决定报酬，实行同工同酬。

（7）为考试录用、考核奖惩、升迁等各项管理提供客观依据。

（二）职位分类的缺点

（1）在适用范围上，职位分类较适用于专业性较强的工作和职位，而对高级行政职位、秘密性职位，临时性职位和通用性较强的职位，则不太适用。

（2）实施职位分类的程序繁琐复杂，需要动用大量的人力、物力并需要有履历的专家参与，否则难以达到科学性和正确性。

（3）职位分类重事不重人，强调“职位面前人人平等”，因此严格限制了每个职位的工作数量、质量、责任，严格规定了人员的升迁调转途径，有碍于人的全面发展和人才流动，个人积极性无法得到充分发挥。

（4）职位分类在考核方面过于注重公开化和量化指标，使人感到繁琐、死板、不易推行。

三、 职位分类与品位分类比较

职位分类与品位分类比较见表 3-1。

表 3-1　职位分类与品位分类比较

项目	品位分类	职位分类
含义	以公务员所具有的资格条件为分类的主要依据，并以其职务或者级别高低来确定其待遇的人事分类制度	在工作分析的基础上，依据工作性质、繁简程度、责任轻重和所需资格条件，区分若干具有共同特色的职位，加以分类，并以此作为公务员分类标准的一种管理制度
代表性国家	英国、法国、德国、意大利、新加坡	美国、加拿大、泰国、菲律宾
特征	（1）以人为中心的分类体系 （2）职类划分比较简单 （3）强调公务人员的综合管理能力，重视其资格条件 （4）官与职相对分离 （5）分类和分等相互交织 （6）品位分类在等级观念比较深厚的国家较为盛行	（1）以“事”为中心的分类体系 （2）职位划分系统规范，有一套严格的程序 （3）注重人员的专业知识技能，亦强调资格条件 （4）官和职相重合 （5）分类方式先横后纵 （6）职位分类比较适合民主平等观念浓厚的国家 （7）实行严格的功绩制
优点	（1）人员分类划分比较简单，方法简便易行 （2）人员的流动范围较广，工作适应性强 （3）强调教育水平，适应“通才”的发展，便于进行人员培训 （4）官职相对分离使人员职位调动不影响其地位和待遇，有利于人员的稳定	（1）建立了规范化的管理系统 （2）有利于贯彻专业化原则 （3）为考核、培训等工作提供了客观标准 （4）有利于合理确定编制，完善机构设置 （5）职等与官等合一，促进了同工同酬的局面，并打破了官员能上不能下的局面
缺点	（1）人在事先，易导致因人设岗，机构膨胀 （2）分类比较简单，不利于严格系统的科学管理 （3）轻视专业人才，不利于业务的专业化发展，影响工作效率 （4）强调教育资历，限制了学历低但能力强的人才的发展 （5）强调年资，加剧官员的保守性，易形成官本位 （6）以官阶定待遇，难以体现按劳分配和同工同酬的原则	（1）职位分类工程浩大，运作成本高，推行困难 （2）整个系统过于强调量化，缺乏弹性 （3）重视专才，使人员的调转流动受到限制，不利于人的全面发展，易造成人才流失 （4）职务能上能下，且官等、薪酬随职位变动，易造成人员心理上的不安全感

四、职位分类产生的背景和起因

（一）职位分类产生的背景

1. 社会发展对管理理论产生了强烈需求

（1）工业化的推进，企业间的激烈竞争，推动着管理理论的发展。职位分类最早产生于美国。19世纪末20世纪初，美国早已完成了产业革命，大规模的工厂生产取代了小规模的手工工场生产，众多工人的集中劳动取代了简单落后的手工劳动。随着工业化进程的推进，企业间竞争加剧，资本家受竞争机制和获得超额利润目的的驱使，千方百计地追求高效率，以保证在自由竞争中不致破产，取得尽可能多的超额利润。这一状况对管理理论产生了强烈需求，促进了管理理论的发展。

（2）政府文官大量增加，改进行政管理，需要科学系统的管理理论和方法。随着社会经济的迅速发展，科学技术日新月异，城市人口激增，社会职业日渐复杂，市政管理也日渐庞杂起来，这就导致了政府的职能越来越广，工作越来越多，规模也越来越大。1841年，美国公务人员只有2.3万人，1881年增加到10.7万人，到了1900年发展到30万人以上。这数十万文官分布在各种行政部门和各类特设机构里工作，根据任命方式和考试方式的不同，这些文官又分属在全国各地的管理方式不同的系统和部门。在这些人中间既有行政管理人员，又有打字、文件收发、司机等人员，以及从事各种专业性、技术性极强的技术人员。要使这支庞杂的队伍快速、有效地进行数以千计种类的日常工作，如不进行科学的分类管理，根本无从下手。从另一方面看，在19世纪30年代，美国政府选拔任用文官的基本制度，还是“政党分肥制”。这种制度给美国社会带来了严重的贪污腐化和激烈的政治动荡，使文官内部的管理极为混乱。至19世纪80年代，虽然进行了一些改革，但并没有解决科学管理文官的问题。随着经济和社会的发展，文官系统协调管理的问题越来越严重，于是，文官系统内部管理混乱的问题也越来越引起人们的关注和重视，对解决文官管理方面的理论和方法提出了迫切要求。

2. 心理科学和管理科学取得了迅速发展

社会经济的发展，产生了实行职位分类的必要性，但是作为管理科学的职位分类，只有在心理科学和管理科学得到充分的发展以后，才从必要性变成可能性。

19世纪末期，心理科学获得了迅速的发展，社会心理学、工业心理学等分支学科不断出现，使心理科学从理论与实验的狭窄范围，发展到实际应用的阶段。专家们利用心理科学的一些原理，提出了测量人们行为的各种方法。例如，1905年法国的比奈教授和他的同事西蒙首次编制了一套可辨低能儿童的测验办法。1916年美国特蒙教授修改成有名的斯比量表，在这个量表的启发下，出现了各种各样分析和评价人们工作行为的方法，作为这些方法中的一种——因素分析法，被工商企业广泛采用。可见，心理科学的产生促进了科学管理理论和方法的发展。

19世纪末美国工程师弗列德里克·泰罗为了提高生产效率，他于1881年在米得瓦钢铁公司最先从事动作和时间的研究，通过对动作与工作时间之间关系的研究，提出“工作分析”制度，即从企业中挑出身体最强壮、动作最灵巧的工人，强迫他们极度紧张地工作，用秒或几分之一秒的时间为单位，记下完成每一作业的时间，然后根据这些测定的时间，结合全体工人的情况，制定操作规程和时间定额，再根据这一“工作规范”来决定每个工人的工资和奖金。在资本主义社会，泰罗制的目的是为了最大限度地剥削工人。但在另一方面它为组织生产和管理生产提出了科学管理的原理和方法，因此工商界采用后经济效果显著。

美国工商企业界所采用的这一套“选人定薪”的程序和做法，被称为“工作评价”制度，后来成为人事管理的一种基本方法。工作评价曾使用过多种方法，如工作分析、工作分级或因素分级、因素比较、分数评定制度、因素评价制度和职位分类。这些方法可单独采用，也可综合起来使用。

这时，职位分类的基本概念、办理程序和做法已基本形成。于是，美国各级政府在工商企业界的影响下，积极采用。当时在美国已广泛流行的“分类”“工作分析”“工作评价”等新概念、新方法，用来进行文官制度的改革。可见，美国政府部门的公务人员的“职位分类”，是借鉴工商企业的经验发展而来的。

（二）职位分类的起因

社会经济发展要求日益提高工作效率，而要提高工作效率，就必须在人事管理上采取有效的措施。职位分类的直接起因主要有以下内容。

1. 实行同工同酬的需要

实行同工同酬是调动工作人员积极性的一个重要因素。最早实行职位分类的美国，其最初目标，只在解决同工同酬的问题。长期以来，美国联邦政府机关中，待遇与工作是脱节的，政府雇员对此多有抱怨。例如，1836 年，联邦政府 5 个部所雇用的 336 名办事员，鉴于待遇与工作不平，曾向国会提出请愿，在请愿书中提出，“担任同样工作的人员，待遇高低相差很大，而采取同样待遇的人员所担任的工作，从权责观点看又有极大的区别”。当时国会对这一问题引起极大的关注。所以 1923 年国会通过职位分类法明确规定，“不论性别，同等工作给予同等报酬”。这一规定成为当时第一个职位分类法的主要目标。

2. 提高工作效率的需要

提高工作效率，就要求把合适的人派到适当的职位工作，因为人的聪明才智是有限度的，所能具备的学识技能及能力，也是有限度的。所以，一个人不是任何职位的工作均能胜任，而只能担任一部分与他所具备的学识技能及能力相符合的职位。也就是说，“为事择人”就能人尽其才，才尽其用，事半而功倍；“因人设事”，就会学用脱节，事倍而功半。所谓“为事择人”，就是根据工作岗位的要求来挑选合适的人选，这就有实行职位分类的需要。

3. 进行有效考核的需要

工作效率的提高，还有待于对工作绩效的考核。只有实行奖勤罚懒，奖优罚劣的办法，才能调动和巩固人们工作的积极性。这就需要建立有效的考核制度和奖惩制度，而要建立有效的考绩制度，就必须对职位工作的职责和工作标准有明确的划分和规定，这就需要职位分析和职位分类。

4. 适应专业分工的需要

科学技术迅速发展，要求各类业务专业分工日益细化。因此专业分工越来越细，职位越来越多，而且每一职位日益发展成为专业的职位。为了加强对数目繁多的职位的管理，为了罗致人才担任相应职位工作，也必须对职位进行科学的分类。

五、职位分类产生的基础——工作分析制度

（一）工作分析的含义和内容

工作分析，又称为职务分析。工作分析是指对一个组织机构中的所有职务工作的性质、内容、任务、责任、要求条件、技术与环境条件及有关因素进行全面系统的描述和记载。任何企业或组织，均选有工作目标，为了实现工作目标必须对组织机构中的职务工作进行分析。根据工作的性质和作用，分析该项工作所需要的知识、技术、经验和才能，根据上述标准去选定适合的人员去加以完成。 任何工作分析，基本上包括三部分内容：①对所有工作及其相互关系给予完整与正确的说明；②对某一职务工作所包括的全部内容给予完整与正确的说明；③对胜任该项工作的资格条件给予正确的说明。

上述三部分内容中，其中第二项是工作分析的最重要部分，也是最基本的部分，舍去此项，工作分析就失去了真正的意义。

一般而言，工作分析的范围包括以下七个方面：①谁来做，即需要何种人去做，说明任职资格条件；②做什么工作，即工作的性质和内容；③何时去做，即工作时间的分配；④在何地做，即工作条件和设备；⑤如何做，即工作的程序和要求；⑥为什么做，即工作的地位和作用；⑦为谁去做，即与其他工作的关系。

上述七个方面，称为工作分析的公式。当然，由于各种企业或组织的性质、规模、条件等不同，工作分析的内容和范围也有所不同。

（二）工作分析的目的

工作分析是一种人事管理方法，工作分析本身并不是目的。工作分析是根据人事管理和人事行政的需要而产生的一种工具。

工作分析的直接目的是制定工作说明书和工作规范。除此之外，工作分析在人事管理上有广泛的用途。

1. 工作分析是招收人员与录用的基础

任何组织都是因“事”而选“人”的，“事”在“人”先。为了选拔合格的人才，必须首先对职务工作加以分析和研究。根据工作分析的结果，即工作的性质、内容、作用决定用人的具体标准。再根据这些标准，选定合格的人去担任该项工作，以达到人与事最佳配合的目的。

2. 工作分析是员工培训的根据

员工的培训与发展，特别是人才的开发对于一个组织机构或企业的发展具有重要意义，同时也是人事管理的一项重要的职能。培训方案的确定、培训方式、类别、时间以及培训结果的评估，都是根据工作的需要。判定“工作需要”的标准是工作分析所提供的各种资料。

3. 工作分析是工作评价的基础

工作分析是根据工作的事+实，分析其执行工作所需要的知识、技能、经验以及任职的资格条件。至于工作的难易程度、责任大小、地位和作用的评定便是工作的评价问题。事实上，工作评价乃是工作分析的延伸。也就是说，根据工作分析的结果，才能评定工作的地位、作用以及工作之间的相互关系。

4. 工作分析为员工考核提供依据

员工考核是人事管理和人事行政的职能之一。考核本身具有复杂性和高度的技术性。无

论何种考核方式都是对员工的工作能力和绩效两个方面以一定的客观标准进行评定的，而正确的客观标准的制定无一不是根据工作分析的结果即工作说明书和工作规范来进行的。所以，员工考核的根据和先决条件是要有一个很好的工作说明书和工作规范。

5. 工作分析为员工的晋升、调配提供根据

员工的晋升、调配是人事管理的职能之一。晋升和调配的目的在于人与事达到最佳的配合，以提高工作效率。晋升与调配的根据，一方面是员工考核的结果，另一方面则是工作分析所提供的任职资格条件。任职资格条件是晋升和调配的标准。

6. 工作分析为指导工作、简化工作提供依据

任何企业或组织都有工作目标，根据工作目标确定需要完成的工作任务，根据工作任务进行分工，确定职责和具体任务，即制订一套完整的工作计划。任何一级的领导只有根据工作标准去指导工作才是正确的。这个标准就是工作分析的结果——工作说明书和工作规范。

7. 根据工作分析，正确处理工作之间的关系

现代社会是不断发展的，组织机构也在进一步复杂化和工作专业化，经济越发达科学技术越进步，环境也越复杂，分工也越精细。这些现象的出现带来的员工工作之间的协调问题也日益严重。为了正确理顺和处理员工工作之间的关系，工作分析便是基础。

总之，工作分析有多种用途，然而最重要的还是任用、选拔、晋升和调配。无论是选择适当的员工担任某种工作还是选择适当的工作给某人担任，都必须先分析该项工作及该项工作需要何种资格条件的人，方能达到人与事最佳配合的目的。

（三）工作分析与职位分类的异同

职位分类是由工作分析发展而来的。但是，工作分析与职位分类既有相似之处，又有明显的区别。

1. 工作分析与职位分类的相同之处

（1）工作分析与职位分类都是一种人事管理方法，本身不是目的。其目的都是充分利用人力资源，提高工作效率。

（2）工作分析与职位分类都是以“事”为中心，事在人先，以事选人，达到人与事的最佳配合。

（3）工作分析与职位分类都是以工作事实为基础进行分析或分类，剔除了人们的主观随意性。

2. 工作分析与职位分类的区别

（1）工作分析与职位分类最明显的区别是：工作分析只是对工作的描述、记载；而职位分类则是选择若干科学的、客观的标准因素，对一个组织机构内的所有职位的重要性、复杂性和作用做出比较，确定每一职位的地位、作用、相互关系及任职资格条件，以便进行统一的科学分类管理。

（2）工作分析的具体目的则在于对工作进行分析，达到对一个组织机构中所有工作的了解和认识；而职位分类则是达到待遇的公平合理。

工作分析与职位分类除上述主要区别外，在其他方面，如繁杂程度、实施的程序、基本概念及结构、文件、制度本身的要求以及法律程序上都有着重大的区别。

六、职位分类的产生与发展

（一）职位分类的产生

职位分类是一种新兴的人事分类制度，最早出现于19世纪末20世纪初的美国。其中经历了以下几个大的事件。

1836年，联邦政府财政、内政、邮政、海军、陆军等五个部门所雇佣的336名办事员要求得到合理的工资待遇，向国会请愿，引起了国会的极大关注。

1838年，参议院通过一项决议，正式向各部门首长提出办事员分类的问题，要求按照每个级别人员的工作性质、职责、资格条件和为公众提供的价值等项内容进行比较和分类，以期解决他们的同工同酬问题。

1881年，工程师弗列德里克·泰罗提出了著名的工作分析制度，要求对企业内部的所有职位按照其工作性质、内容、任务、责任、所需资格条件、技术与环境条件等各种因素进行全面准确地描述和记载，以保证定员的合理、工作人员的高质量和实现同工同酬。

1883年，国会正式通过《公务员法》明确提出将全部工作人员划分为事务人员和政务人员两大类。

1896年和1903年，联邦公务员委员会两次向政府书面建议实行职位分类制度。

1912年，芝加哥市文官事务委员会逐步制定了职位分类的原则和方案。芝加哥市议会采纳了市文官事务委员会提出的职位分类方案，制定和实施了职位分类法。

1923年，美国国会正式通过了职位分类法并成立了人事分类委员会，规定了联邦政府各部门及华盛顿特区政府各单位实行职位分类的具体方案。这标志着职应分类制度的正式成立。

以上发展说明，职位分类是现代化大生产的产物，是员工公平分配意识的产物，是对传统人事分类方法的一个挑战。

（二）职位分类的发展

职位分类产生之后，其应用日益广泛，具体的分类、分等、分级情况时有调整。以美国为例，职位分类的发展大致经历了两个不同的阶段，即1978年以前为第一阶段，1978年之后为第二阶段。

1. 第一阶段（1978年以前）

在第一阶段中，职位分类呈现出日益规范化、度量化的发展趋势，主要表现在以下两方面。

（1）职类与职等的划分日趋合理。例如，美国1923年颁布的第一个职位分类法只把业务类工作分成五大类，没有对五大类工作进行职责程度的比较，没有规定统一的职等数和职等标准，而且五大职类的划分也不够合理，不便区分。这五大职类是：专业和科技类；次专业类；书记、行政及财务类；保存类；机械类。到了1949年，新颁布的职位分类法重新将业务类工作按工作性质划分为一般行政类和技艺保管类，这两大职类的划分显然比原来的五大职类划分更为合理。而且，新职位分类法还有一般行政类十八职等标准和技艺保管类十职等标准的明确规定，使各职类的职位有职责程度的比较，各职位人员的工资标准更趋合理。1949年职位分类法一直沿用至今。

（2）职位分类标准趋于量化。1949年职位分类法实施之后，虽然不同职类的职等标准有了统一规定，但关于职等标准的说明缺乏数据分析，使不少业务类公务员仍感其伸缩性大，不好掌握。因此，从 1976 年 12 月 12 日起，美国开始实行因素评价制度，以求工作与待遇的更加合理。

因素评价制度由三部分组成：①基本标准；②各种职位系列的因素水平说明和分数确定；③标准系列说明及标准职位。显而易见，因素评价制度中所包括的基本标准、各种职位系列的因素水平说明和分数确定、标准职位系列说明及标准职位三部分内容，做到了标准化、量化，具有很强的参照性，因素评价制度的实施使职位分类提高到了一个新水平。

值得注意的一个问题是，职位分类在这一阶段中呈现出日益规范化、度量化发展趋势的同时，也出现了一系列问题。例如，文牍主义严重，分类过于僵化，管理人员的主观能动性不被重视，劳酬制度缺乏竞争机制等。因此，简化职位分类的繁杂，给工作人员以更大的自由度已成为人们普遍关注的热点。

2. 第二阶段（1978 年以后）

在职位分类发展的第二阶段中，明显地呈现出引入灵活性管理机制、简化职类和职系，扩大主管部门和主管人员权限，注重发挥工作人员积极性的发展趋势。主要表现在以下方面。

（1）在联邦政府内设立“高级行政职务”，使高级职业文官的管理更具灵活性。此项制度从 1978 年开始实行。“高级行政职务”制度与原来的职位分类做法有很大的不同：①突破了工作人员调动之后其工资待遇不随人走的旧框框，引入了级随人走的灵活性管理机制，有利于工作人员的合理流动，有利于工作人员在更大范围内施展才能，获取更为广泛的宏观管理知识；②这种制度还在工作人员的考核方面增强了参与性，变工作人员的被动考核为主动参与，每一个被考核者同时又是工作目标的制定者和目标完成情况的评价者，这有利于工作人员发挥工作积极性；③这项制度在考试录用工作人员方面给予主管行政长官以更大的自由权，以适应行政任务复杂多变的需要。

（2）着手进行高级行政职务以外人员的职位分类改革试验。改革试验从 1980 年开始，主要内容包括以下各项：①简化职位分类结构。简化的分类结构分五个职业通道和六个工作难易程度等级。②拓宽职位分类标准。传统的职系已被简化的职业通道代替，因此，条分缕析的职位分析已大可不必，职位分类的标准也大大粗化了。③简化职位分类程序和职位描述。④试行新的功绩评价制度。新功绩评价制度的着眼点是每一职业通道、每一职等内工作人员的工作能力和工作表现。⑤试行新的工资制度。新制度允许同一职业通道、同一职等的工作人员工资在 2～4 个等级内浮动。

美国的职位分类做法陆续为一些国家和地区采用。加拿大的人事分类属职位分类类型。日本从第二次世界大战后开始改革文官制度，于 1950 年 5 月正式通过职位分类性质的《职阶制法》，但由于种种原因，《职阶制法》没能付诸实施。我国的台湾于 1958 年 11 月正式颁布《公务员职位分类法》，1959 年 6 月公布了实施细则，1967 年 6 月又公布了《分类职位公务人员任用法》《分类职位公务人员考绩法》《分类职位公务人员考试法》《分类职位公务人员俸给法》，使职位分类制度得以配套进行。泰国从 1968 年起开始仿效美国的职位分类制度，重新设计公务人员的职业结构、等级序列和级别标准，经过 10 年左右的努力，于 20 世纪 70 年代中期正式实行职位分类制度。除此之外，继菲律宾、哥斯达黎加实行公务员制度之后，我国各级国家行政机关等亦先后实行了职位分类制度。

第三节 职位分类的原则与功能

一、职位分类的基本概念

职位分类的基本概念依据一定的原理，通过系统的程序，组成职位分类的基本框架。所以，了解职位分类制的基本内容，需要先弄清几个有关的基本概念。

（一）职位

职位是由上级组织分配给每一个工作人员的职务和责任。职位是职位分类的最基本的概念，是分类的基本单元。职位由三要素构成：①职务，是指规定承担的工作任务，或为实现某一目标而从事的明确的工作行为；②职权，是指依法或企业的规定所赋予职位的相应权利，以提供完成某项工作任务的保障；③责任，是指承担一定职务的员工，对其工作标准与要求的同意或承诺。职位就是职务、责任、职权的集合体。

职位具有以下特点：①职位是以“事”为中心确立的，而不是以“人”为中心确立的。一个组织机构中的职位是由工作性质、工作范围、工作内容等因素确定的。②职位的数量是有限的。职位的数量是由组织的规模、任务及经费等因素决定的，但职位数量的确定应以最低数量为原则。③职位一般不随工作人员变动而变动，具有相对的稳定性。同一职位在不同时间里可以由不同的人来担任。④职位不具有终生的特点。按负责的幅度，可以是专任的，也可以是兼任的；按完成任务的时间，可以是常设的，也可以是临时的。⑤职位的确立有一定的标准，即职位标准。职位标准包括职位名称、工作内容、责任程度、任职条件等。⑥职位必须由上一级主管部门依据职能和职权的分配来确定，在特殊情况下，也可以依据职权的范围来确定。⑦职位上的工作人员承担职务与责任的时间长短、职务与责任是否重要，对职位的意义并无影响。

（二）职级

职级是指工作性质、难易程度、责任大小、所需资格条件相同或充分相似的职位的组合，即把上述各种条件相似的职位划为同一职级。职级由职位组成，不同职级包含的职位数量不等。有的职级只有几个职位，有的职级则有成百上千个职位。

同一职级内的各个职位可用一个称谓来表达。其所需的资格条件，如受教育程度、经验、经历、知识、技能、能力等，都是相同的；同时，可用相同的考试内容及方法，来选任同一职级内所需要的合格人员。在同一职级内的各职位还适用同一个工资表。这样，同一个职级的职位，在人事管理上，如考试录用、考核晋升、培训进修、工资标准等可作相同处理，这就使得人事管理大为简化，几万、几十万甚至上百万个职位，可以按四个因素相同或充分相似归并成几百个或几千个职级。

职级在职位分类中最为重要，因为职位是否相同，是否应适用同一管理原则与制度，都依据职级来决定。进行职位归级所根据的书面文件成为职级规范。

（三）职等

职等是指工作性质不同，而其难易程度、责任轻重、所需资格条件相当的职级归纳所列之等。或者说，职级列等是将不同职系中的难易程度、责任轻重、所需资格条件相当的职级（当然包括职级中的所有职位）归纳为同一职等。职等的最大作用在于不管列入同一职等的所有职级、职位属于哪个职系、职组、职门，其工资待遇都是相同的。

职级和职等在职位分类结构中，是划分职位等级的因素。职等的划分同职级的划分一样具有重要意义：职等是表明从全局来看的不同职系中职位之间的关系；职等表示各职系之间职级和所需资格条件的相同程度。划分职等的目的是谋求各职系之间待遇上的平等。划分职等所依据的书面文件称为职等标准。

（四）职系

职系（也称职种）是指工作性质相同，但工作繁简难易不同，责任轻重和权力大小不同，所需资格条件不同，因而被划分为高低不同的职级和职等所组成的职位系列。所谓职系就是工作性质充分相似的所有职位的总称。

一个国家有成千上万个职位，可按“工作性质”这个标准，将工作性质相同和充分相似的职位划为一个职系。换句话说，职系划分的标准是工作性质，属于同一职系的职位其工作性质是相同或充分相似的。一般来说，每个职系就是一种专门职业。职系在职位分类结构中是划分职位种类的基础，这种区分与社会上常见的分工、学术上的分科的意义相同，其主要作用在于为专门人才的供职、晋升、转行提供条件。

划分职系，对工作性质认定的根据不能是职务名称而必须依据执行工作时所需运用的知识技能是否相同或相似来决定。凡执行工作时运用相同或相似的专业知识和技能的职位，都属于同一职系，反之，则不属于同一职系。说明每一职系工作性质，为区分职系提供依据的书面文件，称为职系说明书。

（五）职组

职组（也称职群），是工作性质相近的若干职系的组合。也就是说，若干性质相近的职系可划为一个职组。例如，工程类的职组，可以包括电力工程、土木工程、机械工程等职系。

职组的作用主要是在职位分类过程中求得分类的便利。行政机关的工作性质极其复杂，有些国家划分职系时就先将工作性质相近的职位归纳为职组，然后再进一步细分为职系。职组的地位处于职门与职系之间。职组虽然在职位分类过程中经常提到，但它并非是不可缺少的因素，故有时可省略。

（六）职门

职门（又称职类），是由工作性质大致相近的若干职组的组合。属于不同职门的职位，其工作性质完全不同。职门是职位分类结构中最粗略的区分。

上述六个基本要素构成的职位分类结构是：以职位为基本元素，以职门、职组、职系为横向坐标，即分若干职门，每个职门中分若干职组，每个职组中分若干职系；以职级、职等为纵向坐标，即总的纵向分若干等，每一个职位在其职系中有一定的级，一定的职级职位对应相应的等。具体到每一个职位属于哪个职门、职组、职系、职级、职能，则通过在整个组织系统一系列调查、科学的分析评价等工作后确定。

二、职位分类的原则

职位分类的总原则是“因事设职”，具体原则主要有系统原则、最低职位数量原则、整分合原则和能级原则。

（一）系统原则

系统原则，是“因事设职”的最基本原则。所谓系统，就是由若干既有区别又相互依存的要素所组成的、处于一定环境之中的有机整体。所谓系统原则，就是把一切事物都看成是各种有机的系统，遵循系统整体性特点的要求，准确地考察系统与要素、要素与要素、系统与环境之间的联系，科学地确定具有最佳功能的最优结构，以便达到最好的目的和效果。任何完善的组织机构，都是一个相对独立的系统。因此，我们在确定一个组织机构该设置哪些类型的职位，各设多少数量合适，分别在什么层次结构上，都应该把它们放在该组织系统中，从整体上进行分析：①看其在该系统中有什么样的功能，能发挥什么样的作用；②看该组织系统所有职位的总体是否保障有效的合作，能否实现系统的目标和任务；③看该系统所有职位在所属备分系统、子系统中各层次的安排是否得当、合理；④看各职位上下左右间的相互关系是否协调：⑤看系统中所有职位的设置是否经济、科学、合理和高效。

总之，凡是对组织机构整体功能产生积极效应和效益的职位就应设；反之，就不设。

（二）最低职位数量原则

最低职位数量原则是指一个组织机构为了实现其独立承担的任务而必须设置的职务。职位设置超过了这个数量就会造成职位虚设，机构膨胀，人浮于事；职位设置低于这个数量，则造成职位短缺，人手不足，影响组织目标的实现。最低职位数量原则确保组织机构的高效率和高效益。

为了使一个“组织”以最少的投入、最小的花费，获得最大的效益、最高的效率，其职位数量应限制在能有效地完成任务所需职位的最低数。因此，我们在进行分析、设计一个组织机构的职位时应注意下面五点：①排除原来因人设事的因素，剔除所有虚职和多余的“副”职；②把任务相似，但工作量不饱和的同级职位进行适当合并精减；③减少组织机构的层次和简化繁杂的工作程序；④与组织系统密切相关的职位不能简；⑤一个组织机构中，最低职位数量不是固定不变的，它随组织内部结构和外部环境的变化而可增可减。

（三）整分合原则

所谓整分合原则，是指一个组织机构必须在总体规划下明确分工，在分工基础上有效地综合。依照整分合原则，整体是前提。具体为：①首先应该了解该组织系统的整体目标、功能及运转规律。然后进行合理的分工，即把总目标合理地分解为若干分目标和更多更小的子目标上，直至分解落实到每一个具体职位上，使各职位有明确的分工，建立职责规范；②注意在目标分解的基础上必须加强各职位间密切的联系，并保证为总目标服务。

因此，在确定组织机构职位是否设置时，应看其目标是否具体、明确，是否为组织系统的总目标服务，是否有利于发挥组织系统的最佳效能，能为系统起积极作用的职位就设；反之，就不设。在层层分解总目标的基础上，所有职位的具体目标和功能还要进行有效的组织综合，使各职位间的关系协调配套，围绕组织系统的总目标均衡地发挥其应有的功能，即要与系统的整体目标的功效同步协调。

（四）能级原则

“能级”原是现代物理学中一个重要概念，是指原子中的电子处在各个定态时，其能量的等级。我们在这里借用的“能级”概念，是指一个“组织”中各职位功能的等级，也就是职位在“组织”这个“管理场”中所具备的能量等级。一个职位的功能的大小，是由它在组织中的工作性质、任务大小、繁简难易、责任轻重以及所需资格条件等因素所决定的。功能大的职位，它在组织中的等级和能级就高；反之，它在组织中的等级和能级就低。

对于一个组织系统而言，其职位能级从高到低，一般可分四个大层次，呈梯状结构，见图 3-1。

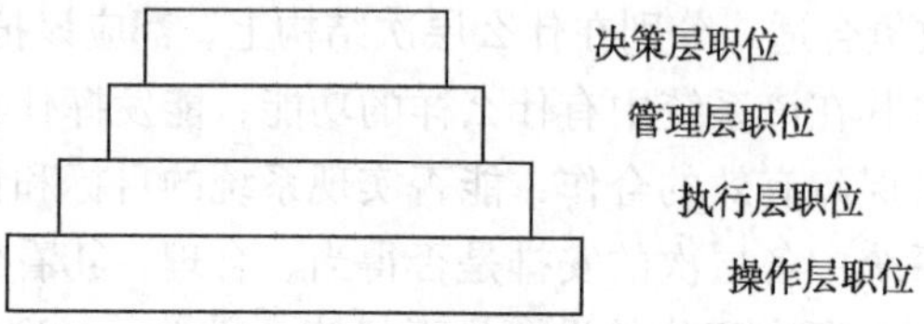

图 3-1　职位能级阶梯状结构图

（1）决策层职位。这类职位的功能是确定该组织机构（系统）的大致方针。

（2）管理层职位。这类职位的功能是运用各种管理手段以实现上述方针。

（3）执行层职位。这类职位的功能是贯彻执行管理指令，直接调动和组织人、财、物等要素，为实现组织机构的任务服务。

（4）操作层职位。这类职位的功能是从事实际操作和具体完成任务。

三、职位分类的功能

（一）职位分类是现代人事管理的起点和基础

职位分类根据工作性质、繁简难易、责任轻重及所需资格条件的不同，将各种职位进行横向的类别区分和纵向的程度区分，将类别和程度充分相似的职位归入同一职级，然后对各种职级制定出统一明确的职级规范。它为工作人员的考试、任用、考核、任免、升降、奖惩、培训、工资福利等各项管理活动提供了科学的依据，从而为实行科学的分类、分级和统一管理创造了条件。

（二）职位分类提供了“因事求才”的用人标准

实行职位分类后，由于有了职位说明书和职级规范，对各类、各级职位的工作内容、责任程度及所需资格、条件和专门知识等，都有了具体明确的职位标准要求，就能更有针对性地确定录用考试的科目、内容、命题和录取标准，从而使考试客观公正，而且切合实际工作的需要，有效地贯彻“因事求才”的原则，增进人与事的密切配合。

（三）职位分类是制定合理的工资制度的基础和依据

实行职位分类的一个重要目的，就是使职务、责任、能力与合理的报酬挂钩，实行同工同酬，消除分配上的平均主义。职位分类用科学的评价方法，将工作性质虽不相同，但工作繁简难易、责任大小充分相似的职位列入同一职等，都享受统一的工资待遇，这样把工资报酬同工作的繁简难易和责任的轻重大小挂钩，从而为更好地贯彻按劳分配的原则，实行同工同酬、多劳多得的工资制度奠定科学的基础。

（四）职位分类使考核、奖惩有了客观公正、科学合理的标准

实行职位分类，不仅对每一个职位的工作性质、工作数量和质量、要求以及职责权限、责任轻重都做了详细而明确的规定，而且对承担这一职位的人员所应具备的资格条件也都做了明确具体的规定，这就为考核、奖惩工作人员提供了明确、具体的标准，便于对照了解每个工作人员尽职尽责完成任务的情况，真正做到奖勤罚懒、优胜劣汰。

（五）职位分类为职业培训提供了科学依据

职位分类通过制定职级规范和职位说明书，对每一职级所属各种职位的工作性质、内容、要求和升迁调转的路线，以及担任该职位所必须具备的资格、条件提供了明确的标准。根据这些要求和标准，针对现任和拟任该职的工作人员的实际情况有针对性地编制长、短期的业务培训规划，使培训收到更好的效果。同时，也为个人进修提高提供了依据和目标。工作人员可以按照现任职位标准要求和上一职级或新的职位标准要求，去熟悉日益扩大的职务范围，学习新的相关知识，以胜任现任和新的工作。

（六）职位分类有利于岗位责任制的推行和工作效率的提高

职位分类通过制定职级规范和职位说明书，明确规定每一职级所属各种职位的职、责、权、利，使每一职位上下左右间的关系泾渭分明，从而避免了职位间权限混淆不清，工作扯皮推诿的不良现象，提高了工作效率；同时通过职位分类，将各职位的职、责、权，利用法律的形式固定下来，依法对其进行管理，这样不仅为健全和严格工作岗位责任制创造了条件，而且使它的实行具有法律保障。

（七）职位分类有利于精简机构和合理定编

按照职位分类的要求，职位是根据工作需要而设置的。一个组织机构的工作任务确定以后，其职位数（即编制数）就相应确定了。当组织机构职位的工作任务和工作数量发生变动时，需及时根据变化的情况，重新办理职位的归系归级，重新调整列等，以解决职位上的人员过多或短缺的情况，从根本上消除乱设机构、滥升规格、职责不清、人浮于事的现象，使机构设置和人员编制形成一种自我约束的机制。

（八）实行职位分类有利于健全和完善退休退职制度

在职位规范中，对于不同的职位所需要的体力及其条件的差异都做了明确的规定，根据这些规定要求，就可以相应地确定不同的退休退职年龄，使退休退职的年龄更趋于合理。

第四节　职位分类的步骤与方法

职位分类是一项复杂的，知识性、技术性很强的工作，它一般是按照以下步骤和方法进行的。

一、职位调查

（一）职位调查的目的

职位分类的第一个重要步骤就是职位调查。所谓职位调查，就是人事管理部门调查、收集有关职位的各种资料的过程，以作为划分职位类别和职位等级的依据。进行职位分类，必须进一步了解各组织工作的实况。因为职位是以事实为依据。所谓事实，就是指职位的工作性质和工作程序。对于每一职位的工作性质和工作程序，只有该职位的现任员工和领导最为清楚。所以进行职位分类必须进行职位调查，以建立正确的分类制度。

职位分类并不是根据任何“理想”去设计种种类别，而是根据现职位实际情况予以分类。一个分类计划的构成，乃是产生于密切联系着的处于管辖中的实在职位。在分类计划的最后总表册中，包括一批数目充足的职类，以便使每一现存职位都得到归属。实际上，职位分类的全过程，正如工作评价的四个步骤一样：取得资料、分析资料、组织和记录分析所得事实，以及就所得资料事实加以应用。这四个步骤中最基本的、最重要的步骤就是取得资料，只有取得丰富的资料，以后的工作才能展开和发展。在职位分类过程中，只有首先进行职位调查，职位分类的其他工作才能展开和发展。所以说，职位调查是职位分类的事实基础。职位调查的直接目的在于：①职位调查同其他社会调查一样，都要获得预期的结果，职位调查的直接结果就是为撰写职位说明书提供事实依据；②职位调查是为确定职位的分析因素提供事实依据；③职位调查是为职位评价提供事实依据；④职位调查为区分职系、职级、职等及撰写职系说明书、职级规范、职等标准提供客观的事实依据。

总之，职位分类过程所进行的一切工作，都是以职位调查中提供的事实为依据。

（二）职位调查的对象

职位调查的目的，在于获得职位内容的有关事实，以建立正确的分类制度。因此，确定职位调查的对象，必须明确以下三点。

（1）调查的对象必须是现存职。职位分类的主要的特点之一就是根据职位事实予以分类，即根据现在已经存在的职位，按照一定的标准，予以分类。正因为如此，职位调查对象的确定必须是现存职，既不是过去的职位，也不是将来即将出现的职位。

职位事实，即职位已经存在的事实。在调查过程中，往往会出现理想与现状的矛盾。就职位分类本身而言，它只是对现职实况的整理与反映，在这里不能加入“主观”的因素。

（2）调查对象必须是拟实行职位分类的现任有关员工。这里，须明确两层含义：一是职位调查的对象必须是准备实施职位分类的职位，不准备实施职位分类的职位不必进行调查；二是调查对象必须是现职的现任有关员工。职位的特点之一，是同一职位在不同时间里可以由不同的人来担任。正因为如此，调查对象须是现任的员工和有关的领导。因为只有这些人才最了解现职的工作性质、内容等方面的情况。至于现职现任员工的才华、能力高低、人的智能差异等方面的素质，在确定调查对象时，均可不必考虑。

（3）就确定调查对象的范围来讲，可访问实施分类职位上的员工，并观察其操作；也可由员工填写调查表；也可调查其主管领导，由主管领导描述职位概况，以及上面三种形式的综合。

（三）职位调查的内容

职位调查的内容是由职位分类的目的决定的。调查内容是否合理、科学、全面，直接影响职位分类的进行。所以，确定职位调查内容的工作甚为重要。按照职位分类的内容来讲，确定职位调查内容的一般原则如下：①调查内容应满足职系划分所要求的资料；②调查内容应满足职级划分和制定职级规范所要求的资料；③调查内容应满足职等划分和制定职等标准所要求的资料。

按照上述三个原则，无论采用什么样的调查方法，职位调查内容都应包括职位主要内容。职位的主要内容可分为以下几类：①职位工作性质及其特点；②工作目的和工作范围；③用来确定分类计划内所包含的每一职位的类别和等级特点的资料；④职位的职务和责任的有关资料；⑤为完成职位工作所必要的任职资格和条件的资料；⑥有关领导对该职位的叙述和认定。

在设计职位调查内容时，根据上述六个方面，需对每一方面或项目加以详细分解，分解为若干因素，通过这些因素的调查，以说明每一项目的内容和特点。例如，就“任职资格条件”来说，甚为笼统，所以在设计调查内容时需加以分解，分解为年龄、性别、学历、所学专业、所需能力和技能等多个因素，以说明任职资格条件。

（四）职位调查的方法

职位调查的方法主要有：问卷调查法、访谈法、观察法、文献法等。

1. 问卷调查法

即将所需调查的内容事先仔细设计成书面表格，由现任员工或该职位的直接领导人员逐项填写（或者由现任工作人员填写，然后交主管领导审定）。

问卷调查法比一般的调查方法更标准化、指标化、形式化，所以，问卷调查法是获得确实资料的最成功、最有效的方法，是一种应用最广泛、最普遍的方法。采用这种方法优点是耗费的人力和时间较少。但要注意的是：①必须取得填表人员的充分合作；②填表人员必须熟悉有关职应的情况；③填表人员能够准确地运用文字加以表达。

2. 访谈法

访谈法是职位调查中经常应用的方法之一。所谓访谈就是在职位分类的要求指导下，依据职位调查提纲或问卷，由进行职位分类的调查人员面对面地询问现职位上的员工，从而获得资料的一种方法。访谈法的优点是获得的资料比较准确，缺点是需要耗费较多的人力和时间。

在职位调查中，如果只采用访谈法，不与其他调查方法同时采用时，访谈法的应用范围如下：①为实施职位分类而进行的初步调查，如同问卷调查法一样，进行职位调查；②在职位归级之后，审查归级是否适当，或因职位情况发生变化需要重新调查新的事实以改变归级职位；③职级规范制定之后，为了使职级范围更符合实际或因职位情况发生变化时，需要根据职级规范进行较为普遍的实地调查。

应注意的是，为了提高调查效率，调查人员应事先准备好一份有关面谈内容的详细提纲。

事实上，在职位调查过程中访谈法需与其他方法如问卷调查法混合使用，以便使职位调查所得结果切合实际。

3. 观察法

所谓观察法就是根据职位调查的目的、调查提纲、调查表，用自己的感官和辅助工具去直接观察职位工作状况，从而获得资料。职位调查中也经常采用观察法，这种方法特别适用于工作程序固定或技术性较强的职位；而对于工作周期长，不规律，或高度复杂的脑力劳动职位，则不适用。在职位调查中，观察法具有如下作用：①扩大对职位状况的感性认识；②启发职位分类人员的思维；③发现职位工作状况的新特点；④直接检验第二手资料的可靠性。

采取观察法进行调查时，调查人员必须经过适当的技术训练。因为运用观察法需要较高的水平，它要求观察人员经过科学的训练、聪明机智，有分析职位的专门能力，能把握人事工作的要点，掌握职位描述中所包含的原则。训练的内容至少应包括下列各项：①对实施职位分类机关的组织机构情况要有充分的了解；②对职位调查本身的有关资料进行了解；③调查的职位所应归属的职级和职级规范；④准备好对被调查职位询问的事项。

调查开始时，一般采用先观察而后询问的办法。先进行观察，就职位的工作事实初步记录，免得受职位上员工的主观所左右，然后再进行询问以补充观察的不足。

4. 文献法

职位调查离不开文献，职位分析和评价也离不开文献。所谓文献法就是根据职位调查的目的和题目，通过查阅文献来获得所需要资料的一种方法。文献法主要有以下作用：①能了解有关职位的历史和现状，有助于提高职位分类的科学性；②能形成关于职位分类和职位的一般印象，有助于观察和访谈；③能得到有关职位分类和职位的比较资料。

职位分类所需文献较广泛，主要有：预算文件、工资条例、工资名单、员工名册、编制表、单位的工作手册，单位的活动报告、有关法令、规章、决议等。除此之外，还应搜集各国有关职位分类的书籍、图表等资料，以供分类之参考和借鉴。

上述四种方法在单独使用时，都具有一定的局限性。为了避免这种局限性，在实际进行职位调查时，往往把这四种方法或其中的两种方法结合起来使用，以期获得更加确实可靠的调查结果。例如，在采用问卷调查法时，如果发现书面资料不够完整或明确，可以加用访谈法，或者进一步加用观察法。

通过上述各种方法进行职位调查，在调查完结之后就要进行调查资料的审核和整理。这一项工作是职位调查的继续，又是进行职位分析的前提，它是保证调查资料客观、准确、完整的不可缺少的重要环节。在职位调查、资料审核、资料整理完成之后，就要根据调查结果，撰写每一个职位的职位说明书。

二、职位分析

（一）职位分析的含义和目的

职位调查的结果是对职位内容的初步了解。但是，这种了解还是初步的散乱的认识，即对职位的感性认识。所以，职位调查完成之后，必须对其结果进行分析。这种分析，就是职位分析。根据调查过程的一般程序，首先对调查资料进行统计分析，在对调查资料进行统计分析的基础上，对调查资料进行理论分析。职位分析也可分为两个程序：一是对职位调查结果的统计分析，即对职位的数量、类别等分析；二是对职位调查结果进行理论分析，即借助于概念、判断和推理等思维形式，对职位的内容及其内在联系进行系统化的分析。职位分析主要是指职位内容的理论分析。正因为如此，职位分析具有以下特点：①职位分析是对职位内容及其内在联系的认识；②职位分析是借助于因素或概念而不是凭主观判断对职位做出判断；③职位分析要形成对职位系统化的认识；④职位分析要选择出具有普遍意义的因素，根据这些因素对每一职位进行演绎推理。

职位分析的目的是在调查职位的基础上，系统地、全面地、客观地、科学地了解职位工作的全部内容。达到这一目的的关键在于选择分析因素、确定因素，利用这些因素去分析职位，以观察和了解职位内容，为职位评价奠定基础。

众多职位千差万别，其情况纷纭复杂，各具特点。但是，职位之间也有其相互联系，有其共同的属性。这种共同属性可以通过比较分析和归纳方法选择出若干适应于每一个职位的因素，这种因素就是分析因素或分析尺度。若干因素的集合便构成了分析因素体系。运用分析因素体系中的因素去分析每一个职位，才能显示出职位的真正差异，才能进行科学的分类。

（二）职位分析因素的确定

职位分析首先选择共同的因素，但由于组织性质或职位性质不同可能略有差别，选择职位分析因素应遵循下列原则。

（1）分析因素的确定必须以调查资料为基础，不能凭主观随意性去确定，也就是说，要把调查资料作为因素确定的出发点。同时，分析因素也必须以调查资料来验证。

（2）分析因素的确定，须从调查资料的全部事实出发，即从全部职位出发，而不能简单地从个别职位出发，只有这样，确定的分析因素才能适用于全部职位分析的需要。

（3）分析因素的多少，应以满足职位分析的基本需要为前提。分析因素过多，不仅会增加工作量，还会出现职位工作界限不清；分析因素过少，则会产生对职位工作分不透彻，从而影响职位评价工作的进行。

（4）每一个分析因素应是一个变量。分析因素内涵不仅要有基本标准，而且还能划分出不同层次的水平。

职位分析因素的确定，在不同的国家是不同的，在同一国家的不同发展时期和不同的地区也往往是不同的。例如，美国的职位分析中选择了九个因素，而美国的印第安纳州将九个分析因素简化为四个因素。我国的台湾省则采用了八个分析因素。无论分析因素多少，都应以概括职位的全部内容为基础。现在各国通常多用下列八种分析因素进行职位分析。

（1）工作的复杂性。此因素是指本职位工作的种类、工作性质、工作程度的变化。

（2）上级的监督。此因素是指本职位受上级领导监督的范围、性质、程度。

（3）所遵循的法规、规范。此因素是指本职位执行工作时，可供遵循的法律、章程、办法、细则、手册及书面指示等。

（4）所需能力。此因素是指本职位执行工作时所需能力的种类及其程度。

（5）接触人员范围与目的。此因素是指除监督人员之外在执行工作中接触人员的种类、频繁程度及接触人员的目的。

（6）职权行使的范围与影响。此因素是指本职位权限的种类及分量，也就是指权限的大小，分量的轻重，以及运用职权的影响和利害程度。

（7）所施予的监督。此因素是指本职位对下属工作人员所给予的监督权限的种类与范围，以及影响的程度。

（8）所需资格条件。此因素是指本职位执行工作时所需的教育程度、能力、经验、技术、品德和身体素质等。

上述八种因素，实质上是对职位工作性质、繁简难易、责任轻重以及所需资格的分析。在职位分析过程中，可根据不同情况选出更合理的因素，使之分析因素体系更切合实际。

三、职位评价

（一）职位评价的含义和目的

职位评价，又叫工作评价，是在职位调查的基础上，根据基本分类因素的比较，对职位进行区分职系、划定职级的过程。职位评价的目的，是通过基本分类因素的比较，来确定其职系与职级，即在每一职组中，按其工作性质完全相似者区分为职系。再将工作的性质，繁简难易，责任轻重，及所需资格条件相似之职位，划归同一职级。只有先进行职位评价，然后才能制定分类标准并实行职位归级，最终达到职位分类的目的。

（二）职位评价的方法

职位评价的方法一般有以下四种。

1. 全部列等法

此种方法的步骤是：①将一个组织的职位予以分析比较，并按其对该组织的重要性或价值，进行有次序的排列；②将组织的职位序列予以合并，成为一整个组织的排列；③将排列后的职位，按高低的次序，区分为若干档次，每一档次即为一个职等；④以后如有新设职位，仍用同样方法，分别并入各职等。

2. 分类法

这种方法的步骤为：①分析每种工作的分类因素，然后将各因素予以综合的评价，凡工作性质和职责内容相似者则列为职级；②按照职级的工作性质、繁简难易、责任轻重，以及所需资格条件，制定职级规范，用来评价职位。凡某一职位的职务与责任的实际情况与职级规范的标准相似者，则列入该职级。

3. 因素比较法

这种方法的步骤是：①先确定本分类计划中采用的基本分类因素；②选择若干个职级已确定的主要职位（一般选择 15 ~ 25 个）；③给予这些主要职位以一定的总分；④将给予这些主要职位的总分按比重分配给它的各个基本分类因素；⑤把要分类的职位的基本分类因素与上面主要职位的基本分类因素进行比较，给予适当的分数，归入已完成的等级换算表中，这样就完成了职位评价。这种方法强调的是分类职位与选择出来作为样板的主要职位进行比较。

4. 因素评分法

此种方法的步骤是：①决定采用哪些基本分类因素，并按重要程度将这些基本分类因素配以适当的比重分；②制定分数表，将每一分类因素按其不同程度（比重）分配适当分数；③将各分类因素区分为若干等级（档次）水平，并按等级水平标明分数；④将要分类的职位的各基本分类因素，同相应的标明分数的因素等级水平加以比较，并计算出各因素所得之总分，以总分的多寡来决定职级或职等之高低。

以上四种方法各有利弊，应用时应视具体情况而定，但比较而言，由于“排列法”与“分类法”是从“因素比较法”和“因素评分法”发展而来，后两种方法较为完善，也较普及。

（三）职位评价的内容

1. 区分职系

区分职系就是区分职位的工作性质，这是职位分类首先要解决的问题。凡工作性质充分相似的职位，归纳为同一职系。一般来说，职位经过分析评价后，就可依照其结果，来区分职系。但从理论和实践来看，区分职系有一个由粗到细，由远到近的逐层划分的过程。在区分职系之前，要进行“职门”与“职组”的划分。凡性质大致相近之职位列为同一职门。从每一职门中，按其工作性质更相近者，区分为“职组”。最后在每一职组中，按其工作性质充分相似者区分为‘职系”。职系是指一些工作性质充分相似而职级不同的职位系列，一般地讲，一个职系，就是一种专门职业。在职系区分完毕后，一般还要制定职系说明书。

2. 区分职级

职级，是指包括工作的性质、繁简难易、责任轻重及所需资格条件充分相似的职位。凡属同一职级的职位，工作人员的人事业务，可用同一标准处理。设定职级的目的，是为了在处理人事业务时，力求其准确、公平与简化。每一职位均需由一个人员担任，每一人员均有其人事业务需要加以处理，但如对每一人员人事业务的处理，均做个别的规定，则过于繁杂。如不顾职位工作的内容，对所有职位人员人事业务的处理，均做统一的规定，则既不准确又不公平。只有按照由职责内容相似的职位聚合而成的每一个职级，分别规定其人事业务处理的标准，则既可简化人事业务，又可达到公平与准确的目的。为此，必须制定职级规范。

3. 职级列等

职级列等是指将各职位的职级，就其职责程度的高低作相互的比较，凡程度相当的各职系的职级，列入同一职等。设立职等，是为了比较不同职系间职位的级别。每个职系的职级数是不一样的，有的多达十几个，有的仅两三个，一般在四至七个之间，但它们都可以归到相应的职等，以建立相互的对应关系。这就是将不同职系间职位的级别，按工作难度和责任大小的顺序排列，即将难度最大、责任最重的职级，放在最高职等，以此类推。职级列等，能使职位分类计划充分发挥人事行政工具的作用。例如，不将不同职系间职位的级别加以比较，则不仅无法进行有效的人事行政管理，也无法制定公平合理的工资待遇标准。

四、确立职位分类标准

职位分类标准包括职系说明书、职级规范和职等标准三部分。

（一）职系说明书

职系说明书是指说明工作性质的文书。职系说明书所叙述的内容，只涉及工作性质。凡属有关工作的繁简难易、责任轻重及所需资格条件等，均不包括在职系说明书之内。职系说明书系是一个职系一份，设定多少职系，就有多少份职系说明书。

职系说明书主要由以下三部分构成。

（1）职系名称及编号。职系名称系用于职系的称呼，文字宜简要，并需表示出职系工作的性质，如人事行政职系、税务职系、土木工程职系等。

（2）一般叙述。一般叙述系指职系说明书中开头部分的叙述，其文字通常分为两部分：第一部分常以“本职系所包括的职级”开头；第二部分说明处理本职系各职级工作所需要的职能。

（3）主要业务的列举。其目的是将本职系所包括的各种业务，择要予以列举，以便一般工作人员能从职系说明书了解职系工作情况。例如，税务职系说明书所列举的业务是：税制拟订、税率调整、税源调查、违章处理、税额查定催征、单据册籍管理等。

列举业务的原则有以下三个：第一，所列举的业务必须为该职系中较重要的业务；第二，所列举的业务必须是最能代表该职系特性的业务；第三，所列举的业务必须是工作量较多或花费时间、人力较多的业务。

（二）职级规范

所谓职级规范是指规定与叙述每一职级的工作性质、繁简难易、责任轻重，以及所需资格条件的书面文件。职级规范是按职级分别规定与叙述的。应当应用分类标准的因素模式，并运用分析归纳与演绎对比等方法设定职级模型后，就应对每一职级的内容，分别制定职级规范，因此设定多少职级，就有多少职级规范。

职级规范大致由六部分构成。

（1）职级名称。就是每一职级的称呼。一个职级名称，必须简明扼要，一眼就能看出本职级工作的性质及程度。职级名称，是一个职级规范的缩影，它是了解一个职级规范内容最简单的工具，如初级速记员、助理交通工程师、高级土木工程师等。

（2）职级编号。职级编号是代表一个职级的号码。这个编码系统，通常由职位类别、系列（职组、职系）和级别（职等）三个部分组成，并为这三个部分规定了不同的符号，其目的是为了简化职级称号并使之规范化，以便形成信息数据。

（3）职级特征或职责。职级特征或职责是职级规范最重要的部分。一份标准的职级规范，必须在职级特征项目下，就本职级职位工作的工作性质、繁简难易及责任轻重三个方面，表明它与任何其他一个职级的区别，或不同于任何其他一个职级的特征。一般应首先列举本职级所包括的主管职责，其次说明本职级的职责内容，其中包括在何种层级及职位人员监督下处理工作，受何种监督，需要监督何种层级及职位人员工作，如何给予监督等。

（4）工作举例。工作举例仅指本职级职位应处理的工作的举例，并非本职级职位应办理的全部业务。所列举的工作通常只叙述所处理的工作的名称及处理的方式，如“缮写文稿”一例，文稿是所处理的工作名称，“缮写”是指处理的方式。为了使列举的工作符合要求，通常应遵循三条原则：第一，必须是本职级大部分职位所处理的工作，即普遍性原则；第二，必须是最能表示出本职级职位之特性的工作，即代表性原则；第三，必须是本职级职位所经常处理的工作，即经常性原则。

（5）所需资格。包括任用资格（如需要考试录用或内升任用）和所需专门知识，后者包括普通教育的等级、专门教育，需要的经验种类及所需经验的时间等。

（6）其他。包括证件和身份（如执照、证书、学位、学会会员等）、一般情况（如性别、年龄、身高、体重）、升迁路线等。

并非所有职级规范都必须包括上述六项内容，内容项目的多少，视职级规范的性质而定。

（三）职等标准

职等标准，是指叙述每一职等的工作繁简难易、责任轻重、所需资格条件的书面文件。职等标准的内容，通常由三部分构成。

（1）一般叙述。指职等标准中开头部分的叙述，通常以“本职等所包括之职级”开头，接着说明本职等各职级的监督关系，以及处理工作所需要的技能。

（2）职责程度叙述。指运用所需创造力、与人接触、职权范围与影响等因素，来叙述该职等的程度高低。

（3）所需资格的叙述。包括录用资格与能力两部分：录用资格包括任用资格的叙述，以及应考资格或应甄审资格的叙述；能力包括领导能力和行政能力的叙述。

五、职位归级

（一）职位归级的含义

所谓职位归级，就是依据一定程序，将组织的职位，根据职系说明书决定职位所属职系，再根据职级规范决定职位所属职级职等的过程。简言之，就是将职位归入适当的职级。职位现任员工，于职位归级确定后，在人事行政上就要依据所归职级职等支薪，从这时起，职位分类就直接与员工发生关系，组织员工也特别关心自己的职位归级，从一定意义上说，归级得当与否，将直接影响到职位分类的成败。

（二）职位归级的标准

职位归级，没有一定的标准就很难进行。职位归级的标准，也就是职位分类的标准，它由职系说明书、职级规范和职等标准三部分构成，它涉及职位工作的性质、繁简难易、责任轻重以及所需资格条件等内容。职位的工作，均依此标准衡量，凡职位各项内容与上述标准充分相似者，即归入该职级。

（三）职位归级的步骤

1. 归级调查

在办理职位归级前，需进行归级调查。这种调查可与分类前的职位调查一并进行。如果完成职位调查的日期同办理职位归级的日期相隔甚短，就可利用分类前的职位调查资料来进行归级。如果间隔的时间长，有些情况已发生变化，就有必要进行一次归级调查加以核实。

2. 办理归级

归级调查完成后，就利用调查所得的资料归级。其进行步骤是将职位的工作与分类标准比较，决定一个职位所属的职系时，是将一个职位的职位说明书中有关项目（特别是工作项目与工作技能两部分）的内容，与各职系说明书相比较，经比较结果，如果发现一个职位说明书所列工作项目与工作技能的内容与某一职系说明书中所叙述的工作技能及工作项目举例充分相似时，即可决定该职位属于该职系。

决定一个职位所属职系，在人事管理上的作用表现在以下三个方面：①可以表明晋升途径，增加晋升的透明度并使其制度化，以便建立健全晋升制度；②可以规划公务员迁调范围，以便建立合理的轮换调转和人才流动制度；③可以了解担任职位工作人员的来源，以便遴选合适人选担任职位工作。

决定一个职位所属职级职等时，是根据职位说明书中工作概述、工作职能、工作标准等项叙述的内容，与该职位所属职系的职级规范相比较，然后按最相似的职级规范，来决定该职位所属职级职等。

决定一个职位所属职级职等，在人事管理上的作用表现在以下三个方面：①可以明确晋升阶梯，以便建立健全晋升制度；②有利于建立健全考试录用制度，以便罗致合格人才；③可以作为决定公务人员工资待遇的依据，以便建立同工同酬的工资制度。

在办理职位归级过程中，有时也可能遇到有些职位归入任何职级都不适当的情况，这时，切不可削足适履，勉强归级。理想的办法是将职系职级加以调整，或建立新的职级。

3. 归级异议的复核

职位归级涉及员工的切身利益，每个员工都会特别关心，职位归级后，如实施组织的职位现任员工认为归级不当，应有补救的办法。一般的做法是，实施组织的员工，对归级有异议时，应于接到归级通知次日起的一定期限内，提交申请书，讲明事实及理由，并附有关资料，按行政系统向原归级机关或被授权办理机关申请复核。原归级机关或被授权机关应于接到申请书后的一定期限内加以复核，经复核审定后，归级就视为确定。除发现新事实或该职位工作内容有变动外，不得再次提出申请。

需要说明的是，职位分类应随着客观情况的发展而发展。随着经济、科技和文化的不断发展，各种机构、编制的职位也应随之变化。例如，有的职位需要增设，有的职位需要撤销，有些职位需要重新组合。职位分类并不是一劳永逸的，它必须随着客观情况的变化而变化。

[思考题]

1. 如何理解品位分类的含义和特点？
2. 如何理解职位分类的含义和特点？
3. 品位分类有何优缺点？
4. 职位分类有何优缺点？
5. 试将品位分类与职位分类两种人事分类制度进行比较分析。
6. 如何理解职位、职级、职等、职系？
7. 怎样理解职位分类的原则？
8. 职位分类有何功能？
9. 试述职位分类的步骤与方法。

[案例分析]

事业单位岗位要分类分级

人事部17日公布《事业单位岗位设置管理试行办法》（简称《试行办法》）及其实施意见，对事业单位岗位设置管理的范围做出明确规定。

作为事业单位人事制度改革的重要内容，事业单位岗位设置管理是一项十分重要的基础性工作。实施意见对岗位设置管理的实施范围做出如下规定。

（1）为了社会公益目的，由国家机关举办或者其他组织利用国有资产举办的事业单位，包括经费来源主要由财政拨款、部分由财政支持以及经费自理的事业单位，都要按照试行办法和实施意见实施岗位设置管理。

（2）事业单位管理人员（职员）、专业技术人员和工勤技能人员，都要纳入岗位设置管理；岗位设置管理中涉及事业单位领导人员的，按照干部人事管理权限的有关规定执行。

（3）使用事业编制的各类学会、协会、基金会等社会团体工作人员，参照试行办法和实施意见，纳入岗位设置管理。

（4）经批准参照公务员法进行管理的事业单位、社会团体，各类企业所属的事业单位和事业单位所属独立核算的企业，以及由事业单位已经转制为企业的单位，不适用《试行办法》和本实施意见。

试行办法明确，事业单位岗位设置实行核准制度，严格按照规定的程序和管理权限进行审核。经核准的岗位设置方案作为聘用人员、确定岗位等级、调整岗位以及核定工资的依据。

事业单位岗位分三种

《试行办法》规定，事业单位岗位分为管理岗位、专业技术岗位和工勤技能岗位三种类别。三种岗位人员所占的比例如下。

（1）主要以专业技术提供社会公益服务的事业单位，应保证专业技术岗位占主体，一般不低于单位岗位总量的70%。

（2）主要承担社会事务管理职责的事业单位，应保证管理岗位占主体，一般应占单位岗位总量的一半以上。

（3）主要承担技能操作维护、服务保障等职责的事业单位，应保证工勤技能岗位占主体，一般应占单位岗位总量的一半以上。

管理岗位分十个等级

管理岗位分为十个等级，即一至十级职员岗位。事业单位现行的部级正职、部级副职、厅级正职、厅级副职、处级正职、处级副职、科级正职、科级副职、科员、办事员依次分别对应管理岗位一到十级职员岗位。

工勤技能岗位分为五个等级

工勤技能岗位包括技术工岗位和普通工岗位，其中技术工岗位分为五个等级，即一至五级。普通工岗位不分等级。

高中初级技术岗位比例为1：3：6

专业技术岗位分为十三个等级，包括高级岗位、中级岗位和初级岗位。高级岗位分七个等级，即一至七级；中级岗位分三个等级，即八至十级；初级岗位分三个等级，即十一至十三级。

实施意见规定，高级专业技术职务正高级的岗位包括一至四级，副高级的岗位包括五至七级。高级专业技术职务不区分正副高的，暂按现行专业技术职务有关规定执行，具体改革办法结合深化职称制度改革另行研究制定。专业技术高级、中级、初级岗位之间的结构比例全国总体控制目标为1:3:6。

专家观点

改革不是政府甩"包袱"

清华大学公共管理学院副院长、教授薛澜认为，涉及近3000万人切身利益的事业单位改革正在逐步深化。有人认为，事业单位改革是政府要甩"包袱"，这种理解是片面的。事业单位承担着社会职能，如公共卫生、义务教育、基础研究等。对这些"包袱"，政府不该甩，也不能甩。这些公共服务，恰恰是过去社会经济发展过程中被忽视而又需加强的领域。所以，事业单位改革就是要把公益服务这块"蛋糕"做大，又要分匀，以主动化解矛盾，确保社会稳定。

简单的市场化或公营化都不可取。事业单位改革要放在一个更大的背景下考虑。除了事业单位自身，还要考虑其所属服务业本身的特点、该行业整体发展的进程、经济结构内部平衡发展及经济与社会协调发展的大背景。

背景资料

事业单位是国家为了社会公益目的而设立的社会服务组织，从事教育、科技、文化、卫生等活动。截至2005年12月，全国共有事业单位126万个，从业人员2900多万人。其中，教育单位48万个，从业人员1400万人；卫生单位10万个，从业人员400万人；文化单位8万个，从业人员150万人；科研单位8000多个，从业人员69万人。

（资料来源：http://news.sina.com.cn/c/2006-11-18/091210533966s.shtml）

[案例讨论题]

1. 从该案例中看，事业单位为什么要进行分类分级？
2. 事业单位分类分级的原则是什么？

HAPTER 4

第四章 职务与职称管理

[内容提要]

本章阐述了职务与职称管理的基本概念、特征，以及实施方法。主要内容有职务管理、职称管理、职称制度改革思路，包括公务员职位分类制度、事业单位职位分类制度、职级制度、衔级制度，职称制度的构成与改革。重点介绍职务管理、职称管理等内容。

[学习要点]

1. 了解职务与级别的概念、特征，职称的概念、特征；
2. 掌握公务员职位分类制度、事业单位职位分类制度；
3. 掌握职位序列、职级制度、衔级制度；
4. 掌握专业技术职称聘任制度、社会化职业水平评价制度、职业准入资格制度；
5. 掌握职称制度历史沿革、职称制度改革的思路。

第一节　职务管理

一、职务的基本概念

所谓职务，简言之，就是某一职位所负担的职责任务，即“分内所长之事务”。在日常用语中，职务通常与职位或岗位通用，特别是经常用于担任一定领导或指挥责任的职位。不同类型的部门，也有不同的用语习惯。例如，我国的机关事业单位，喜欢用“职位”一词来表示职务；企业往往使用“岗位”一词代表职务。

（一）职务的特征

1. 职务是构成组织的基本单位

组织是由目标建立起来的目标体系，组织机构是为了承担某些职责，完成特定任务目标而设置的。职务作为组织的“细胞”，也是根据组织目标需要设置的，它是具有一个人工作量的基本单位。

2. 职务是责权的统一体

组织是目标体系和等级权力链的结合。每一个组织机构（包括作为组织“细胞”的职务），都是职权和响应责任的统一体，即有权有责，权责相对应。如果有责无权，或者责大权小，那么任职者在执行自己的职责时，由于不能做主，就会事事请示，处处汇报，从而延误时间，降低效率；如果有权无责，或者权大责小，则可能导致任职者滥用权力，独断专行，出现官僚主义和瞎指挥，出了问题无人承担责任等现象。

需要说明的是，本书所谓的“组织”，是指在社会、经济、政治、文化都能活动中，依照法定程序批准设立的具有独立法人资格或法人授权管理的正式机构或正式团体，包括政府机关、企事业单位、商业公司、社会团体、院校、学术机构、各类协会等。

（二）职级

职级是指职务或职位在组织体系中所处的层级，即职务或职位的等级。职级的含义要比职务复杂。例如，我国公务员等级主要包括两个体系：行政职务等级（如科级、处级、司局级）和干部或公务员“级别”（如《公务员法》规定的“公务员级别”）。为避免混淆，行政职务等级或层级又称为“职”，“公务员级别”称为职级。

行政级别与职级的设置，类似于古代官职和职品的划分。我国古代从秦汉至明清，官员在官职等级之外，还设有职品，并与魏晋之后稳定保持为九品十八班的范围之内。官职和职品并不完全一致，官职只是决定职品的一个因素。品高职低的现象大量存在。唐、宋、元三代，还在官职、职品之外，设置了代表衔级的阶品，为代表身份的虚职。古代官员地位评价实际包括三个等级体系。

1. 官职大小

相当于我们现在所说的“职务”，代表各官府职务的性质及权利范围。官有官称，如府、道、州、县之首长等，依其在行政组织中的层级决定其地位。官职体现任职者的职、位、权、责四位一体，根据任职者的才华和能力进行录用。

2. 职品

相当于我们现在所说的“职级”，是与官职对应的级别。秦汉分为十八级禄秩，自魏晋实行九品中正制，九品官制一直为后世沿用，一般分为正九品、从九品，共十八等级。职品是决定官员俸禄、待遇的依据。任职者的职品需要根据官职大小，并结合功绩、资历等因素确定，具有职位等级的性质；但在管理上，职品与职务可以相互分离，并不完全对应，官员可享受某一职品，但不担任相应的官职，因此，职品又具有品位的特性。

3. 阶品

类似于军队的衔级，代表官员的身份地位，有阶称，如勋、爵、员、郎、大夫等，级别一般多于职品，唐代有 30 阶，宋代有 37 阶，元代有 42 阶。阶品主要是荣誉地位的标志，荣誉称号主要根据功勋、贡献等确定，完全属于品位的范畴。

官职与职品、阶品分立作为一种管理传统，有其特定的历史作用，如可以通过增秩留人、贬秩等，增加官吏管理的灵活性，保持官僚队伍的职业稳定性。但其弊端也很明显，如导致冗员积淀、论资排辈、效率低下、行政成本过高等问题，特别是称为一种官僚特权，不符合按岗定酬、以责定酬的现代科学管理理念。

新中国成立后，我国行政职务层级长期以来具有相当的稳定性，但职级的存废、多寡变动较大。从职级的性质、决定因素和作用看，职级相当于古代的职品。在我国的职级设置中，职级都是由职务与资历等因素相结合确定的。例如，1952 年 7 月，国务院颁发的《各级人民政府供给制工作人员津贴标准及工资制工作人员公职标准的通知》规定，评定工资级别的办法是评定各个工作人员的津贴和工资，依其现任职务结合其德、才，并适当照顾其资历。1985 年工资制改革废除了干部级别，但在 1993 年工资改革时又恢复了级别的设置，共设置 15 个级别，分别与职务对应。1993 年颁布的《国家公务员暂行条例》第十一条规定，公务员的级别按照所任职务及所在职位的责任大小、工作难易程度以及国家公务员的德才表现、工作实绩和工作经历确定。2006 年 1 月 1 日起施行的《公务员法》第十九条规定，公务员的职务与级别是确定公务员工资及其他待遇的依据，公务员的级别根据所任职务及其德才表现、工作实绩和资历确定。由此可见，公务员的职级，是根据职务、责任、资历等因素决定的公务员的等级。

（三）职务类别

按照现代管理学的观点，一般组织机构的职务，按照能级的高低可以分为决策层职务、管理层职务、执行层职务、操作层职务。这种职务分类方法在企业中应用得较为广泛，尤其是在实施现代企业制度的企业中，体现较为突出。我国各类公共职位，纵向上分成若干职务序列，如行政管理类职位的处级、科级等，专业技术类职位的高级、中级、初级；横向分为各种职务类别，如公务员职位分为综合管理类、专业技术类、行政执法类、法官检察官类；事业单位职位分为管理类、专业技术类、工勤技能类等岗位类别。

（四）公务员职务的特点

1. 职务是机关职能的微观载体

机关作为组织体，需要将自身职能加以分解后分配给其管辖的具体公务员来承担。职务是人和事结合的微观单元，它一方面对应着对事的管辖职能，另一方面对应着具体公务员，适合作为机关职能的载体。

2. 职务具有独立性

职务作为机关的一个岗位，应由具体的公务员担任，但它本身存在于公务员之先，人员变动对职位也没有影响。在没有合适的人选时职位也可以空缺。

3. 职务是职权与职责的统一

职位赋予公务员个人具体的工作任务，其中既包括职权又包括职责。

4. 职务数量具有有限性

公务员职务数量的有限性特点包含两个方面的涵义。一方面，公务员领导职务数量是有限的，从办事员、科员到主任科员，乃至县处级、厅局级职务，呈金字塔式的结构，这是由组织管理的职务层次设置规律决定的。通常，从科员到县处级干部的升迁比例仅为4.4%，从县处级升迁为厅局级的比例更是低至1%。目前全国约有省部级现职官员3000人。公务员队伍中能晋升到省部级的比例仅为万分之四。另一方面，公务员职务数量受编制控制。任何组织中，职位设置不可能是无限制的。由于职务是组织 http://wiki.mbalib.com/wiki/%C6%F3%D2%B5 赋予每个员工的工作职务及其所承担的责任，以“事”为中心，因事设人，所以其数量多少必然受制于组织的预算。公务员职务的数量由组织机构的职能、工作量、经费等因素共同决定的。根据这些因素所决定的职位数量，即为该组织机构的编制。

二、职务管理制度

（一）行政类单位的职位分类管理

我国实行公务员职位分类制度。按照公务员职位的性质、特点和管理需要，将公务员职位进行横向分类，划分为综合管理类、专业技术类和行政执法类等主要类别，并将公务员职务分为领导职务和非领导职务。公务员职务序列的设置依据公务员职位类别的不同而有所差异。

1. 综合管理类公务员

综合管理类职位则是指机关中除行政执法类职位、专业技术类职位以外的履行综合管理以及机关内部管理等职责的职位。这类职位数量最大，是公务员职位的主体。综合管理类职位具体从事规划、咨询、决策、组织、指挥、协调、监督及机关内部管理工作。

目前，我国综合管理类公务员的职务管理思路比较清晰，并在《公务员法》中加以明确规定，其职务设置思路能够为深化其他类别公务员职务管理提供可借鉴比较的思路。目前，我国综合管理类公务员职务分设为领导职务和非领导职务。

领导职务层次分为：国家级正职、国家级副职、省部级正职、省部级副职、厅局级正职、厅局级副职、县处级正职、县处级副职、乡科级正职、乡科级副职。

非领导职务是指不承担领导责任的职务。职务层次是根据工作繁简难易，责任轻重大小，所需资格高低设置的。设置非领导职务的目的，是为了保持机关人员有合理的结构，同时有利于某些负有较大业务责任、专业技术或业务水平要求高的职位吸收优秀人才。由于非领导职务不承担领导职责，在职务层次上不应也不必设置到高等级的职务层次上。所以，我国现行公务员制度将非领导职务层次在厅局级以下设置，在省部级以上不设置非领导职务。综合管理类非领导职务分为：巡视员、副巡视员、调研员、副调研员、主任科员、副主任科员、科员、办事员。

2. 专业技术类公务员职位

专业技术类公务员职位是指具有特定的专业技术能力要求，从事专业技术工作，履行专业技术职责，为机关实施公共管理提供专业支持和技术保障的职位。

专业技术类职位具有三个显著特点：一是纯技术性。专业技术类公务员在自己的专业岗位上，只对专业技术业务本身负责，不直接参与公共管理，不具备行政决策权和行政执法权。二是低替代性。决定专业技术类职位任职资格条件的主要因素是专业技术知识水平的高低。因此，专业技术类职位与其他职位之间的替代性不强，应尽量避免跨类别的人员流动。三是技术权威性。专业技术类公务员提供的技术结论不受行政领导干预，不因行政领导意志的改变而受影响。但这种权威性仅体现在技术层面上，仅为行政领导决策提供参考和支持，最终的行政决策权仍掌握在行政领导手中。

只有同时符合上述三个特征的职位，才属于专业技术类职位。鉴于专业技术职位纯技术性和低替代性的特点，决定了专业技术类公务员必然是一支“少而精”的队伍。在专业技术职位上工作的公务员，就是专业技术类公务员。如果专业技术职位是政府机关中必须常设的，如公安中的法医职位，专业技术类公务员就必须是常任制。如果某些专业技术职位属于临时性和应急性的，或者公务员工资的确吸引不了特殊专业技术人才，则可以采取聘任制与任期制。根据上述特征和特点，专业技术类职位首先体现为某些特有专业的技术岗位（如公安的法医、海关的商品归类、原产地管理专家、卫生系统的疾病控制专家等）。其次，体现为一些社会通用性专业的技术岗位（如工程技术、化验技术等方面）。

面对政府管理与服务内容日趋专业化，各级行政领导越来越需要依赖各类专家、各类专业技术人才的专业技术支撑，以更好地承担法定的领导责任。行政领导面对像 SARS 一类的专业性很强的公共问题，自身不一定就是无所不晓的行家里手，但必须承担领导责任。这种领导责任必须以某种专业技术责任（由专业技术类公务员专门承担）为支撑，才算牢靠。设置专业技术职位是加入 WTO 后推进政府职能转变的内在要求。加入 WTO 后，关税壁垒逐步取消，“技术性贸易壁垒”这种非关税措施将成为保护国家经济利益的主要手段。政府中专业技术人才的能力，从一个方面体现了一个国家保护本国经济利益的政府能力。因此，设立专业技术类职位，有利于提高决策的科学性与执行的准确性；同时，为从事专业技术工作的公务员提供职业发展阶梯，吸引和稳定机关不可缺少的专业技术人才，激励他们立足本职岗位，成为本职工作的专家。

设置专业技术职位是国外公务员实行分类管理的通行做法与一般规律。专业技术职位是政府职能专业化发展的必然结果，是对不同类别公务员进行分类管理的科学要求。不管是实行职位分类的国家（如美国），还是实行品位分类的国家（如英国）；不管是西方国家，还是东方国家，基本上都是如此。美国于 1923 年根据当时的《职位分类法》，将各部机关职位分为五类，其中第一类就是专业和科学类。这就是至今大量科学家与专业技术人才充斥美国政府机关的主要原因。英国将专业技术类公务员界定为具有专门职业技能的公务员。英国政府于 1968 年建立了统一的职位结构体系，其中包括科学类、专业技术类等 11 类，试图克服专家有职无权的缺陷。1995 年颁布的《英国公务员管理法》也没有取消专业技术类职位。亚洲的许多国家纷纷在一般行政类之外设置专业技术类职位，并采取有所区别的管理。例如，巴基斯坦的专业技术类职位是指取得院校专业技术资格的职位，包括医生、工程师、计算机程序编制员等。

我国政府有关部门在公安、安全机关进行的专业技术任职资格制度的试点工作，将为专业技术类职位的设置积累经验，创造条件。对从事专业技术工作的公务员授予专业技术资格，体现了专业技术职位的特殊要求，也反映了专业技术工作的规律。

专业技术类、行政执法类公务员的职位分类工作目前还在研究过程中。对于专业技术类公务员，深圳市率先展开了试验。2010 年 2 月深圳市政府颁发了《深圳市行政机关专业技术类公务员管理办法（试行）》，并将专业技术类公务员界定为："专业技术类公务员，是指在本市各级行政机关中从事专业技术工作，履行专业技术职责，为机关实施公共管理提供专业技术支持和技术手段保障的非领导职务公务员。"这份文件中建议了专业技术类公务员职务的设置思路，将高到低设主任、主管、助理等职务，并进行相应职级的划分；并对专业技术类公务员职务实行任职条件和职数管理。

3. 行政执法类公务员职位

行政执法类公务员职位指行政机关中直接履行监管、处罚、稽查等现场执法职责的职位。这是行政执法类职位的本质特征。与政府机关的综合管理类、专业技术类职位相比，行政执法类职位具有下列特点：一是纯粹的执行性。只有对法律法规的执行权，而无解释权，不具有研究、制定法律、法规、政策的职责。这一点与综合管理类职位的区别尤为明显。二是现场强制性。依照法律、法规现场直接对具体的管理对象进行监管、处罚、强制和稽查。行政执法类职位主要集中在公安、海关、税务、工商、质检、药监、环保等政府部门，且只存在于这些政府部门中的基层单位。在三类公务员队伍中，行政执法类公务员比例最高，仅在深圳市，这类公务员的占比超过 60%。

设置行政执法类职位对于完善和加强对基层公务员队伍的管理具有重要意义。

第一，设立行政执法类职位，是建立一线公务员执法队伍的长效约束机制的需要。一线公务员执法队伍，是政府形象的"窗口"，是政府社会管理与市场监管职能的直接履行者，对维护人民群众的切身利益，对社会秩序和市场经济秩序的建立具有直接的影响和重大意义。

第二，设立行政执法类职位，有利于促进建立一线行政执法类公务员的基本素质标准，规范录用进口，克服实际中的"近亲繁殖"。过去许多部门没有对行政执法岗位制定专门的任职资格条件，使培训失去针对性，执法的专业水准不高；同时，一线公务员执法队伍的职务层次低，而执法权限又比较大，造成权责失衡，产生一些行政违法的现象。

第三，设立行政执法类职位，可以更好地激励一线执法公务员。过去由于一线公务员所处的机构规格低，人数较多，职数少，晋升台阶较少，其职业发展空间不大。据统计，科员、办事员占全部一线行政执法公务员的 70%，绝大多数人在 30~40 年的职业生涯中只有办事员与科员两个晋升台阶，严重挫伤了一线执法公务员的积极性。设立行政执法类职位，对解决基层执法部门公务员职业发展空间狭小、职务晋升困难的问题，激励一线执法公务员更好地做好本职工作，加强一线执法公务员的管理和约束，促进依法行政具有重要意义。

2011 年 2 月深圳市印发了《深圳市行政机关行政执法类公务员管理办法（试行）》，展开了全国首例对行政执法类公务员的实验性管理。该试行办法把行政执法类公务员界定为"各级行政机关所属执法单位中主要履行监管、处罚、稽查等执法职责的职位上工作的非领导职务公务员”，包括委任制公务员和聘任制公务员两类。行政执法类公务员职务统称为执法员，根据任职条件、年功和工作业绩要求，划分为七个职级，由高至低为：一级执法员、二级执法员、三级执法员、四级执法员、五级执法员、六级执法员、七级执法员。并可以根据工作实际及对公务员学历、能力等的要求，在七级执法员之下增设助理执法员、见习执法员职级。该办法中规定，对一、二级执法员实行任职条件和职数管理，对三级执法员以下职级实行任职条件管理。一、二级执法员的职数由执法单位的主管部门统筹管理，并规定一级执法员职数不超过本部门行政执法类公务员编制总数的3.5%，二级执法员职数不超过本部门行政执法类公务员编制总数的15%。三级执法员以下职务不设职数限制，主要依据个人年功积累和工作业绩晋升职务；职务设置不受机构规格限制，保证了市、区、街道和基层所、站的行政执法类公务员都有均等的职业发展机会。

目前，深圳市已确定了规划国土、环保、交通、文化、劳动监察、社保、地税、市场监管、药品监管、卫生监督、动物卫生监督、城市管理、监狱劳教等部门中的整建制执法单位为行政执法类试点单位，其中的非领导职务公务员统一套转为行政执法类公务员。截至2014年1月底，加上已经先行改革的公安系统警员，深圳市行政机关共有近24 000名行政执法类公务员。

改革至今，深圳方面已经形成一套比较完备的管理制度。国家公务员局在起草《行政执法类公务员管理暂行办法》《专业技术类公务员管理暂行办法》等过程中，在很多方面，都借鉴了深圳的政策经验。

4. 法官、检察官职务序列

2011年7月，中组部会同最高人民法院、最高人民检察院出台《法官职务序列设置暂行规定》《检察官职务序列设置暂行规定》，其中规定，法官、检察官将按照相应职务序列进行管理。

法官按照法官职务序列进行管理。法官职务名称为：院长、副院长、审判委员会委员、庭长、副庭长、审判员、助理审判员。

法官职务层次依法按等级设置，由高到低依次为：首席大法官、一级大法官、二级大法官、一级高级法官、二级高级法官、三级高级法官、四级高级法官、一级法官、二级法官、三级法官、四级法官、五级法官。

（二）事业单位的分类改革与职位分类管理

1. 事业单位的分类改革

事业单位是我国特有的一种公共组织类型，是经济社会发展中提供公益服务的主要载体。2008年中央机构编制委员会办公室下发的《关于事业单位分类试点的意见》列出了推进事业单位分类管理的基本思路：根据事业单位的社会功能，将其按照社会功能将现有事业单位划分为承担行政职能、从事生产经营活动和从事公益服务三个类别。其中，对承担行政职能的事业单位，逐步将其行政职能划归行政机构或转为行政机构；对从事生产经营活动的事业单位，逐步将其转为企业；对从事公益服务的，继续将其保留在事业单位序列，强化其公益属性。根据职责任务、服务对象和资源配置方式等情况，将从事公益服务的事业单位细分为两类：承担义务教育、基础性科研、公共文化、公共卫生及基层的基本医疗服务等基本公益服务，不能或不宜由市场配置资源的，划入公益一类；承担高等教育、非营利医疗等公益服务，可部分由市场配置资源的，划入公益二类。具体由各地结合实际研究确定。

2. 事业单位职位分类

事业单位岗位分为管理岗位、专业技术岗位和工勤技能岗位三种类别。

（1）管理岗位。管理岗位指担负领导职责或管理任务的工作岗位。立足于增强事业单位运转效能、提高工作效率、提升管理水平的原则，进行事业单位管理岗位设置。目前，我国事业单位管理岗位按部级正职、部级副职、厅级正职、厅级副职、处级正职、处级副职、科级正职、科级副职、科员、办事员设置。

（2）专业技术岗位。专业技术岗位指从事专业技术工作，具有相应专业技术水平和能力要求的工作岗位。事业单位专业技术岗位按照岗位职能的特点，分别为高级岗位、中级岗位、初级岗位、员级岗位。

（3）工勤技能岗位。工勤技能岗位指承担技能操作和维护、后勤保障、服务等职责的工作岗位。事业单位设置一至五级工勤技能岗位，依次分别对应高级技师、技师、高级工、中级工、初级工。

（4）特设岗位。特设岗位是事业单位根据事业发展聘用急需的高层次人才等特殊需要，经批准设置的工作岗位，是事业单位中的非常设岗位。特设岗位不受事业单位岗位总量、最高等级和结构比例限制，在完成工作任务后，按照管理权限予以核销。特设岗位实质是管理岗位、专业技术岗位、工勤技能岗位中的一种，不是单独的一类岗位。

三、级别管理

（一）级别设置的指导思想

可以概括地讲，级别设置就是确立职务晋升与级别晋升的双梯制，力求在职务晋升之外，确立一条级别晋升的职业发展渠道，这是级别设置的根本目的，也是级别设置的最重要的指导思想。同时，通过级别的成长，对应的薪酬也会有所提高，就能很好地解决组织内部千军万马过独木桥的现象，创造一种条条大路通罗马的多元化职业发展路径。就公务员而言，我国县乡两级的公务员占公务员总体的58%，所以仅有职务晋升的发展阶梯，解决不了基层公务员的实际需求；就事业单位而言，我国教育、医疗卫生、工程技术领域，管理岗位数量有限，大量人员在职业发展中会过早触碰到职业天花板，发展受限，通过设置级别，让大量人员走级别成长道路，是打破传统科层组织内员工发展的局限；各类企业非管理岗位的员工在发展过程中，面临着同样的问题。所以级别设置在解决人员的发展空间方面，承担着重要的历史使命。

公务员除了其所任职务外，还有级别。公务员的级别的高低，既体现公务员所任职务的责任轻重和难易程度，又反映公务员资历、学历等素质条件以及工作情况。这是我国公务员制度的一个特色。

各国公务员都有级别，但确定级别的依据和级别所反映内容不尽相同。在美国、加拿大等实行职位分类的国家，公务员级别反映的是公务员所在的职位的责任轻重和难易程度，与公务员本身资历条件无关，级别不随人变化。责任轻重和难易程度相同的职位划入同一级职级，职位的工作任务和责任不变，职级也不变。其好处是，因事设职，标准客观，能实现同工同酬。而在英国等实行品位分类的国家，公务员的级别主要是反映公务员本身的学历、资历等条件，级别随人走，同一职位可由级别不同的人来担任。我国公务员的级别，是在总结吸取职位分类和品位分类优点的基础上建立的。我国是将各层次职务分别对应若干个级别，同层次职务所对应级别范围相同。公务员的级别，在其职务所对应的级别范围内，按本人资历和学历等因素来确定。

我国设置公务员的级别，主要有三个方面的考虑：①增加公务员的荣誉感；②体现按劳分配的原则；③稳定公务员队伍，吸引优秀的人。

（二）级别的功能

1. 级别是对不同类别职务进行平衡比较的统一标尺

职务分类，是现代人事管理中最重要的科学管理制度，也是我国公共人事管理中的一项重要改革。从职位分类的角度看，对每一位按照其责任大小、工作难易程度分为不同的等级。就某一职位来说，它对应的不是一个级别，而是一个级别区间。按照职位分类的要求，责任大小和工作难易程度基本相同的职位相对应级别区间应当一样；反之，责任大小和工作难易程度不同的职位对应的级别区间应当不一样。职务分类的结果必然会导致职务序列是多样化，既有领导职务，又有综合管理类非领导职务、专业技术职务、行政执法职务。职务序列多样化，就在客观上要求有一把标尺，对各级各类机关的各级各类职位进行平衡比较，进行职位的定位，为任职人员职位发展、工资待遇确定、人员流动管理、培训考核等提供统一的比较基础。级别可以作为对不同职位类别公务员进行平衡比较的统一标尺。以职务层次为横轴，以级别为纵轴构成的“坐标系”，可以衡量、标志公务员在基层组织中的地位。

2. 级别是确定工资及其他待遇的依据

从各国级别制度的时间来看，级别主要是确定工资待遇的依据。实行职位分类的国家（如美国、日本等），职位的级别是确定公务员工资待遇的唯一标准。我国《公务员法》规定，公务员实行国家统一的职务与级别相结合的工资制度。设置级别，可以使公务员在不晋升职务的情况下，通过晋升级别提高工资待遇。此外，由于同一职务层次的人员，工作年限、奖励和能力各不相同，级别工资可以体现同一职务人员的上述差别，更好地贯彻按劳分配的原则。

3. 级别是体现职务、能力、业绩、资历的综合标志

级别是职位因素、品位因素的统一。职务属于职位因素，能力、资历属于品位因素，业绩属于两者的结合，《公务员法》第十九条第三款规定：“公务员的级别根据所任职务及德才表现、工作实绩和资历确定。公务员在同一职务上，可以按照国家规定晋升级别。”这既是确定级别的依据，又是级别晋升的依据。德才表现，反映公务员的素质，不仅包括思想品质，还包括能力才干。级别应成为能力建设的载体，凡是符合职位要求与组织发展需要的能力提高，应该在级别的确定与晋升中体现出来。工作实绩，主要是指工作完成的数量、质量以及社会效果。资历，主要是指工龄与任职资历情况，担任同一职务，任职时间长的级别应比任职时间短的级别高。公务员晋升职务可以带来级别晋升，不晋升职务，也可以根据德才表现、工作实绩和资历晋升级别。级别晋升，解决了公务员、事业单位人员职业天花板问题。例如，由于各方面的原因，某公务员可能就在副科级这个综合管理类的这个职务层次上晋升不上去，但是他的职务层次就是副科级，可以是副科长，可以是副主任科员，但是按照级别晋升制度规定，他的职业发展前途并没有就此中断，他按照国家规定可以晋升级别，职务不晋升了，级别照样可以按照国家规定晋升。这就从另一个角度为公务员的职业发展提供了通道，解决广大基层公务员的晋升问题。我国 92%的公务员，其职务层次处于主任科员以下，基层公务员职务晋升的台阶相对较少，职业发展空间相对较小，职务层次越低，与级别的交叉对应幅度越大，对基层公务员的激励效果就会越明显。

（三）职务与级别的对应关系

在建立职务与级别对应关系方面，应该把握以下几个原则。

1. 职务与级别相结合

一般来说，职务承担什么功能？职务承担一个指挥功能，它是解决领导与被领导，指挥与被指挥的关系。例如，行政执法职务，从法律上说它不是领导职务，但是如果领导不在的话，高层次的行政执法职务，就应该指挥低层次的行政指法职位，如果领导不在的话，级别是干什么的？级别是解决人员经济待遇的。解决领导被领导、指挥被指挥，与解决经济待遇，二者紧密相连，有明确的对应关系。所以要把级别晋升作为职务晋升的另外一个职业发展阶梯，根据这个逻辑，就应该把职务和级别作为确定人员工资和其他待遇的重要依据。在职务晋升之外试图确立一条级别晋升的职业发展渠道，这是级别设置的根本目的。因此，应按“职务与级别相结合的原则”来确定两者的对应关系。

2. 级别体现激励功能

对于中低层职务而言，级别是职业发展的另一重要通道。根据工作年限和累积贡献晋升，提高工资待遇，更好地发挥基础员工的工作积极性。例如，一个大学本科生进入县级机关一年确定为科员之后，由于缺少职位空缺等，可能在 16 年内没有职务晋升机会，但他可以逐级晋升，获得相应待遇。这样可以对中低层员工特别是基层员工起到激励作用。在规范我国公务员职务层次与对应关系时坚持的基本原则是“向基层倾斜”，专业技术职务除外，职务层次越低，与级别的交叉对应幅度越大，对基层公务员的激励效果将会越明显。

3. 一职数级，上下交叉

职务与级别相对独立，并不是完全分离。因此，在设置职务与级别关系时，应采取“一职数级，上下交叉”的对应关系。实行职位分类的国家，公务员的职务层次与级别是一一对应的，如美国、加拿大、瑞典、泰国、澳大利亚等。在这些国家中职位是确定工资待遇的唯一依据。实行品位分类的国家（英国除外），不同类别公务员职务层次与级别一般不是一一对应，而是有一个交叉对应区间。

德国、西班牙、乌克兰属于这样的情况，个人品位级别是确定公务员工资的主要依据。兼有职位分类与品位分类双重属性的国家（如法国），职务序列与级别序列相对分立，没有明确的对应关系。职务属于职位属性，级别属于品位属性。职务晋升依靠能力，晋升依靠年资与考核结果，考核合格每三年晋升一个。职务级别与两个要素综合作用于公务员的工资指数。也就是说，法国公务员的工资是由职务和级别这两个要素确定的。在设计职务与级别对应关系时，出现了两种主张：一是级别封顶；二是级别不封顶。这取决于级别晋升的年限规定。

我国公务员体系通过级别设置，并实现了级别与职务的对应关系，基本原则是一职数级，上下交叉，一个职务层次对应一定区间的级别，相邻的职务层次级别对应上下交叉。可以实现统一职务层次内人员级别晋升的问题，从制度上打破唯职务升迁一条道路的官本位现象；另外级别设置时，重点向基层倾斜重点考虑处级以下职务层次，职务层次越高，那么它对应的级别区间应该相对小一些；职务层次越低，一个职务层次所对应的级别跨度应该大一些。因为这类职务在公务员系统中占大多数，这些人员中大多数没有办法通过职业金字塔向上发展，他们的收入的成长问题是一个被关注的重要问题。从全国政府机关的职务结构来看，职位越高，其数量越少。据统计，科级以下职位约占 92%，也就是说绝大部分公务员是科级以下人员。设置级别后，可以使公务员在不升职务的情况下，通过晋升级别提高工资待遇。通过拉大处级及以下职务层次的级别幅度，可以使得认真工作的人员在职务得不到晋升的情况下，工资能得以成长。这也是我国公务员级别制度设计的一重大特色。我国公务员职务序列与级别对应关系见表 4-1。

表 4-1　各类公务员职务序列与级别对应关系

序号	领导职务	非领导职务			职务与级别对应关系	法官	检察官	职务与级别对应关系
		综合管理类	专业技术类	行政执法类				
1	国家级正职				1			
2	国家级副职				2~4	首席大法官	首席大检察官	2~4
3	省部级正职				4~8	一级大法官	一级大检察官	4~8
4	省部级副职				6~10	二级大法官	二级大检察官	6~10
5	厅局级正职	巡视员			8~13	一级高级法官	一级高级检察官	8~13
6	厅局级副职	助理巡视员			10~15	二级高级法官	二级高级检察官	9~14
7	县处级正职	调研员			12~18	三级高级法官	三级高级检察官	17~21
8	县处级副职	助理调研员			14~23	四级高级法官	四级高级检察官	13~19
9	乡科级正职	主任科员			16~22	一级法官	一级检察官	15~21
10	乡科级副职	副主任科员			17~24	二级法官	二级检察官	16~23
11		科员			18~26	三级法官	三级检察官	17~24
12		办事员			19~27	四级法官	四级检察官	18~24
13						五级法官	五级检察官	18~25

目前，我国事业单位管理岗位分为十个等级，即一至十级职员岗位，事业单位现行的部级正职、部级副职、厅级正职、厅级副职、处级正职、处级副职、科级正职、科级副职、科员、办事员依次分别对应管理岗位一到十级职员岗位。

事业单位专业技术岗位在原有的初级、中级、高级的职务层次的基础上，设计了十三个专业技术级别，重点解决专业技术人员工资收入的成长和同一职务层次内部专业技术水平成长的问题。其中：高级岗位分七个等级，即一至七级，其中正高级岗位一至四级，副高级岗位五至七级；中级岗位分三个等级，即八至十级；初级岗位分三个等级，即十一至十三级，其中十三级是员级岗位。事业单位工勤技能岗位设置了六个级别，依次分别对应高级技师、技师、高级工、中级工、初级工、普通工。事业单位各类人员职务级别对应关系见表 4-2。

表 4-2 事业单位各类人员职务级别对应关系

级别	专业技术职务序列	管理岗位职务序列	工勤岗位职务序列
一	正高	正部	高级技师
二		副部	技师
三		正厅	高级工
四		副厅	中级工
五	副高	正处	初级工
六		副处	普通工
七		正科	
八	中级	副科	
九		科员	
十		办事员	
十一	初级		
十二			
十三	员级		

四、衔级制度

衔级具有荣誉性质，设置衔级的目的是为了在特定的工作场景下能够迅速辨识身份，理顺指挥关系，完成工作任务。人民警察、海关、外交机构公务员的工作特点有自己的特殊性，如人民警察是人民民主专政的重要工具，是武装性质的国家治安行政力量和刑事司法力量。警察队伍中有 80%以上的人员集中在基层和一线，执勤高度分散。人民警察在打击犯罪的现场执法中经常是各部门各警种协同作战，特定场合下可能出现彼此互不相识的情形，而警衔制度可以迅速确定彼此之间的指挥关系。海关公务员在打击走私的现场执法中也会出现类似的情形。驻外外交机构公务员是国家派往驻别国大使馆、总领事馆、领事馆以及常驻联合国和其他国际组织的代表团、代表处等驻外外交代表机构执行公务的人员。其工作职责与维护国家主权联系在一起。驻外外交机构公务员，代表国家进行对外交往，执行国家外交政策和方针，体现国家意志，维护国家主权、领土完整和民族尊严等最高国家利益。为了更好地协调驻外外交机构公务员的工作，在职务设置之外，由法律、法规确定相应的衔级制度。为此，我国《公务员法》第二十条明确规定，国家根据人民警察以及海关、驻外外交机构公务员的工作特点，设置与其职务相对应的衔级。

（一）警衔制度

警衔是区分警察等级、表明警察身份的称号和标志，国家给予警察的荣誉。警衔制度起源于西欧，1829 年法国和英国相继创建现代警察组织时，即对警察人员实行了衔级制度。此后，世界各国都相继实行，逐渐形成世界通行的一种警衔制度。为了进一步加强人民警察队伍的革命化、现代化、正规化建设，增强人民警察的责任心、荣誉感和组织纪律性，有利于人民警察的指挥、管理和执行职务，1992 年 7 月 1 日，第七届全国人民代表大会常务委员会第二十六次会议审议通过了人民警察警衔条例，正式建立了人民警察警衔制度。

1. 人民警察警衔制度

人民警察警衔设下列五等十三级：①总警监、副总警监；②警监，一级、二级、三级；③警督，一级、二级、三级；④警司，一级、二级、三级；⑤警员，一级、二级。

2. 警衔与职务对应关系

（1）部级正职：总警监。

（2）部级副职：副总警监。

（3）厅（局）级正职：一级警监至二级警监。

（4）厅（局）级副职：二级警监至三级警监。

（5）处（局）级正职：三级警监至二级警督。

（6）处（局）级副职：一级警督至三级警督。

（7）科（局）级正职：一级警督至一级警司。

（8）科（局）级副职：二级警督至二级警司。

（9）科员（警长）职：三级警督至三级警司。

（10）办事员（警员）职：一级警司至二级警员。

担任专业技术职务的人民警察：①高级专业技术职务，一级警监至二级警督，②中级专业技术职务，一级警督至二级警司；③初级专业技术职务：三级警督至一级警员。

（二）海关关衔制度

海关总署、分署、特派员办公室、各直属海关、隶属海关和办事处的国家公务员可以授予海关关衔。在海关工作人员中实行海关关衔制度的主要考虑，一是海关行政执法活动具有反走私斗争的尖锐性、对抗性，要求指挥统一、行动快捷、反应迅速、纪律严明，以确保政令畅通，维护海关执法的严肃性。海关工作人员打击走私第一线佩带关衔，明确现场海关工作人员的等级，有利于现场指挥，避免临阵紊乱、贻误时机。二是我国加入世贸组织后，海关需要在有效监管的前提下提高通关效率。实行海关关衔制度，有利于完善通关作业现场的监督制约、层级管理机制，适应海关业务现场管理及时处置的特点，便于及时处理监管现场发生的紧急复杂事项。三是实行海关关衔制度，有利于海关工作人员增强荣誉感、激发进取心，更加忠实地依法履行自己的职责。同时，也便于人民群众对海关工作人员进行监督，有利于提高执法队伍的素质，促进海关廉政建设。四是实行海关关衔制度，符合国际通行做法。2003 年 2 月 28 日第九届全国人民代表大会常务委员会第三十二次会议通过的海关关衔条例对海关关衔的设置做了规定。

1. 海关关衔

海关关衔设下列五等十三级。

（1）海关总监、海关副总监。

（2）关务监督：一级、二级、三级。

（3）关务督察：一级、二级、三级。

（4）关务督办：一级、二级、三级。

（5）关务员：一级、二级。

2. 海关关衔与职务

（1）署级正职：海关总监。

（2）署级副职：海关副总监。

（3）局级正职：一级关务监督至二级关务监督。

（4）局级副职：二级关务监督至三级关务监督。

（5）处级正职：三级关务监督至二级关务督察。

（6）处级副职：一级关务督察至三级关务督察。

（7）科级正职：二级关务督察至二级关务督办。

（8）科级副职：三级关务督察至三级关务督办。

（9）科员职：一级关务督办至一级关务员。

（10）办事员职：二级关务督办至二级关务员。

（三）外事机构衔级制度

外交衔级制度就是国家为了明确驻外使馆的外交衔级与外交职务，增强驻外外交人员的荣誉感和责任感，而制定的制度。

驻外外交机构公务员是国家派往大使馆、总领事馆、领事馆，以及常驻联合国和其他国际组织的代表团、代表处等驻外外交代表机构的公务员。目前，我国驻外外交代表机构242个（不包括驻港澳公署），外交人员约5000人，由包括外交部、商务部、文化部、教育部等在内的33个单位派出。中华人民共和国第十一届全国人民代表大会常务委员会第十一次会议于2009年10月31日通过的《驻外外交人员法》，确立了我国外事机构的衔级制度。该法中对外事人员的职务进行设置。

1. 外交人员职务序列

我国驻外外交人员的职务分为外交职务和领事职务。

外交职务序列：特命全权大使、代表、副代表、公使、公使衔参赞、参赞、一等秘书、二等秘书、三等秘书、随员。

领事职务序列：总领事、副总领事、领事、副领事、领事随员。

2. 外交衔级序列

设立大使衔、公使衔、参赞衔、一等秘书衔、二等秘书衔、三等秘书衔、随员衔共七级外交衔级。驻外外交机构实行馆长负责制。

3. 职务与外交衔级基本对应关系

1）外交职务与外交衔级

（1）特命全权大使：大使衔。

（2）代表、副代表：大使衔、公使衔、参赞衔。

（3）公使、公使衔参赞：公使衔。

（4）参赞：参赞衔。

（5）一等秘书：一等秘书衔。

（6）二等秘书：二等秘书衔。

（7）三等秘书：三等秘书衔。

（8）随员：随员衔。

2）领事职务与外交衔级

（1）总领事：大使衔、公使衔、参赞衔。

（2）副总领事：参赞衔。

（3）领事：参赞衔、一等秘书衔、二等秘书衔。

（4）副领事：三等秘书衔、随员衔。

（5）领事随员：随员衔。

（四）军衔制度

军衔是国家给予军人的一种荣誉。军衔制以军官的职务、贡献、才能等综合因素作为评定和晋升军衔的标准。军衔制度对调整军官队伍的比例结构，增强军人责任心和荣誉感、提高军官素质，加强军队的指挥、管理、保障和协同等方面具有重要意义和作用。我国军衔制度区分士官军衔和军官军衔。

1. 士官军衔

一级军士长、二级军士长、三级军士长、四级军士长、上士、中士、下士。

2. 军官军衔

军官军衔设下列三等十级：①将官，上将、中将、少将；②校官，大校、上校、中校、少校；③尉官，上尉、中尉、少尉。

军事、政治、后勤军官依照军官军衔依照下列规定区分：上将、中将、少将，大校、上校、中校、少校，上尉、中尉、少尉。海军、空军军官在军衔前分别冠以“海军”“空军”。

专业技术军官：中将、少将，大校、上校、中校、少校，上尉、中尉、少尉。在军衔前冠以“专业技术”

3. 军衔与职务关系

中央军事委员会主席不授予军衔；中央军事委员会副主席，上将；中央军事委员会委员，上将。

军事、政治、后勤军官军衔如下。

（1）人民解放军总参谋长、总政治部主任：上将。

（2）正大军区职：上将、中将；副大军区职：中将、少将。

（3）正军职：少将、中将；副军职：少将、大校。

（4）正师职：大校、少将；副师职（正旅职）：上校、大校。

（5）正团职（副旅职）：上校、中校；副团职：中校、少校。

（6）正营职：少校、中校；副营职：上尉、少校。

（7）正连职：上尉、中尉；副连职：中尉、上尉。

（8）排职：少尉、中尉。

专业技术军官军衔：①高级专业技术职务，中将至少校；②中级专业技术职务，大校至上尉；③初级专业技术职务，中校至少尉。

（五）武警的警衔

1. 武警士兵的警衔

兵：列兵、上等兵。

军士：下士、中士、上士。

士官：专业警士、警士长（初级；中级；高级）。

2. 武警警官的警衔

中国人民武装警察部队现役警官警衔等级按照《中国人民解放军军官军衔条例》，设置三等十级。

（1）将官：上将、中将、少将。

（2）校官：大校、上校、中校、少校。

（3）尉官：上尉、中尉、少尉。

警官在警衔前冠以“武警”。专业技术警官在警衔前冠以“武警专业技术”。

第二节 职称管理

职称，正式名称为专业技术职务任职资格，表示从事专业技术职务工作的资格。职称是对专业技术人员能力的承认，反映一个人的专业技术或学术水平的等级。职称改革之前，职称和职务是不区分的，因此目前口头上职称和职务仍然是混用的；职称改革之后职称的评审和专业技术职务的聘任是相分离的，获得职称后，需要被聘任为相应的专业技术职务，才能享受相应的待遇。

一、职称的定义与特征

（一）职称的定义

职称是指专业技术资格名称和专业技术职务（岗位）名称的总称，其内涵是衡量专业技术人员学术和技术水平的标志，其特点带有称号的性质。

职称最初源于职务名称。国际上一般认为它是标志专业技术或学术水平的等级称号，是授予专业技术人员的“衔”或“称号”。中国现行的职称是专业技术人员的专业技术水平和能力等级的称号，是专业技术人员的一种任职资格，代表着一个人的学识水平和工作实绩，表明专业技术人员具有从事某一职业所必备的学识与技能证明，同时也是对专业技术人员自身业务素质被社会广泛接受、认可的评价。为此，我们可以这样定义：职称是指专业技术（或学识）水平、能力以及成就的等级称号，是对各类专业技术人员的水平、能力与成就的评价以及各类专业技术职务的统称，包括专业技术职务任职资格、专业技术资格和专业技术人员职业资格。职称是反映专业技术人员学术、技术水平和工作能力及工作成就的重要标志。实际上，专业技术职称区别于专业技术职务。

专业技术职务，也称专业技术岗位，是指需要具有专门的业务知识和技术水平、具备一定专业技术资格的人员方能担负的工作岗位。实践中，各类单位是通过专业技术职称聘任工作来履行专业技术职务的管理。

专业技术职称（即专业技术资格），是标志着专业技术或学术水平的等级称号，是由权威机构对专业技术人员的水平、能力、业绩进行评价和认定后，赋予的资格，具有较高的社会公认度。专业技术职称是对专业技术人员的学术技术水平和专业能力所达到的程度，担任专业技术职务的能力的，其专业范围领域基本涵盖国民经济生活的各行各业，如工程、医学、会计、教育、科研等。通过职称评审，可以为国家和用人单位使用、培养、考核专业技术人员提供依据；进一步确立、提高专业技术人员的社会地位和价值，为企事业单位树立形象；并使专业技术人员正确认识和审视自身状况，明确努力方向，进一步激励各类人才刻苦钻研、奋发拼搏，不断发挥聪明才智、创造更加显著业绩，攀登新的科学高峰，为科技进步和经济社会事业发展做出更大的贡献。评审对象包括在事业单位（包括学校，小学、中学以及高校），医院，科研院所，企业等单位中从事管理、教学、科研、工程技术、设计、驾驶操作等工作的专业人员，以及具有教学、研究系列职称的人员。

（二）专业技术职称的特征

相对专业技术职务而言，专业技术职称具有以下特征。

（1）能力称号。获取专业技术资格表明已具备相应的技术（学术）水平、能力，与岗位、职责无关，不与工资待遇挂钩。

（2）没有数额限制。原则上，专业技术资格没有数量限额，它反映的是申请者的能力水平。专业技术职务有数额限制，各类组织在专业技术职务设置时，往往根据本单位的工作性质，以及专业技术的需要程度而设置。目前我国机关、事业单位在专业技术职务设置上，有比例限额，企业在专业技术职务设置上有较大的自由度。

（3）具有相对的稳定性。专业技术资格具有相对的稳定性，已经获取，会在较长时间内得到认可。而专业技术职务的稳定性由用人单位的用人制度决定。

（4）相同的职称，评定的标准相同。

（5）与人员使用无关。专业技术职称通过专业技术职称评审环节取得，而获得专业技术职称人员的使用工作，需要通过专业技术职务聘任工作来调节。

（三）我国现行职称制度

职称管理工作，是一个复杂的系统工程，涉及广大专业技术人员切身利益、荣誉和用人单位的用人尺度等问题。我国现阶段职称工作的思路：按照“调整功能定位、健全分类体系、完善评价机制、实现科学管理”的总体思路，深化职称制度改革，以能力和业绩为导向，以分类管理为基础，以构建专业技术人才职业评价机制为核心，形成科学、分类、动态、面向全社会各类专业技术人才的职称管理制度。

职称制度是中国在人才评价与人才使用方面的一项重要的人事管理制度。我国现行的职称制度主要有三项：专业技术职称聘任制度（内容包括职称评审和聘任及管理）、社会化职业水平评价制度（主要是社会通用类的职业能力水平评价，以考试形式为主，如社会工作者水平考试、广告专业水平考试等）、职业准入资格制度（包括各类职称和职业资格考试。其中，职称资格主要是中级、初级；职业资格包括执业和从业资格）。

二、专业技术职称分级分类

目前，我国人力资源社会保障机构对各系列的专业技术职称进行了统一的分级，统一划分为高级（正高级、副高级）、中级、初级、员级四级。并根据，实际需要提出了分级分类管理的思路。职称分类具体情况见表 4-3。

表 4-3　我国现行各类专业技术职称分类汇总表

系列	高级		中级	初级
	正高级	副高级		
高等学校教师	教授	副教授	讲师	助理讲师
中等专业学校教师	高级讲师		讲师	助理讲师、教员
技工学校教师	高级讲师		讲师	助理讲师、教员
	高级实习指导教师		一级实习指导教师	二级实习指导教师、三级实习指导教师
中学教师	中学高级教师		中学一级教师	中学二级教师、中学三级教师
小学（幼儿园）教师			小学高级教师	小学一级教师、小学二级教师、小学三级教师
			幼儿园高级教师	幼儿园一级教师、幼儿园二级教师、幼儿园三级教师
自然科学研究人员	研究员（Z）	副研究员（Z）	助理研究员（Z）	研究实习员（Z）
社会科学研究人员	研究员（S）	副研究员（S）	助理研究员（S）	研究实习员（S）
工程技术人员	教授级高级工程师	高级工程师	工程师	助理工程师、技术员
实验技术人员	教授级高级实验师	高级实验师	实验师	助理实验师、实验员
农业技术人员	教授级高级农艺师	高级农艺师	农艺师	助理农艺师、农业技术员
	教授级高级兽医师	高级兽医师	兽医师	助理兽医师、兽医技术员
	教授级高级畜牧师	高级畜牧师	畜牧师	助理畜牧师、畜牧技术员
卫生技术人员	主任医师	副主任医师	主治（主管）医师	医师、医士
	主任药师	副主任药师	主管药师	药师、药士
	主任护师	副主任护师	主管护师	护师、护士
	主任技师	副主任技师	主管技师	技师、技士
经济专业人员	教授级高级经济师	高级经济师	经济师	助理经济师、经济员
会计专业人员	教授级高级会计师	高级会计师	会计师	助理会计师、会计员
审计专业人员	教授级高级审计师	高级审计师	审计师	助理审计师、审计员
统计专业人员	教授级高级统计师	高级统计师	统计师	助理统计师、统计员
新闻专业人员	高级记者	主任记者	记者	助理记者
	高级编辑	主任编辑	编辑（X）	助理编辑（X）
出版专业人员	编审	副编审	编辑（C）	助理编辑（C）
			技术编辑	助理技术编辑、技术设计员
			一级校对	二级校对、三级校对
图书资料专业人员	研究馆员（T）	副研究馆员（T）	馆员（T）	助理馆员、管理员（T）
文物博物专业人员	研究馆员（W）	副研究馆员（W）	馆员（W）	助理馆员、管理员（W）
档案专业人员	研究馆员（D）	副研究馆员（D）	馆员（D）	助理馆员、管理员（D）
广播电视播音人员	播音指导	主任播音员	一级播音员	二级播音员、三级播音员
翻译人员	译审	副译审	翻译	助理翻译
律师	一级律师	二级律师	三级律师	四级律师、律师助理

续表

系列	高级		中级	初级
	正高级	副高级		
公证员	一级公证员	二级公证员	三级公证员	四级公证员、公证员助理
海关人员	高级关务监督		关务监督	助理关务监督、关务员
船舶技术人员	高级船长		船长、大副	二副、三副
	高级轮船长		轮机长、大管轮	二管轮、三管轮
艺术专业人员	一级演员	二级演员	三级演员	四级演员
	一级演奏员	二级演奏员	三级演奏员	四级演奏员
	一级指挥	二级指挥	三级指挥	四级指挥
	一级美术师	二级美术师	三级美术师	美术员
	一级舞美设计师	二级舞美设计师	三级舞美设计师	舞美设计员
	主任舞		舞台技师	舞台技术员
	电影放映主任技师		电影放映技师	电影放映技术员
工艺美术专业人员	高级工艺美术师		工艺美术师	助理工艺美术师、工艺美术员
体育教练员	国家级教练	高级教练	一级教练	二级教练、三级教练
思想政治工作人员	高级政工师		政工师	助理政工师、政工员

三、专业技术职称聘任制

所谓专业技术职称聘任制，就是指专业技术职称任用制度。建立专业技术职称聘任制度，主要根据实际需要设置专业技术岗位，规定明确的职责和任职条件，在定编定员的基础上，确定高、中、初级专业技术职称的合理结构比例；从经过评审委员会评定的、符合相应条件的专业技术人员中聘任；有一定的任期，在任职期间领取专业技术职称工资。

（一）专业技术岗位的设置和评聘范围

设岗是专业技术职称评聘的基础。按照因事设岗、精简高效、结构合理、群体优化的原则，规定明确的职责和任职条件，在定编定员的基础上，确定高、中、初级专业技术职称的合理结构比例。事业单位在上级人事部门审定的结构比例或岗位数额内设置专业技术职称岗位，最高职务档次设置要符合国家规定。专业技术职称的评聘范围为事业单位中从事专业技术工作的人员。

（二）任职资格评价

职务（岗位）任职资格评价是指用人单位在职务或岗位聘用、晋升过程中，根据岗位的任职条件和要求，对其工作人员业绩、资历、德才表现等进行的考核与评价。其评价结果是职务晋升和岗位聘任的主要依据。传统或本原意义上的职称评聘，实际就是用人单位对其工作人员的评价和使用过程。

专业技术职务任职资格评价，本质上是用人单位的内部管理行为。在聘用人员的过程中，单位和个人可根据自身需要，选择不同的相应的认证机构，可以采用政府权威机构的评价，也可以承认和采用第三方的认证结果。对于专业技术特别强的职务，单位可以自行组织任职资格的评价。目前主要采用职称认定（考试）和职称评审两种类型。初级职称分别实行以考代评或认定的办法，不再组织职称评审。中高级职称往往需要经过专业评审过程。

申请专业技术资格评定的人员应在规定的时间内，向相应资格评定办事机构或其指定的代办机构提出申请，并提交经本单位确认无误的本人学历、专业经历证明、外语考试成绩和反映本人专业技术水平的业绩材料及相应证明文件的原件或复印件，其中包括能够代表本人专业技术水平的论文、著作、译作和设计、技术报告等科学技术成果。

1. 职称认定

职称认定是指具备规定学历的大中专毕业生，见习期间从事本专业技术工作的人员，见习期满以后，经其人事档案关系所在单位职改部门考核合格认定其相应专业技术资格的过程。一般可认定为初级专业技术职务。只要考察鉴定合格，无须组织评审委员会进行集中评审及表决，即可确定专业技术任职资格，流程较为简单、快捷。例如，本科学历工科专业的学生，毕业见习期满，可认定为助理工程师专业技术资格；而中专毕业则相应认定为技术员；博士学位获得者，从事本专业技术工作三个月以上或硕士学位获得者，从事本专业技术工作三年以上，可认定中级专业技术资格。

以考试代替评审“以考代评”。专业技术人员具备一定的资历条件，如学历、工作年限等即可参加，须参加国家或省级统一组织的规定科目考试，达到规定成绩者即可取得相应的专业技术资格证书，无需再参加评审。全国统一组织的“以考代评”职称考试，始于20世纪90年代，包括会计、统计、经济、审计、卫生、质量、出版、计算机技术与软件等“开考专业”。并颁发执业药师、价格鉴证师、会计师、监理工程师、注册建筑师等资格证书。

2. 职业资格评审

职业资格评审，也称职称评审，通常对申报中级职称以上的专业技术人员，在达到规定工作年限后，在任职期内完成相应的继续教育学时，在专业期刊发表论文并且经过一些基本技能考试（如称职外语及计算机应用能力考试等），向专业的评审委员会评委提交评审材料，经过专业评委来确定其是否具备高一级专业技术任职资格。通过相应专业技术资格评审委员会评审的专业技术人员，由相应审批部门核准颁发人事部门统一印制的专业技术资格证书。一般来说，除以考代评的系列，大多数的中级或高级职称均需通过评审方可获得。少数因不具备相应学历而不能办理助理级职称初定的专业技术人员也可以通过初级评审获得初级专业职称。

专业技术资格评审工作应树立科学的人才观，遵循客观、公正、准确的原则，德才兼备原则，维护用人单位和专业技术人员合法权益的原则。

1）专业技术资格的申报程序

第一，个人申报。

申请人应按要求填写有关评审表格，并提供下列原始材料：①《专业技术资格评审表》。②《申报专业技术资格人员简明情况登记表》。③学历证书、资格证书、聘任证书、继续教育证书、职称外语和计算机应用能力考试合格证书或免试审批表。④任现职以来专业技术业绩、成果，以及作为主要专业技术贡献者完成的项目，获得社会、学术团体或业务主管部门的鉴定证书及奖励证书等。对两人或两人以上共同完成的发明创造、学术技术成果、专业技术项目、表彰奖励等，应如实注明本人在其中所做的工作内容，所起的作用及排名，对承担的项目、发明创造、学术技术成果及表彰奖励，要注明授予的部门、时间和等级。⑤任现职以来的论文、论著、译作和解决专业技术难题的专题报告或实例材料。⑥近期二寸免冠正面照片一张。⑦评审条件规定的其他材料。

第二，用人单位审查。

用人单位对申请人申报的材料、证件进行逐项核实，查验是否真实、齐全、规范。必要时，成立由专业技术人员为主、技术主管、人事干部参加的考核组，对申请人任期以来的职业道德、工作表现、专业技术业绩、成果等进行考核。

考核后应将申请人基本情况、评审材料、考核结果在本单位进行公示，接受群众监督。对有反映和争议的材料，要认真核查。

在正式上报前，应将不符合要求和有争议尚未核实的材料剔除，并对申请人任现职以来的专业技术工作业绩、专业技术（学术）水平以及工作表现写出准确、客观的评价意见并填入评审表中。对提交的复印件须与原件核对，逐项签署核对人姓名和审查意见，并加盖公章。

第三，主管部门或职称申报点审核。

申报材料经用人单位审查确认后报主管部门或职称申报点审核后，按规定呈报相应评委会组建单位，并出具委托评审函。

申报评审高级专业技术资格的，由市人社局出具委托评审函一份，报省相应系列高级专业技术资格评委会。

申报评审中级专业技术资格，县（区）属及其以下单位的，由县（区）政府人事部门呈报。

第四，受理。

评委会组建单位负责对口受理本系列、专业评审范围内的申报材料，并负责审核。对材料不完整、填写不清楚的，可通知呈报单位在限定时间内补办。

第五，评审。

对审核合格的材料送相关评委会评审。

专业技术资格评审委员会是负责评价专业技术人员是否具备相应专业技术资格的组织。其职责是依据国家和省颁发的专业技术资格标准条件，按照规定的评审权限、范围、程序，客观、公正、准确地评价申报人的专业技术水平和能力。

评审委员会评审时，先由评议组或初审委员介绍初审意见，然后在民主评议的基础上进行无记名投票表决，经出席会议评委总数的2/3通过方能有效。

2）专业技术资格评审的操作程序

第一，工作计划。

评委会组建单位拟定考试、评审工作计划，安排评审活动日程，通知专业（学科）评议组和评委会委员参加评审会。考试、评审工作日程安排，按管理权限报送政府人社部门。

第二，论文水平鉴定。

评委会组建单位对经审核的评审材料按专业（学科）分类、登记后，根据有关规定，安排论文水平鉴定，组织相关知识考试。

论文水平鉴定，由专业（学科）评议组或评委会负责评价。必要时，另请同行专家鉴定。鉴定由评委会组建单位负责统一送审，申报单位和个人送审结果无效。

按有关规定申请人必须进行答辩的，或专业（学科）评议组、评委会认为申请人的能力、水平需通过答辩才能鉴定的，由评委会组建单位通知申请人到会答辩，不按时答辩的不予评审。

第三，会前准备。

召开评委会前，评委会主任委员或副主任委员应组织专业（学科）评议组和评委会委员学习有关评审政策、程序、纪律等；评委会组建单位应将有关材料（包括笔试或面试、答辩、人机对话等成绩）分别送达评审委员。

第四，初评。

专业（学科）评议组或评委会委员根据各专业技术资格评审的标准条件，分组审阅申请人材料，提出初步评议意见。

专业（学科）评议组或评委会委员在审阅申请人材料时，发现不完整、不齐全的，不得擅自要求申请人补充材料。

第五，正式评审。

召开评审会议，出席会议的委员不得少于规定的人数。会议由主任委员或副主任委员主持。

会议结束后，由主任委员或副主任委员当场公布评审结果。对评委会未通过的申请人，不得进行复议。

第六，评审结论。

评委会在《专业技术资格评审表》中写明评审结论，由主任委员或副主任委员签字（盖章），并加盖评委会印章。

（三）职称聘任

专业技术职称一般实行聘任制。聘任专业技术职称要坚持德才兼备的原则，实行择优聘任和竞争聘任，不搞论资排辈，要有明确的聘任期限，聘期一般为 1~3 年，也可以以一个重大项目（课题）为周期。事业单位的行政领导应向被聘任的专业技术人员颁发聘书，双方签订聘约。

单位的行政领导一般不兼任专业技术职称，的确需兼任的，必须经评审委员会确认符合相应职务任职条件，并按规定的手续聘任。

四、职业准入资格制度

（一）职业准入

职业准入也可称为职业许可，是指为了特定的社会目的而对公民从事某种职业或专业技术工作的限制。公民只有通过一定的评价程序获取从业或执业资格，才能从事特定工作。职业准入实际是对公民就业权的限制，因此只能通过两种途径实行：一是自愿。公民可主动授权某一法定机构或组织对其从业资质进行考核，以获取职业保护、声誉或其他资源。二是强制。主要是国家为了保障公共安全、人身健康、人民生命财产安全、国家社会重大公共利益等目的，依据有关法律、法规而采取的行政许可措施。在一些国家和地区，行业组织出于行业自律目的，可对其成员单位或个体会员采取强制性准入，但其基础是出于自愿，且不具普遍的社会约束力。

根据我国《行政许可法》第十二条第三款，提供公众服务并且直接关系公共利益的职业、行业，需要确定具备特殊信誉、特殊条件或者特殊技能等资格、资质的事项，可设置行政许可。我国《就业促进法》规定，国家对从事涉及公共安全、人身健康、生命财产安全等特殊工种的劳动者，实行职业资格证书制度。因此在我国，职业准入或职业许可，本质上是国家对社会职业的公共管理行为。

职业准入资格包括各类职称资格和职业资格（表 4-4）。其中，职称资格主要是中级、初级职称资格，职业资格包括从业资格和执业资格。

表 4-4 专业技术职称与职业资格的比较

项目	专业技术职务任职资格（职称）	职业资格	
定义	职称是专业技术人员（管理人员）的一种任职资格，它不是职务。是从事专业技术和管理岗位的人员达到一定专业年限、取得一定工作业绩后，经过考评授予的资格	职业资格是对从事某一职业所必备的学识、技术和能力的基本要求，反映了劳动者为适应职业劳动需要而运用特定的知识、技术和技能的能力	
类别	经济师（商业经济、人力资源、工商管理等 15 个专业）、工程师（电气工程师、网络工程师、软件工程师、造价工程师等）、会计师、审计师、统计师、工艺美术师等	经营师、物流师、人力资源师、电子商务师、企业培训师、营销师、物业管理师、收银审核员、商品营业员、商品理货员等	
等级	初级：员级、助理级 中级 高级：正高、副高	一级：高级技师 二级：技师 三级：高级工	四级：中级工 五级：初级工
取得方式	（1）考核认定：助理级、部分中级 （2）全国统考 （3）评审或考评结合（高级和部分中级）	（1）考试：全国统考、省考 （2）破格：技能比赛获奖	

（二）职业资格

职业资格是对从事某一职业所必备的学识、技术和能力的基本要求，通过职业标准，反映了特定职业所需要专门的知识、技术和技能，包括从业资格和执业资格。

从业资格是政府规定专业技术人员从事某种专业技术性工作的学识、技术和能力的起点标准，通过学历认定或考试取得，供用人单位参考。

执业资格是政府对某些责任较大、社会通用性强、关系公共利益的专业技术工作实行的准入控制，是专业技术人员依法独立开业或从事某种专业技术工作学识、技术和能力的必备标准，必须通过考试方法取得，考试由国家定期举行，证书全国有效。

职业资格制度与现代社会的职业紧密联系，它既体现了现代职业高度分化的特点，也是国家经济社会发展到一定阶段的特定产物，是世界各国基本上普遍采用的制度。职业资格制度有利于保障职业者的基本权利，有利于引导职业者职业发展，有利于规范各类不同行业的职业发展，尤其是准入类职业资格则涉及了公共安全、人身健康、公众生命财产安全等重大权益等。

（三）职业资格证书制度

职业资格证书制度是一项国际通行的行业准入制度，各国之间开展的职业资格互认更使其成为国际执业的“通行证”。推行职业资格证书制度，构建专业人才职业资格制度体系，是专业技术人才队伍建设的需要。经职业资格考试合格的人员，由国家授予相应的职业资格证书。职业资格证书分为《从业资格证书》和《执业资格证书》。执业资格实行注册登记制度。注册是对专业技术人员执业管理的重要手段。绝大部分的职业资格证书证明的是从业资格，并不作准入控制；在特定的领域、在一定范围内实行强制性就业准入控制的，是执业资格，国际通行的是注册会计师、执业医师、律师等有限的几个行业。

职业资格鉴定考试内容为职业道德、理论鉴定、实操鉴定。职称考试内容一般为基础知识、专业知识与实务，中级以上还要考计算机应用水平、外语，有论文要求；职业技能鉴定一般为一至四级（一级最高），职称考试分为为高、中、初级。

根据国家职业资格证书规定：劳动部门负责以技能为主的职业资格鉴定和证书的核发与管理，人事部负责专业技术人员的职业资格评价和证书的核发与管理。劳动和社会保障部与人事部合并后，统一归口人力资源和社会保障部管理。

（四）职业资格与职称的比照

职业资格证书制度，为确认劳动者具备从事某种职业所必备的学识和技能提供证明。职业资格与职称资格之间，如果能建立起可以相互比照的关系，将有力地促进人才评价事业的进一步发展。建立各职业资格与职称资格之间的内在联系，更好地指导各类企事业单位做好专业技术职务聘任工作。将专业技术人员职业资格纳入职称制度，建立专业技术职业资格与职称资格之间的联系对照框架，构建面向全社会、符合各类专业技术人员特点的人才评价体系，完善专业技术职称评聘工作的重要一步。在这一方面，我国很多省市进行了这一尝试，如南京市（表 4-5）。

表 4-5　南京市第一批国家职业资格可比照认定为相应职称资格的目录

序号	职业资格名称		专业技术资格名称		主管部门	业务主管
1	价格鉴证师		经济师		国家人事部门	国家发展和改革委员会
2	土地登记代理人		经济师			国土资源部
3	通信专业	中级	工程师			工业和信息化部
		初级	助理工程师			
4	国际商务	国际商务师	经济师			商务部
		外销员	助理经济师			
5	企业法律顾问		经济师			商务部 司法部
6	质量专业	中级	工程师			国家质量监督检验检疫总局
		初级	助理工程师			
7	棉花质量检验师		工程师			
8	注册核安全工程师		工程师			环境保护部
9	环境影响评价工程师		工程师			
10	执业药师		主管药师	生产流通		国家食品药品监督管理总局
11	执业中药师		主管中药师			
12	注册安全工程师		工程师或经济师			安全生产监督管理局
13	房地产经纪人	经纪人	经济师			住户和城乡建设部
		经纪人协理	助理经济师			
14	房地产估价师		经济师			
15	造价工程师		工程师或经济师			

续表

<table>
<tr><th>序号</th><th colspan="4">职业资格名称</th><th>专业技术资格名称</th><th>主管部门</th><th>业务主管</th></tr>
<tr><td>16</td><td colspan="4">注册城市规划师</td><td>工程师或经济师</td><td rowspan="3"></td><td></td></tr>
<tr><td rowspan="2">17</td><td colspan="3" rowspan="2">出版专业</td><td>中级</td><td>编辑（技术编辑或一级校对）</td><td rowspan="2">新闻出版总署</td></tr>
<tr><td>初级</td><td>助理编辑（助理技术编辑或二级校对）</td></tr>
<tr><td rowspan="15">18</td><td rowspan="15">计算机软件资格与水平</td><td rowspan="3">计算机软件类</td><td>初级</td><td>程序员（原初级程序员、程序员）</td><td>助理工程师</td><td rowspan="15">国家人事部门</td><td rowspan="15"></td></tr>
<tr><td>中级</td><td>软件评测师、软件设计师（原高级程序员）</td><td>工程师</td></tr>
<tr><td>高级</td><td>信息系统项目管理师、系统分析师（原系统分析员）、系统架构设计师</td><td>高级工程师</td></tr>
<tr><td rowspan="3">计算机网络类</td><td>初级</td><td>网络管理员</td><td>助理工程师</td></tr>
<tr><td>中级</td><td>网络工程师</td><td>工程师</td></tr>
<tr><td>高级</td><td>信息系统项目管理师、系统分析师、系统架构设计师</td><td>高级工程师</td></tr>
<tr><td rowspan="3">计算机应用技术类</td><td>初级</td><td>多媒体应用制作技术员、电子商务技术员</td><td>助理工程师</td></tr>
<tr><td>中级</td><td>多媒体应用设计师、嵌入式系统设计师、计算机辅助设计师、电子商务设计师</td><td>工程师</td></tr>
<tr><td>高级</td><td>信息系统项目管理师、系统分析师、系统架构设计师</td><td>高级工程师</td></tr>
<tr><td rowspan="3">信息系统类</td><td>初级</td><td>信息系统运行管理员</td><td>助理工程师</td></tr>
<tr><td>中级</td><td>信息系统监理师、数据库系统工程师、信息系统管理工程师</td><td>工程师</td></tr>
<tr><td>高级</td><td>信息系统项目管理师、系统分析师、系统架构设计师</td><td>高级工程师</td></tr>
<tr><td rowspan="3">信息服务</td><td>初级</td><td>信息处理技术员</td><td>助理工程师</td></tr>
<tr><td>中级</td><td>信息技术支持工程师</td><td>工程师</td></tr>
<tr><td>高级</td><td>信息系统项目管理师、系统分析师、系统架构设计师</td><td>高级工程师</td></tr>
</table>

五、社会化职业水平评价制度

（一）职业水平评价

职业水平评价或认证是指通过考核、考试、评审等方式，对公民职业能力、资历和水平进行测评和认定的行为，认证和评价机构可根据评价结果授予代表其能力水平的学衔、学术或技术称号。例如，社会工作者水平考试、广告专业水平考试等。社会工作者职业水平评价分为助理社会工作师、社会工作师和高级社会工作师三个级别。助理社会工作师、社会工作师职业水平评价实行全国统一考试制度，社会工作者职业水平证书实行登记服务制度。

在人力资源市场中，劳动者择业和单位用人都存在互不了解和信息不对称的问题，存在对职业水平、能力认证和评价的市场需求，即单位可通过第三方对劳动者的认证，有针对性地招录和使用经过认证的人才；劳动者可以凭权威机构的认证，更容易得到用人单位的认可，增加就业机会。职业水平认证有助于提高人力资源市场的效率，降低用人单位用人和个人求职的成本，提高其成功率。

我国人事部 2005 年颁发《管理咨询人员职业水平评价暂行规定》，2006 年颁发《通信专业技术人员职业水平评价暂行规定》和《社会工作者职业水平评价暂行规定》，并在此三个行业中实行职业水平评价制度，将职业水平评价制度"纳入全国专业技术人员职业资格证书制度统一规划"。在这些规定中，职业水平评价代替了职业资格评审，也就是说职业水平从职业资格中分离了出来。为实现我国人才评价与聘任工作的分离，提供了很好的平台。

2013 年 3 月 14 日通过的《第十二届全国人民代表大会第一次会议关于务院机构改革和职能转变方案的决定（草案）》也提出将减少行政部门资质资格许可和认定的权利。"除依照行政许可法要求具备特殊信誉、特殊条件或特殊技能的职业、行业需要设立的资质资格许可外，其他资质资格许可一律予以取消。按规定需要对企业事业单位和个人进行水平评价的，国务院部门依法制定职业标准或评价规范，由有关行业协会、学会具体认定。"

（二）社会化职业水平评价制度

所谓社会化职业水平评价制度，是指在行政许可、行政授权或委托的范围内，由相关社会化评价认证机构（如行业协会、学会）为主体，以考试或认定的形式实施地对社会通用类的职业能力水平评价。

职业能力水平评价本质上属于一种市场行为，不同的社会组织特别是专业组织，可以根据用人单位或个人的认证需求，提供认证服务，评价认证机构属于单位和个人之外的第三方，不应像职业准入一样实行强制认证。社会机构从事的资格评价认定、水平评价工作应该建立在"评""聘""许可"分开的基础上。通俗地讲，在社会化职业水平评价制度下，职业资格可由社会化评价机构通过水平评价认定，职务由用人单位聘任，而"从业"和"执业"应由政府许可。

（三）建立科学、公正的社会化职业水平评价机制

提高职业水平评价认定工作的公信力和加强评价工作的诚信度，是政府职能顺利转移的重要保证。评价工作的公信力主要是反映在评价结果上；评价工作的诚信度则主要体现在评价过程中。作为评价主体的社会化评价机构，要遵循科学、公平、公正的原则，建立和完善社会化评价体系。

1. 建立专家委员会

社会评价机构应建立专家委员会（智库）。专家委员会应由本学科水平最高的专家组成，专家数量在满足本学科开展科技评价任务需要的同时，还需按专业进行细化分组。

2. 坚持"专业对口"的原则

在实际评价活动中应强调"专业对口"，因为对口是发掘科技工作者智力的最佳方式。在保证评价工作顺利开展的前提下，专家擅长的专业应尽可能地做到与评价对象所申报的专业一致，如采用同一专业的 7~9 名专家参与职称评审工作。

3. 评价专家的职业水平不低于评价客体

一般情况下，在评价中级职业水平中参评专家应具有中级及以上职业水平（资格），在评价高级职业资格中参评专家必须全部具有高级以上职业水平（资格）。

4. 评价中应设置“答辩”环节

除特殊情况外，评价程序应设置“答辩”环节，因为这样有利于专家深入了解评价对象的真实情况，以解决“文章”掩盖业绩的现象。

5. 参评专家必须公平、公正

必须强调参评专家只代表本社会评价机构，而不代表其他任何组织或个人，必要时还应要求参评专家签署坚持公平、公正的承诺书。

6. 实行回避制度

除亲属关系必须回避外，还要尽量地做到避免与评价对象有直接领导与从属关系的专家参加。

7. 评价中应坚持多数通过原则

一次评价中应规定 2/3 或以上参评专家到会，而且 2/3 及以上的票决赞成才能通过晋升。

8. 规避“内部人控制”

应将评价的决定权交给评价委员会，不再设置领导人会议个别批准环节，但如发现评价过程中存在不规范现象，领导人会议可以做出“评价无效”的决定。这里要明确一个概念，即在科技评价问题上应该是专家的权威大于领导的权威。

第三节 职称管理改革

职称制度是专业技术人员管理的基本制度之一。改革开放之初，恢复职称评审与恢复高考招生一起，成为落实知识分子政策的标志性事件。经过 30 多年的改革发展，我国建立了专业技术职务聘任制、岗位管理、职业资格等重大管理制度，职称工作取得了巨大成就。但在体制转轨的过程中，职称制度面临着诸多争议和实践问题。正本清源，转换理念，重新构建职称管理的制度体系，是深化职称制度改革的重大课题。

一、职称制度存在的根本问题

现行职称制度除评价标准和手段不科学、“评的用不上，用的评不上”等微观层面的共性问题外，人们对职称问题的认识实际是相互对立的。例如，关于职称的功能，有人认为职称与待遇挂钩过紧，有人却认为评了职称就应该兑现待遇；关于评聘关系，有人认为职称制度主要问题是评聘不分，有人却指出评聘分开必然会带来管理混乱；关于专业技术职务系列，有人认为系列太少，应该扩大专业范围，有人则认为现有专业已经过多，应严格限制；等等。而最大的争论则是职称制度或职称评审究竟是应“改革完善”还是“彻底取消”。

穷根溯源，问题的关键还在于人们对“职称”这一管理对象的内涵和性质的认识，而要解决职称问题，则需要在辨清职称内涵的基础上，根据职称不同构成要素的性质和功能，确立政府、社会和用人单位等不同主体在职称制度体系中的角色、地位和作用，这是职称制度改革必须解决的根本问题。

（一）职称内涵的沿革

对职称内涵和性质理解的混乱由来已久。新中国成立以来，职称内涵实际经历了由职务到学衔、学衔到职务、职务到资格的演变过程。从政策演变历程看，职称概念有大、小之分，其功能作用有着根本的不同。

1. 从职务到学衔（1949~1977 年）

新中国成立初期，国家有关政策文件关于职称的提法包括职名、职称、职务名称等，从内涵看即专业技术职务的名称，本质上是指专业技术职务、职位或岗位。但受历史条件所限，新中国成立初期，专业技术人员职务晋升实际处于停滞或随机状态，甚至出现了“实际已担任讲师或副教授的工作，却没有取得讲师和副教授的学衔这一突出问题”。1955 年 9 月，经周恩来提议，中共中央、国务院组成“关于学位、学衔、工程技术专家等级及荣誉称号等条例起草委员会”，并于次年提出了《高等学校教师学衔条例（草案）》等文件，将学衔确定为国家根据科学研究人员、高等学校教师在工作岗位上所达到的学术水平、工作能力和工作成就所授予的学术职务称号。1961 年 11 月，中央再次研究决定建立学位、学衔、工程技术称号等制度。1956 年和 1962 年的研究，给人们带来了对职称内涵和性质理解的第一次根本性变化，即职称脱离职务变成了单纯的“学术称号”，这对以后的职称工作产生了重大影响。

2. 从学衔到职务（1977~1993 年）

改革开放初期，在恢复职称的实际工作中，仍然沿用了 20 世纪 60 年代的研究思路，即将职称从职务转化为学衔或学术称号。例如，1979 年 12 月，国务院科技干部局《关于做好科技干部职称评定工作的通知》中就有规定：技术职称是衡量科技人员的技术工作成就、技术水平和业务能力的标志；评定不应限制年限和晋升比例。这实际导致了评审范围肆意扩大，不管是否在专业技术岗位工作，只要具备能力条件都可晋升，造成了人人成“师”的混乱局面。1986 年 1 月，中共中央、国务院转发了中央职称改革领导小组《关于改革职称评定、实行专业技术职务聘任制度的报告》，指出改革职称评定制度的中心是实行专业技术职务聘任制度。1986 年 2 月，国务院《关于实行专业技术职务聘任制度的规定》中明确规定，专业技术职务是根据实际工作需要设置的有明确职责、任职条件和任期，并需要具备专门的业务知识和技术水平才能担负的工作岗位，不同于一次获得终身拥有的学位、学衔等各种学术、技术称号。1986 年的职称改革实际是在混乱局面下对职称内涵的理解向职务而非学衔的本能回归。这在一定意义上表明，超越管理需求，由政府主导而颁定学衔称号是不符合管理规律的，在实践上也是存在弊病的。

3. 从职务到资格（1994 年以来）

20 世纪 90 年代初，在完善专业技术职务聘任制的同时，我国开始了专业技术资格制度的试点工作。1993 年 11 月，党的十四届三中全会通过的《中共中央关于建立社会主义市场经济体制若干问题的决定》中指出，要制定各种职业资格标准，实行学历和职业资格两种证书制度。职业资格制度的实行带来了职称内涵的又一次重大变化。在政策制定者看来，专业技术资格才是真正意义上的职称，即代表学术技术水平的学衔或称号，而原来职务任职资格评聘，则不是职称。但“遗憾”的是，由于“宣传不够，大家往往把‘职称’和‘职务’这两个不同性质和功能的概念混同起来，以致形成了现在的一些矛盾”。

为此，当时的职称管理者提出了大职称和小职称的概念。既然职称和职务不一样，为什么人们总是笼统地叫职称呢？他们认为可将职称区分为大职称概念和小职称概念：小职称，即指职称（资格）；大职称则包括专业技术职务、职称（资格）、执业资格等。大职称包括小职称。我们讲的深化职称改革，各级政府人事部门的职称司、局、处，均指大职称。而当我们讲专业技术职称（资格）时，则指小职称，它是指称号，即专业技术水平（能力）的标志。

（二）政府职能定位问题

造成职称问题复杂化的一个客观原因是我国经济社会环境的变化。市场经济的发展带来社会组织形式的多元化，职称制度在自身探索和改革的同时，还需要走出体制内的束缚，适应体制外的社会需求。在政府主导的制度体系下，政府如何顺应环境，明确定位，转变职能，成为职称制度改革的核心和关键。

职称主管部门并非没有意识到环境的挑战。1997 年，原国家人事部提出，职称改革要实现“三个突破”：突破职称工作中的陈旧观念的局限，把职称工作服务领域由国有单位延伸到农村、非国有单位和整个社会；突破职称工作对象的局限，把服务对象由传统的国家干部延伸到各级各类各种所有制的专业技术人才，包括乡土人才；突破职称工作老套方式的局限，把服务方式由单一的评聘扩大到评聘、考试、测评等多种评价机制，为各类人才服务。

职称工作服务对象和领域的拓展，是体制转轨过程中政府对环境变迁的主动回应，但却在一定程度上混淆了公共部门与非国有单位的性质差异。一方面机械地将国有单位专业技术职务聘任管理等制度应用于其他社会组织，另一方面又试图将社会化、市场化的考评方式全面应用于国有单位的内部管理，使政府公共管理行为与公共部门自身管理混为一体，管理行为和市场行为界线不清，导致职称管理理念和职能转变难以到位。

政府在职称管理中缺位和越位的现象并存。所谓政府缺位，一是指本应由国家统一设置管理的职业准入由于监管不严，过多过滥；二是对职业水平评价市场监管不力，资格泛滥；三是对国有事业单位职称晋升直接参与过多，而行政监督不够。所谓越位，就是政府替代用人单位和社会组织，成为职称和职业资格（水平评价）评价的主要组织和参与者。因此，在理清职称内涵的基础上，切实转变政府职称管理职能成为职称制度改革需要认真解决的根本的问题。

二、职称制度改革的基本思路

关于未来的职称制度改革，《国家中长期人才发展规划纲要（2010 ~ 2020 年）》（简称《规划纲要》）提出，要加快推进职称制度改革，规范专业技术人才职业准入，依法严格管理；完善专业技术人才职业水平评价办法，提高社会化程度；完善专业技术职务任职评价办法，落实用人单位在专业技术职务（岗位）聘任中的自主权。这是职称工作方针的重大突破和创新。其基本思路就是要厘清职称内涵，根据职业准入（执业或从业资格）、职业水平评价（职业资格认证）、职务（岗位）任职资格评价的不同性质和特点，针对公共部门和非公共部门的不同需求，明确国家、社会（市场）、用人单位等不同主体的职责和权限，转变政府职能，实行分类管理，推进职称管理的法制化。

（一）认清职称制度的三要素

职称制度改革的首要任务是要树立对职称制度三要素（职业准入、职业水平评价、职务任职评价）的正确认识与区分，进一步完善专业技术职务评聘工作。

职业准入、职业水平评价、职务任职评价是构成职称制度的重要元素，但在行为属性、行为主体、评价标准、评价方法方面，有较大的不同（表4-6）。从行为属性来看，职业准入制度，属国家对社会职业的公共管理行为；职业水平评价制度属于市场行为，政府机构或用人单位可以通过购买职业水平评价服务的方式获得；职务任职资格评价制度，属于用人单位的人事管理行为，应根据单位性质和岗位责任需要来确定。

表 4-6　职业准入、职业水平评价和职称评审的区别

职称制度构成	职业准入（执业资格）	职业水平评价（职业资格）	职务任职资格评价（职称评审）
行为属性	公共管理行为	市场认证行为	单位内部管理行为
行为主体	国家，具有法定性和单一性	企业、中介等社会组织，多样性和竞争性	用人单位。其中，国家及其人事行政部门或主管部门可直接或间接参与国有单位人事聘用
行为目的	维护公共利益	为个人和单位提供认证服务，获取收益	职务或岗位聘用
政府职责	直接设置和组织实施	对社会认证进行市场监管，对认证机构进行审核、许可或备案	对国有单位聘用管理行为进行规范和监督
评价标准	基本或起点标准，一般不需分级	专业性标准，可分级	岗位条件和标准、工作业绩
评价方法	法定考试、审核	考试、入会审核及其他专业测试	直接聘用、竞争上岗、业绩评价、考试考核
是否收费	应取消收费	可以收费	应禁止向个人收费
改革重点	统一规范	促进认证社会化	落实单位管理自主权

（二）国家的归国家，社会的归社会，单位的归单位

明确国家、社会（市场）、用人单位等不同主体的职责和权限，实行分类管理。

所谓国家的归国家，主要是指职业准入的设置和管理属于国家特权。职业准入作为国家行政许可和公共管理行为，是国家为了公共利益而对就业权进行的准入限制，是国家对专业技术人员和其他劳动者从事特殊职业的特别授权，是对特定职业权利的法律保护。就业权是公民权，是劳动者不可剥夺的基本权利，对从业权或执业权的限制必须建立在理性的法律基础上，必须出于公共利益并有充分的必要性。任何地方、部门、行业组织从自身利益出发擅自设置从业或执业资格，抬高就业门槛，造成职业垄断，都是对公民就业权的粗暴干涉，必须严厉禁止并追究责任。职业准入重在规范，建议国家成立职业准入专门管理机构，统一劳动职业准入和执业资格制度，强化国家的规范化管理，清理、减少和统一各类资格，禁止随意设置职业准入限制。根据《行政许可法》，与职业准入相关的执业资格的授予不应收费，其考试过程的收费也应逐步取消。

所谓社会的归社会，指职业水平认证本质上属于市场行为，应注意发挥社会中介组织等的作用，推进职业能力认证的社会化。职业水平认证制度改革的重点是社会化。所谓社会化包括两层含义：一是去行政化。社会首先是相对政府而言的，所谓社会化首先是非政府化。在我国，职业水平评价一般称为职业资格认证，主要由政府或其授权机构实施。这与我国传统的政府主导地位有关，社会中介机构发育不健全也是其重要原因。政府评价具有规范性和权威性，但其垄断地位也可能对职业能力评价市场的长远发展造成不利影响。政府直接参与组织和实施职业能力评价，既当裁判员，又当运动员，不利于评价市场的监管和健康发展。政府提供的认证服务，也不属于基本公共服务范畴，不符合社会事业改革和发展的方向。二是中立化。社会化的第二层含义就是发挥劳动者和用人单位之外的第三方特别是行业或专业组织的评价作用，促进公民社会发展。职业能力认证作为市场行为，可以收取服务费用，但行业或专业组织也不能当“二政府”，搞垄断和强制认证。当前，推进职业水平评价制度改革，应在改革政府现有认证机构和清理政府认证的基础上，对社会组织进行职业水平认证进行许可或备案管理，强化政府管理和服务职责，保障认证申请人权益。

所谓单位的归单位，指专业技术职务的聘任或任职评价本质上是用人单位内部管理行为，制度改革的重点是落实单位用人自主权。一方面，除法定情形外，国家不应干预或参与非公有制经济和社会组织的职务设置与聘用。另一方面，国家应根据国有企业和事业单位的不同特点，对公共部门专业技术职务和岗位聘用实行分类授权。在职务评聘中，单位可委托第三方代为评价，也可以自主直接聘用。职务聘用和任职资格评价，作为单位与劳动者建立和调整人事劳动关系的行为，按照法律规定不应收取任何费用，单位委托第三方评价的费用，应由单位承担，但个人自主申请或考试除外。

（三）推进职称制度的法制化

职称制度的改革必须依靠法制予以保障。研究制定职业资格管理等方面的法律法规，坚持用法制保障人才，推进人才管理工作科学化、制度化、规范化，这是职称制度改革的一项紧迫任务。

推进职称制度的法制化，应在加强职业准入、水平认证和国有单位岗位聘用等的相关立法的基础上，切实转变政府职能，为职称制度改革和法制化提供基础和保障。政府及其主管部门应根据职业准入、水平评价、任职评价的不同性质，分别履行公共管理、市场监管和行政监督职能。

[思考题]

1. 公务员的职务具有哪些特性？
2. 级别具有哪些功能？
3. 设计职务与级别对应关系时，要遵循哪些原则？
4. 职称内涵的发展经历了几个阶段？
5. 设置行政执法类职位有什么重要意义？
6. 如何构建科学、公正的社会化职业水平评价机制？
7. 我国职称制度改革的基本思路是什么？

[案例分析]

中石化专业技术职称评审管理办法

一、总则

（一）目地

为进一步规范专业技术职务任职资格评审工作，充分发挥对人才成长的导向和激励作用，促进专业技术人才队伍建设，根据国家有关政策法规并参照中石化职称评审规定，结合本公司实际情况，制定本办法。

（二）适用范围

在公司任职满一年的正式合同制员工均可报名参加评审及认定。

（三）评审原则

专业技术职称任职资格是专业技术人员技术水平的体现，是履行岗位职责的必要条件，与薪酬体系中的技术职称津贴直接挂钩。

评审工作坚持以下原则：坚持公平、公正、公开，严格程序，规范操作，准确客观地评价人才。

二、评审组织及评审权限

（一）职称系列

公司必须要参加评审的职称系列有工程、经济、会计审计、营销、政工等几大类，级别主要分员级、初级、中级、高级。

（二）评审委员会

评审委员会是负责评审专业技术人员是否符合相应专业技术职务任职条件的机构，由具有较高学术技术水平、作风正派、办事公道、群众公认的专家组成，委员应具有评审专业中级以上职称，其中具有高级职称的委员不少于二分之一；评审委员会委员实行任期制，每届任期为 2～3 年。任期届满，应适当调整成员。根据公司具体情况，在评审委员会下设若干专业评审组。专业组在评委会的领导下，承担参评人论文的评阅、答辩，以及评委会交办的初评等工作，向评委会提供能反映参评人专业水平的论文评阅、答辩情况报告或初评意见。

评委会一般每年召开一次。评审委员会召开会议时，出席会议人数应超过组成人数的 2/3 方有效。采用无记名投票表决，经出席会议委员超过 2/3 赞成为通过，未出席会议委员不得委托投票或补充投票。每次会议对同一送审对象只进行一次评审和投票表决，不再重评重议。会议期间，评委会根据申报人有关材料进行评议，不接待个人来访和申诉。

公司职称评审委员会主任：胡先念

委员：孙广刘郁东王梅正

人事员协助委员会组织报名及评审，各专业临时抽调具有中、高级职称的专业人员做专业评审，不做委员会定员。

三、职称评定方式

（一）考试

实行国家统一考试的经济、会计、统计、审计、出版、卫生、翻译等的中级专业技术资格，由于参加全国专业考试认定，不需要再进行评审和初定。此外，专业从业资格的认定如会计从业资格证等不用评审。

（二）考评

专业资格中级以上职称的认定一般要先参加外语、计算机等考试，并符合职称评定的其他条件的，将专业论文上交评委会评审答辩合格可认定职称。

（三）评审

在我公司员级技术员以及初级技术职称的评定要通过评委会的审查和论文答辩方可被承认。

四、评审程序

任职资格评审一般按照个人申请、部门考核推荐、公示、人事部门初审汇总、专业组评议、评委会评审、评审结果公布的程序进行。

（一）报名的条件

1. 对职称外语考试的要求

（1）从2005年开始，取消A、B、C级职称外语考试的有效期（其中申报教授级任职资格，须在取得高级任职资格后参加中石化集团公司C级职称外语考试合格，成绩从考试通过的当年度算起五年内有效），此前参加A、B、C级职称外语考试合格成绩的有效期，仍按原来有关规定（A、B级三年有效，C级五年有效）执行。

（2）申报高级职称评审人员，须通过C级职称外语考试。

（3）申报中级职称评审人员，须通过B级职称外语考试。

（4）申报初级职称评审人员，须通过A级职称外语考试。

（5）参加全国职称中级考试并通过的人员需聘任责任师及以上技术岗位，必须通过B级职称外语考试。

（6）符合下列条件之一者，可免试A级职称外语：①普通院校大学本科毕业并获学士学位者；②1960年1月1日以前出生的人员。

（7）符合下列条件之一者，可免试B级职称外语：①普通院校研究生毕业并获硕士学位者；②普通院校大学本科毕业，通过了大学六级英语水平考试并获学士学位者；③普通院校大学本科毕业并获双学位。

（8）符合下列条件之一者，A、B级职称外语考试成绩可降低10分：①获省、市劳动模范称号者；②获省级优秀青年知识分子、青年标兵、优秀青年称号者；③获省级科技进步三等奖（个人获荣誉证书）以上的获奖人员。

2. 对计算机等级考试的要求

（1）申报中、高级职称评审人员，须获得计算机中级证书。

（2）申报初级职称评审人员，须获得计算机初级证书。

（3）参加全国职称中级考试并通过的人员需聘任责任师及以上技术岗位，必须获得计算机中级证书。

（4）参加省、市统考，获得计算机应用能力一级证书，比照计算机初级证书。

（5）参加省、市统考，获得计算机应用能力二级证书，比照计算机中级证书。

（6）计算机专业的大学毕业生，可免中、初级计算机考试。

（7）获电算会计证书人员，可免中级、初级计算机考试。

（8）1960年1月1日以前出生的人员可免中级、初级计算机考试。

3. 各等级专业技术职务任职资格评审条件

1）教授级专业技术职务任职资格评审条件

晋升教授级专业技术职务任职资格的基本条件是：大学本科及以上学历毕业，取得高级专业技术职务任职资格五年以上，外语水平达到规定的要求。晋升教授级高级工程师任职资格必须同时具备下列四条。

（1）具有系统、扎实的基础理论和专业知识，对本专业领域有深入研究和独到见解，在中石化集团公司同行专家中具有较高知名度，能够指导高级工程师或研究生的工作和学习。

（2）具有丰富的专业实践经验，具备主持和承担重大工程、科研设计和技术攻关项目的能力。能够运用新理论、新技术、新方法解决关键性技术难题。担任高级工程师期间，具有以下工作经历之一。

第一，主持或作为主要成员承担过重大勘探开发、生产建设、规划设计、新建工程项目或重大科研课题、技术改造、技术攻关项目，参加项目的全过程或负责其中的关键性技术工作，解决过有关专业领域的重大技术问题。

第二，作为主要技术负责人在维护重点生产装置高效运行的过程中，解决过关键生产技术难题，或在致力于促进科技成果转化和推广方面成效显著。

第三，主持或作为主要负责人承担过国家经济预测和发展规划编制工作，或承担过两项以上行业技术标准、技术规范的制定工作，并经实践证明先进可行。

（3）担任高级工程师期间，取得下列业绩、成果之一。

第一，主持或承担的项目获得过国家科技进步奖三等奖，发明奖，自然科学奖四等奖以上奖励；或省部级科技进步奖二等奖、发明奖三等奖以上奖励；或两项以上或省部级科技进步奖三等奖、发明奖四等奖以上奖励，是项目的主要贡献者（等级内额定人员）。

第二，获得两项以上发明专利，或取得五项以上实用新型、外观设计专利（以上均需已经被授予专利权），已在生产实践中通过开发应用，取得显著的经济效益或社会效益，或经过专家认定，具有广阔的开发应用前景，是主要的专利权人（一般应是前三名）。

第三，主持或作为主要负责人在大中型勘探开发、生产建设、技术管理活动中，做出重大科学决策部署和规划管理，经实践证明对推动勘探开发、生产建设和科技进步有重大贡献，连续多年取得显著的经济效益和广泛的社会效益。

第四，主持或作为主要负责人组织并完成过重大科研、工程设计或技术攻关项目，实现重大技术创新或解决重大关键技术问题，取得显著经济效益和社会效益，成果通过省部级鉴定。

第五，主持或作为主要负责人完成过重点工程建设、重大技术改造项目，或在引进消化大中型项目、大中型企业技术改造中，创造性地运用国内外先进技术，解决关键性技术问题或实现重大技术革新，在提高产能、节能降耗、增加品种、提高质量等方面取得重要突破，处于国内领先地位，具有广阔的市场前景和显著的经济、社会效益。

（4）担任高级工程师期间，撰写论著、论文符合下列条件之一的专著；①独立或作为第一作者在国家正式刊物上公开发表本专业论文三篇以上，其中至少一篇在核心期刊上发表。②正式出版过10万字以上具有较高专业理论水平和应用价值的专业著作。

2）晋升高级专业技术职务任职资格的基本条件

大学本科及以上学历毕业，取得中级专业技术职务任职资格五年以上，计算机、外语达到规定的要求并同时具备硬化评审条件的（1）、（4）条［工程系列也可同时具备（2）、（3）、（4）条］。其评审条件如下。

正常晋升高级的硬化评审条件：①独立或作为第一作者在国家正式刊物上公开发表至少一篇以上本专业论文，或者正式出版过3万字以上具有较高专业理论水平和应用价值的专著；②获得过两项以上地市级的科技进步奖、自然科学奖、发明奖的一、二等奖或三等奖的前三名等奖励；③独立或作为第一作者在地市级刊物上发表两篇以上本专业论文，在省部级学术会议上宣读交流两篇以上有价值论文；④年度业绩考核优秀或称职。

3）晋升中级专业技术职务任职资格的基本条件

大学专科及以上学历毕业，取得助理级专业技术职务任职资格四年以上，计算机、外语达到规定的要求并同时具备硬化评审条件的三条以上。其评审条件如下。

正常晋升中级的硬化评审条件：①能掌握本专业的基础理论和专业技术知识，熟悉本专业国内外技术现状和发展趋势；②具有丰富的生产或技术管理实践经验，为解决企业重大生产技术难题做出贡献受到公司奖励；③有独立承担中等规模以上的生产或建设工程中本专业技术工作的能力，或能制定、审核生产项目中本专业的技术方案，或能提出有一定水平的技术工程报告，能指导初级人员和见习生的学习和工作；④曾取得具有科学意义或使用价值的研究成果，或发表过具有较高水平的专题研究报告或本专业论文，或获得过市厅级以上的科技进步奖或管理成果奖，科研成果奖，优秀设计奖；⑤年度业绩考核优秀或称职。

4）晋升助理级专业技术职务任职资格的基本条件

大学本科及以上学历，在工程技术岗位工作满一年；大学专科毕业从事技术员工作两年以上，中专毕业从事技术员工作四年以上，计算机、外语达到规定的要求并同时具备硬化评审条件。

其评审条件为：基本掌握专业基础理论知识和岗位技术知识；掌握所负责的生产技术工艺并能编制操作规程；能熟练地排除生产过程中比较复杂的故障，经考试考核合格。

5）晋升员级专业技术职务任职资格的基本条件

中专或大专毕业后，在工程技术岗位上工作满一年，计算机、外语达到规定的要求并同时具备硬化评审条件。

其评审条件为：具有基本的专业知识，熟悉本岗位工作规程，能处理生产过程中的一般技术问题，承担辅助性的技术工作，经考试考核合格。

4. 破格申报任职资格条件

对于不具备规定的学历、资历条件，但确有真才实学、成绩显著、贡献突出者可进行破格评审，但学历和资历一般不双破，学历一般只破一个层次。员级不进行破格评审。

1）破格申报教授级专业技术职务任职资格条件

凡参评人员除符合正常晋升全部评审条件外，必须连续三年以上业绩考核取得优秀等级，且符合下列条件之一：①获国家科技进步奖二等奖，发明奖、自然科学奖三等奖以上的主要贡献者（等级内额定人员）；②获省部级科技进步奖一等奖、发明奖二等奖以上的主要贡献者（等级内额定人员）。

2）破格申报高级工程师任职资格条件

须同时具备下列三条。

（1）长期在生产、建设、科研等工程技术岗位上工作，有丰富的实践经验，担任中级专业技术职务后，取得下列成果和业绩之一：①主持或承担的项目获得过国家科技进步奖、发明奖或自然科学奖；或省部级科技进步奖、发明奖三等奖以上奖励；或两项以上省部级科技进步奖、发明奖四等奖，是项目的主要贡献者（等级内额定人员）。②获得一项以上发明专利，或取得三项以上实用新型、外观设计专利（以上均需已经被授予专利权），已在生产实践中通过开发应用，取得明显的经济效益或社会效益，或经过专家认定，具有广阔的开发应用前景，是主要的专利权人（一般应是前三名）。③主持或作为主要成员完成过重大科研、工程设计或技术攻关项目，实现重要技术创新或解决关键性技术问题，取得良好的经济效益和社会效益，成果通过省部级鉴定。④主持或作为主要成员完成过重点工程建设、重大技术改造项目，或在引进消化大中型项目、大中型企业技术改造中，创造性地运用国内外先进技术，解决关键性技术问题或实现重要技术革新，在增加品种、提高质量、节能降耗、降低成本等方面取得突破，达到国内先进水平，具有广阔的市场前景和良好的经济效益和社会效益。

（2）对所从事的专业技术工作有较深的研究，担任中级专业技术职务后，独立或作为第一作者在国家正式刊物上公开发表本专业论文三篇以上；或者正式出版过 8 万字以上具有较高专业理论水平和应用价值的专著。

（3）业绩考核连续三年以上取得优秀等级。

3）破格申报高级经济（会计、审计、统计）师任职资格条件

具有中级专业技术职务任职资格人员破格申报高级经济（会计、审计、统计）师任职资格，需同时具备下列四条。

（1）长期从事经济（会计、审计、统计）工作，具有丰富的实践经验，能够行之有效地解决重要经济活动和专业工作中的实际问题，具有综合性和创新性的专业实务事例，并经实践检验取得良好效果。

（2）对所从事的专业技术工作有较深的研究，担任中级专业技术职务后，独立或作为第一作者在国家正式刊物上公开发表本专业论文三篇以上；或者正式出版过 8 万字以上具有较高专业理论水平和应用价值的专著。

（3）业绩考核连续三年以上取得优秀等级。

（4）通过国家统一组织的相应专业中级专业技术资格考试，成绩合格（只限于经评审取得中级任职资格的破学历申报人员）。

4）破格晋升中级的硬化评审条件

须同时具备下列三条以上。

（1）具有丰富的生产或技术管理实践经验，为工厂的生产技术进步作出贡献且取得较好的经济效益。

（2）市厅级科技进步二等奖或省部级科技进步三等奖，优秀设计银质奖，优质工程银奖的主要完成者。

（3）在公司级或公司级以上刊物发表一篇以上本专业论文，或正式出版过本专业的专著或译著或在省部级以上专业学术会议上发表过本专业有价值的论文。

（4）具有中专学历、受聘助理级职务四年以上，十年以上主要生产装置实际工作经验，且目前仍在生产装置工作，能主持生产装置的开停工生产，或解决生产中的技术难题，或运用现代化管理方法指导生产，使生产装置的管理和主要经济技术指标达到较高水平者。或者具有中专学历受聘助理级职务六年以上，能熟练运用现代化管理方法处理工作中遇到的难题取得较大社会效益者。

（5）连续三年业绩考核优秀。

（二）资格审查

由评委会人员对各参评的人员提交的有关材料进行准确性和真实性的考查。审查内容包括学历、资历、外语水平、等基本情况，以及主要专业技术工作经历，主要业绩，主要成

果，发表的论文论著，送审论文等。以上审查内容要在公司进行为期七天（工作日）的公示，未经公示的材料不得申报评审。

申报人弄虚作假的，经核实后取消参评资格或收回相应的任职资格，并在三年之内不得参加任职资格评审，情节恶劣的今后不得参加资格评审。

（三）论文答辩及公示（报备）

论文答辩过程是对申请人的专业水平的展示，申报了任职资格评审的人员，不论初级还是中级都要参加资格评委会专业论文的答辩，取得包括专业组人员在内的2/3的通过票才可取得任职资格。

初级、中级职称（工程类）的评审由本人申报并通过了资格审查的，必须提交一篇自己撰稿的专业论文，由公司评委会组织答辩，通过答辩的可认定为初级职称。公司人事备案。其中中级职称的评审结果还要提交报送长岭分公司中评会通过有效。

高级、教授级职称（工程类）的评审由本公司进行初步资格的审查与信息汇总，提交材料给长岭分公司高评会评审，本公司无权评审。另经济、统计、会计等专业的高级、教授级工程师的评审必须由长岭分公司代为提交石化总公司评审通过有效。

由国家统一考试并颁证的政工类及非工程类专业技术任职资格证，经公司职称评委会内部评定其真实性即可认为有效，不必参加答辩。

（四）认定

公司的职称认定与公司的技术职称津贴挂钩，因此，对各种任职资格的最终认定工作十分重要。所取得的职业资格证书必须与从事的职业或岗位有极大相关性，否则不享有技术职称津贴。

国家统一考试的普通员级职业资格无论级别高低都认定为基本从业资格证，作为准入证明，不享受技术职称津贴。

国家统一考试的职业资格的初级、助理级都认定为初级职称，每月享受初级技术职称补贴100元。

国家统一考试的职业资格师级，如人力资源管理师，中级会计师、经济师、行政管理师、物流管理、高级营销师、等职称，公司认定为中级职称，每月给予中级技术职称补贴300元。

国家统一考试的职业资格高级，高级经济师、高级国际货运代理师、高级商务单证员、高级跟单员、高级人力资源管理师、高级行政管理师、高级项目管理师、高级市场调查师等职称，公司认定为高级职称，每月给予高级技术职称补贴600元。

工程类的职称对应的技术津贴，参照《薪酬的制度》的相关条款。

（五）解释与实施

本规定由公司人事部负责解释。

本管理办法自2009年4月起实施。

[案例讨论题]

1. 专业技术职称有哪些重要特征？
2. 如何组织有效的专业技术评审工作？

HAPTER 5

第五章 人事规划管理

[内容提要]

人事规划，又称人力资源规划，是指根据组织发展的规划，通过对组织未来的人力资源需求和供给状况的分析及预测，通过一系列的管理手段，达到组织的人力资源与组织战略发展相适应的发展计划。

本章分为三小节，分别是人事规划概述、人事规划的方法以及人事规划的实施与控制。第一节，人事规划概述包括了人事规划的概念、种类、原则、作用以及程序。第二节将详细讲述人事规划的方法，包括组织人事规划的需求分析、供给分析以及供需平衡。第三节是人事规划的实施与控制。

[学习要点]

1. 理解人事规划的含义及作用；
2. 理解人事规划的原则与内容；
3. 掌握人事规划的方法；
4. 掌握人事规划实施与控制的步骤和方法。

第一节 人事规划概述

一、人事规划概念

人事规划，又称人力资源规划、人力资源计划。目前为止，国内外对于人事规划还没有一个统一的定义。尽管各种定义不同，但其基本内涵大致是一样的。目前，人事规划主要有广义和狭义两个概念。广义上的人事规划指的是组织所有人事规划的总称；狭义上的人事规划指的是组织从其战略规划和发展目标出发，全面地、科学地分析内部环境与外部环境的变化，预测组织人力资源的供给和需求状况，制定相关的政策与措施，确保满足组织对于人力资源需求的活动过程。现今，人们说的人事规划一般指的是其狭义的概念。

《礼记·中庸 》说道："凡事预则立，不预则废。"无论做什么事，只有事先做好全面的准备，才能够取得成功。在组织运作方面也是一样，科学有效的人事规划能够促进企业稳步发展，人事规划的重要性由此可见。那么，要把握人事规划的概念，主要可以从人事规划的五个特点进行了解。

（1）针对性。人事规划是针对组织的战略规划和发展目标而制订的，并非是可以凭空设想或者生搬硬套的。作为组织发展的一个重要计划，人事规划起着导向和保障的作用。一份目标明确、针对性强的人事规划，无疑为组织的顺利发展保驾护航。

（2）发展性。组织在发展中所面对的内部环境（包括组织的物质基础、技术发展和人员结构等方面）与外部环境（包括相关政策法规、市场动向等方面）是在不断变化的。人事规划的制订必须要用发展的眼光来分析内部环境与外部环境，高瞻远瞩，从而准确预测和把握形势，为组织提供所需人力资源，使组织在日新月异的时代发展潮流中屹立不倒。

（3）科学性。要准确预测组织人力资源的供给和需求状况，制定相关的政策与措施，就要求人事规划具有科学性的特点。在人事规划制订的过程中，需要遵守相关原则，规划制订过程中的科学性直接影响人事规划的最终成效。因此科学性是人事规划的一个重要特点。

（4）实用性。人事规划最终的目的是为组织的战略规划和发展目标而服务的，这就要求人事规划要有较强的可操作性，并能根据不同环境的变化发展可以做出合理的调整。实用性是人事规划的一个突出表现。

（5）整体性。人事规划通过整合优化组织的人力资源，可以让组织中的人力资源凝结成一个强大的有机整体，当组织中每一个个体的力量得到凝聚，就会产生更大的集体凝聚力和集体竞争力，推动组织发展。

二、人事规划分类

在组织实际的人力资源管理中，人事规划有着不同的分类形式。组织可以结合实际，根据不同的战略、发展需求灵活地做出具有针对性的规划。总的来说，目前一般的分类方式是按时间长短、规划性质和涉及范围分类的。

（一）按规划性质分类：战略规划、战术规划

从管理学的角度出发，组织的人事规划可以按性质分为战略规划和战术规划。

（1）战略规划。战略规划主要是依据组织的战略目标和发展方向而制订的，与组织未来

人力资源走向密切相关的。考虑到组织的长远发展，战略规划一般是长期性的，从宏观层面出发而制订。战略规划需要有明确的目的，符合实际之外，也需要具有相对稳定性。由于战略规划是长期的，而组织内、外部环境无时无刻不在变化，相对稳定的规划使组织发展机制不离开原本的发展路线，同时又能在可控范围内适应不断变化的时代。

（2）战术规划。战术规划是在战略规划的指导下制订的，是为达到战略规划的目标而建立的规划。战术规划通常是短期的规划，主要针对组织的眼前利益。因此，战术规划一般都要求对企业内、外部环境的动态把握较为准确，规划制订得更加详细具体，步步渐进。

（二）按时间长短分类：长期规划、中期规划和短期规划

从时间的角度分类，人事规划可以分为长期规划、中期规划和短期规划三个类别。对于以上三者的时间分界点并没有确切的界线，如快消行业与奢侈品行业的长期计划所指的时间可能有所差别。

（1）长期规划。所谓长期规划，一般指的是5年以上的规划。由于时间的跨度比较大，长期规划在某种程度上有着战略规划的特点。规划多从宏观层面着手，其指导性比较强，面对不断发展的现状可以随时在可控范围内做出调整。

（2）中期规划。中期规划一般指时间为1~5年的规划，其特性介于长期规划与短期规划的中间。相对于长期规划来说，中期计划是实现长期规划的众多阶段性目标之一；相对于短期规划来说，中期目标又对短期目标有更加具体的指导意义。

（3）短期规划。一般的短期规划指的是1年以内的规划。一般来说，短期规划的目标会更加明确、更具备可操作性。短期规划的顺利开展是保证长期规划稳步实现的重要条件。

（三）按涉及范围分类：整体规划、部门规划、项目规划

以人事规划涉及的范围大小为分类标准，可以分为整体规划、部门规划和项目规划三个种类。

（1）整体规划。整体规划是针对整个组织进行的规划，它可以将组织所有部门、项目都涵盖在内，并且关系到整个组织的人力资源管理，包括员工招聘与筛选、员工培训、绩效考核等方面。整体规划对于其他机会来说就有首要性。

（2）部门规划。部门规划主要针对组织内的一个部门或者几个相关部门进行的规划，它包括部门的员工晋升计划、员工培训计划等。部门计划是以整体规划为基础，但部门计划的专一性、针对性较强。

（3）项目规划。项目规划是为了某种目的而制订的，是针对人力资源管理活动中的特定方面进行的规划，它可以是企业高级技术人员晋升计划等。

三、人事规划原则

人事规划对于组织的发展有着举足轻重的作用，人力资源部门在制订人事规划的时候应该秉承认真严谨的态度，遵循人事规划的原则，做好人事规划。关于人事规划的原则，主要有如下几点。

（一）需求保障原则

从人事规划的概念出发，人事规划的最主要目的是要确保满足组织对于人力资源需求的

活动过程。在制订人事规划的过程中，制订者必须要遵守需求保障原则，通过对各种环境进行合理预测、科学分析，包括人员的流入预测和流出预测、人员的内部流动预测、社会人力资源供给状况分析、人员流动的损益分析等。只有有效地保证了对组织的人力资源供给，才能进行更深层系的人力资源管理和开发。因此，需求保障原则是人事规划的出发点和落脚点。

（二）重点明确原则

人事规划对于组织的发展来说有战略性的意义，而人事规划涉及的范围非常广，它既可以是整个组织的发展规划，也可以是一个部门、一个项目的规划。此外，规划所面对的环境状况也是各有不同。无论是什么类型的人事规划，都需要有明确的规划重点，以重点规划的执行带动组织整体发展。

（三）环境适应原则

人事规划的制订，要求制订者能够准确地预测未来组织人力资源的供给和需求的情况，做出科学的规划。要做到准确预测未知的未来，就需要充分考虑组织的内部环境与外部环境。当规划是适应内部环境与外部环境的变化时，它才能做到为组织的发展服务。所谓的内部变化，主要指销售的变化、开发的变化，或者说组织发展战略的变化，还有组织员工的流动变化等；外部变化指的是社会消费市场的变化、政府有关人力资源政策的变化、人才市场的变化等。在人事规划的过程中，需要遵守环境适应原则。

（四）流动适度原则

组织员工的合理流动是每个组织运作中无可避免会遇到的，适度、合理的人才流动能够让组织的人力资源队伍更加具有积极性，也为组织的发展壮大提供了源源不断的动力。过高的员工流动率或者过低的员工流动率都是不合理的现象，需要引起大家的重视。员工流动率过高，从一个方面就反映出组织在前一阶段的人力资源管理中出现了不足，组织在针对员工培训花费了较大的成本却没有收获到培训员工所取得较为长期的预期回报；员工流动率过低，反映出组织大量员工长期处于同一个工作岗位，员工的热情与创造力会在一定程度上被消磨，不利于调动员工的积极性与潜力。要实现人力资源队伍的整体优化，不断调整和完善员工结构和员工素质，在人事规划阶段坚持流动适度原则是需要的。

对于人员流动的问题，历来有不少学者度从不同角度对此提出相关理论，目前有勒温的场论、卡兹的组织寿命学说、库克曲线三种较为主要的理论。

1. 勒温的场论

德裔美国心理学家勒温就个人与环境的关系提出了自己的理论，勒温指出：一个人能够创造的业绩，不仅取决对于他的个人能力和个人素质，也与其所处的环境（即他的“场”）有着密不可分的关系。假如一个人处于一个不利环境之中，如所处岗位与个人专长不对等、工作待遇与个人付出不对等等，他的个人能力发挥将会受到一定的限制。与之相反，良好的环境潜移默化地影响着员工，推动员工发展。在组织的人事规划中，需要充分考虑员工与所处工作环境的因素，发挥员工流动性为组织带来的发展力量，避免组织的人才流失。

2. 卡兹的组织寿命学说

美国学者卡兹在对科研组织的寿命进行研究中，发现了组织内部的信息沟通情况和获得成果情况与组织寿命的长短有关。经过大量调查，他总结出一条关于组织寿命的曲线，又称为“卡兹曲线”，见图 5-1。

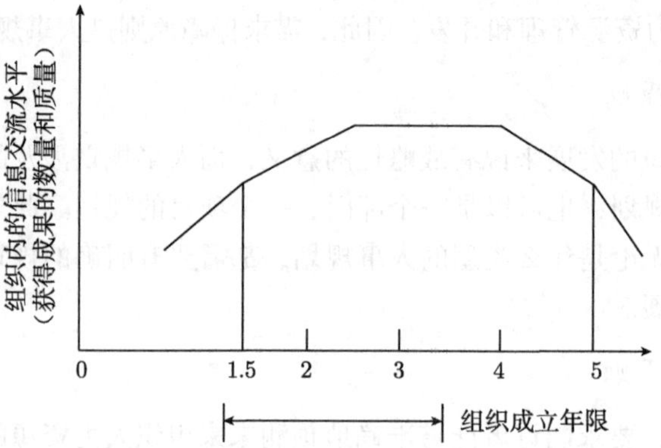

图 5-1　卡兹曲线

通过观察曲线发现，在一起工作的科研人员，在 1.5~5 年这段期间组织内信息交流水平最高，获得成果也最多。在 1.5 年以前或 5 年以后的信息交流水平和获得成果均不理想。前者是由于时间较短，成员之间并没有一定相互了解、相互合作的基础，从而影响了成员间的信息交流；后者是由于成员相处时间较长，彼此间的新鲜感消退了，其可交流的信息也相对减少了。

卡兹曲线告诉我们，组织也会经历成长、成熟、衰退的过程，其最佳年龄区域为 1.5 ~ 5 年。超过 5 年以后，就会面对组织老化的困境，这也说明人员流动的重要性，因此最佳的解决方法就是通过人员的流动为组织注入新的活力。一般来说，流动时间间隔要在 2 年以上，这让员工适应新的组织环境、完成一个岗位上的工作项目。流动时间间隔过短，浪费了人力资源的价值；流动时间间隔过长。

3. 库克曲线

美国学者库克以研究生为例，从员工创造力发挥的角度论证了人员流动的必要性，见图 5-2。

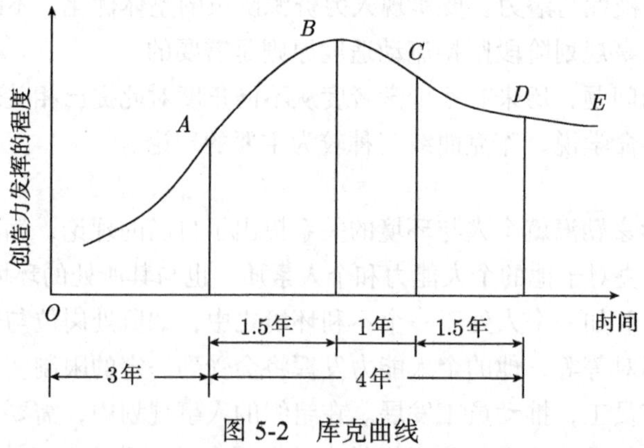

图 5-2　库克曲线

在库克曲线中，*OA* 是创造力的积累阶段，表示研究生在 3 年的学习期间创造力的增长情况；*AB* 是创造力的成长阶段，表示研究生毕业后参加工作的初期，第一次承担任务的挑战性、新鲜感、新环境的激励，促使其创造力快速增长。*BC* 为创造力的成熟阶段，即为创造力发挥的峰值区，这一峰值水平大概可以保持 1 年，是出成果的黄金时期；*CD* 为初衰阶段，其创造力开始下坡，持时长为 0.5～1.5 年；*DE* 为衰减稳定阶段，创造力继续下降，而且将在一个固定值上稳定，如不对其工作环境和内容进行调整，其创造力将在较低的固定值上徘徊。在激发研究人员的创造力上，人员流动的重要性由此可见。

（五）共同发展原则

人事规划既是为组织的战略规划和发展目标而服务，同时也是为组织员工的发展而服务的。员工是组织真正的主体，组织的发展自然离不开员工个人素质的提高。这就要求组织树立“以人为本”的思想，营造良好的组织氛围，关爱员工、促进员工成长。当员工发展与组织发展紧紧结合在一起，就能够实员工发展与组织发展的双赢。

（六）能力层序原则

能力层序原理源自物理学的概念，将其引入人力资源管理中，可以理解为组织中不同能力的员工，应该分配在不同职位上，其身上被赋予的权利和责任应该与其能力、职位相应，这样组织结构的合理性、稳定性才有所保障。其中能力不仅指员工的工作能力、工作经验，也包括员工的性格特点、心理状况、道德价值等方面。

四、人事规划作用

在信息高速发展、科技日新月异、产业结构不断调整的今天，组织之间的竞争越来越激烈，人事规划在组织管理过程中的重要地位日益明显。人事规划对于组织的作用，在对外方面体现为它能够加强组织在市场竞争的应对能力；对组织自身来讲，它满足组织发展战略的要求；对组织内部来讲，它有利于组织内容部人力资源管理与开发。

（一）增强组织在市场竞争中的应对能力

当前市场激烈的竞争，归根结底是技术的竞争、人才的竞争。在竞争中，组织的更新换代变得更加常见。有的组织因管理规划不当、失去重要市场资源而倒闭，也有无数新组织迎着机遇不断涌现。面对不断变化的时代潮流，组织想要始终处于屹立不败的地位，就必须充分利用好人事规划。科学完善的人事规划能够准确预测市场动态以及组织走向，在适当时候根据组织的需求提供人力资源，让组织避免出现所需人才不足、优秀人才流失、员工结构失衡、人才培训低效等问题。当人力资源得到良好的保障与规划时，强大的人力资源队伍无疑能够在市场竞争的博弈中为组织取得优势。

（二）满足组织发展战略的要求

从组织的战略和发展来看，无论是组织战略规划还是战术规划，无论是组织的长期发展目标还是季度发展目标，都需要有一套与之相对的人事规划作为支撑。各阶段的人事规划都起着推动组织各发展方面顺利发展的作用。人事规划与发展是与组织的发展战略相互适应，相互促进的，人力资源得到保证的同时，组织发展战略也自然得以实现。

（三）指导组织内部人力资源管理

组织的人事规划对于组织人力资源管理具有纲领性的意义，在人力资源管理中有重要的指导作用。人力资源管理主要包括人员的招聘、晋升和培训，绩效考核，以及员工薪酬福利等方面，而人事规划的制订就是站在一个战略高度，分析评估人力资源的现状和趋势，它对于人力资源管理有着统领作用。

（四）促进组织内部人力资源开发

目前世界上的三大资源分别为物力资源、财力资源和人力资源，其中人力资源的地位日趋重要。人事规划着眼于更好地发掘与利用组织人力资源的能力与潜力，这有利于组织内部的力资源的合理分配与结构优化，让员工为组织发展做出最大的贡献。有些组织因为忽视人事规划，令有能力的员工没有在合适的岗位得重视与重用等，这就造成了巨大的人力资源浪费。此外，人事规划对于组织员工的需求满足和积极性调动也有着重要作用。组织员工的需求一般是分为物质需求与精神需求，好的人事规划能够让员工有与其能力匹配的收获，并且考虑到员工的长期发展，让员工更加对自身的未来与企业的未来充满信心。在调动员工积极性方面，人事规划秉承着流动适度原则，通过合理的员工流动，让员工对于企业工作保持积极性与创造性，同时又保证了员工对组织的归属感，避免人才流失。人事规划对于组织内部人力资源开发的重要意义由此可见。

五、人事规划环境分析

（一）外部环境分析

组织所处的环境都是不断变化发展的，人事规划也必须依据其所处的环境因素而设定。一般而言，影响组织人事规划的外部环境因素有四大类：政治（political）、经济（economic）、社会（social）和技术（technological），这称作 PEST 分析法。人事规划需要建立在充分分析以上四种环境因素的基础上。

1. 政治环境

政治环境在这里主要指对人事规划有着重要影响的政府政策和法律法规。所有的组织都是在一定的政治环境下运作、发展的。

影响人事规划的政府政策有主要有劳动保护制度（如安全卫生制度、女性与未成年人的特殊劳动保护等）、社会保障政策（如最低工资的政策、人事制度等）。另外，政治体制、经济管理体制、政府与经济组织的关系也是人事规划需要考虑的因素。例如，2001 年，中国正式加入 WTO，真正融入全球经济一体化的浪潮中。面对这一深刻的时代变化，中国的经济组织应当如何适应是众多管理者都要思考的课题。

法律法规也是影响着人事规划的。税法、知识产权保护法、环境保护法等都是人事规划过程中需要注意的。例如，建设环境友好型社会是中国一直提倡的，在人事规划中就要体现组织发展与环境保护并驾齐驱，思考如何更好地遵守和利用环境保护法推进组织发展。

2. 经济环境

不同的经济环境会对组织的人力资源需求产生变化，自然也会对人事规划有着新要求。经济环境主要有分为宏观经济环境和微观经济环境。

宏观经济环境中，在国内的方面包括国家的经济发展阶段和发展水平、国家实行的经济制度及其市场体系、国民收入水平和国民生产总值、国家财政预算规模和财政收支平衡状况。在对外方面体现为国际贸易与国际收支状况。

微观经济环境主要指经济组织所在的地区的消费水平与偏好、劳动力市场供求情况、行业发展与竞争情况等因素。许多微观经济环境因素对组织的发展走向和人事规划都有着直接影响作用。

3. 社会环境

社会环境是指组织所处的一个社会文化环境，包括地区的文化传统、民族特征、宗教信仰、风俗习惯、价值观念、生活方式、人口规模等因素的形成和变动。社会文化环境是影响组织人事规划的众多变量中最复杂、最重要的变量。这些社会文化环境的直接影响可以体现在不同地方的人们对于就业的态度、消费的观念、企业文化的认同等方面的差异。人事规划过程中要因地制宜，根据不同的社会文化因素制订计划。

4. 技术环境

社会中出现的技术要素以及这些要素影响到的相关社会现象构成了组织的技术环境。随着科学技术的突破发展，科技对于人事规划的影响是深远的。科技环境包括政府对科技研发的投入情况、科技应用程度、新技术和新材料的引入等方面。组织在掌握了新技术新知识以后，对组织的人力资源的结构也将有所调整。这方面的结构调整一方面是要不断提升组织的科技水平，广泛吸收高技术的新人才，加强员工能力的提升培训；另一方面，组织对于知识结构老化的员工的需求会相对减少。例如，现今网络科技发达催生了网购行业的发展，网上购书的便捷和低价给实体书店的经营到来巨大冲击，那么实体书店的人事规划就要有针对性地采取对策。

（二）内部环境分析

在组织的发展中，不仅外部环境不断变化，组织的内部环境也日新月异。从组织的内部环境看来，影响人事规划的因素是多样的，其中主要需要分析的因素有组织特征、发展战略、企业文化、人力资源系统和成长阶段性分析。

1. 组织特征分析

不同的行业有着不同的特性，其生产结构、科技发展程度等各方面都不尽相同，这就对人事规划产生出不同的要求。例如，技术密集型的行业，组织对于知识型人才的需求比较大，人事规划中就要充分考虑到这个因素；如果面对的是劳动密集型的行业，那么对于人力资源的数量以及员工的体能方面就有不同要求。在制订人事规划过程中，应该对组织特征进行分析，明确组织对于人力资源的数量、质量的特别需求。

2. 发展战略分析

组织的发展与壮大需要有与之配套的发展战略。发展战略是从宏观角度出发，具有基本性和长期性。当组织明确了其发展战略以后，就能够以此为中心而制订相应的人事规划。例如，某重工业公司决定在未来几年中引进新技术与新材料，扩大公司规模等，那么这些就要求公司的人事规划做出调整与配合。总而言之，在人事规划的制订之前，需要客观全面地考虑组织的发展战略，确保人事规划适应发展战略的要求，在组织需要人力资源的时候能够满足其要求。

3. 企业文化分析

一个组织的价值观、最高理念、道德精神、文化符号、行为规范等因素构成了我们所说的企业文化。组织的内部文化对组织来说具有导向作用，它是组织前进的指引，对于组织员工也有凝聚、激励和约束的作用，因此企业文化分析人事规划有着举足轻重的影响。例如，组织的企业文化以“以人为本，尊重员工”为内容之一，那么员工对于组织的归属感必然更加浓烈，组织内便形成一种相互尊重、相互信赖、团结友爱的文化氛围，那么组织面对的员工外流情况可能相对较少，在人事规划的过程中便更加容易把握人力资源供给情况。当组织的发展需要更多的新人才时，人事规划可以把重点先放到员工的培训、晋升规划上，再考虑进行外部招聘。

4. 人力资源系统分析

人事规划需要预测组织人力资源的供给和需求状况，制定相关的政策与措施以确保满足组织对于人力资源的需求。其中，组织自身的人力资源系统的供给量和需求量对组织的人事规划有着重要影响。例如，一个组织的企业文化优秀，薪酬福利制度完善的话，除了组织的内部人力资源较为稳定之外，在组织需要对外招募人员的时候也会吸引大量求职者，其在外部人员补充方面的选择余地也较大。又如，一个组织内部人力资源一直处于过剩的状态，人事规划可能就要采取调整员工结构或者适度裁员的方式。

5. 成长阶段分析

组织的成长阶段一般分为创业阶段、引导阶段、授权阶段、强化阶段、合作阶段。把握组织的成长阶段分析，对于人事规划来说就能根据组织的阶段特点进行有针对性的规划。目前不同阶段的管理形式见表 5-1。

表 5-1　不同阶段人事规划的特点

类别	创业阶段	引导阶段	授权阶段	强化阶段	合作阶段
管理重点	生产销售	效率提高	市场开拓	组织整合	管理革新
组织结构	非正式	集中式	事业编制式	直线管理式	矩形式
高层管理	直接领导式	指导式	授权式	监察式	参与式
控制系统	市场结果	标准与成本	汇报与利润	计划与投资	共同目标管理

（三）竞争对手分析

孙子说“知己知彼，百战不殆”，分析竞争对手的情况，在进行外部环境分析时，对组织本身的人事规划有着重要的影响。竞争对手分析的主要目的在于估计竞争对手对本公司的竞争性行动可能采取的战略和反应，从而有效地制定自己的人力资源战略方向及战略措施。此外，分析对手还为了防止对手的人力资源发展战略对本组织的发展造成重大影响。如果对手是新进入者，就需要预防竞争者从本组织中挖走本组织的高端核心人才，防止组织出现技术滑坡。如果对手是长期的竞争者时，就需要预防竞争者从本组织中挖走关键的销售人才，防止客户的流失。如果竞争者是替代品的组织时，就需要考虑这些替代品的设计人员是否能为我所用。

对竞争对手进行分析有以下几个益处。

首先，对竞争对手的情况进行分析，可以知道竞争对手的优势、弱势。这样就可以“避其锐矛，攻其弱盾”，最后战胜对手。

其次，通过对竞争对手的分析，可以了解行业的情况，详细地将自身组织与同行业类似组织相比，亦可以知道组织自身的优势和弱势。例如，组织本身有管理优势，而竞争对手有技术优势，那么就可以使组织在今后的人事规划中采取适当的补救措施来弥补组织的不足。

再次，可以进一步地学习，提升组织的竞争力。竞争对手是组织最好的老师。在同样的市场环境下，竞争对手所采取的行动实际上为组织提供了很好的实验成果。

最后，能在比较中发现组织自身在行业中的所在位置，以及在比较中发现机会和威胁。

竞争分析是一个复杂的过程，针对不同的组织可能有不同的实施步骤。这里提供一种比较典型的步骤以供参考。其主要步骤有以下几种。

1. 确定竞争者

确定竞争对手是分析对手的首要问题。为提高效益，本组织必须把握重要的行业关系，确定重点分析对象，施以恰当的跟踪力度。每一个组织在获取人力资源方面都会面临不同的竞争对手，在获取一些与行业特点密切相关的特殊的人力资源的时候，对手往往是那些组织的长期竞争对手，如汽车制造公司在寻找汽车设计的人员时，竞争对手就可能为机械设计制造的公司。而组织在获取一般通用型人才时，则很难判断哪些是竞争对手，如汽车制造公司需要寻找汽车制造的生产性员工，就很难判断其竞争对手为何种组织。

而一个组织所面临的获取人力资源方面的竞争，其竞争对手不仅包括当前行业内的竞争对手还包括潜在的竞争对手。这两者都会对组织获取人力资源产生重要影响。现有直接竞争对手可能会因打破现有市场结构而损失惨重，因此主要的竞争威胁不一定来自它们，而可能来自于新的潜在的竞争对手。而潜在竞争者可能来源于：进人壁垒低的组织；有明显经验效应或协同性收益的组织；前向一体化或后向一体化组织；非相关产品，但进入将带来明显的财务协同效应的收购者。

2. 分析竞争者的实力

一旦识别出竞争对手，就需要分析竞争对手的实力了。从竞争者的工资水平、福利水平、员工的发展机会等信息中推测出竞争者的实力，了解竞争者对劳动者的吸引程度，以及此吸引力与本组织相比较，是强还是弱。

3. 分析竞争者的人才战略

分析对手现行战略的目的，在于摸清竞争对手现在真正在做什么。现行战略可以依据对手的言行而加以确认，如对手如何描述他的短期与长期人才战略的目标？其短期的行动与长远目标是否相一致？有什么力量迫使其改变战略？竞争者的人才战略定位如何？与本组织的人才战略的定位有何种区别？该种人才战略以及策略是否会对本组织的员工构成威胁？以及这些员工对本组织的重要程度如何？

4. 预测竞争者的反应

每个组织都会对外部环境变化做出相应的反应，这有赖于不同组织的信息系统的畅通程度。信息传递沟通比较快的组织可能对外部环境变化做出比较快速的反应，信息传递沟通比较慢的组织可能会做出比较慢的反应。预测到竞争者会做出何种反应，是否会危及本组织，对于能否保持组织的长久发展起着重要作用。

通过对竞争对手的分析，可以防止竞争对手的人力资源政策对本组织的员工造成重大损失。同时，分析竞争对手，对于本组织而言，在制定人力资源政策的时候可以留有更多的空间去考虑是否可以将竞争对手的关键人才收为己用，以保证本组织的竞争力，保持长久的人力资源竞争优势。

（四）员工需要分析

人的需要可以分为物质需要和精神需要，根据实际中不同的情况还可以继续细分。马斯诺将人的需要分为生理需要、安全需要、社交需要、尊重的需要以及自我实现的需要。其中，生理需要包括衣、食、住、行、运动等；安全需要包括职业安全需要，保险、财产、人身及心理安全需要；社会需要亦称爱的需要，即爱的情感、友谊、归属感、信赖等；尊重的需要包括自尊（行为有实力、成就、能胜任和自信等）和他尊（承认、接受、威望、关心、地位、名誉与赏识等）；自我实现的需要就包括实现自己潜力的欲望以及做出成就等。麦克利兰将人的基本需要分为成就需要、权力需要和情谊需要三种。成就需求即争取成功希望做得最好的需求。具有强烈的成就需求的人渴望将事情做得尽善尽美，获得事业上更大的成功，他们所追求的是在过程中克服困难、解决难题的乐趣，以及成功之后的成就感，他们并不看重成功所带来的物质奖励。权力需求即影响或控制他人且不受他人控制的需求。权力需求高的人对于影响和控制他人有很大的兴趣，喜欢对别人“发号施令”，努力争取地位和影响力。情谊需求即建立友好亲密的人际关系的需求。情谊需求强烈的人渴望友谊，喜欢合作而非竞争的工作，希望彼此之间沟通与理解，他们对环境中的人际关系更为敏感。

因此，现代组织员工的普遍需要在以下几个方面比较突出。

1. 福利计划

福利计划是指组织为员工提供的非工资性收入的福利综合计划。有效的福利计划可以：帮助组织吸引和留住人才；激励在职员工，提高员工的工作满意度以及提高员工的积极性，并以此提高员工的工作业绩；给员工提供一种安全感，让员工工作时无后顾之忧；在员工和组织之间形成一种合作共存的关系意识；奖励忠诚的员工；提高员工的士气。这种福利计划是非传统意义上的福利，如幼儿保育、参加健康保障计划等。

2. 培训机会

员工教育是员工自我发展需要得以实现且不断深入的一项重要方式。每位员工都希望能够获得成长与发展的机会。员工通过教育培训，充分地挖掘自己的潜力，提高自己的素质和能力，去从事一些具有挑战性和竞争性的工作，从而得到更多的发展机会，发现自我价值。当组织以最有利的形式为员工提供培训时，培训就是对员工的一种额外投资，它将为组织带来相当的效益。一般来说，不断扩展和延伸员工的技能也要求教育的定期化。

3. 管理参与的机会

一般来说，员工都希望能够获得授权以自主决断某些事情，同时希望所做的事情能够得到组织的肯定和认可。让员工参与管理，可以让员工感受到自我的价值，证明管理层重视他们的决策能力。员工能够更明确地看到自己的直接参与管理可以帮助组织完成任务，参与管理的员工会认为自己可以管理，因此也不需太多监督。这就意味着管理相同数目的员工所需的管理者更少，从而缩减了花费相应的管理开支。而一旦组织中的大部分员工只需要最低程度的监督，组织的管理层就可以腾出更多的时间来规划长期目标，关注产值增长和组织效率的提高。

员工参与管理的方式有三类：一是咨询，即员工对组织的经营活动提出意见和建议，这是员工参与管理的低级形式；二是员工直接参加到管理中去，员工可以有建议权，还有部分决定和监督权；三是自主管理，在自主管理中，员工在规定的职权范围内，有较大的自主权和决议权。在长期的的实践活动中，许多组织形成了许多行之有效的自主管理形式，如建立质量控制小组，工作小组通过举行定期不定期的分析讨论会，主要解决设备损坏和浪费等质量控制问题。

4. 组织文化

组织文化是一个组织的灵魂，是推动组织发展的不竭动力。它包含着非常丰富的内容，其核心是组织的精神和价值观，组织文化也是影响人事规划的一个重要因素。组织文化与人事规划相辅相成，密不可分。优秀的组织文化会产生一种积极向上的良好工作氛围，给组织员工带来和谐、富有激情的工作环境，有助于激发员工的创造热情，促使员工专心于提高自己的工作能力和素质，达到个人行为与组织目标相统一，从而使人力资源的作用得以充分发挥。

六、人事规划制订程序

任何事情的完成都需要经历一个过程，当确定了人力资源规划目标时，一步一步地进行详细计划有助于人事稳步完成规划任务。人事规划一般有六个环节，见图 5-3。

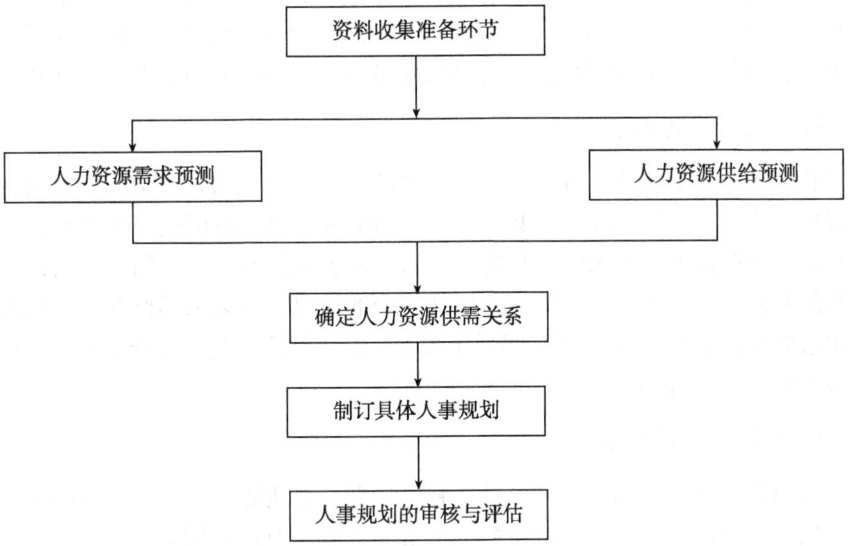

图 5-3 人事规划程序图

（一）资料收集准备环节

人事规划的制订要以准备全面的信息资料为基础，信息资料的质量的优质与否将直接影响到人力资源规划的质量。人事规划所需资料主要有外部信息与内部信息。

（1）外部信息。外部信息主要是指来自组织所在的外部大环境，如国家相关政策与法律、目前科技发展水平、宏观经济形势、市场竞争情况等方面。

（2）内部信息。内部信息主要是指来自于组织内部的情况，如企业的发展战略、员工能力、员工素质等方面的人力资源现状，还有员工的培训晋升、员工薪酬福利等方面。

（二）人力资源需求预测

当收集好了所需的信息资料后，我们需要对这些内容进行正确的分析与评估，从而进一步做出人力资源需求预测。对于人力资源需求预测的方法，一般有定性预测法与定量预测法。

（1）定性预测法，又称经验预测法，指的是通过具有丰富经验理论、实践经验和较强的综合分析能力的专家进行预测，根据目前的信息资料，依据个人的经验和分析判断能力，对组织的未来发展做出判断。然后通过综合各方面的意见，作为预测未来的主要依据。定性预测法包括德尔菲法、主观概率法等。

（2）定量预测法，是以比较完备的统计资料为基础，通过数学方法对资料数据进行科学的分析、处理，找出预测目标与其他因素的规律性联系，由此做出对事物的发展变化进行量化推断的预测方法。定量预测法包括回归预测法等。

（三）人力资源供给预测

人力资源供给预测，是指组织在现有员工供给的基础上，根据组织的发展走向、内外环境等因素的影响，对未来组织内部与外部人员供给的预测。

内部供给预测的方法有通过人员接替法、马尔可夫分析法、管理人员接替模型等。一般来说，内部供给预测由于内部成员的信息比较清晰透明，预测的准确度会较高。

外部供给预测由于存在的不确定性多，其准确度比内部供给预测的相对较低。在进行外部供给预测时，我们可以充分考虑目前劳动市场的情况、组织自身的吸引力等因素。

（四）确定人力资源供需关系

在预测得出人力资源需求与同期人力资源供给数据时，人力资源部门针对两者进行对比分析，就可以得出各类人员的净需求数。当这个净需求数是正的时候，表明组织的人力资源未能满足目前发展的需要，组织需要招聘新的员工或者组织有针对性的员工培训活动；当净需求数是负的时候，表明组织的人力资源出现过剩的情况，可以采用调整员工结构等方法解决。需要注意的是，“净需求数”指的是员工数量、员工结构、员工标准。通过这样就能有针对性地开展招聘、培训等活动。

（五）制订具体人事规划

具体的人事规划有结构调整计划、员工补充计划、素质提升计划、退休解聘计划等不同方面，面对供需预测的不同情况，制定的人力资源计划也有所不同。

如果预测结果显示组织为人力资源将面对短缺情况，可以采取的措施有：①组织员工进行培训，提高员工能力；②根据员工实际情况，择优晋升；③借调员工，协助工作开展；④进行工作分析，提高员工工作效率；⑤举行外部招聘，聘用人才；

如果预测结果显示组织为人力资源将面对过剩情况，可以采取的措施有：①组织员工再教育和再培训，调往新的岗位；②缩短员工工作时间，薪水同时也随之下降；③实行提前退休计划，或进行永久性裁员；④将组织结构扁平化，合并或关闭一些不盈利的车间或分厂。

（六）人事规划的审核与评估

人事规划的审核与评估是人事规划的最后一个环节，做好这一个环节将对于未来的人事规划有参考意义。

人事规划的审核与评估主要是采取比较法进行，主要指标有：实际招聘人数是否满足预测人员需求量；劳动生产率的实际水平是否达到预测水平；实际的人员流动率与预测的是否相符合等。

在审核和评价过程中，要秉持客观公正、严谨细致的态度，同时要进行成本–效益分析以及审核规划的有效性。

以上就是人事规划制定的程序，企业可根据情况制订符合需要的人力资源规划。

第二节 人事规划方法

一、人力资源需求预测方法

德尔菲法（Delphi method）又称专家评估法，是指邀请在某一领域的一些专家或有经验的人员对某一问题进行预测，在专家小组的预测意见趋于集中后得出结论的结构化方法。德尔菲法是在 20 世纪 40 年代赫尔默（Helmer）和戈登（Gordon）在其企业管理过程中首次被提出，并被广泛应用在人力资源管理的实践中。这是一种直观的预测方法，尽管带有些许预感和主观判断，但是在预测方法上还是具有一定的权威性。

其具体的做法是：首先，确定预测题目及专家组，将所需咨询的内容编写成若干简明扼要的问题，以问卷式列出；其次，将包含预测项目的问卷及相关背景材料寄给所选定的专家，请专家在背对背、以匿名的方式下完成答卷；再次，收集第一次专家的意见，并进行统计分析和归纳分析，并将结果反馈给每个专家，请他们根据新的预测表做出第二轮预测，再将修改意见寄回；最后，经过 3~4 次的反复修改，在最后一轮统计资料的基础上进行数字化处理，得出所要的结果。

在运用德尔菲法时要注意如下问题：①要采用匿名的形式，使得每位专家都能独立地做出自己的判断，而不受其他人影响；②要相应地给予专家物质上或者精神上的奖励；③尽量简化过程，问题设置不宜过多，一般以回答者在 1~2 个小时回答完毕为佳；④应为专家提供充分的背景信息，以供其做出预测，对于不熟悉这一方法的专家，应讲清楚意义及方法；⑤反馈过程需重复多遍，在专家预测结果趋同时，才做出最后预测。

1. 描述法

描述法是指相关管理人员运用其自身的知识经验对影响组织未来某一时刻的有关因素进行分析，并从分析中对未来人力资源需求进行预测和规划的方法。例如，相关管理人员可能会预测未来几年内同类的产品市场稳定，不会有新竞争对手出现；或者会预测未来几年同行业会出现几个竞争对手，行业竞争将加剧；又或者是本行业未来几年市场疲软，消费停滞等。

组织可以根据以上的预测，来制订或者调整相应的人力资源需求的方案。但是这种预测基于组织内部管理人员的知识及经验，时间跨度很长，对未来以及环境变化的不确定性预测比较有难度，因此对于长期预测而言是比较困难的。

2. 现状规划法

现状规划法是假定组织保持原有的生产规模不变，即假定当前的人员配备比率、人员总数以及人员配置是完全能适应未来规划期内人力资源的需要，不会出现职务空缺，因此不会存在人员总体数量的扩大和补充。而在此预测方法中，人事规划员所要做的工作则是根据人员的退休、离职等情况预测人员的需求，即测算出规划期内人员晋升、调离、降职的人员数量，继而准备人员弥补即可。人员的离职包括人员的辞职、辞退、重病（无法工作）等情况，所以离职是无法完全准确预测的，但通过对历史资料的统计和比例分析，可以更为准确地预测离职的人数。在科学技术日益发展的今天，前提条件是很难满足的，因此该方法对于长期预测时不适用，更适合于中、短期的人力资源预测，但该方法也为人员规划预测提供了一种新的思路和视角。

现状规划法有如下的步骤：①分析组织当前的人力资源概况，确认是否需要较大的变动（如无较大变动，继续下一步；如有较大变动，换用其他方法预测）；②精确预测出退休人员数量；③大致预测出辞职、辞退、重病等离开岗位的人员数量；④局部是否有较小的岗位变化，如预测需要变动的人员数量；⑤第 4 步用变动的人员数量对第 2 步和第 3 步离开岗位的人员总和进行修正后，得到的人员数量即未来的人员需求。

3. 趋势预测法

趋势预测法是根据组织过去五年或者更长时间的人事记录，来分析组织未来的变化趋势并以此来预测组织在未来某一规划期的人员需求量。这种预测方法相对而言比较简单易操作，既可对组织总体的人员需求量做出预测，亦可对组织内各部门做出结构性的预测。

但趋势预测法在假定其他因素不变或者变化幅度一致的条件下做出的预测，而实际中组织的人事管理不可能仅受单因素的影响，因此该预测方法有较大的局限性，在使用时，要注意，趋势预测法多适用于那些经营稳定的组织，并且作为一种辅助手段来使用，只适合中期预测或者比较稳定时期的预测。

趋势预测的典型步骤是：①收集组织过去几年内人员数量的数据，并且根据这些数据作图；②用数学方法修正，使其成为一条平滑的曲线，将这条曲线延长即可看到其变化趋势。

4. 回归预测法

回归分析法基本的思路就是要找出与人力资源需求关系密切的因素，并根据组织过去的情况和相关资料，确定出它们之间的数量关系，建立数学模型，并根据确定的回归方程来预测未来的人员需求。

根据回归方程中解释变量的数目多少，可以将其分为一元回归预测和多元回归预测。一元回归预测由于只涉及一个解释变量，建立模型相对比较简单。多元回归预测涉及多个解释变量，建立模型相对比较复杂，但是由于考虑的因素较为全面，做出的预测准确度往往比较高。而为了操作简便，通常选取线回归方程来进行预测。

一元回归预测的步骤是：首先要找出组织中对劳动力的数量和构成影响最大的一个因素，如产量等，找出该因素与人力资源需求量至少五年以上的历史数据；其次，建立一元线性回归方程，根据历史数据确定一元回归方程的系数；最后，根据该回归方程求出相对应的人力资源需求量。

多元回归方程建立的步骤是：首先，找出与组织人力资源需求量高度相关的变量，对这些变量进行分析，收集资料，找出至少五年的历史数据；其次，建立多元回归方程 $Y=\beta_0+\beta_1X_1+\beta_2X_2+\cdots+\beta_nX_n$，$Y$ 为人力资源需求量，X_1，X_2，…，X_n 为选取的相关变量，β_1，β_2，…，β_n 为回归方程系数；再次，根据历史数据确定回归方程系数，确定模型；最后，根据模型确定目标值所对应的人力资源需求量。

5. 计算机模拟法

计算机模拟法，是指在计算机中运用复杂的数学模型，按描述法中假定的几种情况对组织中人员的数量和配置情况进行模拟测试，并通过这种模拟测出人力资源需求的预测方案，以供组织选择。运用计算机技术，可以用于评估人力资源政策，即管理者可以变换人事政策以判断这种政策变换对未来人员供给的影响，从而获得一系列与各种不同人事政策相对应的人力供给状况数据。这是人力资源需求预测方法中为复杂的一种，但同时也是最为准确的一种。

各组所处的阶段以及所面临的外部环境不尽相同，因此所选取的人力资源需求预测的方法也会不同。

二、人力资源供给预测方法

人力资源的供给预测需要考虑两个方面的内容：一是组织内部的人员供给（即内部劳动力市场组织内可以利用的人）；二是组织外部的人员供给（即在劳动力市场可以利用的人）。而人员的供给预测不仅要考虑人员的数量，还需要考虑人员的质量（即能力）、兴趣及工作能力等。

（一）组织内部供给

在人力资源的供给中，为了预测的简单快捷，首先需要考虑组织现有的人员存量；其次在假定组织的人力资源管理政策不变的前提下，对组织内部的人员供给做出预测。

1. 技术清单表法

技术清单表是反映员工的能力特征以及竞争力的一张列表。这张表记录着员工的教育水平、培训背景、以往的经历、技能特长、已获的证书、已通过的考试以及主管的评价等一系列的信息资料，人事规划人员可以根据技能清单估计现有工作人员调换工作岗位的可能性，以及可以决定有哪些员工可以补充可能会出现的空缺岗位从而保证每个岗位都有合适的员工。因此非常有必要建立组织员工的技能清单，其中包括基层技术人员的技能清单以及管理人员的管理能力以及所要达到的水平。某组织技能清单见表 5-2。

表 5-2 某组织技能清单

<table>
<tr><td colspan="2">姓名：</td><td>性别：</td><td>出生年月：</td><td></td><td>填表日期：</td></tr>
<tr><td colspan="3">科室：</td><td>工作岗位：</td><td>职称：</td><td>到职日期：</td></tr>
<tr><td rowspan="6">文化程度</td><td>类别</td><td>毕业日期</td><td colspan="2">学校</td><td>专业</td></tr>
<tr><td>高中</td><td></td><td colspan="2"></td><td></td></tr>
<tr><td>专科</td><td></td><td colspan="2"></td><td></td></tr>
<tr><td>本科</td><td></td><td colspan="2"></td><td></td></tr>
<tr><td>硕士</td><td></td><td colspan="2"></td><td></td></tr>
<tr><td>博士</td><td></td><td colspan="2"></td><td></td></tr>
<tr><td rowspan="4">培训经历</td><td>培训日期</td><td colspan="3">培训内容</td><td>培训证书</td></tr>
<tr><td></td><td colspan="3"></td><td></td></tr>
<tr><td></td><td colspan="3"></td><td></td></tr>
<tr><td></td><td colspan="3"></td><td></td></tr>
<tr><td rowspan="3">技能</td><td colspan="3">技能种类</td><td colspan="2">证书</td></tr>
<tr><td colspan="3"></td><td colspan="2"></td></tr>
<tr><td colspan="3"></td><td colspan="2"></td></tr>
</table>

续表

员工志向	是否愿意接受培训后到其他部门工作？	是	否
	是否愿意担任其他类型工作？	是	否
	你觉得是否应该进一步提高自身工作技能？	是	否
	是否愿意接受工作轮换以丰富工作经验？	是	否
	如果可以，你愿意从事哪类工作？		
员工签名：	部门主管签名：	人力资源部签名：	

由于员工的工作技能、工作兴趣、动机等不断发生变化，技能清单列表在首次收集后应每年跟进更新。

2. 人员核查法

人员核查法师对组织现有人力资源质量、数量、结构和各职位上的分布状态进行核查，从而掌握企业所拥有的人力资源具体情况以及未来利用的潜力，以便为组织人力资源决策提供依据。

人员核查的典型步骤是：首先，对组织的工作职位进行分类，并进一步划分其级别；有些组织的工作种类及级别已在工作分析后的工作说明书中体现，有些组织尚没有，需要对工作进行归类。其次，统计每一职位、每一级别的人数。某组织的人力资源现状见表 5-3。

表 5-3　某组织的人力资源现状

级别	类别		
	A	B	C
1			
2			

3. 员工替换法

员工替换法主要是通过职位置换图来预测组织内部人员供给一种简单有效的方法。职位置换是以组织现有的人员的绩效水平为依据，然后对他们的晋升或者调动的可能性做出判断，显示出组织潜在的职位空缺和替换，当某一个职位出现空缺时就可以及时地进行补充。在替换表中需要要明确地列明职位的名称，所涉及的工作职能范围，现任员工的姓名、年龄，预计的提升空间，可能的替换候选人，候选人提升时间预期及其职业发展的需要等内容。

替换可能会出现两种情况：一是员工绩效非常优秀，将会得到提升；二是员工绩效低下，员工被辞退或者换岗。因此空出的职位需要由职位候选人替代。

员工替代法的实践要点是：①确定人事规划的工作职能范围；②确定每个关键职位的候选人；③评价候选人的工作情况以及是否达到提升的要求；④了解候选人的职业发展需要，并引导候选人将其个人职业发展目标与组织发展目标结合起来。

通过员工替换法，可以清晰地知道组织内部各岗位的空缺情况以及员工的候补情况，比较简单、直观，但仍需要根据组织外部环境的变化来做出相应的调整。

4. 马尔可夫模型预测法

马尔可夫（Markov）模型是一种内部人力资源供给的统计预测技术。该方法的假定前提是组织内部员工的流动概率是有一定规律的，并且该规律在规划期内不会发生变化，因此，可以找出过去员工流动的规律，并以此来推断预测组织员工未来的变动趋势。其基本的思路是通过具体历史数据的收集，找出过去人力资源流动的比率，依此预测未来人力资源供给的情况。马尔可夫模型方法实际上是一种转换概率矩阵，使用统计分析方法预测未来的人力资源供给变化。此方法可以成为预测内部人员供给的基础。

目前组织有三类职位，级别由 A 到 C，A 为最高级，C 为最低级，各类人员的分布情况见表 5-4，请预测未来组织的未来人员的分布情况。

表 5-4　马尔可夫分析矩阵

职位	A	B	C
人数	50	90	100

在预测时，我们需要确定每一类员工的每一级别流向其他类或者级别的概率，建立一个人员变动的矩阵。

表 5-5 中的每一个数字都表示在固定的时期内（通常为 1 年）从某一个工作岗位转移到另一个工作岗位的人数比例（以小数表示）。例如，AA 表示在任何一年内，90%的 A 岗位员工仍留在 A 岗位上，而 10%的员工则流出组织。而 BA 则表示在任何一年内，有 10%的员工晋升到 A 岗位中，而 70%的 B 岗位的员工则停留在 B 岗位上，另有 20%的员工离开组织。这样有了各类人员原始的总人数和转移率，就可以预测出未来的人力资源的供给情况。将第一期的人数与每类的转移率相乘，然后再纵向相加，就可以得到每类岗位的供应量。

表 5-5　第一年组织的分布与迁移情况

工作级别	人员流动概率			
	A	B	C	离职
A	0.90	—	—	0.10
B	0.10	0.70	—	0.20
C	—	0.15	0.80	0.05

从表 5-6 中可以看出，A 类岗位的人员供给量为 54，B 类岗位的人员供给量为 78，C 类岗位的供给量为 28，整个组织的供给量为 160，将这一数字与人员需求预测进行对比，就可以得到未来组织的净需求。如果要对第三年做出预测，就只需将第二年的预测的数字作为初期数就可以了。使用马尔可夫模型进行人力资源供给预测，最关键的是确定转移率矩阵，但是在实际的预测中，由于受各种因素的影响，人员转移率是比较难准确确定的，往往是一种大概的估计，因此会影响结果的准确性。

表 5-6　预测第二年组织人员的供给情况

	初期人数	A	B	C	离职率合计
A	50	45	—	—	5
B	90	9	63		18
C	100	—	15	8	5
预测供给	—	54	78	8	28

（二）组织外部供给

除了充分挖掘组织内部潜力外，从外部招聘引进也是一种比较常见以及不可或缺的方法。影响组织外部人力资源筹措的因素有很多，不但受整个国家和组织所在地区的人力资源供给状况的影响，而且还受同行业或者同地区其他组织对人力资源的需求情况的影响。外部预测比较复杂，但是对于组织人员供给预测起着比较重要的作用。

影响人力资源供给的全国性因素有以下三个。

（1）预期的经济增长。这里主要是行业的预期经济增长，如果行业预期经济增长快，那么其他相关组织对人力资源的需求会增加，相对地，本组织相关的人力资源供给将会减少。

（2）预期的失业率。一般来说，失业率越低，人力资源供给会越少。这些数据可以参考类似统计资料和专家们对经济形势的预测。

（3）全国范围内的职业市场。国家的就业政策；全国相关专业的大学生毕业人数以及分配情况等；全国范围内该职从业人员的薪酬水平和差异；等等。

影响人力资源供给的地域性因素有以下两个。

（1）组织所在地方的人力资源状况。例如，组织需要的人才类型以及这一类人才在当地的市场供给情况和需求情况。

（2）组织自身的吸引力。这包括了组织的薪酬对人才的吸引力以及组织所提供的福利对人力的吸引力以及员工在组织中的发展通道。组织目标与个人目标更好地结合在一起的方式。

三、人力资源供需综合平衡

由于人力资源需求与人力资源供给有可能会相等，也有可能会不相等。人力资源需求与人力资源供给相等，就叫做人力资源供需平衡；人力资源需求与人力资源供给不相等，就叫做人力资源供需非均衡。

组织的人力资源需求与供给存在四种关系：第一，供求平衡，人力资源供给与人力资源需求相等；第二，供不应求，人力资源供给小于人力资源需求；第三，供过于求，人力资源供给大于人力资源需求；第四结构失衡，某类人力资源供不应求，某类人力资源又供过于求。

（一）供求平衡

人力资源供求平衡就是指组织通过增员，减员和人员结构的调整等措施，使组织处于人力资源供求平衡的状态。

人力资源的需求预测以及人力资源的供给预测都是围绕着人力资源供求平衡展开的。人力资源的供求平衡，能够降低组织的人力资源成本，提高组织的效益。

（二）供不应求

当组织的需求大于供给，出现员工短缺时，一般应采取以下的措施来使组织达到人力资源供需平衡。

（1）外部招聘。根据组织的具体情况，面向社会开展外部招聘，可以聘任正式员工或者是兼职员工。外部招聘是人力资源供不应求的时候最常用的一种方法。对于生产性工人出现短缺时，从外部招聘一般很快可以得到熟练的员工，以立刻满足企业的需求。当然，如果从组织外部招聘管理人员，由于管理人员与组织之间会有一段磨合期，管理人员熟悉组织情况还需一段时间，以此见效会比较慢。

（2）内部招聘。当组织出现职务空缺时，从组织内部调动成员到该职务，可以节省组织的招聘成本，而且会提高员工的兴趣，内部招聘的员工可能需要培训一段时间才能适应。

（3）延长工作时间。在不违反《劳动法》的有关规定，且在组织员工愿意的情况下，可以适当延长员工的劳动时间，并给予相应的报酬。

（4）内部晋升。当较高层次的职务出现空缺时，组织一般优先考虑提拔组织内部员工。而内部晋升在大多数组织中，是员工职业生涯规划的重要内容。此外，内部晋升的员工对组织比较熟悉，会比外部招聘的员工更容易适应组织，提高工作效率。

（5）职业技能培训。对组织现有的人员进行职业技能培训，使其不但能适应当前的工作还能适应未来的工作，为职务调动和职务升迁做好准备。如果组织目前正面临转型升级，组织应及时对员工进行职业技能培训以确保在组织转型后，原有的员工能够胜任工作。

（6）激励计划。制订有效的激励计划，提高员工的积极性，提高生产效率，减少员工需求的数量。

（7）调宽工作范围。在组织面临人员紧缺，而外部招聘难以招聘到合适的员工时，可以修改职务说明书，拓宽员工的职务范围以达到增加组织工作量的目的。但是，在拓宽工作范围的同时，要与薪酬待遇相对应。

（8）提高技术含量。提高技术含量也是解决组织人力资源供不应求的常用方法之一，当市场工资由于人员供不应求而出现上升时，组织可以提高技术含量，减少对员工的需求。当然，提高组织的技术含量要与加强员工的培训相匹配。

（9）返聘。在组织急需人才的时候，或者组织需要退休的人员来支持组织的时候，可以采用返聘的方法。

（三）供过于求

当预测到组织的人力资源将会出现供过于求的情况，可以采取以下的措施。

（1）限制雇佣。限制雇佣，减少人员补充，这是人力资源供过于求时最常用的方法。当组织内部由于员工退休、离职等情况出现职位空缺时，对空闲的职位不进行补充。在这种情况下，一般不再对外招聘员工，只有在组织的整体工作可能会受到影响时才录用新员工。

（2）鼓励提前退休。制定优惠政策以吸引即将退休的人员退休，组织可以放宽退休的年龄和条件限制，促使更多的员工提前退休。提前退休对于组织减少现有的人员供给比较方便，但是组织也会因此背上比较沉重的包袱。

（3）减少员工的工作时间。尤其是采用计时工作制的员工，减少其工作时间能够降低其工资，降低组织成本，是解决组织临时性的人力资源供大于求的有效方法。

（4）解雇员工。这是一种没有办法的办法，同时也是解决组织员工过剩问题最直接有效的方法。在裁员时，要制定优厚的裁员政策。裁员一般针对那些主动希望离职、工作态度差以及技能低下的员工。裁员会降低员工的信心，挫伤员工的工作积极性，而且会影响组织的社会形象，因此裁员需要慎重。

（四）结构失衡

结构性失衡是组织人力资源供需中比较常见的一种现象，在组织处于领先地位稳定发展状态时表现更为突出，这也是曾困扰我国大多数国有企业的问题，一方面一般性劳动力供过于求，严重过剩，但无法推向社会；另一方面，组织发展所需的经营管理人才和技术人才严重短缺，组织自身无法培养，而且很难从社会招聘。

人力资源结构失衡的调整方法实质上是上述方法的综合运用。实际上，在制定人力资源规划政策的时候，不可能是单纯的人力资源供不应求或者是供过于求，组织中更多是会出现高层人员供不应求，而低层次的人员供过于求。也有可能是组织中的某些部门或者岗位供不应求，而另外一些部门或者岗位供过于求，在这种情况下，如果组织不是缺少生气，还是需要以内部调整为主，可以对过剩的员工进行上岗培训，使这些员工能够转移到员工不足的岗位上去，以实现供求平衡。如果组织比较僵化，需要从外部招聘一些员工给企业带来活力，这时应以外部调整为主。

因此，各组织要根据自身情况采取相应的调整方法，制订出合理的人力资源部门或者业务的规划，以使各部门的结构以及数量达到相对的平衡。

第三节　人事规划的实施与控制

在人事规划的实际操作过程中，需要协调好各部门、各环节之间的关系。在实施的同时，也要进行定时或者是不定时的评价和控制，并据此不断地优化。组织人事规划的实施与控制的过程是对人事规划实施的过程进行监督和控制并对结果进行反馈的过程。在人力资源规划的实施过程中，如果出现偏差需要对规划进行重新的调整和修订。

一、人事规划的实施

人力资源规划如果只停留在规划的过程而没有实践，只停留在理论的人力资源规划而没有应用与实践没有意义，只有能够具体实施，才能够对组织人力资源管理战略发展起到促进作用。

从组织人事规划的整体过程来看，人事规划的应包括规划的制订和实施两大部分。规划的成功实施会指导着组织朝更加健康的方向去发展，而规划一旦出现偏差不能及时纠正的话，可能会对人力资源乃至整个组织的发展产生不好的影响。因此，需要在规划实施的过程进行动态监测，并对过程中出现的偏差进行修订，这样的规划才更有效率。人事规划的实现需要从实施控制、组织结构设置、资源配置等方面给予保证。人事规划的实施控制是规划实施的保证环节，它需要根据规划的目标要求、组织发展现状以及组织的目标对规划加以控制。

（一）规划任务的落实

人事规划的实施成功与否取决于组织全体部门和员工的共同参与。在组织的人事规划实施的过程中，首先要将规划中的目标分解到各部门和个人。通过人事规划的目标和方案的细化和分解，可以使每个组织的成员明确自己在规划过程中的位置和作用，从而争取员工的支持。具体包括：第一，分解人事规划的阶段性任务。通过设定中长期的目标，使人事规划目标每到达一个阶段必须定期完成任务，并必须定期形成执行过程进展情况报告，有利于规划在实施过程的监督和检查控制。第二，人事规划任务规划到人，使每个员工都能清晰地知道自身在人事规划实施过程中的位置和作用，充分调动员工的积极性。

（二）组织结构的调整

组织结构是人事规划实施的基础和保证，人事规划的实施离不开组织结构的支持。在实施人事规划过程中，必须对组织结构进行调整，使其适应人事规划的最终目的。组织结构的调整必须遵循适应性和高效精简的原则，有利于增强组织主动适应外部环境变化和内部条件变化的能力。组织的适应性是指人力资源所依存的组织结构应该主动适应组织外部环境和内部环境变化。而高效精简原则是组织在运行中能有效地处理各种事务和业务，而且组织结构层次少，结构精炼，信息易于传达。

组织结构调整主要包括：依据组织战略目标以及组织人事规划的目标，设计出适合组织以及能够适应内外部环境变化的组织运行模式以及机制；根据责权利统一的原则，划分适当的管理层次；对组织中关键岗位的人选进行评估和调整，使人事规划得以顺利实施。

（三）资源的优化配置

人事规划的顺利实施，须确保组织人员、财力、物力发挥最大的效益，这必须对不同的人力资源进行合理的配置，从而促进人力资源的开发与利用。人力资源在使用过程的资源配置则是指为了使人力资源能发挥最大的效益，需要对不同的人力资源进行合理的配置，并在人力物力财力上给予支持。这就需要对组织的人、财、物等资源重新进行合理配置。人力资源规划实施目的在于促进资源的开发利用，并通过规划实施使得资源能够优化配置，从而提高资源效益，促进资源的有效利用。

二、人事规划的控制

（一）人事规划控制概念

为了保证人事规划能够得到实施，并及时应对意外发生的情况，就需要对人事规划的实施进行控制。

在人事规划规划实施的过程中比较常见的问题有：人力资源发展战略规划及实施规划的问题，外部环境变化与组织内部条件发生变化或人力资源实施规划失调等的问题。

（二）人事规划实施控制的程序

为了确保人事规划的落实，及时应对人事规划实施过程中出现的各种问题，有效地规避各种潜在危险。例如，避免劳动力短缺以及劳动力过剩，需要对人事规划的全过程进行控制。

1. 确定控制目标

为了能对规划实施过程进行有效的控制，首先需要确定控制的目标，设定目标时需要注意与组织的战略目标相对应，也要与人力资源的战略相对应。但是在设立目标时，需要注意一个问题，是只选择与人事规划相关的控制目标，还是设置与组织总体发展战略有关的控制目标。很显然，如果选择与人力发展战略有关的目标，能够比较直接地对人事规划实施控制，但是如果选择这些控制目标往往不能很好地反映组织人事规划的实际效果，因此我们在选择目标时，最好是能够反映企业人事规划所支持的企业总体发展战略。在目标设置时应注意控制目标是一个系统的体系，通常由总目标、分目标以及具体的目标所构成。

2. 制定控制标准

衡量标准是依据控制目标而制定的，用以衡量执行效果好坏的一个完整的指标体系，包括定性控制标准和定量控制标准。定性控制标准应与组织人力资源规划的目标相一致，需要能够进行具体评价。定量评价标准必须能够量化，能够计量和对比，如人力资源的发展规模、结构、速度及创新成果等。规划控制的标准必须能够与组织的历史以及同行业的组织对比，或者是与国内外的先进组织作对比。在设置控制标准的时候，要确定一些关键的指标即衡量的比率，使得规划的执行与控制能够比较容易操作。

3. 建立控制体系

有效实施人事规划控制，必须要有一个完整的能够准确评价和及时纠正的控制体系。该体系能够从规划实施的具体部门和个人那里获得规划实施状况的具体信息，并能够迅速地传递到规划实施管理控制的部门。管理控制的部门能够根据反馈回来的实施结果与控制标准进行对比和评价。该控制体系还能根据评估结果对人事规划实施过程中出现的问题在必要情况下进行纠正。

4. 衡量评价实施效果

该阶段的主要任务是将处理结果与控制标准进行衡量评价。衡量评价的结果主要有以下三种：一是实施结果与控制标准一致，是规划实施的正常状态。二是实施结果超控制标准，提前完成任务。但此时需认真分析提前完成人力资源发展规划目标的人事是否与企业的经营状况相符合相适应以及是否出现人力资源浪费的迹象。如果有，需要对人力资源规划采取适当的措施进行纠偏。三是规划实施结果低于控制标准，通常这种情况是一种不理想的结果，需要及时采取措施进行纠正方能保证人力资源规模目标的实现。

5. 采取调整措施

通过对规划实施结果的衡量、评价，发现结果与控制标准有偏差时就需要采取调整措施。该阶段的主要任务是找出引起规划问题的原因，如规划实施的条件不够、规划实施的资源配置不到位、实施过程中的环境因素变化未能正确应对等。因此，在针对实施不力，实施条件不够的情况下，需要对实施不力的部门进行整改，从而提高工作效率。或者对规划实施所需要的条件进行重新的审核和调整配置。如果未能提高必备的条件，就需要对人力资源规划进行重新的调整。而当外部环境发生变化时，如果是有利因素就需要抓住，如果是不利的因素就需要加以克服，如果是危险的因素就需要注意回避。若是环境变化太大，就需要重新考虑调整人事规划。

[思考题]

1. 人事规划是什么？
2. 人事规划有哪些方法？

[案例分析]

政府机关人事规划案例

一、项目背景

A委组建于2000年6月，是在多个职能部门合并的基础上组建而成。随着某市城市管理体制改革的深入，A委职能的范围和内容发生了较大变化。随着职能及处室设置的调整，A委对人力资源的配置需求也发生了变化。一方面，“人随事走”，根据职能调整相应划出了部分人员；另一方面，新组建的处室需要按岗配备人员，目前人员尚未完全到位。A委人事处感到在人力资源配置上面临着困惑：A委需要什么样的人才？如何获取这些人才？

二、项目需求分析

在项目洽谈中，双高中心项目组了解到，A委在本次咨询中需要解决的主要问题是：①A委目前干部队伍的能力素质状况；②A委干部队伍中缺乏哪些方面的人才；③获取所需人才的途径和对策。

项目组建议从A委的职能出发，分析、预测A委人力资源的现状及未来的发展需要，制订符合A委工作实际，具有科学性、适用性的人力资源规划，使干部队伍建设与A委的工作开展相适应。

项目组经过认真分析、研究，并与A委人事处沟通、协商，确定本次咨询项目为制订《A委机关20××年~20××年人事规划》。

三、项目分析

（一）项目需求的深层分析

项目组与A委人事处再次沟通，了解A委提出项目需求的始末。据人事处所述，近年来委里认为现有人员虽然学历较高，但从委领导到各处室的反映来看，人员队伍素质还存在着欠缺。去年增设的处室还未选出处长、副处长，由于委里缺乏人才储备，目前在处级领导职位有多个空缺，其中三个处长职位目前由委领导兼任。

对于委里目前的人员情况，A委人事处认为：近年来市里在机构设置上的调整，客观上对A委的人事工作产生了冲击。市里成立新的委办局后，从该委整建制划出相关人员，其中包括年富力强的优秀干部，对A委而言，是“培养的人才流失”。A委职能范围、处室设置经过多次调整，并且A委正处在政府职能转变和城市管理体制改革的时期，迫切需要重新审视人力资源需求，对现有人力资源管理进行系统、全面梳理，变传统的人事管理为现代人力资源管理。面对千头万绪的人事工作，A委希望项目组能够提供具体、有可操作性的措施建议。

（二）人事规划在政府机关的尝试

人事规划作为人力资源管理的一项基本方法与技术，首先为组织所采用，随后推广到公共部门。在国内，公共部门的人力资源规划还在探索的阶段。由于政府机关的职能是“三定”方案规定的，并配置相应的编制和领导职数，根据国家公务员法及相关法规进行人事管理，人力资源规划面临的环境、关注的重点以及应用的方法手段都不同于组织。

具体而言，作为政府部门，一是A委的编制、职数已经相对固定，人力资源的补充空间有限，无法像组织根据产品和服务的发展目标去提出人力资源的数量需求；二是公务员的工资待遇无法体现能力、业绩上的区别，物质激励手段有限；三是当前公务员“出口”不畅，难以有效进行“优胜劣汰”，人力资源的更新速度迟缓。此外，政府部门所从事多为研究性、协调性、服务性工作，难以通过建立计量模型以预测人力资源需求。以上制约因素的存在，是本项目制订人力资源规划的最大难点。

（三）项目的着眼点

项目组将严格“入口”管理、激发内部活力作为本项目的着眼点。按照《公务员法》、干部人事政策、法规和相关规定，贯彻落实中央和市委干部队伍建设和干部制度改革措施，并以A委的工作职能为出发点，结合当前具体工作实际，制订人事规划。

在研究思路上，项目组以人力资源管理机制建设为途径，力图通过大力推进人力资源管理机制的创新，统筹协调人力资源管理各个环节的工作，增强各项机制的合力，充分发挥机制的规范化和引导性功能，逐步提升A委干部人事管理的科学化、制度化、规范化水平。

四、项目实施方案

（一）职位说明书的修订和完善阶段

工作分析和职位说明书的编制是人力资源管理活动的基础。本阶段通过分析A委的职能定位，了解A当前及今后要开展或强化的职能，分析各职位的职责内容及任职资格条件，为下一步分析人力资源需求作准备。

本阶段工作由A委人事处组织进行，项目组提供技术辅导。

（二）评估现有人力资源状况

项目组通过问卷、访谈并采用双高研发的测评工具，从干部队伍结构方面、处级领导及一般干部能力素质方面以及考核、培训、轮岗交流等人力资源管理方面进行综合分析，掌握A委所存在的具体问题，评估现有人力资源状况，并在此基础上结合A委的总体职能以及外部环境因素，制订人力资源规划。

（三）人事规划目标的确定

项目组提出，A委20××~20××年人事规划的总体目标为：到20××年初步建成与以职责管理为中心的干部管理模式相适应的人力资源管理工作机制。在优化内部人力资源配置的基础上，不断完善人才培养、选拔、评价、使用、激励等机制，激发活力，形成人尽其才、才尽其用、用当其时的新局面。

（四）实施人事规划的措施建议

项目组重点从领导干部选拔任用、干部轮岗交流、考核、培训、后备干部队伍建设、激励机制建设六个方面提出加强A委机关干部队伍建设工作的措施建议。

[案例讨论题]

1. 项目组在编制机关单位人事规划的时候考虑了哪些情况和影响因素？
2. 该人事规划方案在实施的过程应当注意些什么问题？

CHAPTER 6

第六章　人事录用与培训

[内容提要]

录用人员是组织人力资源的来源，是人事管理的首要工作。培训为人事管理中的重要一环。本章阐述了人事录用和培训的主要内容，包括录用与培训的含义与意义，以及录用的程序与评估、培训方式方法与评估。重点介绍录用的规范化程序和培训方式方法。

[学习要点]

1. 了解录用与培训的含义和意义；
2. 理解录用的规划与来源；
3. 理解培训的需求分析；
4. 掌握录用的程序；
5. 掌握培训的方式方法；
6. 理解录用与培训的评估。

第一节　录　　用

一、录用的概述

（一）录用的含义

人事录用包括员工的招募、甄选及录用决策三方面的内容。其中，招募员工是指组织根据工作需要，采取多种措施吸引候选人来填补组织工作空缺的活动；甄选员工是指组织中有关工作机会、工作内容、工作要求、对应聘者所要求的个性等方面的信息收集，以及把应聘者现状的信息转化成对他们未来工作绩效的合意性的预测过程；录用决策是指把针对应聘者的工作行为或绩效合意性的预测转变为实际行动，即接受或拒绝的过程。

（二）录用的意义

（1）人事录用可以满足组织对员工的需要。人事录用可为组织不断充实新生力量，为组织补充高素质与专业化的人才，实现组织内部人力资源的合理配置，为提高组织办事效率奠定基础，为组织发展提供人力资源上的保障。

（2）人事录用可以在一定程度上保证员工队伍的稳定。成功的招募甄选和录用可以为组织的每一职位找到合适的人选，使得人岗匹配、人尽其才，提高员工对工作的满意度，减少员工的流失，达到增加组织员工的稳定性的目的。

（3）人事录用可以在一定程度上降低组织人事体系的管理成本。高素质合格的员工的培训开发要比使素质较低的人变得能胜任工作的培训和开发更简单、有效，此外，高素质员工对于个人职业生涯规划也会比较重视，会积极配合人事部门制订自身发展计划，减少管理费用。

（4）人事录用可以提升组织的效率。每一个职位都拥有合格的人才，整个组织的工作效率必定提高；对高素质的员工队伍的管理可能变得简单，管理者不需要花很多的时间来纠正员工的过错或解决员工问题，而可以用更多的时间、精力来考虑组织发展的关键性问题。

（5）人事录用也是组织树立良好形象的对外公关活动。科学有效的招募甄选和录用对于组织而言，是宣传组织形象的好机会。

（三）录用的原则

1. 公平、公正、公开原则

公平公正公开的主要内容包括：招募、甄选和录用的程序、方法、方式、内容等方面的规范、公正；甄选与录用的标准的公开公正；招募阶段、甄选阶段与录用阶段过程透明化，接受社会民主的监督。

2. 效率原则

效率指的是组织运营的效率。主要包括：①以组织战略规划和职位的实际需求为标准，以工作岗位的空缺和实际工作的需要为出发点，录用各类人员；②在甄选录用阶段，应在候选人与评价标准之间进行比较，录用合适的人员；③应对应聘者的德智美体等各个方面进行综合考察和测试，录用德才兼备的人员；④以尽量少的招募甄选与录用成本，获取高素质、符合组织需要的人员。

3. 合法原则

合法是人事录用工作的最基本的原则。任何组织的人事招募、甄选及录用工作都必须全面遵守国家的有关法律法规，任何违法、违规的招募、录用行为都将受到《劳动法》等相关法律、法规的制裁。故应做到依法招募和甄选，依法录用。

二、录用的内容

（一）录用的规划

录用规划是在员工需求和供给预测的基础上，由人力资源部门根据组织的岗位结构状况，分析与预测组织岗位空缺及内部获得合格员工的可能性，进而制定的关于实现员工补充的一系列工作安排。

录用规划的基础性工作包括：①环境分析。社会、政治、经济、劳动力市场等环境因素将会影响组织的录用工作。②组织分析。包括组织的人事规划分析及组织职位分析。其中，人事规划分析是人员录用的基本依据。当组织出现岗位空缺或工作量过于饱和时，组织应首先决定如何填补空缺，其填补空缺的方式有三种：以加班、工作剔除以及工作重新设计等不招募新员工的方式解决问题；临时雇佣、业务外包即租用等应急方式解决问题；根据各部门的人事规划制订新员工招募计划，决定进行内部招募或外部招募。当决定招募的方式后，组织应进行组织的职位分析以备甄选和录用所用。职位分析的主要内容为根据组织业务流程及工作说明书，明确招募岗位的任职标准和数量。

1. 员工需求预测

人员需求预测时录用工作的基础工作，也是首要的环节。员工需求是满足组织未来需要所应配备的人员数量，以及所应具备的技术条件的组合。

1）影响需求的因素

影响组织员工需求的因素包括：第一，整体经济环境，即一个国家、地区乃至全球的经济环境，直接影响具体组织的经营、管理状况，在经济蓬勃发展时期，对员工的需求就会增加，反之，对员工的需求就会大大地减少。第二，社会及政治压力。失业人数过多，就会带来社会治安、社会保障、失业保险等一系列社会问题，那么组织应慎重考虑自己的增员和减员计划。第三，技术的改进。新的科技成果的转化、技术革新，直接影响组织的员工需求结构和需求数量的变化。第四，组织政策。员工的需求还会受到租住职能目标转变的影响，当然，租住文化、管理方式的变革也会对员工需求产生影响。

2）需求预测的技术和方法

员工需求预测的技术和方法主要有：第一，趋势预测法，即组织根据过去对员工的需求状况，推测出组织未来的员工需求结构和数量。其优点在于简便易行。其缺点在于仅考虑时间因素对员工需求的影响。第二，比率预测法，即通过某种因果关系与员工需求数目之间的比率来推测组织未来的员工需求。简单说明一下，该比率指的是一种用人比率，如每四位主管需要一位辅导员，那么其用人比率为4:1。其优点在于量化准确，其缺点在于没有考虑到规模经济因素对员工需求的影响。第三，工作负荷预测法，即先进性工作分析，再预测组织未来的工作量，进而推算出对员工的需求。第四，电脑软件分析法，即利用员工序曲分析软件对组织的员工需求进行预测，其优点在于快捷。

总的来说，各种分析方法所依据的都是历史资料，而未来许多可变因素对员工需求的影响还需要靠管理人员的主观判断。

2. 员工供给预测

员工供给包括内部供给和外部供给，内部供给指的是当组织以内部现有任职员工补充员工空缺需求；外部供给指从外部招募员工。

详细而言，对内部供给进行预测时，需考虑：第一，组织内部员工状况，了解空缺数及组织内部哪些员工可以顶替空缺。第二，建立职位置换卡，即将每个职位都编成一张卡片，标明哪些员工可能来担任这项职位，并指出这些员工目前的绩效水准、晋升的可能性，以及所需的训练。意思就是提前选定候选人，当出现空缺岗位，就可以通过职位置换卡及时地找出合适的人选。第三，计算组织的员工变动率，即反映组织内部的员工供给和职位空缺状况，当然也关系到组织内部的管理是否合理的问题。计算员工变动率通常采用鲍文提出的稳定性指数即现在员工在N时段的服务月份额之和与员工齐备时在N时段的可能服务月份之和的百分比值。

对外部供给预测应考虑：第一，人口因素。人口因素包括国家和地区间人口数量的多寡、新进入就业队伍的年轻人人数的变化、劳动力结构。第二，经济因素。经济发展的景气与否，直接影响失业率的高低，进而影响员工外部供给的紧缺程度。此外，地区间经济发展的差异，也会影响员工的外部供给。第三，政策因素。一个国家地区的政府人员管理政策、法规，对外部员工的供给有着重要影响。

（二）录用的来源

招募对象分为组织内部和组织外部，其方式方法存在不同，各自优缺点也不一样，在录用策略的环节应重点考虑。

1. 内部招募

当出现职位空缺时，不是首先从外部寻找人才，而通常是从组织内部寻找合适人选。内部招募是指在对组织内部员工的预测分析的基础上，以组织内部现有的人才为招募对象。

内部招募的方式有：①提升，即从组织内部选拔符合条件的员工，从一个低级岗位晋升到高级岗位；②调用，即从组织内部的其他部门选择合适的员工到需要的岗位上，包括岗位调换和岗位轮换；③内部公开招募，即以内部所有员工为招募对象，经甄选录用员工；④内部员工重新聘用。

招募的方法有布告法、推荐法、档案法。布告法，即在组织内部发出内部招募的通知，包括岗位的信息、任职资格等；推荐法，即以组织内部他人推荐或自我推荐的方式，提出填补空缺职位的诉求；档案法，即通过查询相关的职位及员工的资料，寻找合适的内部候选人。

内部招募的优点在于：①相比外部人员，组织内部员工对组织认同感更高。②调动内部员工的积极性。内部招募不仅给现有组织员工调整岗位的机会，使得他们寻找到适合自己的工作，而且有利于激励其他组织员工更加积极、主动地工作，提高工作绩效。③减少培训和管理成本，即体现在内部员工的招募节省招募成本，以及组织已了解其拥有了相应的技能和素质，相应地减少了培训成本。④降低用人风险。组织对内部招募的新录用员工了解的情况更多，能够准确地评估员工的素质和技能。⑤提高组织工作效率。内部员工能够迅速地熟悉工作任务和职责，提高组织工作的效率。

内部招募的缺点在于：①组织内部员工往往受到组织文化的同化，思维和行为定势，创新不足。②容易出现“以次充优”现象。如果组织过度依赖于内部招募，容易造成选择面狭窄，员工无法胜任工作岗位。内部员工之间的熟悉程度高，导致甄选过程的不公正等行为的发生。③容易引发内部矛盾。内部招募过程中，通常都会有两个或两个以上的员工同时参与竞争同一职位，且由于主客观原因，很难真正做到公平公正，导致一定程度上的内部矛盾。另外，对于未被录用的内部员工，他们可能会感觉自己没有受到重用，信心不足，对组织的奉献精神也会减弱。④容易产生“涟漪效应”现象。如果组织过度依赖内部招募，基于内部招募会造成一定程度上的人员调动和晋升的基础上，就容易出现“牵一发而动全身”的“涟漪效应”，使得组织不得不去接受不该移动的员工和职位，从而给组织带来负面效应。

2. 外部招募

当组织内部员工不能满足组织未来的发展需要时，从外部寻找合适的员工。外部招募是指在人事规划的基础上，以外部人员为招募对象。

外部招募的方式方法有：①广告，即向组织外部发布招募的信息；②学校，即通过校园宣讲等方式，寻找合适的员工；③人才中介机构，即使用人才中介平台寻找合适的人选；④推荐法，即以组织内部员工推荐组织外部的他人应聘的方式或其他熟人介绍的方式，寻找合适员工。

外部招募的优点在于：①有利于树立组织形象。外部招募是组织与外界沟通的一种形式，组织在发布招募信息、甄选过程、录用决策上都有意、无意地树立了自己的形象。②外部人力资源丰厚，可供选择的余地大。③外部人员有创新的思想。④当内部甄选困难时，外部招募有利于平缓组织内部矛盾。

外部招募的缺点在于：①外部人员对组织的情况了解的少，往往认同感没有组织内部员工不高，进入角色较慢；②招募成本较大，即招募时间和花费的成本都较大；③用人风险大，仅依靠招募测试和甄选来评价应聘者是不全面的，容易导致招到不合适的人，给组织带来直接或间接的损失；④内部员工得不到机会，可能影响内部员工的积极性。表 6-1 为内外部招募的优缺点。

表 6-1 内外部招募的优缺点比较

项目	优点	缺点
内部招募	（1）对组织认同感更高 （2）调动内部员工的积极性 （3）减少管理成本 （4）降低用人风险 （5）提高组织工作效率	（1）创新不足 （2）容易出现“以次充优”现象 （3）容易引发内部矛盾 （4）容易产生“涟漪效应”现象
外部招募	（1）外部人员有创新的思想 （2）有利于平缓内部矛盾 （3）可供选择的余地大 （4）有利于树立组织形象	（1）对组织的认同感不高，进入角色较慢 （2）招募成本较大 （3）容易导致招到不合适的人 （4）影响内部员工的积极性

（三）录用的程序

人事录用是一个复杂、完整又连续的程序化操作过程，包含编制录用规划、制定录用策略、发布招募消息、招募测试与甄选、人员录用及录用评估，见图 6-1。

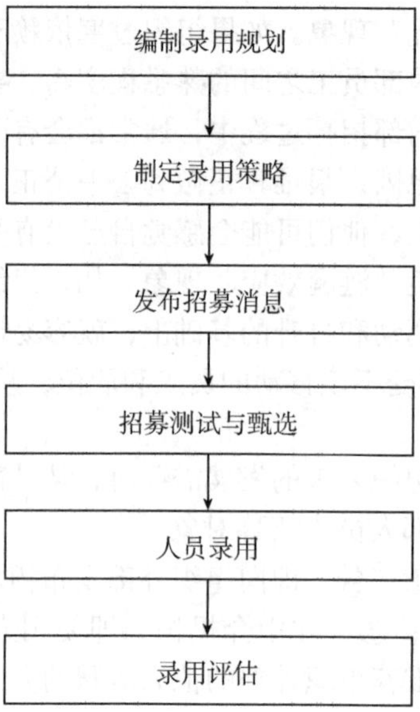

图 6-1　人事录用程序

1. 编制录用规划

录用规划的内容包括：①招募的数量与结构，即拟录用新员工的人数、年龄结构、专业结构、部门结构及性别结构等。②录用的标准与招募的质量。组织在进行人员招募时，应将每一个岗位的任职资格进行量化和规范化，尽量将专业术语应用到招募通知中。同时，招募的标准不宜过高或过低。③招募的对象、范围和地点。组织应针对不同人才市场的供求状况来选择招募对象、范围和地点，以控制招募费用。④甄选的程序与方法。组织中不同岗位对应聘者的素质和能力有不同的要求，而往往不同素质和能力的测评方法也是不一样的。除此之外，录用计划还应考虑以下问题：甄选的可靠性和有效性如何？是否秉承了录用原则？等等。

2. 制定录用策略

录用策略是为了实现录用计划而采取的具体手段和措施，具体包括确定录用周期，选择招募渠道，根据招募人员特点，确定招募方式和地点，最终进行甄选和录用。详细而言，招募人员的性格、品德，以及对结构化面试、评价中心等人员甄选与测评技术运用的水平将最终决定组织人员录用的效率和质量。招募方式和地点应根据不同职位要求和应聘者可能的供给状况和范围。录用周期是指岗位产生空缺到合格的新员工上岗的时间。在这期间组织应该做好还职位的替代工作。招募人员的来源为内部员工和外部人员，前面已详细阐述内外部招募的方式方法及优缺点。选择合适的渠道能够促进更为有效和有效率的录用工作。组织招募过程中，应改变传统人事管理理念，应从更高层次来认识招募、甄选和录用工作，逐步形成招募、甄选和录用工作的激励功能，向外界展现组织的良好形象。

3. 发布招募信息

1）招募通知的内容

有效的招募信息决定了应聘人员对岗位职责了解的清晰度。其内容主要包括：岗位名称、岗位职责描述、应聘人员任职资格要求、工作地点、拟录用人数、甄选和录用的计划安排、投递简历的联系方式等。

2）招募通知发布的形式

招募通知发布形式确定前，可依据所需招募对象的特征寻找合适的招募来源及渠道，故招募通知发布的方式有组织内部通告栏、校园招聘、报刊、网络等。

3）招募通知发布的原则

招募通知发布的原则包括：面广原则、及早原则、最佳形式原则。其中，组织人员的需求信息发布的面越广泛，其应聘比例就会越小，组织招募到合适的人选的概率就会越大，但是涉及费用问题，故应衡量两者的利弊，控制在预算范围内的最大的发布范围。

4. 招募测试和甄选

招募测试和甄选是通过采用多种方法途径对应聘者的一系列素质信息的搜集、考察、核实，确定应聘者素质技能同应聘岗位相匹配的甄选的过程。

1）资格审查阶段

组织应根据求职者提交的个人简历、求职信和工作申请表，参考空缺岗位的技能要求进行初步筛选。

2）背景调查阶段

背景调查是通过向应聘者提供的证明人以前的工作单位收集资料，核实求职者个人资料的真实性，是一种能直接证明求职者情况的有效方法。通过背景调查，可以证实应聘者的受教育情况、工作经历、人际技能等。背景调查应考虑以下三个方面：第一，背景调查的深度应取决于招募岗位的职责水平，责任越大的岗位要求进行的背景调查越深入准确；第二，对不同的工作岗位要根据工作的性质确定调查的重点；第三，可通过电子学历证明来检验求职者的受教育情况。

3）素质测评阶段

素质测评是利用心理测验、面试和评价中心等工具用来进一步的筛选应聘者的多维度的考核方法，是组织直接了解求职者的工作动机与其所具备的技能素质等的方式。该阶段一般是在初步筛选以及背景调查后，由人事部门组织笔试、面试及其他素质测评，其他素质测评方式包括心理测试、评价中心。

这里分别详细阐述笔试、面试、心理测试和评价中心。

（1）笔试。

笔试是最基本的甄选方式。笔试指让被试者在规定的时间和地点，按照试卷的要求，解答事先拟好的试题，然后依据解答的正确程度，通过卷面评分来评判其掌握知识的程度和综合分析能力、文字表达能力以及逻辑思维能力的一种方法。

笔试形式有：第一，以客观题为主要试题形式的考试。其具有试题涵盖面广、信息量大、可控制考试过程中的误差等特点。第二，以论述型试题为主要试题形式的考试。其具有试题灵活、考察内容层次比较深，但评分较困难等特点。第三，以论文型试题为主要试题形式的考试。

笔试的操作步骤有：试卷的设计、报名与资格审查、考场的设置与管理、挑选监考者、试卷的评阅等。其优点在于：第一，成本较低；第二，试卷内容涵盖面广，容量大，对基本的知识、技能和能力的测试信度和效度较高；第三，笔试通常是对多数被试者同时进行的，试卷设计和评阅都比较快，测评效率高；第四，成绩评定标准化，可待检查，体现录用的公平、公正、公开原则。其缺点在于：第一，过分强调记忆能力；第二，缺乏可比性，不能全面地考察被试者的知识、技能、能力与态度等。

（2）面试。

面试是考官与被试者进行双向信息交流的过程，是考察被试者是否达到职位所要求的素质标准的一种测试手段。其优点在于目的明确、直观、灵活、信息双向传递、成本低、高效率。其缺点在于过分依赖考官的以往经验做出判断，主观性很强。

按面试的结构划分面试种类分为：第一，非结构化面试。在非结构化面试中，面试考官可以完全任意地与应聘者讨论各种话题，面试问题没有一个事先安排的需要遵守的框架。其优点在于没有压力下双方可以自由沟通，能够了解到应聘者的深入信息。其缺点在于导致面试的信度和效度不高。第二，结构化面试。结构化面试是指面试对所涉及的题目、维度、评分标准等进行系统的结构化设计的一种面试方式。面试问题包括职位兴趣、工作经历、教育背景、特长及求职者的自我评价等。其优点在于考官根据应试者的应答表现，对其表现的能力素质做出客观评价。其缺点在于考官不能深入了解求职者的信息，影响面试评价的准确性。第三，半结构化面试，即介于结构化面试和非结构化面试之间的一种方式。考官首先明确面试维度与评分标准，再确定面试题目的题干，然后根据不同的被试者对问题的回答进行有针对性的追问。其优点在于结合了非结构化面试与结构化面试的特点，而且比较简单，容易组织，在不影响面试评价的客观性的基础上能比较深入地获得应聘者信息。其缺点是，相对于结构化面试而言，其随意性依然较大，不够客观公正。

按面试内容划分面试种类包括：第一，情景化面试。情景化面试是指通过询问一系列的问题来预测应聘者在一个特定情境下的行为及所表现的出来的能力与态度等。第二，职位追溯面试。职位追溯面试指向应聘者询问一系列的与他目前所应聘职位相关的过去情况的问题。第三，行为描述面试。行为描述面试是指给应聘者一个情境，并提问他们过去在该职位工作时，是怎么样处理的。第四，心理面试。主要针对应聘者心理素质的面试。

按面试的形式划分面试的种类包括：第一，一对一面试。一对一面试指面试者与考官两个人单独进行面试的一种形式。其优点在于成本低，其缺点在于单个考官的评价主观性过强。第二，小组面试。小组面试指多名考官共同对一个被试者进行面试的一种形式，也包括由多名考官和多名面试者同时进行面试。其面试效果明显优于一对一面试但是面试效率比较低。第三，多轮面试。多轮面试指采取两轮以上面试才能进行最后决策，多发生在组织结构相对复杂的机构中或应聘岗位比较的关键。多轮面试一般会遵循相同的评价标准，这样面试才具有可比性。

面试程序为：第一，了解面试者。了解面试者的特点，如面试者的学历水平、知识结构、工作背景等，有利于设计有针对性的题目，充分考虑面试对象能够接受的表达方式以及题目难度等。第二，明确面试维度。根据任职资格和胜任特征模型，挑选出适宜通过面试的方式考察的素质，也包括面试维度的标准。第三，设计面试题目。在充分考虑面试对象的特点的基础上，将面试维度和面试题型进行合理匹配。第四，面试考官培训。以参与面试的考官建立统一的标准为目标，在面试前，对参与面试的考官进行必要的培训，培训内容涉及面试维度、面试题目、评价标准等。第五，面试场地准备。在准备面试场地时，应充分考虑环境和布置两个关键。面试场地环境要考虑噪声与光线两个问题；面试场地布置要考虑根据面试形式安排桌椅摆放的风格，考虑面试考官与被试者之间的合理距离两个问题。第六，面试过程实施。其内容包括面试考官的培训和面试过程的控制，其中在面试过程的控制中，考官根据面试的目的对应聘者回答问题的过程进行干扰。第七，面试评价与面试报告。面试评价指面试考官将面试前确定的评价标准与被试者在实际面试中的表现的素质进行比较，对被试者表现出来的素质指标进行量化与评价的过程。

（3）心理测试。

心理面试是指根据已标准化的实验工具测量表，引发和刺激被测试者的反应，所引发的反应结果由被测试者自己或他人记录，然后通过一定的方法进行处理，予以量化，描绘行为的轨迹，并对其结果进行分析。其优点在于进行定量的分析，具有科学性。

心理测试的内容包括：第一，智力测验。智力测验是对一般认知功能进行测量，包括知觉、空间意识、语言能力、数字能力和记忆力方面的内容，要求被试者运用比较、排列、分类、运算、理解、联想、归纳、推理、判断、评价等技能来解答测试题。第二，个性测验。指通过了解应聘者的情绪稳定性、性格、态度、动机等，寻找符合岗位要求的性格特征的应聘者。比较常见的测量方法有卡特尔的《16PF 测试》等。第三，职业能力测验。应用于职业人员的选拔和录用，比较常见的为我国公务员录用考试使用的《行政职能能力测试（AAT）》。

（4）评价中心。

指创设一个模拟的管理系统或工作场景，将被测试者纳入该系统中，采用多种评价技术和手段，观察和分析被测试者在模拟的工作情境压力下的心理行为，以测量其管理能力和潜能的测评方法。其优点在于预测的可信度高、效度高、信息量大、针对性强、客观公正等。

评价中心常用的方法有：第一，公文筐处理。要求被测试者以管理者的角色，模拟一个组织所发生的实际业务、管理环境，在规定的条件下，通常是较为紧迫困难的条件，被测试者对各类公文材料进行处理，形成公文处理报告，从而对被测试者的计划、组织、分析、判断、决策、文字处理能力等进行评价。第二，无领导小组讨论。指要求被测试者临时组建工作小组，讨论一些精心设计的管理活动中比较复杂棘手的问题，在通过被测试者在讨论过程中所表现出来的语言表达力、独立分析能力、概括能力、应变能力、团队合作能力、感染力、建议的价值性等进行评价。第三，管理游戏。是一种以完成某种“实际工作任务”为基础的标准化模拟活动，在活动过程中观测被试者的实际管理能力。第四，角色扮演。模拟工作环境中，要求学员扮演某一角色并进入角色情境去处理各种问题和矛盾。通过对被试者在不同角色情境中表现出来的行为观察和记录，评价被试者是否有符合其身份的素质特征及个人在模拟情境中的行为表现与组织预测的行为模式、将担任职位的角色要求之间的吻合程度。

5. 人员录用

人员录用是一种计划性、程序性较强的环节。人员录用通常包括决策、公示、备案或审批、试用、正式录用。

1）决策

录用决策是指对通过甄选测试的应聘者进行的进一步的甄选挑选，确定哪一位或哪几位应聘者被最终录用的过程。决策的程序包含一系列的信息整理和分析的过程，见图 6-2。

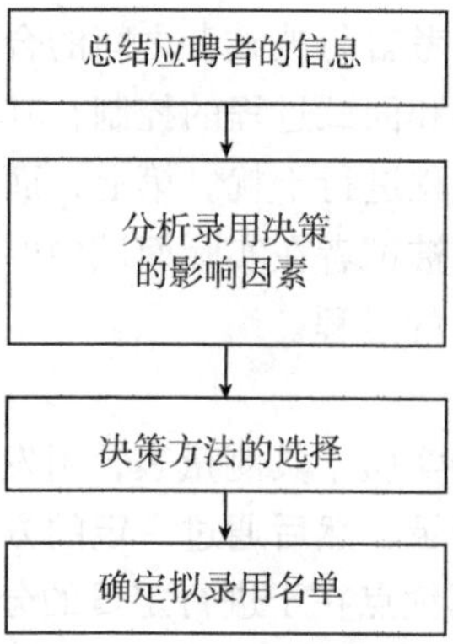

图 6-2　录用决策程序图

录用决策的步骤如下。首先，总结应聘者的信息集中于应聘者“能做的”与“愿做的”。“能做的”指应聘者的知识、技能与能力，可从测试得分评价和经核实的信息中获得。“愿做的”指应聘者的态度、动机和其他个人特征，可从面试过程等推测。其次，考虑影响决策的因素。其内容包括：应以应聘者自身最高发挥潜能为主，还是根据组织的现有需要；应以目前对工作的适应度为准还是以将来发展潜力的要求为等。最后，根据拟任职者的要求，综合应聘者的考试、考察和体检结果，经招录机关领导研究讨论同意，确定拟录用人员名单。

决策常见的模式有单一决策模式和复合决策模式。单一决策模式是指从多个应聘者中为某一职位或某类性质相似的职位选出一个或若干个任职者的模式，该决策常用的方法是对考核因素（如技能、能力、知识、态度等）进行加权平均，然后再根据积分从高到低排序，参照排序名单，决策者选出最合适的人员。复合决策模式指测定众多求职者，然后从基本合格的人选中确定理想人员，并安排到多种不同性质的职位中去的模式。简要来说，符合决策模式是职位与人之间进行匹配的过程。该过程是对人员的选择，同时也包括对岗位的合理配置，适用于同时招募多人的情况。

常见的决策方法有：第一，诊断法。在应聘者所有资料的基础上，主要根据评价者的主观判断做出决策。第二，统计法。先区分评价指标的重要性，赋予权重，然后根据评分结果，用统计方法进行加权运算，分数高者即获得录用。

2）公示

拟录用人员名单由招录机关通过网络等适当的形式，按照规定予以公示（公示时间一般为七天）求职者和其他之情者对拟录用人员名单的确定有异议或者发现拟录用人员存在不符合资格条件要求等情形，可以按照规定向招录机关或录用主管部门举报。招录机关和录用主管部门接到举报材料后，要认真调查核实，对有问题的，应当取消录用。

3）备案或审批

公示期满不影响录用的，由招录机关将拟录用人员名单按照规定报录用主管部门审批或者备案。备案或者审批同意后，由公务员主管部门或事业单位主管部门印发录用通知书，招录机关给求职者办理录用手续。

4）试用

试用是根据所录用人员的知识和技能等特征，将所录用人员安置到合适的岗位上进行试用考核。实行试用期制度主要是，为了在考试考核的基础上，在一段时间内的实际工作中，组织能更全面、更客观地了解新录用人员的政治思想、道德品质、业务水平和工作能力等情况，有利于最终决策的制定。

5）正式录用

正式录用是指试用合格的人员，在事先约定的试用期满之后，正式确定为组织员工。在进行试用期考核鉴定并做出正式录用决策后，用人部门及其人事部门应与正式录用人员签订正式的聘用合同，对正式录用人员进行正式任命或聘任，并办理其他相关手续。

6. 录用评估

录用评估是人事录用的最后一个环节，下面将详细阐述录用评估工作。

（四）录用的评估

录用评估的指标主要包括成本评估、数量评估、质量评估以及效率评估四个方面。

1. 录用的成本评估

录用成本评估是指对招募、甄选及录用过程中的费用进行调查、核实，并对照预算进行评价的过程。录用成本评估是鉴定录用效率的一个重要指标，如果成本低，录用人员质量高，就意味着录用效率高；反之，则意味着录用效率低。

录用成本分为录用总成本与录用的单位成本。录用单位成本是录用的总成本与录用人数的比值。很显然，录用总成本与录用单位成本越低越好。其中主要包括招募、甄选和录用的预算与招募、甄选和录用的核算。预算主要包括招募广告、招募测试、甄选费用、录用费用、体检等预算。核算指对招募的经费使用情况进行度量、审计、计算、记录等。通过核算可以了解招募、甄选与录用中经费的精确使用情况，是否符合预算，若存在差异，明白出现在哪一个环节。

2. 录用的数量评估

要计算评价招募、甄选和录用的效果，需先明确以下三个指标的含义。

（1）录用比。录用比值越小，相对来说录用者的素质就可能越高；反之，录用者的素质则可能越低。录用比=录用人数/应聘人数×100%。

（2）招募完成比。招募完成比等于或大于 100%，则说明在数量上全面或超额完成了招募计划。招募完成比=录用人数/计划招募人数×100%。

（3）应聘比。应聘比越大，说明发布的招募通知的效果越好，同时说明录用人员的素质较高。应聘比=应聘人数/计划招募人数×100%。

当组织录用工作结束后，就可以对招募、甄选和录用工作中的录用比、招募完成比和应聘比等指标进行纵向和横向比较，确立组织本次录用数量的效率。

3. 录用的质量评估

录用的质量评估指标有两个：一个是最终录用人员的学历、进修与培训层次、工作经验等具体指标；另一个是建立在组织职位分析以及在甄选过程中进行的素质测评和面试等基础上的能力轮廓指标。见图 6-3。

组织可以通过职位能力轮廓图来分析、对照实际甄选录用人员与职位评估所分析得出的职位任职标准之间的差距，进而判定组织甄选工作质量的高低。

4. 录用的效率评估

录用效率体现在新录用员工的工作绩效上，故效率评估具有一定的滞后性。组织可通过录用人员在甄选过程中的评价分数与新员工在录用后的 1~3 年度的实际工作绩效评价分数之间的对比，最终确定组织录用工作的效率和效度。

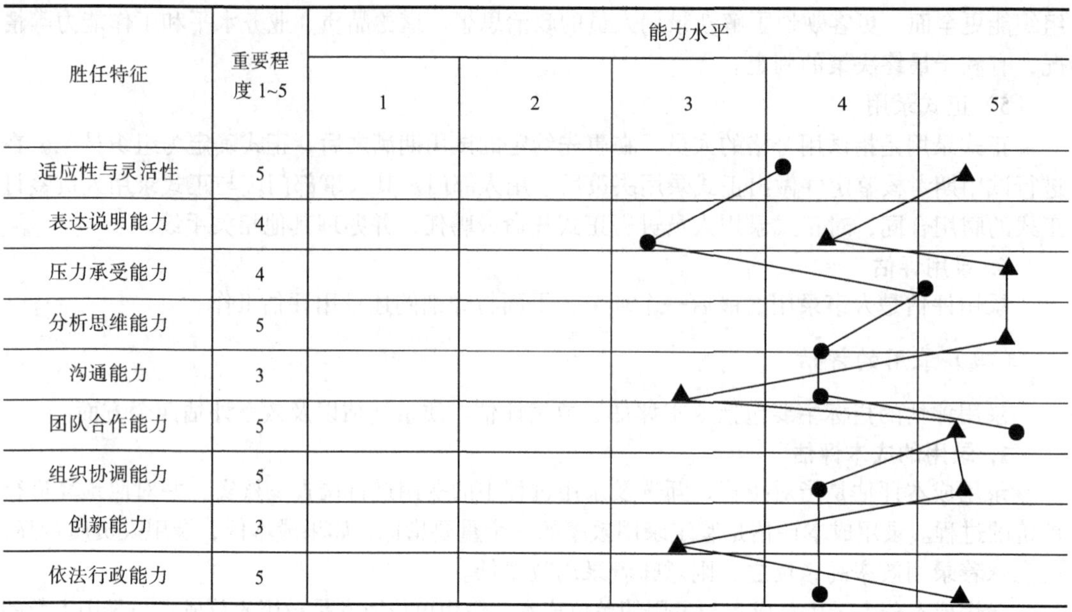

图 6-3　某部门人事主管职位能力轮廓图

▲——▲ 表示职位分析得出的一个优秀任职者的能力轮廓；●——● 表示组织最终录用人员的能力轮廓；

能力水平 1~5 分别表示：完全不能胜任、不能胜地、刚好胜任、能胜任、能很好胜任

三、问题与对策

新录用员工的来源分为两种，一种为组织外部招募所获得的新员工，另一种为组织内部招募所获得的老员工。如何才能真正做到选贤任能？如何让他们快速地适应环境，进入新岗位的角色呢？

(1) 合理设计笔试及面试的内容和形式，保证内容的科学性。要根据不同职位的专业要求，实行分层次、分等级、分内容的考核形式，考试的内容应结合组织和职位的需求，真正实现考为所用，使得新录用的员工能较快投入到工作中，提高工作效率，同时，还可以缩减对新录用员工的培训投入。

(2) 提高面试考官的专业水平，组建合格的考官队伍，保障面试的客观性。面试是录用过程中一个非常重要的环节，可以直观地考察应聘者的行为，真实地反映出个人能力等，但是，其缺点在于评价带有主观性，受到考官的主观意识的影响。故应通过相关的培训，提高考官的专业水平，减少由于主观因素带来的错误决策等，组建一支合格的考官队伍，能使得面试更具专业性、客观性、公正性，使得组织录用到合格人员。

(3) 完善相关笔试及面试的制度安排，使其有据可依。制度的实施非常重要，但是一套完善的制度安排才是基础。故在录用人员前，应完善相关的制度安排，加强监督，保证录用过程的公平公正。

(4) 录用面谈有利于新录用员工快速适应环境。录用面谈的重要性包括以下三点：第一，加强组织对新员工的进一步了解。新录用的员工虽然经过招募测试和甄选，但是录用过程人数过多，考察的内容也很多，对员工更深层次的信息获取较少，通过录用面谈，在非面试、测试等无压力条件下的沟通交流，可以让组织了解到新员工的家庭、兴趣、思想上的困惑、

生活上的困难等个人信息，这些信息在录用程序中的环节是无法获取的。第二，加强新员工对企业的了解。在录用环节中，新员工可能对企业有了一些了解，但是没有深入了解到组织文化、员工福利等。通过录用面谈，新员工可以询问与自己切身相关的福利等问题，这些问题在录用环节可能由于当时环境等因素并未提及。同时，能加深新员工对组织的认同。第三，为老员工缓解组织内部矛盾，特指内部招募带来的矛盾。老员工工作轮换或升迁，工作方式和环境的变化会给这些老员工带来一系列的思想问题。通过录用面谈，能有针对性地解决老员工的思想包袱，并在人际关系处理等问题上提供可行的建议。

录用面谈的实施应考虑以下三个方面的内容：第一，确定录用面谈的执行者。录用面谈的执行者一定要心胸开阔，关心爱护新录用的员工，具有换位思考的能力和良好的沟通能力，能理解他人的困难并尝试提供建议，努力去帮助他们克服困难。一般来说担当面谈的执行者为组织的管理层员工，按新录用员工岗位级别来决定。第二，录用面谈的场所的选择。场所的选择是多样性的，可以在执行者的办公室、会议办公室等，也可以是户外的一些场所如咖啡厅等，目的在于创造一个轻松的交流氛围。第三，录用面谈的内容。一般内容组要包括新录用员工提问的问题、工作职责、工作方法、组织的战略、组织文化、价值观等，目的在于增加新录用员工对组织的认同感。

第二节 培　　训

一、培训的概述

（一）培训的内涵

在明晰人事培训概念前，我们来区分通常我们所谓的培训与开发。培训指组织开展以掌握某种或某些专业知识和技巧为目的的指导活动，使得员工具有完成某项工作所必需的知识和技能，并且培训后，员工能较快地将培训的知识和技能运用于工作中，产生效益。其主要集中于现在的工作，其内容包括：完成本职工作所需的知识和技能、人际技能、激发员工潜能、组织战略与目标等。开发主要着眼于员工对未来的工作的准备。其主要的内容：为组织员工个人规划而开展正规教育、在职培训、人际技能培训、人格与能力测评等。

传统的观念认为培训侧重于员工胜任现在的工作，开发则以未来为导向，侧重于帮助组织员工个人发展，为胜任组织其他职位做准备，提高其向其他岗位轮换或晋升的能力。因此认为开发与现在的工作没有直接的联系，然而，随着培训工作越来越受到重视，两者的界限越来越模糊，对于组织而言，培训和开发都是注重员工个人与组织和未来发展需要相匹配的重要人事管理工作，都是为了使员工获得与工作有关的知识和技能，或改善工作动机、态度和工作表现，提高工作绩效及员工对组织的贡献等，所开展的有目的、有计划、系统的人事工作。

因此，本书并不打算将培训与开发严格区分开来，而是将开发作为人事培训的一部分。故人事培训指通过培训、开发、教育等手段提高组织员工的知识、技能、能力和态度所开展的一系列有计划的、有系统的工作。

（二）培训的意义

培训在人事管理中担当着极其重要的角色，对推动组织员工素质的提高与发展起到不可忽视的作用。培训作为更新组织人力资源的一种重要途径，它体现在立足于现有的员工队伍，开发他们的新的知识、技能、能力和态度，以便他们更有效率、更有效益地完成工作任务。

1. 培训是接受新的挑战的有力武器

21世纪，科技革命将我们带到了知识经济社会，传统的学习、工作方式已发生了变化，工作日益变得智能化，这些都给从事各类工作的人力资源提出了严峻的挑战。为满足知识经济社会的发展需要，人们必须重视自身的教育，不断学习，不断进行知识与技能的更新，跟上科技进步的时代节奏。然而，重点是如何进行这些学习。这个问题可以通过人事培训来解决。只有人事培训才能使得组织适应不断发展的需要，跟上时代前进的步伐。

2. 培训是工作复杂化的客观需要

工作的复杂化体现在工作内容的增多和某一项工作细分程度的增加。例如，公共部门的员工面临的社会问题比以往复杂得多，如新出现的工业污染、劳动争议、就业、老龄化、养老等。其中某一个问题的原因是复杂多样的，性质难以确定，且涉及多方面的影响。面对如此复杂的问题，就需要员工掌握工作所需的技能，增强判断事物的能力和有效解决问题的能力。通过培训途径，员工能够不断地完善自我、取长补短、更新知识、提高能力，成功应对工作复杂化带来的挑战。

3. 培训是促进组织员工接受组织变革的手段之一

组织不可避免地受到组织内外部变化而面临着改变组织战略，也将导致组织所需人力资源的变化。实践证明，接受的培训不多，要真正掌握一门新的技能会比较的困难，因而，对上述的变化也就会持有抵抗或反对的态度，并影响工作效率和质量；而经常参与培训员工能有效地掌握新技能，提升自己的能力。因此。培训一方面促进了组织的变革，另一方面也使得员工接受组织变革的事实。

4. 培训能增加员工对组织的认同感

对新录用员工而言，培训能够使他们了解组织面临的内外部环境、组织文化、组织目标等，有效地拉近新录用员工与组织的距离，使得他们将自己的目标与组织发展联系起来。对于在职员工而言，高质量的培训能有效提升工作技能，使他们胜任本职工作。而且，培训本身就是组织文化的一部分。

5. 培训能有效的激励员工

当员工通过组织的培训活动感受到自己的价值和组织的重用，无形中增加了工作热情，并对自己充满信心。而且培训能够满足组织员工对自身发展的需要。故培训可以增强组织员工的责任感和自信心。

二、培训的内容

（一）培训的需求分析

1. 培训需求分析的概述

培训需求分析是培训活动的起点，是影响培训活动效益高低的重要因素。培训的需求分析是指组织在从事培训活动之前，从长远的发展目标或近期目标出发，采用各种方法或技术，对组织成员的现有素质构成、知识和技能各类等进行的系统鉴别与分析。准确地把握培训需求，不仅能帮助组织将宝贵的培训资源用于最重要、最紧迫的培训项目和培训对象，同时也为设定培训目标、培训内容和培训评估等各环节的工作提供依据。

2. 培训需求评估

培训需求评估是培训需求分析的首要任务。培训需求评估指的就是根据员工培训需求评估的目标，完成培训需求的确认工作。详细而言，对于新员工，为了明确自身的任务和责任，掌握必要的技能，培训是非常有必要的；对于老员工而言，培训的确需要根据其工作实际绩效与其工作绩效计划是否存在差异及培训是否是最佳的选择做出准确的决定。员工培训需求评估的目标见表 6-2。

表 6-2 员工培训需求评估的目标

长期目标	确认组织培训工作的战略目标 确定培训内容的总体框架 建立测量组织培训活动的标准体系或指标体系
近期目标	了解员工现有的能力素质状况 了解员工是否需要培训 确定培训内容和培训方式

资料来源：孙柏英，祁光华.公共部门人力资源管理. 北京：中国人民大学出版社：2004：262

3. 培训需求分析的三大要素

第一个要素为基于战略层面的培训需求分析。在外部环境变化的压力下，组织提出组织变革的口号；当战略性人力资源管理提到日程上的时候，我们应将培训需求分析引入到战略发展的高度上。因此，培训需求的战略分析的主要内容包括组织优先权的改变、人事预测和组织态度调查。详细而言，组织优先权的改变主要发生在组织引进新的技术、财政战略的改变、组织内外部的整合和解散及侧重某些临时性任务等情况下。人事预测包括需求预测和供给预测，其中需求预测主要考察一个组织所需要的人员数量及这些人所需的技能；供给预测不但要考察可能参加工作的人员数量，同时还要考察这些人员的知识、技能、能力及态度，以便为人员的雇佣、培训与再培训提供依据。组织的态度调查与组织的文化相关，包括员工满意度调查及员工对组织其他方面的态度等。总的来说，基于战略层面的培训需求分析是指不仅考虑现在的需求和过去的经验，还应该着手于未来的需要。

第二个要素为基于组织层面的培训需求分析。组织层面的培训需求反映的是某一组织的员工在整体上是否需要进行培训。换句话而言，当组织的目标、内外部环境发生变化时，确认组织是否需要培训。基于组织层面的培训需求分析包括组织的目标分析、组织的内部人力资源需求分析、组织外部环境分析。详细而言，组织的目标决定人力资源管理的战略，决定培训的目的。组织内部的人力资源需求分析决定着培训的内容，外部环境对培训也有影响。

第三个要素为基于员工层面的培训需求分析。员工层面的培训需求分析应考虑员工的工作绩效和员工职业规划两个方面。详细而言，将员工工作的实际绩效与组织的员工绩效标准或组织期待的工作绩效进行比较，发现两者之间存在差距。员工的职业规划是员工做出职位晋升和岗位转换的意向，根据岗位的匹配，提供相应的培训是非常有必要的。

4. 培训需求分析的技术方法

培训需求分析的技术方法是微观的，为实现培训需求分析提供了技术手段。比较常见的分析方法有：①绩效考核法，即应用定期或不定期的考评结果来实行培训需求分析，将绩效考评结果与计划、标准相比较；②差距分析法，即将现实状况与理想状况进行比较，找出差距及其程度，并分析原因，以确定培训需求；③现场观察法，即通过在工作现场直接观察员工的实际工作行为进行培训需求分析；④面谈征询法，即通过访谈的方式征询有关人员意见，以确定员工培训需求；⑤资料分析法，即利用现有的有关组织发展、职务说明等文件综合分析培训需求；⑥问卷调查法，即通过编制问卷、发放问卷及收集问卷资料的方式来确定培训需求。

（二）培训的种类

按照培训的目的将培训分为以下四种类型。

1. 初任培训

初任培训的对象为新录用的员工。一般有两种方式：第一种为比较常见的实习。实习指在有经验的员工指导下，了解组织的基本情况，熟悉环境，明确职责等。第二种为集中进行理论和技能培训。该种培训的主要内容为了解组织的发展战略及有关的法律法规、工作的态度、岗位要求的基本知识和技能。

2. 在职培训

在职培训主要是指依据社会环境的变化或组织部门职能的转变等，为了使在职员工有效地完成工作所需要的知识、技能、能力和态度，在不离开岗位的条件下，对员工提供一系列培训的活动。其目的在更新老员工的知识结构，以调整老员工的知识、技能及能力，提高工作绩效。其优点有：①提供现成的经验；②与工作相关性高；③容易将培训成果应用到实际工作中；④加强与组织其他人员的交流和合作等。

3. 晋升培训

晋升培训主要的培训对象为组织中高层次员工和将晋升到更高级别岗位的候选人。其培训的内容为职位所要求的知识架构、技能和能力要求等，培训目的是培训对象能够胜任更高级别的职位的工作。

4. 专门业务培训

专门业务培训的对象为组织中某些专门性的工作岗位的员工或组织接手某项临时任务时，需要这样的培训。其目的在于掌握专业工作所需要的特殊知识、技能和注意事项等。

（三）培训的方式方法

1. 培训方式

按照不同的标准，培训的方式也有不同的种类。依据培训时间的长短，可将培训分为长期培训、中期培训和短期培训；根据员工是否脱离职位，可将培训分为脱产培训和不脱产培训；根据培训机构的性质，可将培训分为组织内部培训和组织外部培训。

2. 培训方法

比较具有代表性的培训方法有以下几种。

1）讲授法

讲授法属于比较常见的培训方法，指培训师通过授课的方式让培训对象熟记知识。详细而言，它是在一个教室中，由主讲教师们根据一定的教学内容做好准备，然后用一定的课堂时间向学员单向的传授知识的过程。其优点在于操作方便，便于培训者控制整个培训过程，常用于理论性的学习；缺点在于知识的单向传递，效果差。

现在的讲授法多数穿插着高新技术的应用，如现代视听技术（如投影仪、DVD、录像机），其优点在于结合视觉和听觉的特点，直观鲜明，但是反馈效果差。远程培训即利用计算机网络信息的培训方式，其优点在于学员可根据自己的时间和地点自主地选择学习。但是反馈效果不佳。不仅有高新技术的应用于讲授法中，其形式也多种多样。例如，在培训过程中，通过引导、自学、提问等形式，给学员更多的学习自主权和积极性。

2）研讨法

研讨法是仅次于课堂讲授法而广泛使用的培训方法。研讨法包括小组讨论式和演讲讨论式等。其中演讲讨论式指以专题演讲为主，穿插着提问沟通环节，其优点在于信息的多向传递，反馈效果较好。小组讨论形式的讲授方法，其优点在于信息多项传递，学员参与性高，反馈效果较好。

3）案例研究法

案例研究法是培训活动中普遍受到重视和欢迎的一种培训方法，指通过对特定的案例分析（其中包含大量的背景资料）让学员寻找合适的解决办法。详细而言，它根据一定的学习要求和培训目的，将实际生活中的真实情境加以典型化处理后，让学员真实地体验和分析复杂的问题的过程。其优点在于学员参与性高，培养学员的分析、解决实际问题的能力，并容易将培训成果带入以后的实际工作中，反馈效果较好。

案例研究法通常以小组讨论方式进行。案例研究分析小组通常具有以下特点：第一，小组是依据案例的不同而随机组成；第二，每个小组培训项目的人数约为4~8人，每个参加者要自始至终，不得中途退出；第三，每个参加者最好有不同的性格、经历、知识和技能；第四，小组培训要集中解决某一个问题，在解决问题的过程中让参加者了解沟通和协作的重要性。

在案例分析的最后集中讨论中，培训师通常会指定某一个小组代表说明案例、分析问题，并提出该小组解决问题的手段；然后其他小组的培训对象从自己小组的角度来分析同一个案例，并阐述自己的看法、措施，以及在哪些地方比第一个小组更符合实际情况。在整个讨论中，培训师应发挥指导、推进和协助的作用，观察学员的行为，掌握进度，及时引导，使讨论有效进行以避免某些学员的观点偏离主题。案例的编制和选择就不再进行详细阐述，可参照有关优质案例的书籍。

4）角色扮演法

角色扮演指在模拟工作环境中，要求学员扮演某一角色并进入角色情境去处理各种问题和矛盾，使得学员真正体验到所扮演角色的感受和行为，以发现和改进自己的工作态度与行为表现。其优点在于信息的多向传递，实践性强，反馈效果颇佳。

角色扮演的步骤如下：第一，准备阶段。首先，根据培训目的确定培训主题，设定演出角色、条件、时间、地点及背景道具等；其次，将学员分组，各小组提前制订计划表；最后，应检测摄影机和布景。第二，实施阶段。首先，培训师在角色扮演开始时，讲解训练方法的名称、内容及预期要达到的目标，必要的话可以组织一些破冰活动，以缓和活动过程中紧张的气氛；其次，决定角色的担任者及其具体的任务，并开始实际的演示；最后，演示结束后，观察员针对各演示者存在的问题进行分析与评论，若有必要可重新演出，以确认问题。

在角色扮演实施中，应明确演示者仅是教材的提供者，观察员才是分析、评判的主角，因此观察员自始至终应密切注意演练过程，并能做适当的评论。角色应包括：导演，一般由培训师担任；演示者，担任各种角色，进行演出；观察员，观察整个演示过程，一般指除演示者以外的所有学员。

5）行为示范法

行为示范法指让培训对象观摩行为标准样例或录像和幻灯片等，并进行实际操作的一种培训方法。详细而言，行为示范培训包括三个流程：注意、回应和机械重复。其中，注意和回应是指让学员观察一个模式，并记住这个模式做了什么；机械重复指学员按这个模式自己模范操作，并最终将培训成果运用到其实际工作中去，提高工作绩效。行为示范法不仅是简单的示范模式，对提高操作实践技巧也是非常有效的，当然也包括多样化的示范模式，主要是针对人际技能和管理技能的培训，其多样化体现在要求学员不仅简单地重复培训行为的模仿操练，而是从模型中提炼出基本的观念并将之应用到相似的环境中，以掌握处理事情的基本观念与规则，明确知道当某一事件发生时应采取相关类型的行动。

6）互动小组法

互动小组法通常也称为敏感性训练，较为广泛应用于针对管理人员的一种培训方法。它指学员通过培训活动亲身体验到人际关系以及在管理压力下群体的互动分析，以提高他们自我认识和处理人际关系的能力。详细而言，就是把一批学员集合起来，在培训者指导下，经常让他们进行一种既无议事日程也无中心内容的自由讨论，讨论自己感兴趣的问题，自由发表意见，分析自己的行为和感情，并接受他人对自己的意见，以期改进学员有关“我怎么认识自己”、“别人怎么看待我”和“我怎么认识别人”的“敏感性”。其优点在于使得学员认识自我、重新构建自己以及提高学员的人际技能，效果颇佳。

互动小组法的步骤为：第一，准备一个舒适的场地，以免给学员形成任何的心理压力；第二，主持的培训讲师说明训练的流程、规则与目的；第三，主持人先让所有学员共同参加并完成一项任务；第四，任务结束后，以一学员为中心，其他学员则依序将任务中所见、所听、所闻以及所想与该目标学员有关的资讯报告出来（包括个人言行与如何影响他人等行为），并由目标学员详细说明、坦白为何产生如此言行；第五，轮流指定目标学员，重复上一步骤，直至所有学员均参与为止；第六，由主持人进行最后的评价、总结，并鼓励、赞许学员面对自我的勇气。可见，互动小组训练时，培训前的准备、培训中的控制、合格的培训师以及学员的参与性是至关重要的。

每种方法都有其侧重点，引用国外学者对这些培训方法效果的比较，见表 6-3。

表 6-3　培训方法的效果比较

方法	获得知识	改变态度	解决难题技巧	人际沟通技能	参与许可证	知识保持程度
讲授法	9	8	9	8	8	8
讨论会	3	3	4	3	1	5
案例研讨法	2	4	1	4	2	2
角色扮演法	7	2	3	2	4	4
互动小组法	8	1	5	1	6	3

表 6-3 中显示的是运用六大指标（如获得知识、改变态度、解决难题技巧、人际沟通技能、参与许可证、支持保持程度）对不同的培训方法进行衡量。其中得分较高者，表示该指标下该方法是最有效的。

（四）培训的实施

一般培训实施的步骤为：培训的准备阶段，即根据培训需求分析制定培训目标；培训的实施过程，即挑选培训师及培训对象、设计培训课程、选择培训方式和培训方法、制定培训预算、制定培训的规章制度等及实际培训过程的控制；培训的评估阶段，将在下一节具体阐述。培训实施的步骤见图 6-4。

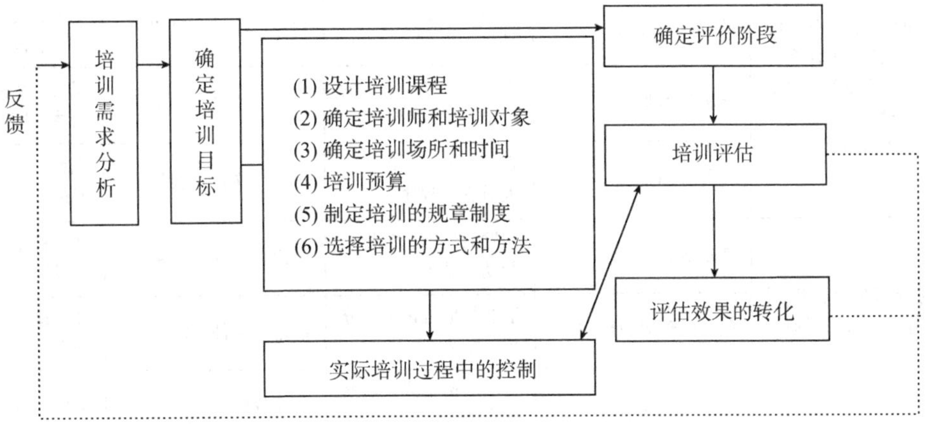

图 6-4 培训实施步骤

（五）培训的评估

培训评估是贯穿整个培训过程的管理控制活动。其主要内容包括过程评估和结果评估。过程评估指通过从培训规划到培训实施等各环节的检查和审定，及时反馈信息，发现培训中存在的问题，改进培训方案，以提高培训绩效；结果评估指通过组织观察和考核员工在培训后工作表现和工作绩效来了解员工知识、技能、能力和态度的提高程度和收益程度。

培训评估的目的在于：第一，测量和跟踪培训管理过程的各个环节，提出改进措施；第二，测量学员在接受培训后的绩效，评估培训规划的总体状况，研究培训管理中一些非量化或不可测量的因素等。

1. 评估的方法研究

20 世纪 70 年代，美国学者布鲁斯沃和拉姆勒对培训的评估标准和衡量方法进行了研究，其成果今天仍有很大意义，见表 6-4。

表 6-4 培训项目的评估方法

我想知道什么	衡量什么	衡量项目	获取信息的方法	获取信息的替代方法
学员是否满意？ 如果不满意，为什么？ （1）概念不相关； （2）培训场所设计； （3）学员安排的不合适	学员培训期间的反应	学习的轻松程度	学员的评论、对培训师的评论、对练习的评论、对练习的行为方式的评论	观察、面谈、问卷
	学员培训之后的反应	“值不值”、相关程度或者学习动力	对项目的行为方式、关于项目概念的问题	观察、面谈、问卷
教学素材是否让学员接受了概念？如果没有，为什么？ （1）培训教室结构； （2）课程：表述，例子，练习	学员培训期间的表现	理解、应用	学习期间做练习的成绩、表达	观察、文件检查、面谈、问卷
	学员培训结束时的表现	理解、应用、设施、内容的衔接	未来的行动方案、做练习时使用的工具、表达	观察、文件检查、面谈、问卷

续表

我想知道什么	衡量什么	衡量项目	获取信息的方法	获取信息的替代方法
所学习的概念是否被应用？如果没有，为什么？ （1）概念：不相关，太复杂，太含糊； （2）工具不合适； （3）环境不支持	绩效改进计划	分析、行动、计划、结果	讨论、文件、结果	观察、文件检查、面谈、问卷
	解决技术难题	提出的问题、计划的行动、采取的行动	讨论、文件、结果	观察、文件检查、面谈、问卷
	完善管理方法	宣传的努力、语言、人员管理程序	讨论、文件、会议	观察、文件检查、面谈、问卷
概念的应用是否积极到影响了组织？如果没有，为什么？	难题解决	问题的识别、分析、行动、结果	讨论、文件、结果	文件检查、面谈、问卷
	危机的预测和预防	潜在的危机识别、分析、结果	讨论、文件、结果	文件检查、面谈、问卷
	绩效衡量具体到一个特定的培训项目	产出的衡量或者诊断的方法	业绩数据	文件检查

2. 培训评估的层次

1959 年唐纳德·科克特里克（Donald Kirkpatrick）提出了四层次框架体系（four level framework）来进行培训评估，见表 6-5。

表 6-5　四层次评估模型

层次	标准	内容	要点
一	反应	学员的直接感受	学员是否喜欢这个项目；进度、难度是否适中；讲授过程是否清楚、生动；是否愿意介绍朋友参加这个项目
二	学习	知识、技能的掌握程度	对新知识和新技能是一般地了解、能谈论还是系统全面地掌握，会用于实际问题的解决
三	行为	工作行为的改进程度	是否学会和习惯了新的工作行为；不良工作行为是否消除或减少
四	结果	工作业绩的提高程度	生产效率提高了多少；成本下降了多少；次品率下降了多少

按照四层次评估模型，作为培训的主体——培训对象，可将对他们的评估划分为反应层、学习层、行为层及结果层。

1）学员的反应层面的评估

反应层面的评估表现在学员对培训活动的反馈。其主要内容包括以下三个方面：第一，学员对培训内容的反馈。培训内容是否有用、清晰、有趣，培训的速度是否适当。第二，学员对培训师的反馈。培训师对教学内容的控制能力如何，讲课方式能否调动学生的积极性等。第三，学员对培训教学过程中后勤保障情况的反馈。例如，教学设备是否齐全，教室环境是否良好等。

2）学员的学习层评估

学习层的评估体现在学员的考核成绩评估。其主要内容包括以下两个方面：第一，通过书面考试或诊断测试衡量学员知识掌握的程度；第二，通过面谈、观察、模拟环境测试、工作实例测试等衡量学员的技能掌握程度。

3）学员的行为层评估

行为层的评估体现在工作表现的评估上。工作表现的评估有一定的滞后性，但却是评估中至关重要的一步，因为它关系到员工是否将培训所学的知识和技能运用到工作中，转化成能力。其主要的内容包括：第一，通过观察法，考察学员在培训后的工作表现；第二，通过比较的方法，比较培训前后学员的工作表现；第三，通过问卷调查或面谈的方法，总结学员培训前后的行为变化。

4）学员的结果层评估

结果层评估体现在工作绩效的评估上。其内容包括两个方面：第一，客观质变测量法，即确定一系列的考察标准，以判断员工在培训后，其工作绩效等级是不是提高了；第二，主观衡量法，即以部门主观和员工的主观观察为基础，感觉并发现员工个人及组织在绩效方面的变化。

三、建议和展望

（一）完善培训的法制建设

法制建设的目的在于：第一，确定培训是组织的人员的权利之一，一方面保障组织的发展，另一方面也可形成一种竞争激励机制；第二，明确培训为组织人事管理的一项重要的任务；第三，完善组织的培训体系。

（二）培训种类的新划分

培训的种类很多，根据目标不同可分为初任培训、在职培训、晋升培训及专门业务培训。但是仅根据目标划分培训种类是不够完善的，下面根据培训对象来划分，可分为基层人员培训、中层次人员培训、中高层次人员培训及高层次培训。划分依据见图 6-5。

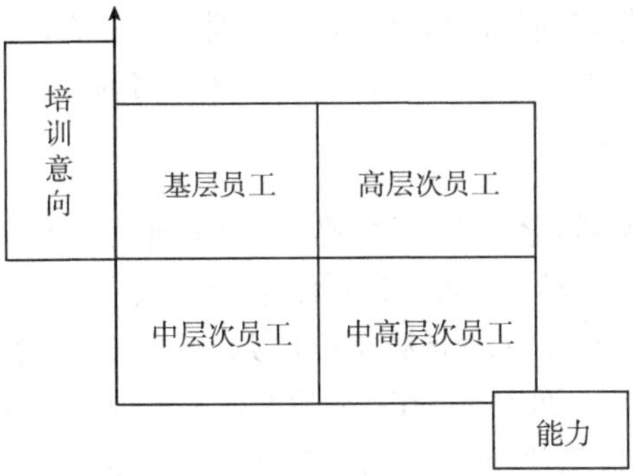

图 6-5 培训对象划分依据

1. 基层员工

基层员工表现为现有能力不足，但是有强烈的培训意向。基层员工主要包括新员工、边缘员工、一部分核心员工。新员工对组织环境不熟悉，更谈不上认同组织发展战略，但是他们对组织有好奇心，有强烈的学习欲望。故应提供新员工导向培训，向新员工介绍组织情况和组织文化、工作任务和职责、组织的规章制度等，使得他们适应组织环境，尽快达到组织岗位所需要的技能和能力。对于边缘员工，应该分析其边缘化的原因，是因为技能不足还是员工态度问题等，然后，有针对性地提供在职培训，即对在职的员工开展各种知识、技能、能力和态度的培训活动。通过培训，提高他们对组织的认同，提升自身能力，增强他们的自信，有利于他们结合组织发展规划自己的职业生涯。对于核心员工，普遍指在组织中经历了初步的成长，做事能力强，且他们希望得到晋升，培训欲望强烈。应该具体分析其培训需求，开展员工职业生涯开发培训，即通过各种教育、培训、咨询、激励与规划工作，帮助组员工开展职业生涯规划与培训的工作，使得个人目标与组织目标联系起来，培训该类核心员工对组织的责任感和献身精神。

2. 中层次员工

中层次员工表现为现有能力有待提高，而且培训意向不高。中层次员工办事能力强，技术层面的技能已经很成熟，管理层面的技能还需进一步的提高，但是由于工作任务繁重，他们对培训的态度趋于消极。这时培训应侧重于工作急需的技能、中层次员工的兴趣、中层次员工的职业生涯开发。

3. 中高层次员工

中高层次员工表现为现有能力很高，但是培训意向不高。中高层次员工在技术和管理层面的技能都已经成熟，但是与中层次员工一样，他们的工作任务过于繁重，导致较低的培训意向。这时的培训也应该侧重于中高层次的兴趣，用研讨、交流、案例研究、角色扮演、互动小组讨论等方法，使得他们建立正确乐观的管理心态，更新知识和技能，增强处理人际关系与团队合作的能力等，进而改善工作绩效。

4. 高层次员工

高层次员工表现为现有能力很高，而且培训意向很高。高层次员工属于公司的领导者，他们需要站在组织战略的角度思考问题，面对组织的内外部环境的变化，他们要及时地引导组织变革和调整组织战略。他们希望培训能带来新的思想。

总的来说，培训应根据培训目标和对象制定培训方式方法，才能将培训效果最大化。再根据不同的培训对象的急切及实在的需求，找到合适的培训方法。

（三）培训方法的创新

当前，传统面授培训存在转化率低、成本高昂、覆盖能力有限等弊端，而传统数字（化）学习（E-Learning）则面临缺乏互动、学习效果不佳等问题，各类组织都在寻找新的出路，而新式培训技术将是必然的选择。同时，无论是从成人学习的本质来看，还是从提升学习效果的角度出发，混合式学习都是大势所趋，而大规模在线开启课程（massive open online courses, MOOCs）作为采用混合式学习理念与方法论开发的在线学习资源，必然是组织一种新出路、新选择。

1. MOOCs 的概述

一般认为，MOOCs 课程模式起源于互联网的开放课程。MOOCs 是指利用网络自由、免费取得学习资源的大型开放式网络课程，课程学习没有人数、学籍的限制，并且可以形成社群互动；MOOCs 的核心是社会化学习，是基于网络的以连接、沟通、分享和创新等为主要活动的一种新型学习方式，是通过协作共享空间寻找、消费、创建和贡献信息的新范式。

2. MOOCs 的优势

MOOCs 更容易引发人们的学习兴趣，提高学习效率。MOOCs 能让培训的设计与运营采用混合式学习理念与方法进行，实现学员学习体验和参与的高度关注。例如，每一段视频都在 10~20 分钟，甚至更短，能照顾到容易分神和时间不够的人，利于上班族利用上下班等车、坐车的碎片时间搞定学习；学员在学习过程中还可随时提问，由培训师给出建议，也可组建学习小组互动启发，启发新的思考。

MOOCs 是符合现代员工的学习方式和企业培训的方式。随着越来越多的优质 MOOCs 资源出现，企业可以更低的成本、更多的选择去满足员工个性化的培训需求。MOOCs 作为一种创新性的教学方法，高度重视学习者的参与互动（包括团队协同），符合组织对员工的要求，有助于提高员工学习效果，提高知识更新的速度，从而提升组织竞争力。

（四）外包培训

推进组织培训的市场化，能够使得培训多样化，增强其适用性。外包培训并不是一个新的概念，在当今市场竞争下，各种专业化的培训建立，使得外包培训越来越受到重视。外包培训指由社会上的培训机构来实施培训，主要是各种专业管理领域，如现场管理、采购管理、财务管理等。其优点在于专业化水平高，技术手段先进，可使得培训对象开阔新的视野，也使得组织将难以独立完成的培训顺利完成，并取得良好的培训效果，通过培训改进组织存在的问题，使得组织可持续的发展。其缺点在于外部培训机构对组织状况不熟悉，很难提供结合组织状况提供有针对性的培训。故在考虑是否选择外包培训时，组织应考虑以下三个方面：第一，组织是否能独立地完成该项培训；第二，基于经济学的角度，运用成本-收益的方法预测该次培训的重要性；第三，培训机构对组织情况的了解程度。

[思考题]

1. 如何理解录用的原则？
2. 比较分析内部招募与外部招募的优缺点？
3. 规范的录用程序是怎么样的？
4. 培训的需求分析的内容有哪些？
5. 如何开展案例研究这种培训方法？
6. 培训评估的内容包括哪些？

[案例分析]

红旗轻工设计院选拔干部

红旗轻工设计院是我国一所历史较长的大型设计单位，拥有 800 多名工程技术人员。该院二室共有 15 位成员，办公室主任张弛是为经验丰富的高级工程师，他手下还有 3 名高工和 11 名较年轻的工程师和助理工程师。张弛知识渊博，为人正派，深受同事们的爱戴，在室里享有较高的威信。在他的带领下，室里同志团结协作，各方面工作一直都能较好地完成，多次受到院部的表扬和嘉奖。

不久前，老张被市里调到开发区一家正在建设中的大型企业负责引进技术、设备的工作去了。至此，二室主任一职暂告空缺，亟待添补。室里的同志纷纷猜测，都相信新任室主任准从本室选拔。有人提出，是否可以在室内公开选聘？多数人认为，室内有这样的人选，大家都相互了解，是否可以通过选举产生呢？但究竟哪一位将担此重任呢？当然会是三位资深的高工之一了。

室里舆论普遍认为高工王伟的希望最大。王伟45岁，三人中最年轻，符合年轻化的要求，王伟从美国麻省理工大学博士毕业后回国，五年多来，业务能力最强，富于创新精神，设计工作一直非常的出色，他带领团队做成的设计项目中有三项已获得院部颁发的优胜奖，有一项获得市里的特等奖。他尊重室里的同事，并能够主动与大家协作，多次成功组织几次攻关项目。室里的同事认为他是最理想的人选。但是个别同志也很担心，他直言不讳，对院里一些领导的工作作风提过不少意见，可能“得罪”过院部某些领导。而且，室内另外一名高工李祖德的竞争力也不容忽视。李祖德，49岁，虽然业务平平，但是和院部私交颇深，他们是同乡，同时调来本院，平时来往密切。这一优势是高工王伟无可比拟的。室里同事认为第三位高工刘仰机会最小。刘仰，54岁，来本院工作近30年，业务能力尚可，但是没什么创造性。此人四平八稳，从不与人争吵，是位有名的“老好人”。不过，他过各级领导都恭顺谦卑，只要领导叫他干的，他总是一声不响地去干，因此，他与院里的领导的关系都较好，在领导眼里，他是个“听话”的人。但是，这些却在院里引起了不少人的非议。

好几天不见院里有什么动静。这期间，李工和刘工表现的特别卖劲，对室里的人也特别和气，并经常设法打听别人对室主任人选的猜测和议论。而王工则无任何异常表现，他一如既往地工作着。有人跟王工开玩笑说：“老王，您要是升官了，升官后要请我们大家吃一顿啊！”王工谦虚地说：“工作都是大家干的，我有何德何能能当室主任啊？当然，如果大家和领导要我干，我也会尽力的。”

一周后，院里下达了正式任命，任命刘工为二室的主任。这实在出乎大家的意料，在室里引起了很大的震动。刘工当然喜形于色。他认为这不仅是自己运气好，而且是他一贯“听话”“敬上”的努力所致。王、李两位虽然面带微笑，但总觉得不太自然，而其余的人多表示：“不可理解，不可思议！”

没过几天，院长把刘工召过去，布置给二室一项为内地某省设计一家中型造纸厂的任务。这厂地处穷乡僻壤，设备又是国产的，显然属于一项没“油水”的苦差。老刘思索良久，才去找老李，说：“老李，院里下达这个任务很重要，我看你就接了吧，反正你手头的任务马上完成了。”老李说：“对不起，这活我可干不了。我手头的这个项目虽然快结尾了，但是还有不少问题，一时还很难解决的。你还是让老王去干吧？”于是，老刘又硬着头皮去找王工：“老王，院里下达了一项支援内地建中型造纸厂的任务，任务紧迫，独立性强，我想非你才能担此重任了。”老王不假思索地说：“刘主任，你知道的，我手头的一项任务也是十分紧迫的，而且只干了一半，我怎么能离开呢？你叫老李吧？”老刘面政难色：“老李说他还有许多扫尾的问题要解决。”老王也不客气，说：“那么，老刘，那就只能老兄你自己额，你身为室主任，理当身为表率，你手头目前又没任务，只有你自己去担当此重任了。”老刘语塞，不声不响地走掉了。

几天后，老刘召开室里全体同志会议，宣布院长的一项新指示：“我从院长那里知道，给我室一个新的项目，设备要从美国引进，项目开始和进行过程主观能动性都要到美国去，院长和我商量，决定为李工专门配备一位外语学院毕业的英文翻译。”这时屋里不禁哗然。几个年轻业务尖子再也按捺不住了，纷纷提出质问：“为什么不让王工去？王工业务能力强，英语好，对美国又熟悉，如让他担任此任务，出国不用翻译，又为国家节省了外汇。”老王自己也感觉不可理解，他转身拂袖而去，门“砰”的一声带上。接连两三天，王工和几位年青的业务骨干均告病未来上班。

等到王工和几位年轻的业务骨干来上班时，刘主任搬来院长，院长对他们不但不问生病、身体情况，劈头就大声批评：“你们也真不像样，都一起生病了，是真的生病还是假生病，不管怎么样，都一律扣一个月的奖金。”不等院长说完，王工第一个站起来说：“院长不用扣奖金了，工资我都不要了，此处无留处，我自有他去处，这是我的离职报告。”紧接着，几个业务骨干也一起纷纷递交了他们的离职报告。随后，他们便离开了，到了一家乡镇企业去了，他们在哪里心情愉快，均得到重用。他们的收入也比原来高出三倍多呢，他们搞出了几项设计，还使得这个设计院望尘莫及呢！

（资料来源：http://www.docin.com/p-312840367.html）

[案例讨论题]

1. 试分析红旗轻工设计院院长选聘干部的标准。
2. 如果你是该设计院的院长，你会如何选择，为什么？
3. 该设计院在人事管理上主要存在什么问题？该如何解决？

CHAPTER 7

第七章　人事变动与流动管理

[内容提要]

人事流动直接关系到组织发展和企业运行绩效的实现，有效进行人事变动和员工流动管理的最终目的是能够充分调动在岗员工的工作效能，保证组织柔性，全面实现企业利润和组织绩效，适应社会经济的发展需要。

本章较全面地介绍了关于员工流动的概念和特点，并基于不同的组织形式对企业员工和公务员人事变动的有关问题进行介绍，最后基于当前公务员流动存在的问题和完善对策进行了探讨。

[学习要点]

1. 掌握员工流动的基本内涵；
2. 理解员工流动的原因；
3. 掌握公务员流动的内涵、类型、衡量指标和内在矛盾；
4. 了解公务员流动中存在的问题；
5. 掌握公务员流动的优化策略；
6. 理解企业员工流动的基本理论和政策含义。

第一节 员工流动管理概述

人力资源作为组织的第一资源对组织的生存和发展起着举足轻重的作用，人才是组织最宝贵的财富。然而，在今天这样一个经济迅猛发展的时代，许多企业都面临着人才约束的发展难题，这就引发了激烈的人才抢夺战，加剧了组织人才的流失。近年来，很多国家都出台了一系列吸引人才的政策，如美国撤销了对外国科技人员在美国工作的限制，英国对信息技术人才放宽了“劳动许可证”制度，芬兰则对掌握高科技的外国人降低税率等。早在20世纪初，西方学者就开始研究企业员工的离职行为。长期以来，这一直是学界和企业实务界关注的热点，并提出了一系列理论用以指导企业人力资源管理实践活动。而在我国，一直到20世纪90年代左右才开始进行人才流动方面的研究。1997年有关我国国有企业人才流失的调查就表明：“国有企业人才流失数约占企业职工总数的5%，约占企业人才拥有量的40%”；“国有企业接收的大学毕业生在两年内即流失60%左右”。

和新加坡、韩国、马来西亚等亚洲国家一样，整体来看，中国员工的离职现象也很严重。我国加入WTO以来，跨国公司纷纷跻身中国市场，并大举实施“人才本地化”策略，造成了劳动力市场流动的进一步频繁化。此外，国企与国企之间、国企与民企之间的人才争夺也日趋激烈。据北京外企太和企业管理顾问有限公司2003年以来对国内30多个行业、近600家企业的调查发现，国内的人才流动率在不断上升，平均速度超过10%，而且还有加速流动的趋势，其中国企的流动率超过15%。可见，人才资源正成为企业最重要的发展瓶颈之一，因此有必要对员工流动问题有一个全面深化的认识。

一、流动的概念及特点

劳动力的流动包括劳动力的地理流动、职业流动和社会流动三大类型，组织员工流动属于其中的第二类——劳动力的职业流动中的一种（图7-1），它本身又可分为“组织内部流动”和“组织外部流动”两种情况。

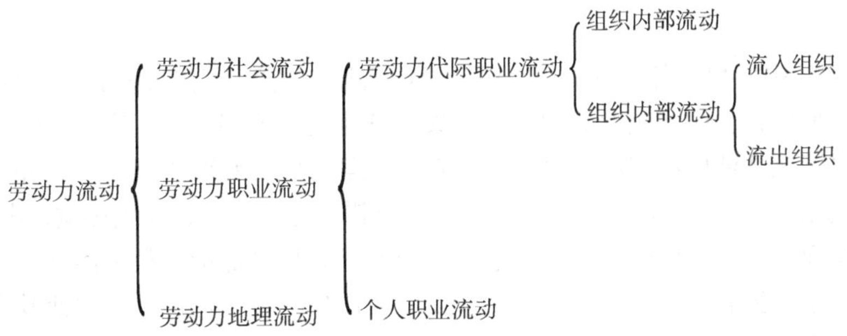

图7-1 劳动力流动的分类

“组织内部流动”反映的是员工在组织内部不同部门、不同岗位之间的流动。“组织外部流动”既可以是组织以外的人员流入组织，也可以是组织内部的员工流出组织。“员工流出组织”一般指“辞职”“解雇/除名”“退休”等，具体来说，针对国企还应包括员工在组织之间的工作调动，即“外调”。它与“辞职”有所区别：“外调”通常属于组织安排，由组织按一定的程序将员工的劳动关系从一个单位转移到另一个独立的单位，员工的去向也是明确的；而“辞职”又通常被称为“主动离职”——“从组织中获取物质收益的个体终止其组织成员关系的过程”，辞职的员工与组织解除了劳动关系，之后可能在家待业，可能去求学，也可能到别的组织就业，对组织来说其去向并不确定。“辞职”同样是指由员工主动提出的离职行为。对于“解雇/除名”和“退休”，因为前者主要由组织方面做出决定，基本上是由组织掌握和控制的，而后者属于自然流出组织，直接受年龄影响，原因比较明确，也不是研究的重点。综上所述，狭义的“流动”是指限于员工在组织内部流动和员工在组织外部流动中的外调和辞职。

二、员工流动对组织发展的影响

员工离职不管是对社会、组织还是离职者本人都会产生或大或小的影响，所以着重分析离职对组织产生的后果十分重要。员工离职对组织最明显的影响就是给组织带来运行成本和效率的损失，如曾投资在离职员工上的各种培训费用、未找到接替者以前的岗位空缺带来的损失、寻找接替者所用的招聘广告费、对应聘者的面试评价所用的时间、接替者上岗前的适应性培训以及接替者在熟悉工作前的低生产率带来的损失等。员工离职成本既有直接成本，也有间接成本。美国管理协会（American Management Association, AMA）的报告显示，替换一名员工的成本至少相当于其全年薪酬的30%；对于技能紧缺的岗位，此项成本相当于员工全年薪酬的1.5倍甚至更高。总体来说，离职总成本归纳为分离成本、招聘成本、选拔成本、雇用成本和生产率损失成本五大类（表7-1）

表7-1　离职成本类型

分离成本	招聘成本	选拔成本	雇用成本	生产率损失成本
离职面谈访问者的费用、离职面谈本身的、费用、工本费、解除契约方面的费用	广告费，代理费，中介费，应聘者、招聘者的交通费，招聘者的时间	人力资源部面试、企业经理面试、核实应聘者的背景、情况产生的成本	行政管理费、安置费、合同约定的红利、上岗前后的培训费、制服费、信息资料费	空缺成本，离职者离职前的生产率损失，接替者的失误、浪费成本

资料来源：Hinkin T R, Tracey J B. The cost of turnover. Cornell Hotel and Restaurant Administration Quarterly,2000, 41(3): 14–21

除了表7-1中所列的各项成本，组织还可能遭遇一些更不容易评估的间接损失。如果组织的关键人才离职，会引起企业关键技术流失、商业机密泄漏、企业声誉下降等严重后果。如果组织的关键人才流向组织的竞争对手，双方竞争力的悬殊就更大了。另外，大量的员工离职会导致企业留职者工作满意度下降，其组织承诺、心理契约也受到影响，出现士气低下、人心涣散的局面，产生集体流失的潜在危险。当然，如果是低绩效员工离开组织，反而可以为组织节省成本，提高成本效益比，同时使留职者产生一定的危机感，促使其在竞争中不断进取、不断提高。组织也需要通过员工流动来获得新生力量，为其注入新思想、新观念，增强组织的创新能力。通过员工的内部流动组织可以实现人力资源的优化配置，做到人尽其用，提高员工的工作积极性，有利于员工个人的发展，更有利于组织的发展。员工的流动对组织既有积极影响，也有消极影响，通常其消极影响更大。如果组织能够根据一些确定的因素来预见员工的离职，那么组织就能更好地控制员工的离职行为，通过相应的措施来有效控制员工尤其是高绩效员工的离职，同时有能够保障组织的柔性发展。

第二节 企业员工流动管理

随着社会发展，经济转型和产权结构的多元化，现代企业在多变的环境中面临许多复杂问题，如组织架构、企业文化、员工发展、行业差异化竞争与核心竞争能力培育等。而处于变革地位的人力资源会因为福利待遇、职业生涯、专业技术等方面的因素在企业内部劳动力市场和外部劳动力市场上形成流动，这直接影响到企业和组织的生存与发展，因此对员工流动进行管理，有效控制人员（职位）替换比率变得尤为重要。没有适当规模的高素质员工将阻碍企业战略的顺利实现，但如果冗员较多，不但会增加企业管理上的交易费用，对企业文化建设产生负面影响，同时企业运行的成本也会显著提高。

由此可见，企业为应对外部市场环境及内部经营环境变化，需要对员工流动进行管理，使得员工的流动能与企业的战略决策相兼容，在实现企业发展绩效的同时优化员工队伍建设。但员工流动的管理并不能简单理解为人工成本管理，而是把员工当成耐用的专有性投资品，将员工个人的职业规划与企业的发展需要进行匹配，确保企业发展可持续性。

一、员工流动管理的概述

（一）员工流动管理的含义

员工流动管理是指企业对人力资源的流入、内部流动和流出进行计划、协调和控制，确保企业人力资源的可获得性，满足企业发展需求和员工的职业生涯发展需要。员工流动分为流入、内部流动和流出三种形式。流入形式主要指：外部招聘、临时雇佣和员工租赁；内部流动形式主要指：晋升、降级、平调及岗位轮换；流出形式分为自然流出（如退休、伤残、死亡等）、自愿流出（辞职、主动型在职失业等）、非自愿流出（解雇、提前退休、被动型在职失业）。

（二）员工流动管理的目标

员工流动管理将直接影响企业员工的职业发展、企业竞争力及社会稳定三大方面的问题。为此，员工流动管理要实现如下目标：保证企业顺利获得人才；培养和发展企业在战略执行中所需的人才；能使员工个人职业规划发展与企业战略匹配结合；让员工感到归属感，培养员工忠诚度；构建企业人力资源发展的制度环境；获得最高效的人力资源配置效率。

（三）员工流动管理和企业战略发展的关系

员工的流动直接影响着企业的战略发展，主要从以下几方面考虑。

（1）企业发展的战略目标。例如，以营利为终极目标的民营企业、外资企业等对员工的流动管理方面波动性较大，员工流动较为频繁；而大型央企、国企则除企业本身的利润要求外，需兼顾为社会提供稳定的就业岗位和福利保障等影响，在员工流动管理方面需要兼顾稳定，流动率较低。

（2）企业文化建设的要求。企业文化建设是指企业将自身的发展信念、价值观等进行标准化和可识别化，并在企业内部传播，逐渐形成统一认识，规范员工的具体行为。这种将抽象的企业文化贯彻到员工的具体行为中是一个长时间的过程，如果流动管理没有固定的模式而导致人员规模波动较大的话，则不利于企业文化建设。

（3）对员工能力、忠诚度和归属感的影响。较为稳定的流动管理模式有利于加强企业内部员工的凝聚力和执行力，培养员工的忠诚度和归属感，可以将员工的职业生涯和企业的发展阶段有机结合。如果没有稳定的员工流动率，过分强调对员工的选择而淡化了企业对于员工的培养，使得员工在企业内缺乏动力，容易产生倦怠进而影响企业绩效。因此往往采用外部招聘和内部流动的方式，保持员工流动的总体稳定。

（4）对提升组织运行效率的影响。采取适度的流动管理，尤其是打通纵向的流动管理模式可以为企业内人员创造新陈代谢机能，有利于提升组织活力，有利于企业创新。

二、员工流入管理

（一）明确招聘程序

招聘程序是包括从确定职位空缺、确定招聘策略到应聘者筛选及录用等一系列环节的整个过程。确定职位空缺先明确哪些职位空缺，接着由人力资源管理部门考虑招聘是否是解决职位空缺的唯一途径。通常可以首先采取以下几种方法来考虑解决：第一，现有员工加班。针对阶段性工作量增加或新工作导致短期职位空缺可利用现有员工加班的方法来解决。第二，工作流程的重新设计。梳理是否因流程设计的缺位造成工作上的职位空缺，可以通过工作分析来解决职位空缺问题。第三，将部分非核心工作外包。在短期内，可以将非核心业务进行外包来解决职位空缺。当然，这一前提是非核心业务外包的成本低于招聘成本和新增成本的总和。

（二）制定招聘策略

确定招聘的时间地点和渠道方法，并做招聘信息宣传。员工招聘渠道大致有两种途径：内部招聘与外部招聘。企业内部招聘需要建立员工职业发展规划系统，培养内部人才库，通过培训、岗位轮换和晋升等人力资源管理手段实施。对于员工流入管理而言，外部招聘的渠道和方法是应该重点关注的。

1. 企业外部招聘的优缺点

外部招聘的优点为：应聘人员选择范围大，有利于招纳高素质人才；新员工会带来新技术和新观念；对于外部招聘的高级人才，可以节约企业的培训费用。外部招聘的缺点为：应聘者缺乏对企业的了解，短期内可能难于融入企业文化；企业对应聘者缺乏了解，存在用人失误的风险；内部员工因得不到机会而影响积极性，产生负面情绪影响工作效果。

2. 外部招聘的渠道和方法

外部招聘渠道较多，现代企业通常采取下述几种主要形式：人才招聘会；校园招聘；员工推荐；人才中介机构和猎头公司以及网络招聘等形式，不同的形式具有不同的效率和成本，因此很难讲哪一种形式是最优的，要从企业的实际情况出发来进行判断。

3. 人员筛选

录用对应聘人员的筛选以工作岗位说明书为基础，依据岗位说明书中所描述的各项任职资格来判断应聘人员是否适合，从中挑选出符合岗位要求的优秀应聘者；也要从未来职业生涯的规划和发展来判断应聘人员后续职业生涯发展是否符合企业文化和战略发展要求，作为企业的储备人才。

1）人员筛选的原则

（1）公平竞争原则。公开考核办法及考核程序，采取结构化测试的方法来筛选应聘人员，给予应聘者公平竞争的机会除了能使优秀人才得以显现外，还可以为企业树立良好形象，提高企业对人才的吸引力。

（2）宁缺毋滥原则。企业所聘人员并非需要最优秀的，而是员工的长处匹配岗位需要。同样，也不能简单地用人员填充岗位，造成人力资源配置的扭曲，对企业发展带来更加负面的影响。

（3）双向选择原则。在应聘期间，企业与员工应对职业生涯发展的观念进行交流，遵循以人为本的理念，将所聘员工后续的职业生涯发展与企业发展目标结合起来。

2）人员筛选的方法

首先，筛选主要是通过综合测验、面试及评价中心等方法，考察应聘者的各项综合能力，并了解应聘者的个性特征是否符合岗位需求。其次，通过对应聘者筛选，企业应做出初步的录用人选信息，初步录用人员数多于实际录用人数，企业往往需要留有备用人选，最终由用人部门、人力资源的专业人员以及企业管理者共同讨论做出决定。对未被录用者进行简洁坦率和礼貌鼓励的邮件书面回复是体现企业公众形象、建立良好公共关系网络的重要体现。

三、员工流出管理

（一）员工流出的含义

员工流出主要包括员工自然流出、非自愿流出以及自愿流出（即员工离职）。员工的自然流出，主要指病、弱、残、亡和退休。而非自愿流出主要指解雇和提前退休，其中提前退休通常由企业提出，目的是为了提高企业经营效率，并为年轻潜力员工纵向打开晋升通道。除了员工的自然流出和非自愿流出外，还有自愿流出的形式。当然，员工自愿流出也包括了企业的员工流失情况。而员工流失大致分为两种情况：一种是员工与企业解除法律上的劳动契约关系，如辞职和自动离职；另一种则为主动型在职失业状态，即与企业保持着法律上的契约关系，但实际工作已经脱岗，如停薪留职、待岗等。一般来看，自愿流出是员工流出的主要形式，企业有必要对自愿流出加以管理控制，保障企业的利润实现。

（二）员工流失的管理

控制员工流失是企业人力资源管理质量最为直观的反映，是企业稳定性的体现。企业需要从软环境和硬环境两方面着手对员工流失进行管理和控制。树立“以人为中心”的人力资源管理体系，即员工流失管理的软环境，包括员工职业生涯管理、薪酬福利及培训开发等，形象概括地说，用待遇留人，用事业留人，用感情留人。而通过法律手段及内部规章制度则是对员工流失控制的硬环境，主要是运用劳动法、合同法、经济法及内部规章制度对员工进行约束性控制。

同时，对员工流失进行管理需注意差别控制原则、效率原则以及适度原则。第一，差别控制原则是指对员工流失进行控制时，不能采取一刀切，否则会挫伤员工积极性，如薪酬激励政策。如果不实行差别控制会使得各项工作失去灵活性，针对潜力人才该留则留，对于本该解雇员工则不能迁就，应当机立断，解除劳动契约关系。第二，效率原则。根据员工劳动生产率的高低进行动态化调整员工流入流出，同时针对员工流动过程尽量做到最短用时。第三，适度原则。适度的员工流失率是企业正常的新陈代谢。

第三节 公务员职位变动与流动管理

一、公务员流动的基本内涵

目前，国内主流的研究认为，公务员的流动可以理解为行政人相对于其所任职位的任何位移；从职位的角度讲，公务员的流动则可以理解为职位充任人变更。其主要内容包括调任、考任、职务晋升、降职、转任、轮换、退休、辞职、辞退、开除等。也有部分学者认为，公务员流动是公务员在一定时期内工作性质、地域、领域、职务（称）、岗位在国内或国际之间的变动。

综合以上研究成果，可以得到公务员流动的概念：公务员流动是指在行政系统内外部以及内部之间，依据法定程序和方法，在一定时期内工作性质、地域、领域、职务（称）、岗位在国内或国际之间的变动。公务员流动的实质是人事关系在公务员范畴内的调整。按照不同的划分标准，公务员流动有不同的类型。公务员流动须具备一定的条件，遵循一定的模式。

二、公务员流动的基本类型

公务员流动的类型根据不同的标准，可以分为不同的类型：结构性流动和自主性流动，动编流动与在编流动，宏观流动、中观流动和微观流动，主动流动与被动流动，有序流动和无序流动，空间流动与专业流动，入界流动、界内流动与出界流动等。其中，比较重要的流动类型是以人员流动的空间为主线来分析，公务员流动可以分为入界流动、界内流动与出界流动，这是我们在公务员系统中比较常见的分类。

（一）入界流动

入界流动是指公民通过一定的形式和渠道进入公务员系统，获得公务员的角色，实现人与职位的初次结合。根据《公务员法》的规定，我国公务员系统的入界渠道主要是考任、调任（调入）和聘任。

（二）界内流动

界内流动是公务员管理的一个重要环节，其基本依据是公务员的考核结果。通过各种形式的考核，鉴别行政系统中人与事关系的具体状态和问题。对人的素质和能力超过职位要求（大材小用）、人的素质和能力低于职位要求（小材大用）、专业不对口等情况，用不同的方法分别进行调整，使得各种具体的行政人事关系发生变更。界内流动主要包括垂直流动和水平流动两个向度。

（1）垂直流动，是指公务员由层级较低的职位流向层级较高的职位（向上流动）以及公务员由层级较高的职位流向层级较低的职位（向下流动）。向上流动在《公务员法》中表现为公务员的职务晋升，向下流动在《公务员法》中是指降职。

（2）水平流动，是指公务员在两个同等级别的职位之间的位移，《公务员法》规定公务员交流的方式为三种，即调任、转任与挂职锻炼。

（三）出界流动

出界流动是指公务员流出公务员系统的边界，使行政人事关系归于消灭的一种流动形式，一般包括以下几种具体形式：一是自然流出，指公务员因年龄、身体状况而导致的人员流动出界，《公务员法》中的退休便是其主要形式。二是主动流出，指公务员基于利益比较或兴趣不合而主动要求退出行政系统，通过一定的程序和手续后实现的流出，《公务员法》中的辞职是其主要形式。三是被动流出，指由于业绩欠佳，不符合公务员职业标准或达不到公务员职位规范要求而流出，《公务员法》中的辞退、开除就属于被动流出。有些地方甚至使用“末位淘汰”来促使不达标、不合格的公务员出界流动。畅通流动出口，有利于公务员队伍结构优化和整体素质的提升，有利于打造一支“精兵”。

三、公务员流动的衡量指标

公务员流动衡量指标有多个的，主要包括流动方向、流动空间、流动方式、流动频率和流动规程等。

流动方向，即公务员相对于原职位而言的流动去向，包括水平流动和垂直流动。前面已经做了详细解释。

流动空间，即相对于行政系统而言的人员流动的空间状态，包括人员的入界流动（进入行政系统拥有公务员身份）、界内流动和出界流动（失去公务员身份）。流动空间保证公务员流动管理的择优汰劣。

流动方式，即公务员流动的基本途径。我国公务员流动方式主要有考任制、调任制、转任制、轮换制、挂职锻炼制、辞职制、辞退制等方式。

流动频率，即单位时间内公务员流动的次数。流动频率的高低与流动的数量和流动的速度有关。流动的数量即流量是参与流动的公务员数量的多少，流动的速度即流速是公务员在一定时间内所流过的单位和部门。对公务员流动频率的动态调控有利于保证公务员流动管理的科学性。

流动规程，即公务员流动时遵守的方式、规则、程序等。美国政治哲学家罗尔斯认为，“要这样设计社会系统，使它无论是什么结果都是正义的（至少在某一范围而言）”。流动的规程可以有多种的设计，但公平、公正是其应有的特点。流动规程保证公务员流动管理的公正性。

四、公务员流动的内在矛盾

任何事务的运作都有其内在的基本矛盾，公务员流动也不例外。综合来看，可将公务员流动矛盾加以拓展和进一步分析。主要归纳为三对矛盾。

（一）公务员与实现价值和需要的矛盾

公务员与实现价值和需要的矛盾是公务员流动的一般矛盾。公务员在行政管理的创造性实践中与外部世界发生着关系，其中价值关系是核心，统摄着公务员与外部世界的一切活动，是公务员与外部世界的最高关系范畴。公务员获得全面发展是公务员与外部世界正确的价值关系，它要求社会和组织的发展必须以公务员的全面发展为价值核心，保持自然、社会、组织、公务员的和谐发展。

根据美国学者奥德弗的 ERG 理论，即生存需要（existence）、关系需要（relation）和成长需要（growth），当较高层次的需要一再遭受挫折，得不到满足时，人们就会退而求其次，追求较低层次需要的进一步满足，以达到心理平衡。如果人们在一个环境中一直得不到需要的满足，而从另外一个环境可以得到满足时，人们就会追求后一种环境，以求得需要的满足。对于公务员而言，一个人在不同的发展时期对自身价值、事业和物质利益的理解是不同的，是不断变化发展的，而且永远没有满足。孜孜不倦地追求更高层次的“事业有成”和更大的物质利益，成为人生的根本目的。每个人在综合考虑自身发展、才能发挥、对社会和用人单位的贡献及生活条件和工作条件改善等多方面的因素后，全面衡量流动将给自身带来的利益，进而以收益最大化来确定自身流动与否及其流动的目标取向。这里的收益不仅是物质利益，还包括政治和社会方面的收益，如流动给公务员带来的职务晋升、职称评定机会，使公务员在政治要求进步的愿望得以实现等。

（二）公务员与事的矛盾

公务员与事的矛盾贯穿整个公务员流动的过程之中。公务员与事的矛盾可以从四个维度解释：一是事的总量与公务员总量的矛盾；二是事的类型结构与公务员的能力结构、素质类型的矛盾；三是公务员的发展与事的发展的矛盾；四是岗位（职位）与公务员资格素质的矛盾。 这四方面的矛盾在各级政府中普遍存在，公务员与事表现出对立统一的关系。随着社会的发展，公务员与事都处在变化和发展之中，公务员与事之间的关系则经历着“不适应→适应→再不适应→再适应……”的循环往复的过程。

但是在实际的工作中，公务员与事的具体搭配受到各种限制，如计划的局限和影响、地区分割性局限、不可控性局限和组织文化、环境局限等。而根据勒温的场论，公务员就需要不断地去寻找和创造更适合自己发展的环境和条件，公务员产生“换一个工作”或“换一个地方”的欲望和行动正是其本身渴望寻找一个能发挥自己聪明才智，实现人生抱负的理想场所的表现。这样，流动的趋势总是表现为从收入低、待遇差的地方和单位向收入高、待遇好的单位和地方转移；从工作条件差、发展机遇少的地方向充满机遇、工作条件好的地方转移；从人际关系紧张、冷漠的地方向人际关系和谐、社会环境宽松的地方汇集；从以权代法，歧视、排挤和迫害人才的地方向人才基本权益有保障、人才备受重视和尊重的地方流动。

（三）公务员与公务员的矛盾

公务员与公务员存在着个体差异，他们之间无论在智力、体力、知识、技能方面，还是在兴趣、爱好、志向、信念、价值观、作风方面，都有自己的个性特点。如果通过合理的搭配，取长补短就能形成整体优势，实现组织目标，可表现为：知识互补，技能互补，性格互补，年龄互补，关系互补和性别互补等。各种素质的模糊集合使公务员的特征呈现出千姿百态，形成“横看成岭侧成峰，南北东西各不同”的现象。而要实现这种合理的搭配，必须通过公务员的合理流动来逐步实现。同时，正确处理好公务员之间的配置问题，也有利于组织的创新和变革。根据卡兹的组织寿命理论，通过公务员的合理交流，可以实现公务员之间的合理配置，可以促进信息、知识、年龄等方面的交流，从而促进行政组织的优化。

五、公务员流动的外部挑战

当前，我国与西方发达国家一样都处于复杂多变的国际环境下，经济全球化日益加强，国际竞争日趋激烈，信息化、民主化浪潮涌动，世界经济社会迅猛变化，这些都给我国公务员流动带来了更严峻的挑战，要求与时俱进。与此同时，我国市场经济体制的建立完善，政治-行政体制改革的深入，都对公务员流动管理提出更高的要求，这些都成为我国不断加强公务员流动管理的外部动因。

（一）市场经济的发展对公务员流动管理提出挑战

在现代社会中，经济发展与人才流动之间的互动关系表现得越来越明显。一方面，经济发展的客观需要是人才流动的根本原因，人才流动是经济发展的内在要求。人才作为生产力最能动、最先进的要素，人才自身的结构和布局，人才与其他生产要素的组合关系，都必须根据经济发展的客观需要适时调整。另一方面，人才流动促进经济发展，公务员流动管理与经济发展之间存在着密切的关联。尽管不能绝对地认为公务员流动管理与经济发展有对应的正比例关系，但如果有一整套科学高效的原则体系并与经济基础相适应，就会推动经济的成功，反之则会阻碍经济发展。

当前我国正处于市场经济体制逐步完善的时期，通过深化体制改革，整顿和规范市场经济秩序，健全现代市场经济的社会信用体系，打破行业垄断和地区封锁，促进商品和生产要素在全国市场自由流动，统一、开放、竞争、有序的国内大市场逐步形成。随着市场在资源配置中的基础性作用的充分发挥，要求我国政府转变职能，从对经济的微观管理转向进行宏观调节、市场监管、社会管理。这必然要求公务员流动管理及其运行机制的迅速创新，要求推出新的行政管理模式以及更规范的公务员行为方式，以适应并促进市场经济的发展。

（二）政治行政体制改革的深化对公务员流动管理提出挑战

当前我国包括行政体制在内的政治体制改革正逐步深入，包括发展民主，健全民主制度，丰富民主形式；加强法制，坚持依法治国；改革和完善党的领导方式和执政方式，建设科学民主的决策机制；完善权力制约和民主监督制度等。加强民主和法制，离不开科学的选人用人制度。加强公务员流动管理，依法对公务员进行管理又是民主与法制建设不可或缺的内容。目前用人上的腐败是最大的腐败，人民群众反抗强烈的“跑官要官、卖官买官”等腐败问题的重要原因就是公务员流动管理缺少健全的规则和有效的监督。因此在公务员流动管理方面必须进行革新，优化规则，并加强监督制约。

（三）经济一体化对公务员流动管理提出挑战

我国加入 WTO，就意味着我国已参与到世界经济一体化当中，在 WTO 的规则下，与各国展开激烈竞争。具体来说，首先，在经济全球化的背景下我国公务员流动面临新的机遇和挑战。经济一体化对公务员的能力与素质提出更高的要求，它要求有一支精通 WTO 规则和市场经济法则，熟悉国内经济情况和国际经贸，善于协调和服务的高素质的公务员队伍。这必然要求政府能够提供一套良好的公务员流动管理机制，并以能力建设为核心加强管理和培养。其次，我国公务员流动管理过于刻板和僵化。因此当前公务员流动管理制度必须完善，使其能成功应对“加入 WTO”带来的挑战。同时，也应当注意，随着经济全球化进程的加快，国际公务员的流动也日益引起人们的关注，公务员安全也处于核心地位。因为在经济全球化的竞争中，政治、经济、科技、国防信息安全固然重要，但掌握这些机密安全的是影响领导人决策的政治精英和掌握先进技术的科技精英，一旦这些人才流失，将会对我国的国家安全造成巨大威胁。因此，不断加强公务员流动管理日益成为迫切要求。

六、公务员流动的基本特点

公务员流动和其他人才流动一样，有其自身特点。结合其他人才流动的特点和公务员流动的实际情况，公务员流动具有经济利益驱动性、动态适应性、能级对应性和行政文化导向性。

（一）经济利益驱动性

物质资料是人类生存发展的基本必需条件，也是人才流动的基本动力因素。改革开放和市场经济体制的实施，打破了我国人才流动的禁锢，理想、信念、觉悟虽可以作为意识对物质产生反作用而影响人才流动的趋势、方向，但如果流动的单位不好，尤其是流动到基层，条件艰苦，工资待遇不高，很多的人就不愿意去，除非是强制流动。

（二）动态适应性

所谓动态适应性，是人与事之间存在着相互制约、相互促进发展变化的规律性。在公务员流动开发中，公务员与事的不适应是绝对的，适应是相对的，从不适应到适应是在运动中实现的，是一个动态的适应过程。学用不对口现象普遍存在：用非所学，用非所长。尽管在招考和录用时考虑到这个因素，但科学技术和职业技能的提升，长与短发生相对转化，仍然造成公务员能级与岗位能级不符。从动态适应原理出发，应该把人事调整作为一种经常性的任务抓好，权变地对待公务员人才资源的开发。这包括：岗位的调整——设岗数、岗位职责的变化；人员的调整——竞争上岗，平行调动，一人多岗，一专多能，有序流动；动态优化组织——组织、机构人员的优化。

（三）能级对应性

能级对应性是指承认公务员具有能力的差别；公务员流动的能级要求按层次建立和形成稳定的组织形态。政府部门的上层、下层职位，对公务员素质能力的要求不同。领导层要求很强的决策能力和丰富的管理知识；管理层要求很强的管理能力和一定的决策能力；监督层要求较强的管理能力和丰富的操作知识；而操作层则要求很强的操作知识和能力。由于公务员素质能力千差万别，实现能级对应十分复杂而且处在动态之中。

（四）行政文化导向性

行政文化是增强组织凝聚力的根本动因之一，提高政府部门的凝聚力是公务员流动管理中一个关键环节。因此，必须积极增强行政文化凝聚力。一般而言，政府部门的凝聚力强，才能吸引公务员和留住公务员，才有竞争力。凝聚力包括：一是政府部门对公务员的吸引力，或公务员对组织的向心力；二是政府部门内部公务员与公务员之间的吸引力、黏着力。总之，一个政府部门的凝聚力，不仅取决于外在的物质条件，而且取决于内在的共同价值观。

七、公务员流动的基本功能

公务员流动具有十分重要的社会功能，有效的公务员流动管理是促使行政职位与行政人员之间科学耦合的动态化、经常化，化解或消除人与事关系冲突的基本保证。公务员流动提高行政系统内部各层级之间的整合度，解决公务员管理中的“选择认同”矛盾，有助于公务员系统新陈代谢功能的实现，提高和优化行政组织的活力与效能，有助于充分发挥公务员的个体贡献。综上所述，公务员流动管理具有以下功能。

（一）有利于促进公务员自身价值的实现

根据美国奥德弗的 ERG 理论，当较高层次的需要一再遭受挫折，得不到满足时，人们就会退而求其次，追求较低层次需要的进一步满足，以达到心理平衡，这就需要人才流动的发生。同时，大量中外人事管理经验表明，五年之内仍然没有人才流动，人才为追求价值需要的动力就会明显减缓，发生个体能献隐性萎缩和显性萎缩的可能性就加大。而合理有效的公务员流动管理，可以促进公务员流动到新的适当职位上，以对行政系统和社会做出更大的贡献，促进公务员创造性发挥,促进公务员合理价值需求的实现。

（二）有利于优化公务员人才资源配置

公务员与事之间的关系则经历着“不适应→适应→再不适应→再适应……”的循环往复的过程。而不同公务员事务对人才的选取、配置、使用、调控等活动是不同的，同时人才类型也各不相同，不同的事务对人的选择功能和人对具体事务的认同意识常会存在着矛盾和差异。解决这一矛盾的重要手段就是合理地进行人员的流动。科学的人员流动管理，可以平衡和优化组织内部的人员配置，真正使得“人得其位适其职，事得其人竟其功”。

（三）有利于提高行政组织效力

公务员的个体差异不同，要实现公务员的合理有效搭配就需要合理的公务员流动管理，而这一矛盾的解决也会促进行政组织效力的提升。根据卡兹曲线原理，任何一个组织，如果在其诞生之后大约五年之内没有任何的人员流动，那么这个组织的功能就会由盛转衰。解决问题的办法不外两个：一是对组织进行重组；二是让组织成员个体进行流动。前者只能偶尔为之，因为大规模的重新组合容易导致组织的不稳定；后者则具有经常的现实性和操作性，这就需要有科学的人员流动管理，以刺激组织永葆活力和不断提高效能。

第四节　公务员流动存在问题与完善对策

一、公务员流动存在的问题

我国在公务员流动管理方面做出了很大努力，国家公务员流动的空间不断扩展，方式和渠道日渐多样化。这极大地鼓舞了国家公务员的流动热情，增强了他们的流动信心，加快了他们的流动步伐。但审视这一时期我国公务员流动的态势，可以发现公务员流动还存在许多问题。

（一）公务员流动方向单一，趋利流动明显

我国改革开放以来体制内的分化主要是以单位为边界的分化，不同单位之间差距拉大的同时，单位内部的平均主义则一直没有消除，也就是说，一个人一旦进入一个好单位，就能“水涨船高”，获得比在其他单位更多的利益和机会。因此公务员尽量追求好的“单位身份”，以期获得一份较高的“单位收益”。趋利流动的取向，使得我国西部地区及一些贫困落后地区的有知识、有能力和有素质的干部都尽量向发达地区集中，导致了公务员的“盲流”和“逆流”现象，加剧了这些地区人才缺乏的局面，严重制约了这些地区的社会进步和经济发展。这种趋向严重导致了公务员跨单位流动难，跨行业、跨部门、跨地区流动更难，部门本位主义、地方本位主义等不正常现象随之发生。

（二）公务员入口管理科学有效性有待提高

公务员入口管理不够合理表现在公务员录用机制的一定失效性。这些问题主要集中在以下方面。

（1）笔试命题质量不高，缺乏针对性。笔试命题形式单一，试题类型不够全面，试卷结构、题型、分值分布、考察点的规定等方面缺乏规范性、科学性，影响了考试的区分功能；笔试内容重知识、轻能力；重公共科目知识，轻专业科目知识；考试所用教材常识性知识所占的比例较大，理论与实践的结合点少。由此导致了考察机械记忆力，出现高分低能，把一些专业知识水平较高而记忆力较差的人拒之门外。

（2）面试水平低，缺乏准确性。一是面试考官素质低，多是一些没有经过专门训练的政府官员，他们往往把面试的测试点放到自己的工作经验或工作偏好上，不具备运用现代考试技术与方法的能力；二是面试中测试项目的选择、测试标准的设计以及情景模拟、专业技术测定缺乏科学性与规范性。因此，面试的科学性有待进一步提高。

（3）人才流入的渠道有待进一步拓宽。目前我国《公务员法》对进入公务员队伍规定了多种渠道，为加强公务员队伍建设提供了良好的保障。但当前人才竞争呈现全球化、信息化、市场化趋势，我们还必须进一步拓宽引进渠道，在更大范围内选人用人。

（三）公务员内部流动缺少活力

目前我国正处于人才流动的第四次高潮，人才在流动规模、流动方式、流动数量等各个维度上都得到了强化。当前中国人才流动呈现出三大特点：第一，人才流动数量大，范围更广；第二，人才流动比率提高、频率加快，流动层次提高；第三，人才流动的全方位性，随着人才市场化改革的持续推进，我国人才流动从以往以管理体制变革、企业制度差异为主要驱动力的流动转向以市场机制导向和驱动力的流动，人才市场主体的平衡会经常被打破，重新选择和交易会不断进行，加之人才市场的供求矛盾和人才竞争，就会形成组织和人才之间博弈的局面。但是，反观公务员流动，却与国家人才流动大的格局不相吻合。根据东部沿海地区的《南方日报》报道，公务员的流动率在 1.25% 左右，而企业人才流动率达 10%。

美国著名经济学家 C.A.摩尔根曾经提出“一般只要有 10%~15% 的不同层次的人处于流动状态，就可以达到一切实际目的”。许多发达国家的公务员人才流动都超过 10%，美国达到 20% 左右，而我国 1993~1998 年 5 年间，通过各级政府人事部门实现流动的人才近 700 万人，其中国有大中型企业引进人才 130 多万人，农村和乡镇企业引进人才近 140 万人，三资企业引进人才 175 万人。而政府机关的大多数人仍停留在原有体制的惯性中。如此之低的公务员流动率不仅与发达国家的水平相去甚远，也难以满足国内社会和经济进一步向前发展的需要，不利于公务员人才资源的最优配置和社会经济的迅速发展。

（四）公务员出口管理有待完善

根据人才流动的饱和度趋衡定律，对于一个组织而言，由于组织环境与自身管理状况经常处于变化之中，因而人才饱和度也经常发生变化。当组织人才饱和度在组织系统中相对较高时，该组织总体表现出人才的外流倾向。目前，我国一些政府部门人员出现饱和趋向，但是人才的流出却不能畅通，流出管理制度还不十分健全。这主要表现在以下三方面。

（1）退出观念不正确。一些公务员认为“不犯错误不下台”“退出必定犯错误”，完全没有权利义务观念。同时，所在单位也会对退出公务员存在歧视。

（2）退出机制不健全。公务员出口管理法规缺位，且不具体，实行的程序也不尽合理等。加之我国对退出制度的实施缺乏监督和控制，以致退出机制在应用中变样和被歪曲的情况时有发生，造成了许多负面的消极影响。同时我国与公务员退出机制相应的社会保障制度不健全，不能对“退出”的公务员提供很好的保障，以致有些人退出后面临诸多的困难。

（3）退出口径过窄。由市场机制来实现人才合理流动的局面尚未形成，市场这只“看不见”的手在人才资源配置方面的基础性作用还没有完全发挥出来，政府机关工作人员之间相互交流的传统渠道日显狭窄，新的交流渠道又没有形成，客观上导致了公务员退出机制的口径过于狭窄，给公务员的退出管理带来一定困难。最后，退出公务员的再培训工作需要进一步加强。退出公务员离开公务员队伍后，可能表现出种种的不适应，在专业技能、教育程度上都要进一步加强。目前，我国在退出公务员的再培训方面相对不够充分，这在一定程度上加剧了公务员对退出的恐惧感。

二、公务员流动中存在问题的原因分析

（一）思想文化上，官本位意识根深蒂固

所谓官本位意识就是以官职大小、权位高低为标尺，或参照官阶级别来衡量人们社会地位和人生价值的思维方式。迄今为止，官本位意识仍然比较严重，在公务员流动管理方面主要表现为如下。

首先，表现在选人主体上，经常以上级领导人的一句话，以主要领导人的好恶、感觉和印象，以及小范围的圈子来定夺干部的升降、去留。其次，表现在利益分配上，所有“人员”都按党政干部的级别来享受资源和财富的分配，而忽视按个人的贡献大小、能力强弱来分配财富。最后，表现在价值取向上，形成人们重权位、重关系、重资历、重人情，而轻知识、轻实绩、轻能力的倾向。这必然诱导买官卖官、跑官要官等不正之风产生。尤其是，由于陈旧观念作祟，封建等级特权思想根深蒂固，官本位已经成为衡量人的价值重要尺度，驱使相当一部分干部一心求官，追求仕途的辉煌。加之长期以来实际存在的领导干部职务终身制，形成干部能上不能下，并导致一种固定的思维误区：犯错误的才下台，下台的必定是犯了错误。就干部个人而言，怀有对提拔升职的攀比心理，对下的畏惧心理和失衡心理；就组织而言，深受“和为贵”的思想影响，有维护干部队伍稳定的偏好。

（二）组织形式上，权力集中度较高

长期以来，我国在干部选拔上实行干部任命制，权力高度集中，虽然现在得到很大改观，但还是需要进一步努力。干部的任命制表现为：多数领导机关领导干部的使用、任免、调动

的权力都集中在党组织的手中，集中在党委主要领导手中，容易出现任免权高度集中、少数人说了算的情况。

任命制的显著弊端在于：一是缺乏民主，“由少数人选人，在少数人中选人”，决定权掌握在少数人手中，少数人用自己的“模式”选人，凭感觉、印象、直觉选人，主观色彩较浓，多数人没有知情权、参与权、选择权和监督权。二是缺乏法治，干部选拔渠道单向运行，干部选拔处于封闭式、神秘化状态，干部的推荐、考察、识别、选举等程序和方式完全凭少数人的好恶来定夺，依少数人的去留而改变。因此，上级领导人和即将离任的领导人享有对继任干部的优先推荐权，这就使得任人唯亲、根据个人好恶选拔干部成为可能。下级为了得到提升，往往设法与上级领导建立个人间的政治庇护关系并由此形成上下贯通的政治庇护网，这种政治庇护网往往是滋生“结党营私”“吏治腐败”的温床。为此，我们需要进一步推行组织的改造，相对改变权力集中度较高的现象。

（三）制度体系上，公务员流动管理不够规范

目前，我国《公务员法》对公务员的流动管理还没有形成相对完善的体系，给公务员的流动管理造成很大的不便。

1. 流动市场配置机制不完善，选才开放程度不够

在人才资源的配置过程中，政府面对数以亿计的人才资源和数以百万计的用人单位，要达到对人力资源的全面、合理、有效的配置，是一项极其庞大复杂的社会工程。历史上总有不少国家企图以高度集权的管理体制来完成这项工程，但效果并不理想，往往会造成公务员队伍的管理方法僵化，以及人员能进不能出、能上不能下、嫉贤妒能、求全责备、裙带关系、论资排辈、滥竽充数等现象，一些优秀的人才不能纳入人才的流动行列。因此，在我国公务员人才资源配置上必须寻求和建立一种高效、动态的市场配置机制，来代替计划经济体制僵硬的统包统配机制，因为市场有着促进效率提高的原动力，它可以最大限度地发挥公务员的工作积极性。

2. 流动管理规定比较分散，政府宏观调控力度不够

《公务员法》对考试录用、调任、转任、轮换、挂职锻炼、辞职、辞退等进行了规定，但是，这些制度是松散地分布在各个管理环节，缺乏一根主线把它们构成一个完整的系统。在公务员的管理中，这些管理环节各自为政、各行其是，公务员流动处于一种整体无序的状态，容易出现一些公务员乱流、盲流的现象。

3. 流动评价机制不明细，公务员流动不积极

《公务员法》第三十三条规定公务员的考核内容分为“德、能、勤、绩、廉”五个方面，但没有针对组织及职位特征建立具体的考核指标体系，在如何评定考核的等次上没有明确的尺度，致使在实践中不容易准确把握，造成评价的主观随意性比较大。同时，由于考核结果区分度弱，很多单位经常出现“优秀”者“轮流坐庄”的不正常现象，“不称职”人员较难确定，考核过程流于形式，这不利于考核制度本身激励功能以及人事调配基础作用的发挥。

4. 流动激励机制不健全，留才问题日益突出

首先，公务员晋升比较注重资历，公务员只能一步一步、一级一级地向上发展，以获得晋升的资格和年限要求。根据《国家公务员职务升降暂行规定》，一个大学本科毕业生从加入公务员队伍到成为一名处级干部至少要十年时间，这在很大程度上损害了公务员尤其是普通

公务员的工作积极性，也不利于人力资源的有效开发，长此以往，必将导致公务员人力资源的流失。

其次，缺少高级公务员的设置，高级公务员的职位设计、任命、薪酬体系、培训等都应不同于普通的公务员管理。目前，我国人事组织部门管辖的公务员范围从科级到省部级，都没有高级与普通的明确区分，更没有法律上的依据。这也使得机关未能留住大量精英人才。

最后，薪酬能否产生吸引、留住、激励人才的作用也是一个比较困难的问题。同样是公务员，在承担的职责大体相同的情况下，工资水平却存在较大差异，这不仅严重违反了薪酬管理的内部公平性原则，而且造成了不同地区尤其是不同政府部门之间的工资攀比，甚至引发了一些公务员的非正常流动。

5. 流动监督机制不健全，因人流动需要改变

从《公务员法》的内容看，公务员是否流动以及如何流动并没有明确的规定，公务员流动的权力实际上掌握在领导者手中。根据现行规定，公务员应当服从机关的交流决定。因此，公务员流动中论关系流动、因人流动的现象十分普遍。整个机制的运行缺乏事前监控和事中监督，完全依靠领导者的自律，直到公务员合法权利被损害侵犯时，才可能通过申诉控告的形式求得解决。

三、我国公务员流动的完善对策

党和政府高度重视公务员队伍建设，对于建设一支高素质、专业化的国家公务员队伍寄予了殷切期望。党的十八大也对不断完善公务员流动管理提出了明确方向和具体要求。考虑到公务员流动管理是一项复杂的系统工程，涉及的因素多、环节多，因而对它的完善也应是多层次、多角度的。

（一）明确我国公务员流动管理的定位与原则

1. 我国公务员流动管理的定位

公务员制度是在我党领导下通过长期的实践逐步建立和完善起来的，与经济基础、上层建筑和社会主义民主以及我国政党制度密切相关，党领导公务员流动管理还同上层建筑中其他因素相互影响和相互制约。总体来讲，党领导公务员流动管理是公务员流动管理要明确的第一要务，只有在党的领导下，我们才能在公务员流动管理中坚持正确的方向，不断完善各项制度，取得新的成效。

2. 我国公务员流动管理的原则

（1）坚持党管干部原则。党管干部原则是我党干部工作的灵魂，是马克思主义理论中国化的创新，同时也是对人类文明的继承和发展。尤其是在市场经济条件下，党的干部工作要在充分尊重社会主义市场经济的基本规律上注意克服市场经济自身的弱点和劣势，坚持党管干部原则显得非常重要。

（2）坚持群众公认原则。群众公认，就是多数人认可、拥护和支持。坚持群众公认原则，就是在干部工作中选拔任用那些得到大多数群众拥护和赞成的干部，它与党管干部原则的实质，以及引导、支持人民选出自己信得过的代言人是一致的。群众公认原则的根本要求是，在坚持党管干部的前提下，选拔任用党政领导干部要走群众路线，提高人民群众的参与程度，选拔任用的干部为大多数群众所认可和拥护。

（3）坚持依法办事原则。依法办事作为依法治国的基本要义，是对执政的中国共产党的具体执政行为的要求。在公务员流动管理工作中，依法办事主要是指各级党委（党组）组织（人事）部门权力运用的合法性。依法办事，其基本要求是坚持有法可依，有法必依，执法必严，违法必究，就是要求干部管理工作本身制度化、规范化，要求干部选拔任用的各项工作要严格遵循国家法律法规和党内法规；要求按照法律法规规定的原则、程序办事，确保干部选拔任用工作在法律法规允许的范围内运行。

（4）坚持流动与稳定相协调的原则。目前，公务员流动的特点是：高学历的、年富力强的公务员流出去的多，而急需的公务员流进的少；公务员流向发达地区的多，而向贫困地区流动的少等。从局部利益看，造成了公务员流失，这是负面效应，特别是贫困地区通过有限的教育投资培训的公务员外流，加剧了贫困地区公务员的青黄不接。为此，对于政府来说，应对贫困地区给予政策上的倾斜；同时，积极创造条件，吸引和遴选优秀公务员充实贫困地区政府部门。公务员在流动中又有相对稳定的一面。因为公务员流动受着市场规律的制约和受着所学专业、工作生活条件、经济效益、适应能力、身份地位、住房条件、公务员流动政策等影响。要稳定公务员队伍，需要为其提供成长的环境条件和岗位发挥其专长，使之勤奋敬业，打消见异思迁的念头。

（5）坚持适度流动原则。适度的人员流动，是保持政府部门系统新陈代谢、提高系统功能的重要方式。一般说来，流动率过小，会使政府机关得不到新鲜的血液，会影响机关的活力。但是过度的流动，不仅会增加机关的培训与开发费用，而且干扰正常的工作秩序，严重时还会影响士气和情绪。为此，公务员流动要与政府部门的发展规划目标、人才发展战略目标相一致，公务员人才应当尽可能地在所需求的地区、部门配置。要杜绝流动的盲目性，体现经济和社会发展的长期性和可持续性，防止出现地区间的差距过大，影响公务员人才资源的配置效率。要坚持理性流动，国家有关部门要对公务员的流动进行合理规划和积极引导，流动个体也要讲究道德规范，避免人才流动的负面效应。

（二）培育新型组织文化，营造先进文化环境

组织文化指包括信念、作风、行为规范在内的组织成员的共同价值观体系，它具有区别于其他组织的显著特色，能引起和影响组织成员的行为，并产生强有力的组织凝聚力，从而可以有效地促成组织目标的实现。根据当前存在的官本位等意识，我们有必要进行行政组织文化的革新，摒弃过去那种“重人治、轻法治”“崇尚权力”“唯命是从”等旧的组织文化，应该不断培育和努力倡导“以人为本”为核心的先进现代政府组织文化，充分调动公务员流动积极性，促进公务员人才资源的合理配置。新的政府组织文化的培育和形成是一个长期的过程，它需要在政府有目的的倡导下，经过长期的潜移默化过程逐渐建立起来。

第一，各级政府行政领导者是组织文化创建的倡导者和积极推动者，负有选择本级政府组织的行政理念和价值准则的责任。

第二，要有意识地培育组织文化，广泛吸收来自组织内外部的文化资源，确立组织文化的特征、构成要素和核心内容。

第三，选择和建立“共同价值观”体系，确定组织文化风格。各级政府在选择和建立“共同价值观”体系时，一方面要与上级政府组织的“共同价值观”保持一致，有其共性；另一方面要紧密结合本地的政治、经济、文化等实际情况，有其特性。

第四，在实施中完善组织文化。在这个过程中，各级政府的高层领导者的推动作用极为关键。他们必须更新观念，转变管理方式，改革管理规章制度。

第五，加强行政理论、管理等方面的教育和培训，为行政组织文化建设提供行政人员的素质保证。

第六，推进组织文化的社会化进程。让公务员适应、接受组织文化的社会化过程也是组织文化建设和推进的关键环节。只有当公务员完全认可了政府的"共同价值观"体系，使政府的价值观变为了自己的价值准则和行为规范，并产生出很高的工作满意和工作绩效时，才能说已在政府内部形成了真正的先进组织文化。

（三）推行组织改造，营造良好组织环境

为了促进公务员合理有序运动，良好的组织环境的营造是必要的。西方新公共管理改革运动在推行组织改造、建设"企业化政府"方面已经取得了较好的成效，对此，我们可以借鉴，并且可以在立足中国国情的基础上加以有限制性地借鉴。

1. 推进行政组织的扁平化改造

组织越成熟，越要具有自己的灵活性。随着信息社会的到来，信息系统将部分取代中层管理人员的作用。组织结构的扁平化和网络化正是信息技术用于组织结构的结果。目前，随着我国政府信息化程度的不断提高，借助计算机管理信息系统的联结，削减甚至取消中间管理层次成为可能。我们可以通过授权、创建项目小组、推行电子政府以及组织公务员进行"团队学习"等形式来促进政府组织的扁平化。

2. 提高政府服务水平、适度分权与必要管制相结合

我国政府的宗旨是全心全意为人民服务，当然更应当提升政府的服务职能。但是，我国政府还担负着培育市场的艰巨任务，因此，政府的管制职能不能轻易放弃，特别是在维护市场秩序方面，政府更应当理直气壮地强化管制职能。只有当市场经济已经步入良性运行的轨道之后才有条件考虑政府退出、弱化管制职能的问题。而为了更好地实现服务，可以考虑使集权式政府转变为分权式政府，因为分权比集权具有更大的灵活性和适应性，它能够使治理机构对公众多样化的真实需求做出迅速、及时的反应。但鉴于我国的特殊情况，与保留和强化政府的必要的管制职能相对应，我国的行政管理改革只能是适度分权而不能一味否定集权的作用。有学者针对我国处于社会转型期，因而容易出现失控的特殊情况，提出"集权主导下的分权"应成为当前中国行政管理体制改革的理智选择。这种分权的思路较为切合我国的实际，值得参考。

3. 限制性引入市场机制和私营部门的管理方法

市场机制和私营部门的管理方法，确实能够改进公共部门的管理，提高公共管理的效率，这已为西方新公共管理运动的实践所证明。因此，我国的政府管理工作中可以积极引入市场机制和私营部门的管理方法。但与此同时，我们要注意，我国传统社会属于情理社会而非法理社会，且权力制约问题至今仍然没有得到根本解决，因此，我国的行政管理改革，在引入市场机制和私营部门管理方法的同时，要根据我国的条件对其运用范围做出明确而严格的限制。

（四）完善公务员流动管理的机制

1. 明确公务员人才资源市场化配置新机制的基本内容和框架

公务员人才资源市场化配置主要包括以下几个方面：第一，明确界定人才资本产权的归

属，并建立相应的人才产权制度。公务员人才资源的所有权归其个人所有，使用权归国家机关，所有权和使用权相对分开。第二，建立分类型、分层次、分能级的人才计价标准和评价办法。第三，公务员人才资源的交换与配置逐步能通过劳务市场来实现。第四，建立以业绩、成果为主导的、体现人才资本实际价值的分配制度，包括工资、奖金乃至股票和期权。公务员人才资源的使用是有偿的，工资机制是引导公务员人才资源优化配置的重要杠杆。第五，国家对公务员人才资源市场化配置进行立法监督和宏观调节，以保持公务员人才资源的供需平衡和社会公平，包括制订与国家经济和社会中长期发展规划相匹配的公务员人才资源市场化配置的法规体系，以及指导、组织公务员人才资源开发的国际间合作等。

2. 推进公务员人才资源的“四化”建设

（1）市场主体相对全员化。20 世纪 90 年代，我国人才市场随着市场经济体制改革而逐步建立。人才市场的出现，为部分领域的干部人才，特别是企业经营管理者队伍和专业技术人才队伍的市场化配置提供了有效载体。目前，职业经理人市场、专业技术人才市场已经普遍存在，而且在相关领域的人才配置上发挥着越来越重要的作用。但是，公务员至今仍是一个相对封闭而独立的人才系统，一直被排除在传统的人才市场主体之外。要实现公务员人才资源的市场化配置，当务之急是将一定层次的公务员纳入到市场化配置的主体之中，与企业经营管理人员、专业技术人员一起随行就市。这样，既可以有效地激发公务员队伍的内在活力，又可以借鉴西方国家人才流动的做法，推进公务员人才与其他领域人才的相关流动，实行全社会人才资源的优化整合。

（2）市场平台多样化。要加快公务员人才市场的建设步伐，为市场化配置提供多种有效的载体。一是建设硬性人才市场，在现有的人才市场开辟出“公务员人才特区”，让公务员人才到专门场所、专门机构挂牌上市，供需见面，双向选择。二是建设软性人才市场。通过报纸、专刊、电视等传播媒体定期发布公务员人才信息，还可构建公务员人才市场网络平台，实现人才资源供需双方的有效沟通。三是建设“无形”人才市场，通过领导干部公开选拔、竞争上岗、差额选拔、公务员考录、技术干部竞聘、后备干部竞争选拔等措施，极大地提高公务员人才资源的市场化配置程度。

（3）配置杠杆市场化。人才资源的配置，要顺应市场价值规律的要求来经营和运作，创新计划经济体制之下的传统人才管理模式，逐步摆脱单纯依靠纪律约束和道德教育的机制，把价值规律和竞争规律引入到公务员人才资源的配置中来，并发挥导向和杠杆作用。要勇于承认和正确对待人才价值取向的多样性和局部利益的合理性，灵活运用岗位职级、价值工资和福利待遇等配置信号来激发人才的内在动力，引导人才的合理流动，实现资源效益的最大化和资源配置的最优化。

（4）市场功能立体化。实行公务员人才资源的市场化配置，必须着眼于整体开发和可持续发展，着眼于人才和社会的共赢。因此，公务员人才市场的建设，要坚持揽人与用人、引才与育才、引人与引智、使用能力与激发活力、挖掘潜力与培育后力、盘活人才存量与扩大人才增量、增加人才数量与提高人才质量相结合，形成公务员人才资源储备、考核、培训、流动服务一条龙的开发配置立体体系。特别是要重视公务员人才的能力建设，加大工作力度，加大人、财、物的综合投入，广开渠道，拓宽领域。充分利用各类院校和国内外培训机构等社会资源，把我国公务员人才资源的潜在优势转化为现实的比较优势和竞争优势。

3. 推进公务员人才资源市场化配置的机制、体制与方法创新

（1）机制创新。制度管人、程序管事是公务员人才资源市场化配置的基本要求。当前，我们要参照国际惯例，结合具体国情，加快立法进度，加大执法力度，完善配套政策与法规体系。遵循公平、平等、竞争、择优的原则，建立公务员选拔任用的竞争机制；通过不断深化干部人事制度改革，扩大公开选拔范围，全面推行竞争上岗；健全和完善公务员辞职和降免职制度，加大对优秀年轻公务员的选拔力度，加大对不胜任、不称职公务员的处置力度，使竞争公正、有序地进行，使人才能上能下、能进能出，使公务员的升迁调整成为公平竞争的必然结果。

（2）体制创新。公务员人才的竞争择优必须依赖于一个开放有序的政策体制。首先，要把公务员人才资源建设融入到全社会人力资源建设的大背景之中，在国民教育中加强对领导管理人才的专门培养，在社会各类人才中加大对公务员人才的遴选力度。其次，要消除制度壁垒，取消地区、部门间的行政割据，取消行政、企业、事业干部之间的身份差异，改革创新干部的档案、工资、考核等管理制度。

（3）方法创新。时代的发展，形势的变化，尤其是加入世界贸易组织给我们带来的国际化冲击，迫切需要我们适应新的形势，使党管干部的方法与时俱进。逐步实现以微观、直接管理为主向宏观、间接管理为主的转变，不断弱化对个体、局部的直接调配权，强化对全局的综合控制力；建立各具特色的符合不同类型公务员人才特点的管理制度，实现由封闭式运作向开放式运作的转变，实行阳光操作，自觉接受民主监督。

（五）构建公务员流动激励机制

激励机制对加强公务员的流动管理具有十分重要的意义。激励机制有助于充分发挥公务员的潜在能力，有助于实现组织目标。同时，我国当前的公务员激励还存在一些问题，影响了公务员人才资源的优化配置。为此，必须建立和完善公务员流动激励机制。

1. 不断完善薪酬管理制度建设，满足公务员经济需要

（1）进一步优化薪酬结构。公务员薪酬包括工资、福利和保险三个组成部分。有效的薪酬结构应该确保三者以最佳比例结合，共同施展激励效能。工资是公务员薪酬制度的主体，包括基本工资、津贴、补贴和奖金，一般应占 70%的份额。目前公务员工资设计已经日渐周密，但可以进一步简化操作程序，降低管理成本。综合来看，一方面，建立灵活的工资制度。建立与绩效挂钩的灵活工资制度是大势所趋，某些竞争性强的职位可以引入市场谈判工资的方式，以此来吸引并激励人才。另一方面，对各种津贴实行规范化管理，赋予地方政府制定地方附加津贴的权力。对于各类津贴和补贴，要实行货币化和显性化；在保证薪酬制度统一性的前提下，赋予地方政府制定地方附加津贴的权力。

（2）合理提高薪酬水平。当前我国公务员薪酬制度虽然不至于“一刀切”，《公务员法》中相关规定也提到了“公务员的工资水平应当与国民经济发展相协调、与社会进步相适应”并实行工资调查，体现行业差异的问题，但却没有谈及具体应该考虑那些重要的指标，这将不利于提升公务员的职业满足感与整体行政效率。由此可见，合理化的薪酬体系还应该在以下几方面进行改进：薪酬水平反映地区差异，可以设立“地区差异系数”，用以平衡地区消费水平对公务员生活带来的影响。薪酬水平反映物价变化，可以国家定期发布的物价变动指数为指导，及时调整公务员薪酬。薪酬水平反映贡献对等原则，公务员的薪酬内容应能够通过合理的级差体现职务贡献、资历贡献，在公务员队伍中形成一种不断提高工作成效和追求自身文化素质提升的良性激励机制，塑造一个公务员精英团体。

2. 加强柔性管理力度，满足公务员成就需要

激励过程中充分重视公务员的需求，使激励更能体现公务员的内在需求，既是需要层次理论对我们的启示和要求，也是许多国家公务员制度激励机制的一大特色。创建项目小组是增加下属人员的开发机会的重要方式。创建项目小组作为参与管理的一种模式是增加下属人员发展机会的一条有效途径。因为项目小组是多技能、功能交叉、自我指挥的团体。以项目小组作为激励对象，有利于消除官僚体制对人性发展的制约，从而释放公务员的潜在能量。在项目小组中，所有的工作由组内成员进行安排，小组还在上级领导的指导下自行进行质量控制。同时，项目小组成员每天的工作都会有所改变，组内实现了真正意义上的工作轮换与创新，任何组员的工作都不是固定程序下的一个环节，工作被丰富化，这样就能有效地发挥内在性激励因素的作用，增强公务员的成就感与责任感。因此，这种项目小组能够为公务员提供足够的发展机会，为公务员个人发展创造良好的环境与条件。

3. 拓展职业发展空间，满足公务员权力需要

据2008年中国新闻网报道，从全国来看，92%的公务员职务层次在科级职务以下，只有8%的公务员是副处级职务以上。就在这8%中，有统计称，中国县级干部的任期平均不到3年，职务升调频繁，而与此形成鲜明对照的是低阶公务员晋升的异常迟滞。有研究表明，从科员到县处级干部的升迁比例仅为4.4%，从县处级升迁为厅局级的比例更是低至1%。2014年全国仅有省部级现职官员3000人，估算公务员队伍中能晋升到省部级的比例为万分之四，绝大多数基层公务员在“金字塔”的底层燃烧着青春和激情，有的人工作几十年还是副科长，自嘲换上“副科病”。因此，要进一步拓展职业发展空间，构建合理的晋升制度。

4. 加强培训学习，满足公务员发展需要

多种激励理论显示，满足个人成长、实现自我价值对于公务员具有很强激励作用。在一个公务员职业发展中，培训无疑具有无可替代的作用。人力资本是社会和个人投资的产物，其质量完全取决于投资程度。一个人的能力固然与先天因素有关，但后天获取的能力是主要的。培训不仅在政府生存、发展中具有重要的战略意义，对于公务员个人来说也具有重要意义，能够提升个人素质，满足个人发展需要。

当前我国的公务员培训工作，应该在不断更新观念，提供从制度到金钱的保障，增加培训机构数量，丰富培训形式，改进培训内容较滞后等方面加大研究力度。

（六）完善公务员退出的配套制度

退出制度是公务员的出口管理制度，它与外界社会环境有着特别密切的关系，其有效实行有赖于外部其他政策或法规的配合与协调。

第一，建立和完善公务员社会化保障体系。当前必须着重要做的工作是完善社会保障制度。要推动公务员辞职、辞退制度的实施，就必须加快养老、伤残、医疗等社会保险制度的改革，在国家统一规划下形成较为完备的社会保障体系。加快公务员保障体系社会化进程，变单位保障、国家保障为社会保障，实现公务员的保障体制与社会、与市场顺利对接，形成公务员队伍与社会的顺畅流通，以有效解决公务员退出的问题。

第二，建立健全退出公务员的开发、培训和就业指导制度。要顺利实施公务员退出制度，就必须考虑公务员辞职和辞退后的出路。发展人才市场，开展就业指导、就业培训等活动，促进因辞职和被辞退、开除等而失业的人员再就业。目前，我们需要在国家的宏观调控下，加速人才市场机制和社会化服务体系建设；同时也要完善我国的社会化服务体系，政府人事部门的人才服务机构除承担国家法律、政策赋予的管理职能之外，还应在公务员交流、开发、评价、储备和职业生涯规划等方面提供全方位的服务。

公务员合理有序流动，是社会进步与发展的重要体现。但是，我国现行公务员流动机制在如何实现为政府广纳群贤、整合关系、化解矛盾、新陈代谢、提高效能等方面还存在着较大差距。只有通过进一步探讨我国公务员流动的基本矛盾、外部挑战、流动特点、功能等，提出进一步更新公务员流动管理的理念、完善公务员流动管理的政策等建议，才能达到促进公务员人才资源的优化配置和行政效率提高的目的。

[思考题]

1. 如何理解劳动力流动的概念?
2. 公务员流动的基本类型和基本特点是什么?
3. 公务员流动的衡量指标有哪些?
4. 公务员流动中存在哪些问题?
5. 如何更好优化公务员流动?
6. 企业外部招聘的优缺点是什么?
7. 员工流入管理的步骤有哪些?

[案例分析]

BASES 公司核心员工流失问题

BASES 公司人力资源部主任 A 君近日来心事重重，面对办公桌上堆积着的几份辞职报告，他愁眉不展。这几份辞职报告和上个月如出一辙，都是来自于公司的核心员工——调研、咨询人员之手，尽管每个打上辞职报告的员工都给出了这样那样看来合情合理的解释，但 A 君仍然不能释怀。作为一个有着资深经验的人力资源工作者，A 君深知企业和核心员工之间的关系就好比牧羊人和他的羊群一样，若牧羊人没有能力照看好自己的羊群，羊群自然会走失或是被其他的牧羊人，甚至是被狼群夺走。核心员工若在企业中寻找不到合适的发展空间，另谋高就也是人之常情。A 君不仅为核心员工的离去而忧虑，更为 BASES 公司未来的前景而担忧，中流砥柱的坍塌终有一日会危及整个公司的存亡，如何阻止核心员工的流失并防患于未然，成了 A 君眼下最紧迫的课题。

一、公司背景

BASES 公司成立于 1923 年，是一家有着渊源历史背景的跨国企业。BASES 公司是市场资讯、受众研究、商业媒介产品及服务的世界级主要提供商，在国际间被推崇为市场研究行业的翘楚。它的服务对象包括消费产品和服务行业，以及政府和社会机构。公司在全球 100 多个国家里有超过 9000 位的客户，他们都依靠 BASES 公司认真负责的专业人士来测量竞争激烈的市场的动态，理解消费者的态度和行为，以及形成能促进销售和增加利润的高级分析性洞识。

BASES 公司的总部位于荷兰的哈勒姆和美国纽约，主要市场分布在世界各主要城市，员工同样遍及全球，截至 2014 年，总计有 4 万多名。公司在中国开展业务至今已有 20 多年，现有中国员工 1432 人，在上海、北京、广州、深圳和成都设有分公司。公司的三大业务分别是个案研究、零售研究以及媒介研究，这些业务在中国已经占有了超过 55% 的市场份额。公司在中国市场依旧秉持着一贯且明确的核心目标，即为顾客提供市场讯息，帮助他们更好地了解市场，并使之获得全球性的成功。

二、核心员工的识别标准

任何公司的企业性质都将决定他们对核心员工的需求。BASES 是一家以市场研究为主要业务的公司，他们需要的是大量的调研和咨询人员，因此调研和咨询人员是公司的主心骨。他们作为公司的核心员工将数据提升为战略性见解及量身定制的建议，分析并提供有关复杂多样的销售及市场情况的咨询，从而帮助客户制定出有效的商业决策。在公司的三大业务研究部门（个案研究、零售研究、媒介研究）中，有专业人士提供相应行业领域的知识和专家意见，这对客户最后的决策尤其重要，当然对 BASES 公司本身而言，其重要性也是不言而喻的。

核心员工的识别标准主要有三条。

第一，他们必须是在公司个职能部门从事相应的重要岗位。毫无疑问具备专业技能或了解公司重要信息的员工的高流失率将给企业带来很大的损失。

第二，这些核心员工大多掌握着和本职工作有关的关键技能，此外在个人素质上往往也胜人一筹。从任职者的能力要求上来看，核心员工必须具备计划、时间管理、项目管理、人际交往、协调合作、谈判、说服、公关、表达、分析、判断和决策等能力（如果专业人员从事管理岗位，则需具备人员管理能力和经验）；从核心员工所具备的个人特征来看，他们基本上都有很强的责任心，为人勤奋细致，平日工作进行决策时相当果断、注重细节、应变能力强、处理工作时灵活性高；从学历来看，核心员工的学历基本上都达到了本科以上，所学专业较为集中地分布在市场营销、传媒、心理学、数学或统计学等专业上，大都具备分析处理数据和信息的能力。当然，他们也大都具备相当熟练的中、英文听说写能力，电脑操作更是不在话下；从工作经验角度来看，核心员工大都必须经历 2 年或以上的历练，才能成为一个胜任的员工；从业绩角度来看，在公司大项目的操作中，他们所体现出的项目运作、协调、领导能力也比较出众，个人沟通能力很强，在商务谈判中能够独当一面。当然，核心员工也具备了比如正直、诚信、团队协作等一些个性化的个人优秀品质。

第三，核心员工必须持有并认可公司的企业文化。通过员工平时工作表现和主管上司的反馈，企业可以了解到专业人员是否认同企业的文化，是否愿意同企业共同发展。

截至 2007 年 11 月底，BASES 公司共拥有 1432 名员工，根据上述核心员工的识别标准，公司拥有核心员工 283 名，这些核心员工主要分布在上海、北京、广州和成都工作。在核心员工中，男性占 59%，女性占 41%，其中 21~25 岁的核心员工占 14.54%，25~30 岁的占 35.35%，30~35 岁的占了 24.83%，35 岁以上的则占了 25.27%。此外核心员工中拥有高学历的占到了近九成的比例，其中 190 人拥有本科学历，62 人达到硕士甚至博士学历，只有 31 人是大专毕业。从核心员工的地域分布来看，在上海工作的核心员工人数最多，占到了 57.9%，其次为广州，占 20.4%，再次为北京，占 28.7%，成都仅占 3%。

三、核心员工流失现状

BASES 公司自 2005 年以来，经历了严重的核心员工流失，截至 2007 年，不但每年每月核心员工流失率逐步递增，且历年核心员工流失总量均比往年要高，尤其是2006年的核心员工流失率，几乎要达到2005年核心员工流失率的2倍。并且在BASES公司的核心员工流失中，核心员工主动离职率也在逐年上升，从2005年的32%，到2007年已经上升至52%。

在对收集到的131份BASES公司2007年主动离职的核心员工的有效离职问卷进行数据统计和分析后，我们发现了如下规律。

（1）男性核心员工离职率和所处职位的高低成正比关系，且职位越高，离职比例较女性而言也越高。调查发现在主任级别中，离职的核心员工男女比例基本持平，各占50%；而在经理级别的离职核心员工中，男性比例略高于女性，男性占57%，女性则占43%；但在总监及以上级别的离职核心员工中，男女离职比例则明显悬殊，其中男性占75%，而女性只占25%。造成这种核心员工离职比例性别分布的差异是由于员工在家庭中扮演者不同的角色，承担着不同的责任。女性通常把家庭放在第一位，因而在职业流动的选择中比较慎重，而男性宁可对家庭负有经济责任，因此遇到更好的机会就更愿意冒险，愿意尝试具有挑战性的工作。

（2）核心员工离职率和年龄成反比关系，和学历同样成反比关系。调查显示BASES公司的离职核心员工有年轻化的趋势。因为年轻，所以相对负担比较少，年轻人也更倾向选择更多元化的职业规划道路。此外，在离职的核心员工中，拥有高学历的核心员工的离职率远高于低学历的核心员工。随着高等教育越来越普及，企业人才更多的具备了较高的学历和能力，这同时也拓宽了核心员工离开企业后的择业面。

（3）所在工作地经济越发达，核心员工离职比例越高。在2007年的调查中我们发现，全国经济最发达的城市，同时也是在公司员工分布最多的城市——上海，其核心员工离职率也居于首位，广州和北京的核心员工离职率基本持平，而成都经济活力相对其他三个城市而言较弱，其核心员工离职率也最低。通常经济发达的城市也就意味着更多的择业机会，经济发展繁荣，人才需求量大，人才较容易找到能够充分发挥自己才能的位置。

（4）核心员工离职率和岗位级别成正比例分布，但最高级别岗位离职率仅略高于平均核心员工离职率。离职的核心员工中，与最高级别岗位仅差一级的核心员工离职率最高，达到了40%，高出与最高级别岗位差二级的核心员工离职率22%。此外，在岗位达到最高级别的核心员工中，离职率较与最高级别岗位差一级的核心员工离职率低10%，仅略高于平均核心员工离职率。

（5）核心员工离职率与岗位级别、岗位服务年限密切相关。调查发现，岗位级别越高，在这些岗位上工作了2~3年的核心员工选择离职的比例也越高。尤其在最高级别的工作岗位上，工作满两年后，核心员工的离职比例达到了近90%。

（6）离职员工在部门和专业分布上的差异性较大。在BASES公司中，占公司80%的运作部门员工和辅助功能部门员工（如行政、财务、电脑信息支持部门等）构成相对稳定，流动率也比较低，很多这些部门的员工都是服务于公司多年的老员工；而业务部门的一些专于数据统计分析、市场营销等专业的客服、调研、咨询人员的流动率却相对高很多。

且这些核心员工离职后，多选择如下去向。

（1）成立自己的市场研究公司，同时带走其原来的下属研究人员加入自己所创建的新公司。

（2）投奔BASES公司的重要客户公司，这些公司在国际上知名度也相当高。

（3）加入BASES公司的行业竞争对手公司。

（4）移民海外或去国外深造寻求更好的发展前途。

四、核心员工离职调查

在当今竞争日益激烈的知识经济时代，科学技术飞速发展，技术的创新与进步都是由人来完成的，所以具有特殊才能的人力资源越来越成为各企业争夺的对象，而员工也倾向于通过不断的“跳槽”来实现自身价值的提高。通过对核心员工的离职调查，发现离职的核心员工多表达了如下的不满情绪。

（1）对薪资和福利的不满。离职的核心员工中共有 109 人对 BASES 公司的薪资和福利表达了不满，这占到了离职总人数的 83%，这些离职员工普遍认为公司的基本月薪在同一行业内并不具有竞争优势。此外，工资所得和自己个人的劳动付出也不成正比，公司虽然有较丰厚的个人激励奖金机制，但往往并不与个人工作表现挂钩。

（2）对公司管理机制的不满。对公司管理机制的不满体现在很多方面，包括公司管理层在处理具体事件或在政策的执行是否公平一致，是否对员工的反馈采取积极的态度，高层管理者的知识是否丰富，技能是否突出，管理层在具体工作中与员工的沟通是否符合公司的价值理念，直属上司在和下属员工沟通工作目标和期望时，是否尊重员工，并表达适度的表扬和感谢，公司管理层在解决突发事件或应对困难时是否具备及时的应变能力等。在调查中，共有 91 人表达了自己对管理机制的失望，认为自己曾对某些管理制度提出过不少意见和建议，但公司管理层并未予以重视，或结果证明公司并未体现出改变或改善。此外，也有 89 人对管理中公平一致的原则持保留态度，认为公司管理层在具体处理事件或在政策的执行上会因人而异，缺乏公平性和一致性。

（3）出于个人健康状况的考虑。在核心员工的离职调查中，共有 89 人因担心身体健康而离开公司，占到了总数的 89%。这也反映了员工多认为自己的工作状态不够健康，同时也从侧面体现了员工对过多加班的抱怨，认为工作压力太大，工作不快乐，处于亚健康状态的边缘。这些离职员工比较重视个人工作和生活的平衡，认为过多的周末加班已经严重影响了个人的生活。

（4）对工作或所在职位本身的不满。这类不满情绪主要体现在如下方面，如工作的变化性、自主性、挑战性、工作的时数、工作项目的大小、工作时的快乐感和满足感等，此外还包括对公司培训的一些个人看法。此外，有超过半数的人认为相同调研方法的运用和数据分析导致工作缺乏无变化，令人生厌，这也是 BASES 公司之类的咨询公司所面临的一个通病。值得注意的是，有不少员工都对公司的培训制度提出了自己的看法，认为公司的培训严重缺乏公平性和弹性。例如，公司的培训名额有限，这就导致了培训机会的分配不均，往往很多培训集中于某些员工，而有些员工想参加却因为名额有限不能参加有关培训；此外，培训时间分配也不尽合理，有时负责的项目运作时间与培训时间有冲突，这就导致员工往往错失培训机会，且由于某些培训一年只举办一次，员工不得不再等一年参加该培训。

（5）出于个人价值理念而选择离职。这在调查中也占到了接近一半的比例，这些员工离职是因为不认同公司的发展理念，认为个人职业发展的需求似乎与公司发展员工的价值理念并不相符，或是认为公司在考虑员工的职业生涯管理是对个体差异缺乏尊重，认为公司并不关注员工个人的需求，而只是一味追求公司的经营业绩状况。

针对上述不满情绪，BASES 公司也做出了如下相应的调整来挽留核心人才。

（1）公司管理层每年年初要求业务部门主管递交本部门的核心员工名单，然后公司管理层和人力资源部管理人员会拟订对这些核心员工的年度培训计划、职业规划、晋升计划等。

（2）公司人力资源部的管理人员每年都会出席一些由知名顾问公司（如美世咨询公司等）

举办的年度薪资调查报告会。但 2005~2007 年，公司并未对薪酬政策有所调整，基本保持不变（保持原有的年度 13 薪、年末绩效奖金、为员工提供商业保险、年假、带薪病假）。在与员工沟通公司的薪资福利政策时，往往称公司的薪资政策在本行业中居中位。

（3）公司注意到多年来培训课程的未及时更新，导致员工兴趣降低。但是可能出于成本控制的考虑，公司也取消了部分培训课程，如培养团队合作精神和提高团队士气的团队拓展活动。

（4）2004~2005 年，公司为核心员工提供了“国际管理发展计划”，作为核心员工职业生涯管理的一部分，通过这项计划，核心员工可以去 BASES 公司其他城市和国家的分公司、可以去其他部门学习新的知识、技能等。但该计划自 2006 年至今已经终止。

（5）目前公司管理层和人力资源管理人员在核心员工提出辞职申请时，才想方设法赶紧采取应急措施，如通过离职面谈等方式去了解核心员工离职的原因和尽力挽留核心员工。

核心员工的离职会给企业带来很大的影响，这包括显性的成本上的损失，隐性的公司形象上的伤害、对在职员工士气的打击、甚至是公司机密的泄露。核心员工之于企业的关系无疑是十分重要的，失去了他们，对企业而言无异于唇亡齿寒。在 BASES 公司人力资源部门从业多年的 A 君深谙此道，面对手中的离职调查报告，他也深感自己的责任重大，只有解开了这个死结，才能帮助 BASES 公司在激烈的市场竞争中立于不败之地。

[案例讨论题]

1. 公司核心员工流失的原因是什么？
2. 如何通过加强企业和员工之间的双向互动来改善核心员工流失的现状？
3. 公司在培训和薪酬机制上还有哪些存在的问题需要改进来避免核心员工的流失？
4. 根据案例信息，请给出防止核心员工外流的决策方案并说明理由。

CHAPTER 8

第八章　人事绩效管理

[内容提要]

人事绩效管理主要包括绩效考核和人事激励，是人事管理的重要一环。本章根据绩效管理的两大内容展开。在绩效考核方面，从绩效出发，阐述绩效考核的基本内涵、作用和原则；然后介绍几种最基本的绩效考核类型；在此基础上，深入介绍考核的内容、考核操作的基本方法、流程和考核结果的处理。在人事激励方面，首先阐明激励的内涵、作用和原则，简单介绍激励的基本类型，在此基础上，引出激励机制，并介绍激励机制运行的过程，最后说明激励操作中的几种基本方法。

[学习要点]

1. 理解绩效的概念；
2. 掌握绩效考核的内涵、作用和原则；
3. 理解绩效考核的类型；
4. 掌握绩效考核的内容、方法、程序和结果处理；
5. 理解激励的内涵、作用和原则；
6. 理解激励的类型；
7. 理解激励机制的含义和运行过程；
8. 掌握激励的基本方法。

第一节 绩效考核概述

人事绩效管理在组织中承担着考核和激励的功能，发挥着基础性和支撑性作用。在现代人力资源管理的框架下，通过绩效管理，科学合理地评价员工的工作能力和努力程度，不仅可以为员工提供其工作情况的反馈，引导其建立良好的工作行为，提高其工作效率，而且有助于营造组织与员工和谐发展的良好氛围，促进组织的管理流程，提升组织的竞争力。因此，人事绩效管理是一项必不可少的人事管理活动，在组织活动中具有重要意义。

一、绩效

绩效是组织整体或员工个人在实现预定的目标过程中采取的行为及其做出的成绩和贡献，因此绩效可以分为组织绩效和个人绩效。具体而言，组织绩效主要表现在组织的工作效率、工作数量与质量以及工作效益等三方面，个人绩效主要是指员工个人的工作效率、工作态度、服务质量以及上级和同事对自己的工作评价。在现代人力资源管理中，个人绩效是绩效管理的重点，因此，本章下面所说的绩效如无特殊说明，都是指个人绩效。

绩效由于受到员工个人素质、组织环境、机会等多种因素的影响，具有明显的多因性、多维性和动态性等特点。

（1）绩效的多因性。绩效是员工个人素质和组织工作环境共同作用的结果。绩效的多因性模型可以用如下公式表示：

$$P=F（S, O, M, E）$$

其中，P 为绩效；S，O，M，E 分别为员工的技能、激励、工作动机、工作环境；F 为上述各因素变量的函数，即绩效受到这些因素的影响。

（2）绩效的多维性。绩效的多维性是指从事不同类型劳动的员工，其绩效的表现形式是不一样的。例如，生产性工作的绩效可以很明确地进行量化，但非生产性工作的绩效却较难用简单的数量测量，需要更多的主观判断。绩效的多维性决定了组织在进行绩效考核时，必须充分考虑不同岗位工作职能的特点，从多维度评价员工的绩效。

（3）绩效的动态性。绩效的动态性表现在两方面：首先，绩效会随着时间而变化；其次，人的主观行为对社会经济发展的作用需要一定的时间才能显示，因此绩效的取得需要一定的时间。绩效的动态性说明员工在不同的时间取得的绩效具有明显的差异，因此，组织在进行绩效考核时，必须要用发展的眼光对待员工的绩效问题。

二、绩效考核的内涵和作用

绩效考核是指组织根据法定的管理权限，按照一定的原则、程序和绩效标准，对所属员工的工作数量、工作质量、工作效益、工作能力、工作态度、行为能力等情况进行系统的考核，并以此作为对员工进行职位晋升、薪酬调整、培训、辞退等一系列奖惩的客观依据。组织进行绩效考核的最终目的是确认员工的工作成绩并以此为依据对员工进行奖惩、改进员工的工作方式、提高组织工作效率和经营效益。因此，绩效考核在组织管理中具有如下作用。

（1）绩效考核为员工的任用、调动和升降提供了依据。一方面，通过绩效考核，组织可以对每一个员工的基本情况进行评估，充分了解每一个员工的长处和短处，从而将员工分派到最合适的岗位上，实现效率最大化的人岗匹配；另一方面，绩效考核呈现了员工一系列的工作信息，包括工作技能、工作态度和工作成就等，组织依据这些信息，对员工进行晋升、降职、轮换、调动等人力资源管理工作，实现人力资源的最优配置。

（2）绩效考核为组织确定合理的薪酬提供了依据。市场经济要求薪酬分配必须遵守效率原则。因此，组织应当对每一个员工的工作成果进行准确的评价，并以此为依据制定员工的报酬，实现奖励先进、督促中间、惩罚落后的科学薪酬机制，增强员工的公平感和成就感，充分调动员工的积极性和创造性。

（3）绩效考核为员工的培训和开发提供了依据。对员工的培训和开发是组织至关重要的一项人力资源管理活动。绩效考核提供了每个员工的工作信息，组织可以依据这些信息，有针对性地开展员工培训与开发活动，实现弥补员工能力短板、增强员工优势的培训效果。

（4）绩效考核为组织在变革和发展中提供了决策依据。通过绩效考核，深入地了解组织各种职能部门的情况和存在问题，这些信息不仅是组织做出相关决策的依据，而且还是监督检查组织决策执行效果的依据。

除了上述四大作用外，绩效考核还有利于组织形成高效的工作气氛，促进组织上下建立共同目标，增加组织凝聚力和竞争力等作用。

三、绩效考核的原则

为保障组织绩效考核的公平公正性和客观准确性，考核过程中必须遵循如下原则。

（1）公平公正原则。公平公正是绩效考核的必需前提。绩效考核公平公正，才能让员工真正接受考核结果，为组织管理活动提供各种信息支持，从而促进组织的发展。如果在考核过程中出现不公平或不公正情况，不仅会使整个考核公正失去效用，而且会对整个组织造成极大的负面影响，甚至会导致员工对组织失去信任，最终使组织趋于破产或颠覆。

（2）客观准确原则。绩效考核内容必须要客观，考核结果必须要真实准确，因此，这就要求考核过程中必须制定程序化的考核方法、客观的测评标准和集计分、加权、误差调整三位一体的计量体系。同时，在选择考核方法上，应当充分考虑考核对象和考核内容的特点。

（3）多元化原则。绩效考核过程中，应该运用不同的考核方法，从多层次、多维度对员工进行全方位考核。目前，比较流行的多元化考核方式是“360 度考核”方法，该方法主要是指在考核过程中，由不同类型的人来负责考核工作，如上级、同事、下级甚至被考核者本人。多元化原则使得考核尽可能客观而且全面，有效地防止了考核的主观片面性。

（4）可行性原则。可行性原则包括两方面的要求，首先是制定出来的考核制度符合组织的实际，即组织有能力而且愿意实施考核工作。其次是被考核者认可考核过程中的标准、流程以及考核执行者。

（5）实用性原则。实用性原则要求考核使用的方法适应组织相应的岗位和员工，考核真正有助于组织目标的实现，有助于提升组织的凝聚力和竞争力。

（6）公开性原则。公开性原则是指绩效考核的内容、采用的方法、计分标准、执行人员和最终结果都必须向被考核者公开，确保考核的公开透明性。

（7）及时反馈原则。这一原则要求被考核者对结果有不同意见时，不仅可以保留意见，也可以在第一时间内要求复议，还可以向上级主管机关申诉，考核人员和主管机关必须在规定的期限内做出复议结果和申诉结果。

四、绩效考核的类型

根据绩效考核的性质、主体、形式、标准、时间，可以将绩效考核分为不同的种类。

（一）按绩效考核的性质划分

（1）定性考核。定性考核是对员工工作绩效进行质的评估，具体而言就是考核者在观察和征询意见后对员工绩效做出一个大致的判断。定性考核最大的优点是简单易行，但这种考核一般建立在考核者对被考核者的印象和经验基础上，因此，它的缺点也非常明显，极易受考核者主观因素和其他外部因素的影响和干扰。

（2）定量考核。定量考核不仅对员工工作绩效进行质的评估，而且进一步按照标准化、系统化的指标体系对绩效进行量的确定和鉴别。定量考核是在绩效测量模型的基础上，充分运用统计学和数学的方法，对员工工作信息进行整理和分析，得到员工的绩效考核结果。这种考核方法最大的优点是客观公正，随意性小，不易受到人为因素的影响，被考核者认可率较高。其缺点是现实工作中，并非所有工作信息都可以量化，当遇到一些难以量化的工作时，这种考核就基本不能使用，因此，定量考核的适用范围相对较小。

在实际生活中，当组织在进行绩效考核时，往往都是同时使用定性考核和定量考核，它们相辅相成，对组织完成绩效考核活动起到重要作用。

（二）按绩效考核的主体划分

（1）上级考核，即由被考核者的上级领导（通常是直接领导）进行考核。这是日常生活中最常见的考核方式。

（2）人力资源部门考核，即由组织的人力资源部门对员工进行考核。考核者专业水平较强，因此这种考核结果通常比较真实客观，现实中也有大量的组织运用这种考核方式。

（3）专业团队考核，即由组织管理人员、技术专家和人力资源部门人员三方组成考核团队，对员工进行考核。这种考核方法具有较好的客观规范性，但由于操作过程较为复杂，现实运用并非十分广泛。

（4）同事考核，即由同级之间的同事对被考核者的工作进行评价。这种方式有利于贯彻民主管理原则，提高员工的参与感。

（5）自我考核，即员工依照一定的标准对自己的工作进行评价。这种方式非常有利于调动员工的主动性和积极性。

（6）下级考核，即被考核者的下级依照一定的标准对被考核者工作进行评价。这种方式也是组织民主管理的一种体现。

（7）外部考核，即由组织外部的相关人员对员工工作进行评价考核。这种考核不仅具有相当可靠的客观性，而且还为员工的绩效考核提供了不同的视角，在现实中运用也非常广泛。

（三）按绩效考核的形式划分

（1）口头考核与书面考核。口头考核是采用直接回答的形式考核员工，较常见的口头考核是答辩。书面考核是采用文字的形式考核员工，如考试、论文等。

（2）直接考核与间接考核。直接考核是考核者与被考核者之间面对面直接接触，如常见的笔试、面试等。间接考核是考核者通过各种数据、资料等对被考核者进行考核。

（3）个别考核与集体考核。个别考核是对个别员工进行单独的考核。集体考核是对组织全体人员进行的整体考核。

（四）按绩效考核的标准划分

（1）绝对标准考核，即按同一标准去衡量相同岗位的人员的工作绩效。这种考核方式可以明确地判断每一个被考核者是否符合职位要求及其与标准之间的差距。

（2）相对标准考核，即不按统一的考核标准，而是根据同一部门或小组内部人员相互比较，然后做出评价。这种考核方式能够在组织中确定被考核者之间的优劣顺序，但是不能明确把握每一个被考核者与职位要求之间的符合程度。

（五）按绩效考核的时间划分

（1）日常考核，即每天或每星期都进行的考核。这种考核通常指日常工作中的单一考核，如考勤。

（2）长期考核。这种考核可以分为一年一度和数年一度两种，通常它是对员工工作绩效的全方面、综合性的考核。

（3）定期考核。这种考核通常是一个月、一个季度、半年一次的考核，它也是对员工工作绩效较为全面的考核。但是定期考核并非长期考核，两者主要的区别在于考核的频率和考核内容的全面性上。一般而言，定期考核较为频繁，且考核内容并非全方位；长期考核次数少但考核内容几乎涉及员工的全部情况。

（4）不定期考核。这种考核大部分是根据工作需要，临时抽查员工某一方面情况进行的考核。

除了上述几种分类方法外，还可以依据考核的目的和用途，将绩效考核分为例行考核、晋升考核、转正考核、转换工作考核、评定职称考核等。

第二节　绩效考核管理

一、绩效考核的内容

根据《公务员法》《公务员考核规定（试行）》及相关政策规定，我国对公务员和事业单位员工进行的绩效考核主要包括“德、能、勤、绩、廉”等五个方面。

德，是指思想政治素质及个人品德、职业道德、社会公德等方面的表现。

能，是指履行职责的业务素质和能力。

勤，是指责任心、工作态度、工作作风等方面的表现。

绩，是指完成工作的数量、质量、效率和所产生的效益。

廉，是指廉洁自律等方面的表现。

二、绩效考核的方法

目前，绩效考核的方法有很多，但是每一种都具有各自的优点和缺点。在实践中，充分考虑考核对象和考核目的，可以选择合适的方法或者将不同的方法综合起来使用，确保绩效考核的信度和效度。本书简要介绍几种常用的绩效考核方法。

（一）序列比较法

序列比较法是按员工工作成绩的好坏进行排序考核的一种方法。在考核之前，首先，确定考核的模块，但是不确定要达到的工作标准。其次，将相同职务的所有员工在同一考核模块中进行比较，根据他们的工作状况排列顺序，工作较好的排名在前，工作较差的排名在后。最后，将每位员工几个模块的排序数字相加，就是该员工的考核结果。总数越小，绩效考核成绩就越好。这种考核方法的优点是简单易行，并具有一定的可信性。但其缺点是，适用范围比较狭窄，一般只能用于考核 5~15 名员工，而且只适用于考核同类职务的员工。

（二）相对比较法

相对比较法是对若干员工的同一考核内容进行两两比较，任何两位员工都要进行一次比较，决定其优劣，即两名员工比较之后，相对较优的员工记“1”，相对较劣的员工记“0”。所有的员工相互比较完毕后，将每个人的得分相加，总分越高，绩效考核的成绩就越好。在实践中，运用相对比较法进行考核时需要进行多次比较，如果需要考核 n 个员工，那么根据数学上排列组合公式，需要进行 $n(n-1)/2$ 次比较。例如，需要考核 15 名员工时，需要进行 $15\times(15-1)/2=105$ 次比较。

相对比较法的优点在于整个考核过程需要进行反复比较，考核人员几乎无法判断每个被考核员工的最终考核成绩，因此克服了考核人员人为因素的影响，提高了整个考核的客观准确性。但这种方法的缺点是操作过程烦琐、工作量大。

（三）强制分步法

强制分步法需要考核人员先设定一个类似于正态频率分布型的评定等级比例（优秀、良好、符合标准、有改进余地、不令人满意），然后将被考核的员工强制分布到每一个工作绩效等级上去。这种考核方法非常简单，能明确筛选出绩效较差的员工，因此具有非常强的激励和鞭策功能。但这种方法也有很明显的平均主义色彩，不利于调动优秀团队里所有员工的积极性，而对于那些能力一般的团队而言则会“矮子里拔将军”。通常，这种方法一般使用于大组织的年终考评，如评选先进。

序列比较法、相对比较法和强制分步法都是绩效考核中的相对评价法。相对于绝对评价法而言，它的优点是：第一，适应性强，应用面广，不管这个组织具体情况如何，都可以进行比较，都能评出个体在组织中的相对位置；第二，用建立在对评价对象群体测评基础之上的标准进行评价，发现其个别差异，从而对被评个体做出较为客观、公正和确切的判断；第三，有利于激发评价对象的竞争意识。但它也有很明显的缺点：第一，缺乏客观标准，因此评选出来的优秀者未必就是真正的高水平、高质量，未被选上的也不一定水平低、质量差；第二，评价的结果所反映的只是评价对象在一定范围内的相对位置，不一定反映他们的实际水平；第三，易导致激烈的、无休止的竞争，从而挫伤一部分人的积极性。

（四）360 度考核法

360 度考核法又称全方位绩效考核法或多源绩效考核法，是指从与被考核者发生工作关系的多方主体那里获得被考核者的信息，以此对被考核者进行全方位、多维度的绩效评估的过程（图 8-1）。这些信息的来源包括：来自上级监督者的自上而下的反馈（上级）；来自平级同事的反馈（同事）；来自下属的自下而上的反馈（下属）；来自组织内部的支持部门和供应部门的反馈（支持者）；来自公司内部和外部的客户的反馈（服务对象）；以及来自本人的反馈。通常，360 度考核法在实施过程中主要包括如下步骤。

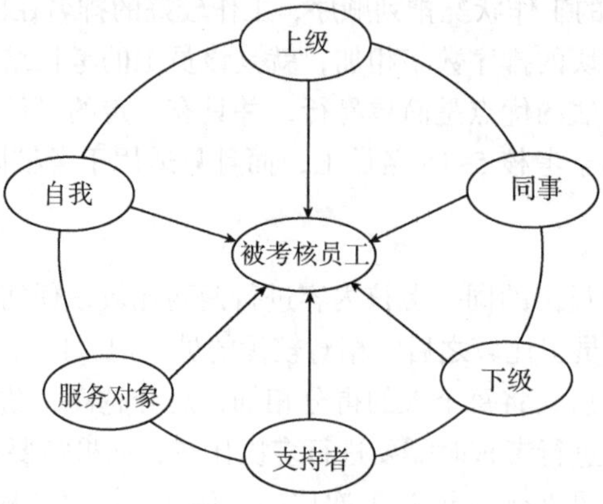

图 8-1　360 度考核法

第一，组织的考核者要听取员工的上级、同事、下属（如果该员工有下属的话）、支持者和客户的意见，并让员工进行自我评价。当然，听取意见和自我评价一般采用填写问卷调查表的方式。

第二，考核者根据这些调查表对员工的工作表现做出评价，评价的标准包括概念思维、分析能力、主动性、决策能力、专业知识、合作精神、领导才能等方面。需要注意的是，对员工的评价转化为员工考核所得分数最简单的方法是平均法，但在实践中，应该根据考核项目的不同对员工各种工作表现规定不同的系数权重，最终计算出员工的考核分数。

第三，评价结果出来后，考核者需要将所有相关人员的评价调查表全部密封保存，防止泄露。然后考核者与员工进行面谈交流，共同分析讨论考核结果，在此基础上，制定员工下年度的绩效目标、评价目标和发展计划。

360 度考核方法的优点在于：提高考核的全面性、公正性和员工参与感，强调对内外部客户的服务，提升组织运行效率，对员工的能力素质进行全面考核。但它的缺陷在于：考核成本较高，实施过程中难以组织和协调，考核极容易流于形式。因此，这种方法一般适用于协作性和流程性强的行业和组织、中层干部和职能服务部门业绩考核，以及员工能力素质培养。

（五）目标管理法

目标管理法是通过将组织的整体目标逐级分解直至个人目标，最后根据被考核员工完成工作目标的情况来进行考核的一种绩效考核方式。在开始工作之前，组织和被考核员工应该对需要完成的工作内容、时间期限、考核的标准达成一致；在时间期限结束时，组织根据被考核员工的工作状况及原来制定的考核标准来进行考核。具体而言，目标管理法在实施过程中主要包括如下步骤。

（1）确定工资职责范围。每个组织员工进行工作时都有其职责范围。员工要弄清自己的职责，因为这决定了他工作的具体内容。确定工作职责的常用方法是：员工和上级各自列出员工的主要职责，然后双方把所列清单放在一起进行比较，并达成一致，最终产生双方同意的员工工作目标的清单。

（2）确定具体的目标值。目标为员工与组织管理者提供了计划和衡量业绩的依据。员工以书面形式写下自己应达到的全年的主要业绩目标，目标清单包括定量目标和定性目标，并体现出责任、承诺和义务、优先顺序以及实现目标的日期。目标值要重点突出，具有前瞻性，又要与相关业务范围的需要相协调。在目标值的确定中，应注意以下几点。

第一，员工的个人绩效目标不是凭空产生的，而必须依据组织的战略目标及本部门的分目标来制定，要使个人的目标与这两个大目标尽可能地一致。

第二，目标确定时应当考虑到员工的能力素质和以往的成绩，要历史地、发展地看问题，不可孤立地判断和主观地看问题。

第三，目标一般要符合以下要求：首先，目标的数目不宜过多或过少，一般 5~6 个为最佳，并且要有针对性；其次，目标是可以衡量和比较的；最后，目标是成果导向型的，能够全面反映员工的实际贡献。

（3）审阅确定目标。目标设定后，员工将其送交上级主管进行审阅，主管要帮助下级对目标进行评估并最后确定指导方针。讨论完毕后，即形成一致同意的目标。

（4）实施目标。这一阶段是目标管理的推进阶段。在目标实施过程中，执行者有充分的自主权。当然，在这个阶段，上级应当进行有效控制，而不是放任自流。在执行中，如出现了不能克服的问题，上下级之间可以进行沟通，对目标进行适度调整。为此，反馈和沟通的渠道必须畅通。

在这个阶段，目标执行者要定期（通常是每季度或每半年）以及不定期向上级主管人员汇报进展情况。汇报时，目标执行者应当说明工作是否按预定计划完成及反映存在的主要问题。

（5）小结。在目标管理预定时间的期末，执行者要提供一份工作完成情况报告，包括所取得的主要成绩、存在的问题、对实际结果与预期结果之间偏差的陈述等。组织可以制定专门的目标管理表格，供员工进行自我评价。

（6）考核。运用目标管理方法考核，关键不仅要看员工的目标完成情况，还要找出实现目标的成功原因或者没有达到目标的失败原因，为下一次制定目标奠定基础。

目标管理法是当前较为流行的考核方法，它不仅是单纯的绩效考核技术方法，而且是一种综合性的绩效管理方法。它的优点在于：目标管理法的评价标准直接反映员工的工作内容，结果易于观测，所以很少出现评价失误，也适合对员工提供建议，进行反馈和辅导；目标管理的过程是员工共同参与的过程，因此，员工工作积极性大为提高，增强了责任心和事业心。但是，组织目标的成果和责任力图划归一个职位或部门，容易发现授权不足与职责不清等缺陷，因此目标管理标准虽然有助于改进组织结构的职责分工。但是由于目标管理法没有在不同部门、不同员工之间设立统一目标，所以难以对员工和不同部门之间的工作绩效横向比较，不能为以后的晋升决策提供依据。

（六）关键绩效指标考核法

关键绩效指标考核法是指运用关键绩效指标（key Performance indicator, KPI）进行绩效考核的方法。在实践中运用这种方法的关键是建立合理的关键绩效指标，通常，考核人员首先研究组织内部各种工作流程，找出其中的关键参数，通过对这些参数的衡量，制定评价绩效最重要的若干项绩效指标，然后运用这些指标对被考核员工进行考核。一般而言，关键绩效指标考核法在实施过程中主要包括如下步骤。

（1）明确组织的战略目标，找出组织的业务重点，形成组织价值评估的重点，据此分析得出组织的关键绩效指标。绩效管理部门将组织的关键绩效指标传达给各相关员工。

（2）各部门将依据组织的关键绩效指标将自己的工作目标分解为更加详细的子项目，建立部门自己的关键绩效指标。这里需要强调的是，进行分解时，尽可能地将每一个项目的内容都指标化、具体化。确立关键业绩指标时，应注意三点：一是指标应当简单明了，容易被员工理解和接受；二是指标应当可以控制，可以达到；三是指标一般应当比较稳定。

（3）确立对关键绩效指标评价的标准。这是因为，指标虽然可以解决从哪些方面衡量或评价员工工作，解决“评价什么”的问题。但是对于解决“员工怎样做，做多少”的问题，仅有指标体系是不够的，因此，组织还需对指标进行规范定义，确定指标评价标准。

（4）根据考核制度及有关规定，由各相应的部门进行考核操作，得出考核评价结果。对考核评价结果，要应用于工作的有关方面，从而达到改进组织管理、提高效益的目的。

关键绩效指标考核法的优点是标准非常鲜明，易于考核评估，有利于组织利益与个人利益达成一致。但其缺点是：虽然强调了员工和组织的工作完成程度必须要有一套相应的关键指标来保证，但是却没有能进一步将绩效目标分解到基层管理及操作人员中，也没有提供一套完整的对操作具有具体指导意义的指标框架体系，增加了实践中运用这种方法的难度。另外，这种方法还可能导致考核过程中过分依赖指标，缺乏相应的弹性，导致考核过程出现争端和异议。

（七）图解式评定量表法

图解式评定量表法是目前最简单、运用最广泛的绩效考核方法之一（表 8-1 是一个典型的图解式评价量表）。这种方法是针对每一项评定的重点或考评项目，预先设立基准，包括连续尺度法（即以不间断分数段表示的尺度）和非连续尺度法（即依据等级间断分数表示的尺度），然后在进行工作绩效考评时，再针对每一位员工从每一项考评要素中找到最能反映其绩效状况的分数，最后将每一位员工所得的分值进行加总，即得到该员工的最终工作绩效考评结果。

图解式评定量表法可实现量化考核，不仅可以对员工的工作内容、责任和行为特征进行考评，而且可以向考评者展示一系列被认为是成功绩效所必需的个人特征，如合作能力、适应能力等，可操作性强。但是，量表的设计以及量表维度的选用和确定，需要较多的前期准备工作，而且量表不能有效地指导行为及行为改进，即不能清楚地指明员工必须做什么才能得到某个确定的评分。另外，由于多数负面绩效及反馈一般应集中在具体行为上，而非图解式评定量表法所描述的模糊的个人特征，所以，图解式评定量表法往往不能提供一个良好机制以提供具体、建议性的反馈。同时，也有一些人认为，实践中这种考核方法所做的评定只不过是“主观的判断”，并且他们认为考核过程中极有可能存在潜在的偏见，因此这种方法不适用于晋升决策。

表 8-1 图解式评价量表

被考评者姓名		所属部门		职务名称	
绩效考评期限	从 年 月 日到 年 月 日			考评者	
1 代表未达到要求；2 代表基本达到要求；3 代表全面达到要求；4 代表很好达到要求；5 代表超过要求					
A. 工作责任心（权重：10%）				评价等级 12345	
主要服从上级的指示与安排，以组织的利益为核心，有积极进取的工作态度和较高的工作热情				等级： 评述：	
B. 市场洞察力（权重：20%）				评价等级 12345	
对市场各方面情况进行分析，制定新的工作目标增加销售渠道的来源，预测销售环节中可能带来的风险，并准备相应的解决措施，对重要客户要定期进行拜访，提高产品的市场占有率				等级： 评述：	
C. 销售任务（权重：25%）				评价等级 12345	
根据组织下达的销售任务，结合市场调研，制订出相应的销售计划和销售政策，将销售指标合理地分配给每个销售员，定期提交销售情况及回款进度的报告，最终完成公司下达任务的指标				等级： 评述：	
D. 工作计划与组织实施（15%）				评价等级 12345	
根据组织的发展战略制订详细的工作计划、销售方案等，将制订的实施方案与下属沟通，了解下属的工作任务和目标，当市场环境发生变化时，能积极地做出合理的调整				等级： 评述：	
E. 团队合作（15%）				评价等级 12345	
与协作部门保持良好的合作团队，积极参与支持团队工作，为后续工作或人员提供最大程度的便利，愿意与他人分享工作或经验，促进共同成长				等级： 评述：	
F. 内部管理（15%）				评价等级 12345	
制定和完善销售管理制度和本岗位职责，根据销售计划及促销计划，配以合理的促销费用并加以监控，严格执行预算。根据销售管理制度和绩效考核成绩对下属进行激励、选拔、晋升、淘汰，合理进行人员配置				等级： 评述：	
考评者总评述： 总评分： 考评者的签字： 日期：					
被考评者自述： 被考评者的签字： 日期：					
上下级双方所达成的共识、异议与其他需补充说明的问题： 主管签字： 下属签字：					
审核者意见： 审核者签字： 日期：					

三、绩效考核的程序

组织的绩效考核，应当分作六个具体的行动步骤组织实施。把每一个步骤列为一个作业单元，在行动前精心组织操作培训和专项辅导，并进行必要的模拟演练。

（一）确定考核周期

依据组织经营管理的实际情况（包括管理形态、市场周期、销售周期和生产周期），确定合适的考核周期，工作考核一般以月度为考核周期。每个周期进行一次例行的重点工作绩效考核。对需要跨周期才可能完成的工作，也应列入工作计划，进行考核。可以实行时段与终端相结合的考核方法，即在开展工作的考核周期内考核工作的进展情况，在完成工作的考核周期内考核工作的终端结果。

（二）编制工作计划

按照考核周期，作为考核对象的职能部门、业务机构和工作责任人，于周期期初编制所在部门或岗位的工作计划，对纳入考核的重点工作内容进行简要描述。每一项重点工作都要明确设置工作完成的时间指标和质效指标。同时按照预先设定的计分要求，设置每一项重点工作的考核分值。必要时，附加开展重点工作的保障措施。周期工作计划应按照时间要求编制完成，并报送考核执行人确认，然后付诸实施。

（三）校正量效化指标

绩效考核强调重点工作的开展和完成必须设置量效化指标，量化指标是数据指标，效化指标是成效指标。重点工作的量效化指标，反映了重点工作的效率要求和价值预期。另外，在实际工作的操作中，并不是所有的工作结果或成效，都可以用数据指标进行量化的，而效化指标则比较难以设置和确定，需要一定的专业素质和及时的信息沟通。因此，考核执行人应会同考核对象，对重点工作的量效化指标进行认真校正并最终确定，保障重点工作的完成质效。

（四）调控考核过程

在管理运转中，存在并发生着不确定性因素，容易造成工作变数，考核也是如此。当工作的变化、进展和预置的计划发生冲突时，首先应该对变化的事物进行分析，准确识别变化的原因和走向，然后对工作计划和考核指标做出及时、适当的调整改进。

（五）验收工作成效

每个周期期末，在设定的时间内，考核执行人依据预置或调整的周期工作计划，对考核对象的重点工作完成情况，进行成效验收。按照每项工作设置的量效化指标和考核分值，逐项核实工作成效，逐项进行评分记分，累计计算考核对象该考核周期重点工作完成情况的实际得分，并就工作的绩效改进做出点评。

（六）考核结果运用

考核的目的是改进绩效、推进工作和提高效率。考核对象重点工作完成情况的实际得分即考核结果。如何运用考核结果，会直接影响考核的激励作用。要切实结合组织管理资源的实际情况，充分考虑企业文化的负载能力，在这个基础上选择和确定考核结果的运用方式。在这里简说几种考核结果的运用方法。

（1）考薪挂钩。就是考核结果与薪资收入并轨，按照考核得分，计算薪资实际收入。这个薪资可能是职能职务薪酬或岗位工资，也可以是独立设立的绩效工资，还可能是效益奖金。

（2）考职挂钩。把考核结果与考核对象的职位挂钩。考核对象由于主观因素，在较长时间内不能按计划完成重点工作或者不适于承担所在岗位的工作职责，应合理地调整其岗位或职务，避免重点工作遭受损失。

（3）信息整合。通过考核，可以反映、整合并有效利用多个方面的考核信息，包括资源配置信息、岗位设置信息、管理损耗信息、工作问题信息和人才信息等。考核结果的信息运用，能够为组织的工作决策、管理运转和人才的培养使用，提供重要的信息支持。

四、绩效考核结果的处理

（一）绩效考核反馈

绩效考核反馈是绩效考核过程中的一个重要环节。它主要通过考核者与被考核者之间的沟通，就被考核者在考核周期内的绩效情况进行面谈，在肯定成绩的同时，找出工作中的不足并加以改进。考核反馈的目的是为了让员工了解自己在本绩效周期内的业绩是否达到所定的目标，行为态度是否合格，让管理者和员工双方达成对评估结果一致的看法；双方共同探讨绩效未合格的原因并制订绩效改进计划，同时，管理者要向员工传达组织的期望，双方对绩效周期的目标进行探讨，最终形成一个绩效合约。绩效反馈在绩效考核结束后实施，而且是考核者和被考核者之间的直接对话，因此，有效的绩效反馈对绩效管理起着至关重要的作用。

（二）处理考核申诉

1. 考核申诉产生的原因

当发生以下情况时，有可能引发考核申诉：其一，被考核者对考核结果不满，或者认为考核者在评价标准的掌握上不公正；其二，被考核者认为对考核结果运用不当，有失公平。

无论问题出现在哪里，组织都应该对被考核者的考核申诉进行认真的了解分析和正确、合理地处理。因为通过对考核结果的处理，有助于改进组织中存在的一些问题，从而提高组织的绩效。

2. 处理考核申诉的要点

（1）尊重被考核者的申诉。在处理考核申诉过程中，要尊重被考核者的个人意见，要求考核申诉处理机构认真分析被考核者所提出的问题，找出问题发生的原因。同时，应当对被考核者表现出耐心，如果是被考核者方面的问题，应当“以事实为依据、以考核标准为准绳”，对被考核者进行说服和帮助；如果是组织方面的问题，则必须对被考核者所提出的问题加以改正，并将处理结果告知被考核者，对其有所交代。

（2）把处理考核申诉过程作为互动互进的过程。绩效考核是为了实现组织的目标、完善人力资源政策和促进公职人员的发展，而不是组织用来管制公职人员的工具，即绩效考核应当是一个互动互进的过程。因此，当公职人员提出考核申诉时，组织应当把它当成一个完善绩效管理体系、促进公职人员提高绩效的机会，而不要简单地认为公职人员申诉是“一些小问题”，甚至认为公职人员在“闹意见”。

（3）注重处理结果。在处理考核申诉问题上，应当把令申诉者信服的处理结果告诉被考核者。如果所申诉的问题属于考核体系的问题，应当完善考核体系；如果是考核者方面的问题，应当将有关问题反馈给考核者，以使其改进；如果确实是被考核者个人的问题，就应该拿出使其信服的证据，并要注意处理结果的合理性。

第三节 人事激励概述

一、激励的内涵

激励，就是在外部某种刺激因素的影响下，使人产生一股内在动力朝所期望的目标追求、奋斗的心理活动过程。激励是一种非常有效的刺激人们完成所规定目标的方法和手段，或者说是可以指导人们朝着所规定的目标前进，不偏离其应该行进的轨迹的方法和手段。由于人们身上所存在的目的性和动机性，人们的任何行为都是出于某个特定的目标和动机，具有某种诱导性，所以，激励就是通过控制和掌握这种诱导性来引导人们的行为以完成组织的目标。

在人力资源管理中，组织通过设计适当的外部奖励形式和工作环境，并辅以一定的行为规范和惩罚性措施，借助信息沟通，来激发、引导、保持和规划组织成员的行为，以有效地实现组织及其成员个人目标的系统活动。因此，人事激励通常应该注意如下几点。

第一，激励的出发点是满足组织成员的各种需要，即通过系统地设计适当的外部奖酬形式和工作环境，来满足组织员工的外在性需要和内在性需要。

第二，科学的激励工作需要同时注重奖励和惩罚，既要对员工表现出来的符合组织期望的行为进行奖励，又要对不符合组织期望的行为进行惩罚。

第三，激励应该贯穿于组织员工工作的全过程，包括对员工个人需要的了解、个性的把握、行为过程的控制和行为后果的评价等。

第四，信息沟通应该贯穿于激励工作的始末，从对激励制度的宣传、对组织员工的了解，到对员工行为过程的控制和对员工行为后果的评价等，都依赖于一定的信息沟通。另外，组织中信息沟通是否畅通，是否及时、准确、全面，直接影响着激励制度的运用效果和激励工作的成本。

第五，激励的最终目的是在实现组织预期目标的同时，也能让组织成员实现其个人目标，即实现组织目标和员工个人目标在客观上的统一。

二、激励的作用

（一）激励的目标导向性功能

激励能够在目标蓝图与现实操作间建立起桥梁。激励是有目标的，激励的目标直接指向组织活动所要实现的某种变革或者组织有效运作的治理状态。激励可以创造某种潜在的动力机制，推动员工不断完善自己，提升自身的业务素质，去适应或者去做一些挑战性的工作，这些基本素质可能是组织员工本身所不具备的，但是通过外部的刺激却又能够达到。人的行为都受制于动机因素的制约，动机寄予在客观事物中的一种特殊情势，它依赖于人们的各种需要，人的需要是各种创造性活动的源泉，外部的刺激施加于个体的动机便会产生行为性的因素。激励是改善组织成员行为的一种有效手段，通过激励能够优化人们的做事风格、改变做事的态度，在激励的体制下，人们更倾向于用沟通、合作、平等的语言来进行问题的解决，而不是盲目的抵抗、抑制或者其他强硬的行为风格。

（二）激励立足于人力资本的同时激发了员工的工作动力

古人有云："明察秋毫而不见车薪，是不为也，非不能也。"这句话表述的是，假使一个人的眼睛能对细微的毫毛都看得非常清楚，遇事却总辩解说自己看不见一整车的柴草，那么原因只有一点，不是他缺乏能力，而是他根本不具备做事的态度。这解释了这样一个道理：能力强的人本身没有足够动力，如果同时也缺乏外界激励因素，那么即使能力再强也可能徒劳无功；反之，能力一般的人有主观行动的因素同时又有外部激励因素的刺激，在此情势下人的主观能动性会得到相当程度的带动，也必然会有出色的表现。由此可见，激励对组织成员积极性的调动有着极为重要的影响。哈佛大学的詹姆士教授研究表明，员工一般仅需发挥出 20%~30% 的个人能力，就足以保住饭碗而不被解雇；如果受到充分的激励，其工作能力能发挥出 80%~90%，其中 50%~60% 的差距是激励的作用所致。心理学家卡兹曾在密歇根州大学调查研究中心的研究基础上指出，职工的工作积极性和士气至少取决于四个方面：对所做工作感兴趣；对所在工作团体感到光荣；对所获工资及在部门内获得提升机会感到满意；对所在工作团体目前及未来的目标感到合意。激励能够培育组织成员对组织的认同意识，组织成员将组织更多地看待成自己的"家"或维系自己生存的"饭碗"，因此，持久的激励能够培养员工的主人翁意识，在个人自我实现的基础之上同样能够带动组织整体目标的实现。

（三）激励促进各部门的协调统一，构建凝聚型组织

各部门统一的激励标准有助于推动组织整体竞争氛围的形成，当然必须强调的是统一标准，而且在实践中又有统一的标准适用。此种良性激励环境可以营造温馨的人际氛围和良好的生活、工作环境，增强凝聚力和创造力。组织凝聚是当前组织行为学研究的一个热门的议题，组织凝聚一方面是组织文化建设的子课题，同时又是组织生产的软件保障。在有较高凝聚力的组织中，组织成员对于彼此之间有较高的文化认可，一个较为狭窄网络内发生频繁的互动，形成双方相互依赖的路径，高频次互动产生彼此之间的信任，在社会资本理论学家看来，信任是组织构建的一种文化资本，信任又降低了交易成本，彼此之间会以合作议事的态度交往，而这种信任范式的形成基础便是平等普适的激励机制。

三、激励的原则

一般来说，关于人力资源的激励原则有很多，在此为了使组织的激励机制能充分发挥其激励人、团结人的功效，有必要进一步完善组织的激励机制，使其遵循以下原则。

（一）实事求是与合理公正相结合的原则

完善组织的人力资源激励机制应从公共部门的实际出发，以实事求是的态度，对事实进行科学、系统的分析。一是激励程序合理化。要严格按照评估程序，进行客观、公正的考核评估，并以此作为激励的前提信息。二是激励过程科学化。首先，要坚决反对奖励中的平均主义，克服"一刀切"的激励模式，要根据不同员工的工作性质、工作职责之间的差别采取相应的激励方式，使得激励手段能够有效区分个体能力间的差别，从而促进员工提高工作效率。其次，要采用多元激励法，在进行激励时真正做到因人而异和因时而异；要打破任何人事上的远近亲疏关系，坚持科学合理的作风，对所有公职人员一视同仁，不能把职位高低作为激励标准，不能掺杂个人感情，也不能随意马虎；要实事求是、合理公正地确定受奖对象，

在充分尊重民意的前提下，让全体职员都能参与到这一过程中；要对受奖者进行公开表彰及适度宣传，让受奖者充分感受到激励所带来的荣誉感和成就感。这样不但激励了受奖者，同时也为未受奖者树立了榜样，刺激他们努力上进。

（二）组织目标与个人需要相结合的原则

在激励机制中，组织要激发人的动机就必须满足公职人员的各种需要，而公职人员的需要又是多种多样的，所以组织的任务之一就是要找出相应的激励措施，来满足公职人员的不同需要。但是，公职人员个人的需要与组织目标并非完全一致。所以，满足个人需要的前提条件就是其必须符合组织目标的实现，符合组织的整体利益，否则激励将会偏离其方向。而组织要有效实现其目标，调动公职人员工作的积极性，就必须将公职人员个人的需要和组织的目标结合起来加以考虑，否则也难以达到满意的激励效果。因此，在激励过程中，只有将组织目标和个人需要结合起来，使组织目标能够包含较多的个人需要，同时个人需要的满足和实现又离不开其为实现组织目标所做的努力，只有这样才能收到良好的激励效果。

（三）物质激励与精神激励相结合的原则

依据著名心理学家马斯洛的需求层次理论，我们可以知道人既有物质需求，也有精神需求，物质需求是人类最基本的需求，也是最低层次的需求，所以物质激励是一种浅层次的激励方式，其作用是短暂的。精神需求则是人的自尊和自我价值实现的需求，是较最高层次的需要，其作用具有持久性。因此，随着社会主义精神文明的发展和公职人员素质的不断提高，公共部门在进行物质激励的同时应把激励的重心逐渐转向精神激励。把物质激励作为基础，精神激励作为根本，在两者有机结合的基础上，使之相互补充，相互渗透。在激励过程中，既不能单纯倡导空泛的、只求奉献、没有适当物质激励的精神激励，也不能抛弃精神激励一味追求物质激励，要把物质激励和精神激励结合起来，避免走极端。事实证明，单独运用任何一种激励方式都是片面的、有害的，只有将二者有机结合起来，才能使激励机制起到适度有效的作用。

（四）奖励为主与适度惩罚相结合的原则

奖励与惩罚是人力资源激励的两种手段，性质不同，作用和效果也不同。奖惩必须兼用，不可偏废。只有坚持对劣者进行惩处的情况下，对优者进行奖励，才能使优秀者显示出受奖的价值。两相对照，才会使受奖者深切地感到受奖的分量。只奖不惩，就降低了奖励的价值，影响奖励的效果；同时，会使一些违纪行为得不到纠正，给违纪者以可乘之机。在这种情况下，受奖者不但起不到榜样的作用，还可能受到孤立。只惩不奖，仅起到消极的禁止作用，人们仅知道不该做什么，却不知道应该做什么，难于激发公职人员的进取心、荣誉感，起不到调动人们积极性的目的。单纯的惩罚甚至还可能由于人们的逆反心理而产生反作用。因此，要把奖励与惩罚两种手段结合起来。奖励指出了人们应该如何行为的模式和标准，从积极的方面倡导某些行为。而惩罚则指出了哪些行为是应该禁止的，从消极的方面控制人们的行为。坚持奖励与惩罚相结合的原则，必须注意以奖励为主。这是由于惩罚主要是限制违纪行为的发生，而奖励不仅可以使受奖者有光荣感和责任感，最大限度地调动其积极性和发挥其潜力。而且还可以为其他公职人员树立起学习的榜样，从而带动一大片。但是应该注意，以奖励为主是建立在奖惩结合的基础上的，而且是对整个奖惩工作而言的。在具体工作中不能借口以奖励为主而降低奖励的条件，或者对应受惩罚者不予惩罚，更不能让管理人员去当“老好人”。以奖励为主，主要是要求管理人员要善于发现公职人员的长处和积极性，并认真加以保护，精心培养，充分运用奖励手段，引导他们积极向上；对公职人员的缺点和不良倾向，及时加以纠正，不要等事实既成再给予惩处；不能只看到别人的短处，而看不到其长处。

（五）注重激励成本原则

激励是需要成本的，组织采取激励措施，必须支付一定的费用，如组织活动、发放奖励都需要资金的支持，这些资金支出构成了激励成本。激励措施的收益是在激励措施生效之后，会给组织带来的好处，这些好处使激励活动产生绩效。组织应该树立激励成本意识，关注激励的成本及其收益。如果激励成本过高，甚至远远超过取得的收益，那么这种激励对组织来说是没有实际意义的。因此，组织在开展激励活动时，必须将其作为一项经营活动来考虑，注意降低激励成本，提高激励收益。

四、激励的类型

依据相关激励理论，可以把组织人力资源的激励看成是一个不断满足员工需要，提高员工工作积极性和创造性的过程，在这个过程中，激励效果的显现是在多种激励方法的共同作用下发生的。分析当前人力资源激励类型，总结起来包括以下几个。

（一）物质激励

所谓物质激励主要以满足员工的物质需求为逻辑起点，通过物质刺激调动员工工作的积极性、主动性与创造性。从某种意义上讲，物质激励是实现员工激励的一种最基本的方法，也是在当今组织中普遍采用的激励方式，其主要包括以下内容。

（1）合理的薪资标准。员工的工资水平应与其他行业相当人员的平均工资水平大体持平，并依据社会物价上涨指数的变动和员工的工作绩效情况进行相应的加薪、减薪，或是进行奖励、罚款，从而在薪资水平上体现员工的价值。

（2）合理的福利待遇。组织要最大限度地吸引并留住人才，福利待遇是员工安心工作的保障，福利激励对创新型员工的发展具有一定的激励作用。同时，组织还应进一步完善员工的养老保险、医疗保险、住房补贴等问题。

（3）合理的晋升机制。晋升是指员工职位等级的提升、工资级别的增加。晋升对员工来说是一种重要的激励形式，我们可以把晋升看成精神激励也可以是物质激励。因为晋升不仅意味着荣誉、地位的提高，也意味着薪资的增加和待遇的提高。实践证明，科学完善的晋升机制，可以激励员工的工作热情，激发其竞争心理、服务意识和奉献精神。

（4）合理的考核机制。合理的考核是通过量化方式对部门内部工作人员的工作业绩进行全面、客观的评价，这将涉及部门人员的薪资调整、奖金发放和职务升迁等诸多关于部门人员切身利益的问题。绩效考核的作用对于管理者而言，为管理者提供关于公职人员奖惩参考信息，为实施对部门人员的职位晋升和薪资奖励提供客观依据；对于被考核人员而言，通过考核可以为工作人员提供反馈，使其发现不足并及时解决。

需要指出的是，物质激励与其他激励因素毕竟是不同的，它通常不是一个能连续持久地起激励作用的因素，特别是运用薪资的方式进行激励时，其有效期是很短的。相应的，如果组织成员发现现有的物质激励方式不合理、不公平时，就会产生激励的消极作用，组织成员就会放松自己，不再努力上进，从而影响组织的工作效率。总之，在社会主义市场经济环境下，物质激励仍是组织进行人事激励的重要手段，它对强化社会主义按劳分配制度和调动员工的积极性与创造性有着十分重要的作用。

（二）精神激励

从马斯洛的需求层次理论我们可以了解到人的需求有不同的层次，物质需求便是其中之一。除此之外，人还有精神上的追求，有尊重的需要和自我实现的高级需要。因此，仅有物质激励还不够完善，还应从满足人的精神需求出发，对人的心理进行必要的影响，以此推动人的自觉行动，这便是所谓的精神激励。精神激励的内容通常包括如下几个方面。

（1）文化激励。组织的文化激励是精神激励的主要组成部分。部门文化是无形的，然而它的激励作用却是巨大的。组织要有凝聚力和创新力，要使员工提高服务意识和服务质量就必须创立自己独特的部门文化，从而使部门形成强大的凝聚力、向心力，最终塑造一个团结奋进的服务整体。

（2）荣誉激励。每个人都具有争取荣誉、展现自身价值的需要，这同样也是一种高层次的需求。事实上，员工非常重视自己在部门的地位和荣誉，这将激励他们向着更高的目标奋进。因此组织应该注重员工的荣誉激励，在一定程度上，要肯定其工作成就和研究成果，尊重其对问题的不同见解。通常情况下组织可以通过表扬、记功、授予荣誉称号等形式激励员工努力奋进。

（3）沟通激励。所谓沟通，是指具有不同背景、地位、利益、思想、感情、观念的人们之间通过信息的传递和交流而形成的互动和意义的理解。信息的传递和交流是手段，意义的理解才是目的，是沟通的实质。通过沟通激励可以改善组织中的人际关系，激发员工的积极性与创造性，为员工发挥聪明才智营造一种相互信任、团结协作的工作氛围。

（4）目标激励。从激励的基本理论我们可以看出，每个人的需要都是与特定的目标联系在一起，因为需要产生目标，而目标又是动机的最终指向，它能给人带来合理的预期；然而较高的预期无疑将增加激励的效果。由此组织可以根据实际设定总体目标和阶段性目标，并把这些目标作为考核评估、选拔任用、职务升降和奖励惩戒的重要依据，从而最大限度地提高所属单位、人员的积极性与创造性。

（三）正激励与负激励

正激励是以鼓励为出发点，当个体的行动取向与集体有较高的匹配度，同时取得较高工作绩效时，组织管理人员以奖赏的方式来支持和强化这种行为，使这种好的工作趋势进一步延续，在工作中创造出更高的工作绩效。与之相对应的概念就是负激励，立足于抑制消极的行为取向，以消极惩罚性的措施应对不符合单位行为标准的活动。

正激励和负激励作为两种相辅相成的激励类型，它们是从不同的侧面对人的行为起强化作用。正激励是主动性的激励，负激励是被动性的激励，它是通过对人的错误动机和行为进行压抑和制止，促使其幡然悔悟，改弦更张。正激励与负激励都是必要而有效的，因为这两种方式的激励效果不仅会直接作用于个人，而且会间接地影响周围的个体与群体。通过树立正面的榜样和反面的典型，扶正祛邪，形成一种良好的风范，就会产生无形的正面行为规范，能够使整个群体的行为导向更积极，更富有生气，最终使组织管理尽善尽美。

但随着社会经济生活的发展，正激励和负激励对员工的激励效果正在发生变化。有调查表明，正激励对员工的心理影响在逐步淡化，特别是对于高薪白领阶层，在中国月薪高于5000元的阶层，对于奖励额度在10%以下的激励，绝大多数人员表示“没感觉”，原因是相对于其较高的薪酬总额来说，这一点奖励是微不足道的。另外，经常性的表扬也使得这些员工会落入习以为常“惰性”的圈套。而负激励的心理影响却是巨大的，并且具有双重性，从物质的角度看，本来正常情况下就能得到的没拿到还被处罚，损失是双倍的，更重要的是精神上受打击。例如，一名员工迟到被扣薪100元并公告，他不仅损失了100元，更重要的是他还需要承担其他员工可能对他的认识改变，这对他的心理影响不是能以金钱来衡量的。

（四）外激励与内激励

从激励形式上进行划分，激励又可区分为内激励与外激励两种类型。所谓外激励，是指由外酬引发的与工作任务本身无直接关系的激励。外酬是指工作任务完成之后或在工作场所以外所获得的满足感，它与工作任务不是同步的。如果一个人欣然从事一项又脏又累、枯燥无味、别人都不愿干的工作时，或当别人都已下班回家，只有他甘愿留下来加班时，他所得到的激励可能更多源于外酬的刺激，即他之所以留下来，纯粹是为了赶完这些任务后，将会得到一定的外酬（加班费）、奖金及其他额外补贴，他对完成任务的态度只能是例行公事，一旦外酬消失，积极性也就荡然无存。所以说，由外酬引发的外激励是难以持久的。

内激励是某项工作的激励作用与完成工作任务所产生的激励作用之和，即兴趣、爱好、成就等对人们行为产生的影响。如果工作能让人们发挥其所长，喜欢这种工作，那么工作本身就是激励，它能较持久的维持人的动机水平，这与外激励有本质区别。

从两种激励的表现形式看，外激励表现出某种程度的强迫性，内激励带有自觉性的特征。在实践激励工作中，组织需要综合运用这两种激励类型，从不同角度激励，才能取得最大的激励效果。

第四节 人事激励管理

一、激励机制

“机制”一词来源于古希腊语，主要指机器运转过程中的各个零部件之间的相互联系、互为因果的连接关系及运转方式。在管理学或经济学中，机制是指一个经济或管理系统内各子系统各构成要素之间相互制约、相互联系、相互作用的联结关系及其整体功能。激励机制是指在组织系统中，激励主体通过激励手段或激励因素与激励客体之间发生相互作用的关系的总和，也就是指激励内在关系结构、运行方式和发展演变规律的总和。

激励机制所涉及的内容比较广泛，既包含内部的激励机制，又包含外部的激励机制。外部激励机制是指消费者、履行社会管理职能的政府部门、社区公众对组织的激励，此种激励模式体现出更多管理过程中的被动性，是置于社会监督视角下的一种激励机制。内部激励机制是组织最为常见的激励机制，主要是指组织内部通过制度设计刺激工作人员以提高工作效率。内部激励机制的设计同样是一个复杂的系统，牵扯到对不同部门的人以及对同一部门中不同资历工作人员的衡量，因此这种激励机制依然还存在很多问题亟待解决。

激励机制是激励能否有效的关键性因素，对激励效果有着决定性的影响。因此，认识和了解激励机制是组织开展激励员工工作时的必要前提。根据现代人力资源管理激励理论，激励机制可以分为激励时机、激励频率和激励程度三方面内容。

（一）激励时机

激励时机是指为取得最佳的激励效果而进行激励的时间。不同阶段进行的激励作用和效果明显不同。超前的激励可能会导致员工对激励的漠视心理，影响激励的效果；滞后的激励也有可能会使员工感到多此一举，使激励失去意义。那么该如何准确把握激励时机呢？通常，组织需要根据工作的业务性质、复杂程度和完成周期的长度，进行具体分析，确定激励时机。一般来说，激励时机可以分为期前、期中和期末三种形式。

（1）期前激励。期前激励是在工作开始之前，公布任务指标和相应的奖惩措施，对员工进行激励。通常，这种激励形式主要适用于工作周期长、任务比较明确的项目。其优点是能够使员工的积极性和工作计划安排挂钩，使他们能够树立明确的奋斗目标，但其缺点是缺少反馈调节。

（2）期中激励。期中激励是指在工作任务进行过程中，分阶段规定任务及相应奖惩措施。它主要是用于工作内容庞杂、需要分阶段完成的任务。其优点在于体现了及时性原则，针对性较强，缺点在于缺乏整体性。

（3）期末激励。期末激励是指待工作任务完成之后，才在对前面工作进行总结的基础上对员工进行激励。它主要适用于任务复杂，开始时难以确定任务指标的项目。其优点在于有一定的反馈调节，能使激励更为准确，缺点是缺乏时效性，容易影响激励效果。

在实践过程中，组织应该综合运用这三种激励，灵活调整激励时机，使它们能相互补充，获得最好的激励效果。

（二）激励频率

激励频率是指在一定时间里进行激励的次数。通常以工作任务的周期为时间单位，在这个周期里，激励次数多说明频率高，激励次数少就说明频率低。激励频数对于激励效果有着非常显著的影响，但不能把激励频率与激励效果简单地理解为正比关系，即认为激励频率越高，激励效果就越好；激励频率越低，激励效果就越差。实践中，两者关系既可以成正比关系也可以成反比关系。因此，组织必须根据工作的具体情况，采取适当的激励频率，只有这样才能获得最佳的激励效果。

同时，激励频率受多种客观因素的制约，这些客观因素包括工作的内容、性质及其复杂程度、任务目标的明确程度、激励对象的素质情况及其对工作本身的满意程度、劳动条件和人事环境等。一般来说，对于工作复杂性强、比较难以完成的任务，激励频率应当高，对于工作比较简单、容易完成的任务，激励频率就应该低。对于任务目标不明确、较长时期才可见成果的工作，激励频率应该低；对于任务目标明确、短期可见成果的工作，激励频率应该高。对于各方面素质较差的工作人员，激励频率应该高；对于各方面素质较好的工作人员，激励频率应该低。在劳动条件和人事环境较差的部门，激励频率应该高；在劳动条件和人事环境较好的部门，激励频率应该低。总之，组织必须根据工作的具体情况进行综合分析，才能确定恰当的激励频率。

（三）激励程度

所谓激励程度，是指激励量的大小，它与激励效果有着极为密切的联系。能否恰当地掌握激励程度，直接影响激励作用的发挥。超量激励和不足量激励不但起不到激励的真正作用，有时甚至还会起反作用，造成对工作热情的严重挫伤。例如，过分优厚的奖赏，会使人感到得来轻而易举，用不着进行艰苦的努力；过分严厉的惩罚，可能会导致人产生破罐破摔心理，使他们失去上进的勇气和信心；过于吝啬的奖赏，会使人感到忙碌半天结果徒劳一场，从此消沉下去，提不起工作干劲；过于轻微的惩罚，可能导致人的无所谓心理，认为小事一桩、无足轻重，不但不思悔改，反而变本加厉。所以从量上把握激励，一定要做到恰如其分，激励程度不能过高也不能过低。有一些人认为，激励程度越高，鼓舞士气的作用就越大，激励程度越低，鼓舞士气的作用就越小。也就是说，激励程度与激励效果成正比关系。我们认为，这种提法是不准确的。激励程度并不是越高越好，它是具有一定限度的，超出了这一限度，就无激励作用可言了，正所谓“过犹不及”。

另外，组织开展激励时，还需要认识员工潜力与激励程度之间存在如下关系。

第一，员工潜在能力的发挥与激励程度存在正相关的关系，也就是说，对员工采取的激励措施越有力，其发挥潜在能力的积极性越大，从而能力实现的程度越高。

第二，员工能力实现与激励程度之间不是简单的线性关系。当无激励时，一个人能力也能得到一定程度的实现；当从无激励到有激励时，个人能力的实现程度有一个很大程度的提高。随着激励不断增强，能力实现程度也在不断增加，但是，当激励程度达到某一临界值后，能力实现程度提高的速度将逐渐放慢。

第三，员工能力实现程度与个人获得激励预期密切相关。当一个人认为自己能够通过努力获得激励的预期越肯定，其发挥潜在能力的积极性就越高，从而能力实现程度就越高。当一个认为自己根本不可能通过努力获得激励（获得激励的预期为零）时，这个人将几乎不可能发挥潜在能力，能力实现程度将很低。

二、激励的运行过程

员工的需求是激励的出发点，也是激励过程的最终目的。因此，对需求的研究成为激励的重要基础。组织只有了解员工的需求，才能进行有效的激励。激励产生的根本原因包括内因和外因。内因取决于人的认知，内在性需要是不可见的，通过个体的主观体验获得。外因则来自于人所处的环境，外在性所指向的目标是个体自身无法控制而由外界环境支配的。总而言之，激励就是创设满足组织成员各种需要的条件，激发组织成员的动机，使之产生实现组织目标的特定行为的过程。激励的最终目的是组织实现其目标的同时，组织成员也能实现个人目标。

从激励的基本出发点出发，可以把激励的基本过程概括为如下这样一个过程：即需要与刺激结合引发动机，动机导致行为，行为指向目标。四者相互关联，形成一个连锁过程（图 8-2）。从图 8-2 中可知，需要会引起需求者的心理紧张，引起满足需要的欲望，这种欲望会产生一种有目的的行为。但行为的结果可能发生两种情况：第一，实现了目的，满足了需要，这会产生一个反馈，会告诉需求者原有的需要已得到满足，于是心理紧张得以解除，但在新的刺激下，又会产生新的需要；第二，行为没有实现目的，也会有反馈，引起挫折感，可能产生两种行为，一是可能采取建设性行为，以继续实现目标，二是可能采取防御性行为，放弃原有的目标。

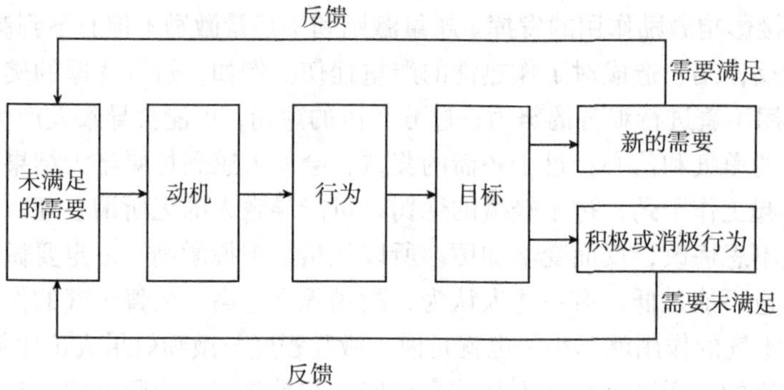

图 8-2　激励的运行过程

这个模式清楚地表明，人的行为由需要引起，而行为的目的是为了满足需要。如果能满足人的需要，并使人看到满足需要的可能性，那么就可以激励行为。而激励一方面可以产生有目的的行为去实现目的，另一方面激励又可以减少防御性行为，增加建设性行为。因此，要使员工产生组织所期望的行为，可以根据职工的需要设置某些目标，并通过目标导向使员工出现有利于组织目标的优势动机并按组织所需要的方式行动，这就是激励的实质。组织就是要根据员工的需要，采取适当的激励方式和手段，鼓励激发与管理目标相一致的动机和行为。

三、激励的基本方法

人力资源激励的基本方法是开展激励工作的具体操作方法，组织在进行激励工作时，必须选择合适的激励方法，才能使相应的激励取得最好的效果。下面，针对前面所述的激励类型，介绍几种常见的激励方法。

（一）经济性激励法

在物质生活还没有极大丰富，劳动还没有成为人们的第一需要之前，金钱仍是员工的最大需求，也是员工工作的强大的动力之一。引用经济学理论：经济人假设认为，人们基本上是受经济性刺激物激励的，金钱及个人奖酬是使人们努力工作最重要的激励，组织要想提高员工的工作积极性，唯一的方法是用经济性报酬。虽然在知识经济时代的今天，人们生活水平已经显著提高，金钱与激励之间的关系渐呈弱化趋势，然而，物质需要始终是人类的第一需要，是人们从事一切社会活动的基本动因。所以，经济性激励仍是激励的主要形式，如采取工资的形式或任何其他鼓励性报酬、奖金、优先认股权、组织支付的保险金，或在做出成绩时给予奖励。

但是，组织进行经济性激励时，必须认识到金钱对于员工的三个基本特点，才能真正发挥经济性激励的效果：第一，金钱对不同员工价值不同。相同的金钱，对不同收入的员工有不同的价值，对于某些人来说，金钱总是极端重要的，而对另外一些人可能从来就不那么重要。第二，经济性激励必须公正。员工对他所得的报酬是否满意不是只看其绝对值，而要进行社会比较或历史比较，通过相对比较，判断自己是否受到了公平对待，从而影响自己的情绪和工作态度。第三，经济性激励必须反对平均主义，平均分配等于无激励。除非员工的奖金主要是根据个人业绩来发给，否则公司尽管支付了奖金，对他们也不会有很大的激励。

（二）非经济性激励法

一般而言，员工在非经济方面的需求远远大于经济方面。因此，当员工在生存或生活方面的经济需求得到满足后，组织应该为员工提供更多的多样化的非经济性激励，满足员工非经济性需求。通常，实践中组织可以通过工作、发展机会、荣誉和工作环境等方法来对员工进行非经济性激励。

（1）工作激励。组织应该认识到，每个员工都有无限的潜能等待开发，但是由于受到环境的约束，员工必须按照组织规定，重复地操作着自己岗位的工作，时间久了，就会产生厌倦情绪。因此，组织要考虑如何才能使工作本身更有内在意义和挑战性，给员工一种自我实现感。组织可以改进工作设计，使工作内容丰富化和扩大化，并创造良好的工作环境。另外，还可通过员工与岗位的双向选择，使职工对自己的工作有一定的选择权。总之，如果组织能够在合理的范围内让员工具有自由工作的自主权利，满足员工在工作和个人能力及自我实现方面的需求，就能够较好地激发员工爱岗敬业的精神。

（2）培训和发展机会激励。培训是给员工最好的激励，培训能增强员工的信心，培训是给员工最大财富，正所谓“授之予鱼、饱食一日，授之予渔、饱食终生”。随着知识经济的扑面而来，当今世界日趋信息化、数字化、网络化，知识更新速度不断加快，使员工知识结构不合理和知识老化现象日益突出。虽然他们在实践中不断丰富和积累知识，但仍需要对他们采取岗位技能不断提高的再培训、专业知识等级证书学习、进高校深造、出国培训等激励措施。通过这种培训激励，不仅充实他们的知识，培养他们的能力，给他们提供进一步发展的机会，满足他们自我实现的需要，而且可以促进组织在激烈的竞争中保持强劲的优势。

（3）荣誉激励。荣誉是众人或组织对个体或群体的崇高评价，是满足人们自尊需要，激发人们奋力进取的重要手段。从人的动机看，人人都具有自我肯定、光荣、争取荣誉的需要。对于一些工作表现比较突出、具有代表性的先进员工，给予必要的荣誉奖励，这是很好的精神激励方法。相对于其他激励方法而言，荣誉激励成本低廉，效果较好。

但是在开展荣誉激励时，组织必须极力避免评奖过多、优秀泛滥的现象，否则这会大大降低荣誉的“含金量”，使荣誉激励的效果大打折扣，甚至出现负向效果。因此，组织必须坚守荣誉的标准，并且在评选过程中必须基于绩效考核结果，坚持用事实说话。

（4）工作环境激励。在工作环境方面，组织应该尽量为员工配备良好的工作设备、优化办公环境等。和谐的、相互尊重的、互帮互助的、稳定的工作环境有利于满足员工的社交、归属和尊重需求，有利于员工保持良好的工作状态，提高员工的满意度，从而发挥员工的工作积极性。

（三）目标激励法

让员工确切明白自己要做的是些什么？自己所追寻的目标到底是什么？组织的职责就是要帮助员工制订一个周详计划，帮助他们找出实现目标的方法，并且要告诉他们，如何做才能保证计划的成效，如何克服难关等。目标激励，就是确定适当的目标，诱发人的动机和行为，达到调动人的积极性的目的。目标作为一种诱引，具有引发、导向和激励的作用。一个人只有不断启发对高目标的追求，也才能启发其奋而向上的内在动力。每个人实际上除了金钱目标外，还有权力目标或成就目标等。组织就是要将每个员工内心深处的这种或隐或现的目标挖掘出来，并协助他们制定详细的实施步骤，在随后的工作中引导和帮助他们努力实现目标。当员工的目标强烈和迫切地需要实现时，他们就对组织的发展产生热切的关注，对工作产生强大的责任感，平时不用别人监督就能自觉地把工作做好。

同时，这里需要特别强调的是，组织为员工确定的目标必须符合 SMART 原则，即激励员工的目标应该是具体的(specific)，可以衡量(measurable)，可以达到(attainable)，在实践中相关而且可实现(relevant)，并且是有时间限制(time-based)的。组织需要定期检查设定的激励目标是否符合 SMART 原则，如果中途出现偏差，应该尽早发现问题并及时纠正。

另外，组织希望提高目标激励法的有效性，必须与员工进行全面沟通，发现员工内心深处真正的需求，并根据员工需求准确设定或修正激励的目标，这样才能真正发挥目标激励的效果。

（四）参与激励法

现代人力资源管理的实践经验和研究表明，现代的员工都有参与管理的要求和愿望，创造和提供一切机会让员工参与管理是调动他们积极性的有效方法。员工参与了组织管理制度的设计和制定，因此这些管理制度一般都会被员工理解和接受，这就有利于组织制度的实施。同时，让员工恰当地参与组织管理，既能激励员工，又能为组织获得有价值的知识。通过参与，让员工对公司产生归属感、认同感，不仅可以进一步满足员工自尊和自我实现的需要，而且增强了员工对组织的责任心和向心力。

（五）情感激励法

情感是影响人们行为最直接的因素之一，任何人都有渴求各种情绪的需求。按照心理学上的解释，人的情感可分为积极情感和消极情感。积极情感能提高人的活动能力，消极情感则削弱人的活动能力。具有积极情感的人在工作中通常具有积极的心态和进取心，工作效率较高。具有消极情感的人在工作中通常工作效率较低。组织的人力资源管理工作的一项重要任务，就是要使员工尽可能保持积极情感。员工的积极情感需要人力资源管理者运用情感激励的方式来培养和带动，这就是情感激励法的基础。

组织开展情感激励时，首先必须要与员工进行有效地沟通，认真识别员工在情感方面的需求，从而采取有针对性的情感激励措施。在进行情感激励时，管理人员可以采用语言激励方式，也可以采用非语言激励方式。但是无论采用何种方式，情感激励都要求管理人员本人具备积极情感，用真诚的心来感应，满足员工情感方面的需求，使员工在内心深处产生强烈的意愿。

（六）示范激励法

示范激励法是指通过先进人物与典型事件来影响和改变个体、群体和组织的观念与行为的一种激励方法。示范由示范原型、示范场、示范效应三部分构成。示范现象的来源成为示范原型；示范场是指示范原型发生示范作用的范围和条件；示范效应是指示范原型在特定的示范场中对社会和个人的影响强度和深度。从示范原型的类别来看，示范效应可以分为两类：一是原发型，即示范原型在没有宣传的情况下自发产生影响；另一类是树立型，即示范原型的言行得到社会的肯定和赞扬，并通过规定、舆论、宣传媒介等形式被确定为一定范围的效仿榜样。原发型是树立型的前提和基础，树立型是原发型的完善和提高，是自觉的示范形式。由于领导者在示范效应力场中，其示范效应系数最大，即在诸多参考系统中，领导者的参照系数的辐射力最强。所以，示范激励法尤其强调领导者本人应该身先士卒、率先示范。

[思考题]

1. 如何理解绩效的含义?
2. 绩效考核的内涵是什么?
3. 绩效考核应该遵循什么原则?
4. 绩效考核有哪些方法?
5. 激励有什么作用?
6. 激励有哪几种类型?
7. 激励的基本方法有哪几种?

[案例分析]

南昌工商局探索公务员绩效管理新模式

近年来，江西省南昌市工商局依据《公务员法》《公务员考核规定（试行）》等法律条例，本着“阳光操作、常态管理、科技运用、成果兑现”的基本原则，在基层公务员绩效考核取得初步成效的基础上，着眼从解决机关考核目标任务分解难、绩效指标量化难、功过责任分配难、考核意愿调动难等难点入手，充分运用现代信息技术，积极探索机关考核内容、方法和结果运用，逐步完善机关公务员考核评价机制，机关服务发展水平、干部能力素质、整体形象不断提升，考核工作常年长效有作为，各项工作得到上级和社会各界的充分肯定。

一、主要措施

（一）注重权责明晰量化，实现机关考核指标设置的科学化

解决“考什么”的问题，是公务员考核的基础。该局以工商“三定”方案、省市政府赋予的重点工作、机关职责和自身建设为立足点，紧紧围绕公务员“德、能、勤、绩、廉”五个方面要求，制定《南昌市工商局机关与公务员（事业人员）绩效考核标准》，科学设置共同类、管理类和业务类共 415 项考核指标，使考核指标成为机关建设、服务经济发展、提高个人素质的“指挥棒”。主要做到“四个结合”。

一是共性指标与个性指标的结合，体现考核的全面性。机关有各自的业务重点，又有共同的内部管理和个人素质的要求。该局针对共性要求，设置了共同类、管理类指标即共性指标：共同类指标主要考核公务员的“勤”“德”“廉”，强化公务员考勤制度、品德修养、廉洁效能和工作创新，设置了 12 项考核指标，共 20 分，占总分值的 16%。管理类指标考核公务员的“能”，强化公务员能力素质、办文办会、服务基层和文明办公等，设置了 13 项考核指标共 20 分，占总分值的 16%。根据机关处室业务工作的差异性，设置了不同业务类指标即个

性指标：主要考核机关公务员的“能”和“绩”，是依据机关职能制定的业务类考核指标，分主要指标和一般指标，是机关考核的重点内容。全局机关各处室共设置 390 项业务类考核指标，每个处室的分值均为 80 分，占总分值的 68%。

二是业务类主要指标与一般指标的结合，体现考核的专业性。履职情况是考核的重点。该局紧紧抓住机关业务工作特点，把业务类指标分成主要指标和一般指标，其中主要指标为 10 项 60 分，一般指标的个数不限定但其共为 20 分。把每个机关处室履职的重点和强度、难度比较大、上级赋予的重点工作，设置成考核的主要指标，突出业务主要工作的考核。同时，按工作性质把机关处室分为综合部门、业务部门和事业单位三种类型，便于在指标量化、评分标准、考核分析等方面增强可比性，提高了考核的公平公正性。

三是处室考核与个人考核的结合，体现考核的整体性。管理类和机关处室承担的业务类指标，构成考核的“一处一表”。同时，机关处室把所有管理类、业务类指标，根据所属公务员岗位职责和能力素质，尽量均衡科学地分解到公务员个人，成为公务员考核的“一人一表”。对机关处室考核指标的得分情况，都能通过考核系统模块直接导入到公务员个人，实现考部门就是考个人、考个人就是考部门，强化了团队协作精神，提升了机关处室凝聚力和公务员的集体荣誉感。

四是指标量化与责任、工作量化的结合，体现考核的可操作性。对考核内容、权重分值、设置依据、数据来源、评分标准以及责任人等指标体系关键要素进行了明确，做到每个指标可衡量、能追溯、易核实，并将每条指标实现“分值化”。针对机关工作相互关联交叉，需要团队协作和公务员分头承担，在绩效考核指标体系构建中，设置了“责任权重”，即处室考核全部指标分别设置公务员个人的责任权重，考核系统根据指标的分值、个人承担的责任，自动生成公务员在考核时间段内承担工作的“责任权重系数”，责任权重越大，个人的成绩就越高。同时，为改变以往机关工作平均主义的传统考核模式，在考核中引入“工作量系数”，将公务员完成工作的数量和难易、繁重程度用数字化的方式量化出来，综合评定为“非常大、比较大、一般、较小、非常小”五个等级，对应的工作量系数分别为 1.0、0.9、0.8、0.7 和 0.6，增强了不同岗位公务员的横向比较和考核的可操作性，从而实现了“能者多劳、劳者多得”和奖勤罚懒的效果。

（二）强化平时与定期考核，实现机关考核的常态化

该局机关共 22 个处室，考核指标各不相同，考核频次多，将花费大量时间精力；考核次数太少，又可能流于传统的考核方法，达不到真正的效果。我们通过建立机关月度考核、半年考核和年终考核机制，并突出以月度考核为主的平时考核方法，实现公务员考核常态化管理。

一是月度考核。由机关处室组织，在每月初前五个工作日，由局分管领导、机关公务员对处室上个月完成工作情况进行考核评价。每月初，机关处室负责人在考核系统上，制订业务类指标在当月落实的计划，月底进行工作小结。处室公务员根据处室月计划和责任到人的指标，制订每周的工作计划和小结，做到处室每月、个人每周有工作留痕，目前处室和公务员个人已留痕 3420 条。局领导根据工作痕迹和平时掌握情况，对分管处室当月完成指标按照“优秀、良好、中等、差”进行网上评价（其中分管的全部处室指标的优秀比例不超过 30%）；并对局机关所有处室当月工作整体情况，按照工作质量、时效、强度和创新亮点四个方面进行网上评议。上述评价分和评议分，由考核系统自动折算成该月处室考核的得分。同时，处室公务员在网上对当月本处室完成工作进行评议，充分体现民主，发挥普通公务员参与考核、

促进团结合作的作用。考核系统根据局领导的评价、处室内部人员的评价和工作量系数、责任系数情况，自动折算出公务员月度考核成绩。月考结束后，各处室及时对该月工作、公务员表现进行讲评，不断提高工作质量和业务水平。通过工作计划的管理、小结和工作周志管理及查询、考核设置、打分和查询分析，形成一套简便易行、点滴不漏的日常工作及考核管理体系。

二是上、下半年考核。由市局组织，分别在当年的七月、次年元月初进行，组织对机关各处室管理类指标、业务类10项主要指标（半年度已发生）进行考核和“360度”民主测评。由考核人员依据考核标准，对管理类和业务类主要指标逐项进行量化评价，并将考核情况直接录入考核系统，由系统自动生成机关处室上、下半年考核成绩。考核系统对应该处室公务员“一人一表”中的指标，自动将管理类、业务类得分折算出每名公务员的半年考核得分。

三是年终考核。由市局组织，与下半年考核同步进行，主要是对公务员共同类指标进行考核。对公务员共同类12项指标采取民主测评、电话访问、满意度调查等方法进行考核评分，对违反计划生育和综治信访政策的，实行一票否决。同时，考核系统依据机关各处室月度考核和上、下半年考核成绩，自动计算出机关处室年度考核得分；同样，公务员年度考核成绩，由年终共同类考核成绩、月度考核，以及上、下半年考核成绩加权构成，全面评价公务员的德才表现和工作实绩。

（三） 创新考核方法手段，实现机关考核的智能化

为了使考核更加公平高效，该局与上海复旦大学公共绩效与信息化研究中心合作，开发了“南昌市工商局机关与公务员（事业人员）绩效考核管理平台”，具有机关月度考核、半年考核、“360度”网上评议和考勤等管理模块，具备考核、公示、工作计划和小结管理、查询、成绩生成和排名等功能。与此同时，充分发挥该局使用的八大信息化业务平台的作用，探索与信息技术发展相适应的考核方法，使数据的采集更加客观真实、高效快捷，不断提高考核效率，保证考核持续开展。一是自动考。围绕公务员学习、考勤和会议制度等考核指标，开发了网络教育平台、考勤系统和会议系统，各处室和公务员直接进入对应系统进行原始留痕，考核系统依据设定的标准进行自动判分。二是网上考。月度考核，局领导对分管部门工作的评价、对所有处室的评价和机关内部人员的相互测评，均在网上留痕、网上考核；半年考核中“360度”评议等考核评价，只需登录网上考核系统完成评价后，由系统根据评价情况进行自动判分。三是比对考。对佐证类考核指标，由机关处室按要求提供纸质材料或电子材料，由考核人员对指标完成时限、工作质量、总结反馈等情况进行比对；对需现场查看的指标，由考核人员到场地查看；对业务处室的指标，直接登录工商业务平台，按考核数量的要求随机抓取。考核人员依据标准，将考核指标完成情况录入系统，由软件系统自动生成考核成绩。四是平时考。由监察室、办公室等职能部门，依据上级平时的通报、表彰奖励和综治信访、工作创新等情况，进行数据采集后录入考核系统。通过对机关考核指标分析，我们加大运用计算机信息技术辅助考核，使复杂烦琐的考核过程扁平化，同时尽量减少面对面的考核，实现考核操作的简便快捷、考核数据的真实准确，降低考核成本，提高了考核规范化水平。

（四）坚持多方参与，实现机关考核主体的多元化

机关公务员考核既考业务水平的专业化、内部管理的规范化，还要考完成上级部署工作、同级之间协作、服务基层的水平以及对服务对象的服务态度、在媒体公众中的社会形象。因此，该局采取聘请专业人才、邀请社会各界代表、调动全系统公务员参与考核，引入多元主

体考核，改变以往单一主体考核模式，把评机关的“话语权”交给基层和群众代表，真正用多路径的评价推动机关全方面发展。

一是聘请专业人才当考官。从系统外聘请业务能力强、思想作风硬、处事公道正派的专业人才担任考核任务，做好标准熟悉和软件操作等培训，考核人员能够独立完成评判和考核结果录入，使整个考核不受外界干扰，减少考核人情因素影响，确保考核公平公正。

二是邀请基层代表和社会群众当考官。上、下半年，分别邀请各县区局、基层分局长和服务对象、媒体代表共 200 人，对机关处室依法行政、效能建设、优质服务、服务基层、团结协作、廉洁从政六个方面进行“360 度”网上评议，引入群众及服务对象的评价，真正把基层的评价、群众的呼声，作为评价机关工作质量、服务基层和服务群众的标准，增强考核评价的准确性。

三是局领导和机关干部当考官。月度考核的考官，主要是局领导和机关干部。通过培训，使机关全体人员熟悉考核流程，既能公平公正评价月度工作指标，又在工作留痕中，相互学习，取长补短。同时，建立完善了公示复议机制。机关处室和公务员工作留痕、局领导的考核评价、处室和个人成绩、扣分点等情况全部进行公示，对考核结果有异议的，可在七个工作日内进行申诉复议，对复核结果仍有异议的，由局长办公会裁定。这些做法，扩大了机关公务员的知情权，调动了干部职工参与考核的积极性。

（五）严格奖惩兑现，实现机关考核结果运用的刚性化

坚持考核结果兑现，发挥激励约束作用，是体现公务员奋斗价值，推进考核深入开展的原动力。该局制定《南昌市工商局机关与公务员（事业人员）绩效考核方案》，明确考核结果的运用，做到“四个依据”，严格兑现奖惩，充分发挥考核结果的激励和鞭策作用。一是作为机关处室评先的依据。根据年度考核成绩排名，综合部门前两名、业务部门前三名、事业单位前两名，确定为机关先进单位。二是作为公务员评优和优先提拔的依据。获得机关先进处室的主要负责人当年度考核为优秀等次。市局机关排名第一名的处室，公务员当年度考核优秀等次比例由 15% 提升至 30%；并作为该处室主要负责人提拔任用的重要依据；个人考核成绩在该处室排名前两名的，优先列入后备干部。机关各处室按照年度个人考核成绩的排名，提出公务员（事业人员）年度考核等次建议，健全完善干部考核评价使用机制，真正让专心谋事、实干有实绩者吃香，让有为者有位。三是作为物质奖励的依据。获得优秀公务员的，当年给予嘉奖并奖励 800 元；连续三年被确定为优秀等次的，记三等功一次并奖励 1 500 元，晋升职务时优先考虑。优先安排先进单位人员外出学习、培训、考察和疗养。获得机关考核各组第一名的，当年度所有奖金发放系数设定为 1.2。四是作为公务员惩处的依据。在市局机关排名最后一名的处室，取消单位评先和个人评优资格，处室人员当年度考核 80%评定为称职、20%评定为基本称职；该处室主要负责人当年度考核评定为基本称职，对其诫勉谈话，限期改进；如次年度考核该部门仍为全局机关最后一名，则对该处室主要负责人予以免职。该处室所有人员的奖金系数设定为 0.8。

二、初步成效

把工作量化细化，把考核作为提升工作质量、对外形象的重要抓手，实现了考核与促进工作的同频共振，树立了机关的良好形象。

(1) 机关职责进一步明晰。2011 年，该局机关落实“三定”方案机构调整到位，17 名机关负责人、18 名工作人员进行了轮岗交流，面临机构职能、干部职责不明晰等问题，通过考

核指标的修订，明确了 4 个新设立机关的职责。把机关职责量化成 390 项考核指标，把宽泛笼统的职责内化成看得见、摸得着的具体工作，把机关日常管理、指导基层、业务等工作，全部用数据来衡量来考核，实现机关工作全部由“虚”变“实”、由“软”变“硬”。同时，把考机关与考个人结合起来，形成公务员考核的“一人一表”，使机关公务员履职有了新抓手。

（2）各项工作进一步落实。2011 年业务类考核指标为 190 项，各项工作按时间要求，落实质量比较高，业务类平均分为 99.27 分，其中有 17 个机关部门获得满分。从考核情况来看，服务发展有新提升，企业年检有新亮点，工作效率有新提高，新设立机构履职能力强，内部管理有力度，事业单位工作有起色。管理类指标考核共有 7 个单位获得满分，在机关办文、文明办公、印章管理和上下班制度等方面，工作秩序更加规范，对外形象更有提升。

（3）创先争优活力进一步激发。在考核方案中，坚持把考核结果与单位、个人评先评优、物质奖励、干部提拔任用结合起来，真正让干事者获奖励，懈怠者受震动，从而激发了活力，增强了动力。从 2011 年上半年电子考勤情况来看，个别多年没有上班的同志回到了工作岗位，除出差、执法和因公外出办事，不能参加指纹打卡外，公务员工作出勤优秀率达到 97.39%。

（4）机关形象进一步提升。以考核推进工作质量，提升服务形象，做到让基层、普通百姓、上级政府和个人满意。我们坚持每年两次的“360 度”民主测评，真正重实绩、问民意，既听群众的掌声，更善听群众的骂声，始终把群众的评判，作为衡量机关建设质量的标准。2011 年测评中平均分为 96.76 分，全系统和社会各界对机关整体评价比较高。市局先后荣获全国精神文明建设工作先进单位、全国“五五”普法中期先进集体、全国工商系统法制工作先进集体，连续三年获得江西省工商系统绩效评估第一名，连续四年全市综合目标考核优胜单位。2011 年上半年市局参加全市纪念建党 90 周年歌咏比赛获得第一名；涌现出全国“五一”劳动奖章、全国“三八”妇女红旗手等一大批先进个人。

（资料来源：江西公务员资讯网 http://www.jxgwy.org/2011/1102/8974.html）

[案例讨论题]

1. 从该案例中看，南昌工商局基于人事绩效管理的什么原则对该局公务员进行考核？
2. 从该案例中看，南昌工商局对该局公务员分别考核了哪些方面？
3. 南昌工商局运用了考核的哪几种方法？
4. 南昌工商局对该局公务员的考核取得了怎样的成效？

CHAPTER 9

第九章 薪酬管理

[内容提要]

薪酬管理包括工资、福利和社会保险，是人事管理的核心环节之一。本章首先对薪酬进行概括性介绍，包括薪酬的内涵、构成、作用和薪酬制度的设计原则等，然后根据薪酬三大内容展开。工资方面，本章先阐述了工资内涵，简单介绍了几种流行的工资决定理论，然后详细阐释我国的工资制度和工资制度的改革。福利方面，首先解释福利的内涵和福利制度设计原则，其次全面介绍福利内容，最后分析当前福利制度的不足以及改革的重点。社会保险方面，在介绍社会保险基本含义和特点的基础上，非常详细地介绍了我国现行社会保险的五个基本项目。

[学习要点]

1. 掌握薪酬的内涵及构成；
2. 理解薪酬作用；
3. 掌握薪酬制度的设计原则；
4. 掌握工资的内涵；
5. 理解常见的工资决定理论；
6. 掌握我国现行的工资制度；
7. 理解我国工资制度的改革；
8. 理解福利的内涵；
9. 掌握福利制度的设计原则；
10. 掌握现行的福利制度的内容；
11. 理解现行福利制度的不足及改革重点；
12. 掌握社会保险的内涵。

第一节 薪酬概述

一、薪酬的内涵及构成

薪酬是指组织对员工在不同的工作岗位上付出的劳动给予的各种形式的回报的总和。由于薪酬是一个综合性的概念，理论界对薪酬的构成具有不同的观点。本书介绍几种目前比较流行的薪酬构成观点。

（一）外在薪酬和内在薪酬

由薪酬发生机制可知，薪酬可以分为外在薪酬和内在薪酬（图 9-1）。所谓的外在薪酬，也是狭义薪酬，实质就是我们通常所说的薪酬，即员工为组织目标的实现付出了劳动因而从组织中获得的各种形式的报酬，它包括：直接货币性报酬（最狭义的薪酬概念），如基本工资、加班工资、津贴、股票期权等；间接性货币报酬，如员工福利、社会保险、工作环境等。而内在报酬是指由于员工努力工作而受到晋升、表扬或受到重视等产生的工作的荣誉感、成就感和责任感等。一般而言，内在报酬包括能够激励员工工作潜力的发展机会、能够满足员工终身学习的培训机会、能够令员工感受到自豪的荣誉成就等。

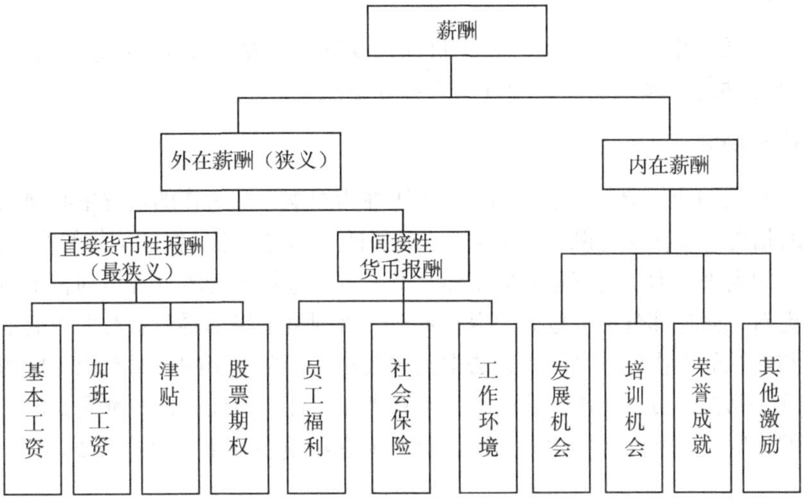

图 9-1 基于发生机制的薪酬构成

（二）基本薪酬和辅助薪酬

按照薪酬的功能，可以将薪酬划分为基本薪酬和辅助薪酬两部分。所谓基本薪酬是根据员工所具备的完成工作的技能和员工所承担、完成的工作本身向员工支付的稳定性报酬，它是员工收入的主要部分，也是计算其他薪酬性收入的基础。具体而言，基本薪酬的确定受到工作因素和员工素质的影响。其中，工作因素包括：工作的复杂程度、工作责任的大小、工作环境、不同工作在国民经济中的地位以及完成工作需要的劳动强度；员工素质包括：员工的劳动熟练程度、年龄、学历、资历等。

辅助薪酬是指基本薪酬以外的各种工作报酬，它一般都是基于基本薪酬计算得到，通常由绩效薪酬和成就薪酬组成。绩效薪酬是对员工超额工作部分或工作绩效突出部分所支付的奖励性报酬，旨在鼓励员工提高工作效率和工作质量。它是对员工过去工作行为和已取得成就的认可，通常随员工业绩的变化而调整，其中包括“绩效加薪”“一次性奖金”“个人特别绩效奖”三种比较常用的形式。

成就薪酬是指员工在较长时间内在组织工作中卓有成效，为组织做出重大贡献后，组织以提高基本薪酬的形式支付的报酬。这里需要强调的是，成就薪酬与绩效薪酬并非一致，相同之处在于两者都基于员工对组织目标的完成做出了贡献和业绩，不同之处在于：绩效薪酬是基于员工短期的工作绩效而对员工进行的一次性奖励，也就是说，如果员工下一次的工作绩效没有突出表现，那么组织就不会对他支付绩效薪酬，因此，绩效薪酬具有非常明显的一次性；但是成就薪酬是组织综合考虑员工在过去一段较长时间里所取得的工作绩效后，提高员工的基本薪酬，相对于绩效薪酬，成就薪酬的奖励是永久性的，也就是说，如果员工下一次工作没有突出表现，虽然他的绩效薪酬会消失，但他的成就薪酬却一直存在。另外，成就薪酬通常建立在多次绩效薪酬的基础上。不管是绩效薪酬还是成就薪酬，由于它们基于员工工作绩效，所以都能有效地激励员工。

二、薪酬的作用

薪酬在提高员工生活水平，实现组织目标，促进社会发展方面具有重要意义，具体表现在薪酬具有补偿功能、激励功能、配置功能和效益功能。

（一）补偿功能

薪酬具有补偿功能的原因在于：第一，员工在为组织目标工作的过程中必须消耗一定的体力和脑力，因此员工只有得到相应的补偿，才能保证工作的效率，保证工作的顺利进行。第二，随着知识时代的到来，为了更好地完成工作，员工需要进行自身的教育培训，不断学习，适应知识的快速更新。而这部分投资也必须得到补偿，否则员工将不再愿意对人力资本进行投资，员工的素质和组织的工作效率也因此无法得到有效提高，严重影响了对组织目标的实现和组织竞争力的提升。第三，员工还承担着一定的家庭责任和社会责任，这些都需要员工通过努力工作来获得足够的物质报酬，才能更好地维持整个家庭物质和文化生活的需要。

（二）激励功能

从心理学角度看，薪酬是员工和组织之间的一种心理契约，这种契约通过员工对于薪酬状况的感知而影响员工的工作行为、工作态度以及工作绩效，即产生激励作用。根据马斯洛的需求层次模式可以发现，员工对于薪酬的需求在五个层次上都有所表现：第一，员工期望所获得的薪酬能够满足自己的基本生活需要；第二，员工期望自己的薪酬收入更加稳定或者是稳定的薪酬收入部分有所增加；第三，员工期望自己所获得薪酬与同事之间具有一种可比性，得到公平对待；第四，员工期望自己能够获得比他人更高的薪酬，以作为对个人的能力和所从事工作的价值的肯定；第五，员工期望自己能够获得过上更为富裕、质量更高的生活所需要的薪酬，从而进入一种更为自由的生存状态，充分体现个人的社会地位。一般情况下，当员工的低层次薪酬需求得到满足以后，通常会产生更高层次的薪酬需求，并且员工的薪酬需求往往是多层次并存的，因此，组织必须注意满足员工的不同层次薪酬需求。从激励的角度来说，员工的较高层次薪酬需求得到满足的程度越高，则薪酬对于员工的激励作用就越大。反之，如果员工的薪酬需要得不到满足，则很可能会产生消极怠工、工作效率低下、人际关系紧张、缺勤率和离职率上升、组织凝聚力和员工对组织的忠诚度下降等多种不良后果。

（三）配置功能

薪酬具有优化劳动力资源配置功能。这是因为从劳动力市场中，劳动力供给和需求的矛盾决定了薪酬水平，同时，薪酬作为劳动力市场最重要的经济指标，引导着人力资源的流向、流量和流速，促进了劳动力资源的有效配置。以不同区域为例，当某一地区劳动力供不应求时，会导致这一地区薪酬水平的增加，薪酬的增加会吸引其他地区劳动力向紧缺的区域流动，这样会增加这一地区劳动力的供给，使这一地区劳动力供需重新平衡，将薪酬维持在适当的水平。但该地区劳动力供过于求时，会导致这一地区薪酬水平的下降，薪酬的下降会使该地区的劳动力流向其他高薪酬地区，这样会减少这一地区劳动力的供给，劳动力供需重新恢复平衡，薪酬也重新恢复到适当的水平。不同行业和不同职业，薪酬优化劳动力资源配置的原因和过程都和不同区域的基本类似，这里不再重复。

（四）效益功能

薪酬对组织来说是支付给员工的价格，是组织目标完成所必须投入的可变成本。因此，组织不能仅将薪酬投入看成是货币投入，更应该将其当成资金投入的特定形式，是投入活劳动（通过劳动力）这一生产要素的货币表现。因此，薪酬投入也就是组织的劳动投入，而劳动是经济效益的源泉。此外，薪酬对劳动者来说是收入，是生活资料的来源。在正常情况下，员工所创造的劳动成果总是大于他的薪酬收入，剩余部分就是薪酬经济效益，并且这部分收益最终由组织获取，因此薪酬具有效益职能。另外，得益于薪酬的效益职能，社会才有可能扩大再生产，经济才能不断发展，人们的生活水平也才会不断提高。

三、薪酬设计的原则

组织在设计薪酬制度时，一般需要遵循法律保障原则、同工同酬原则、平衡比较原则、正常增薪原则和补偿通货膨胀原则等。

（一）法律保障原则

组织员工的薪酬福利都受到不同形式的法律保障，员工在组织岗位上承担相应的责任和义务同时都享有领取工作报酬的权利。领取工资报酬的权利是基于组织员工的身份发生的并受到国家法律保障，并且组织员工的薪酬总额、薪酬标准和级别的确定以及薪酬水平的调整等也必须依法管理。除国家法律法规和政策规定外，任何组织或个人不得随意增加或者扣减员工的工资，也不得随意提高或者降低员工的保险和福利待遇。目前，我国组织员工在薪酬方面的法律法规主要参考《公务员法》。该法第七十八条明确规定：“任何机关不得违反国家规定自行更改公务员工资、福利、保险政策，擅自提高或者降低公务员的工资、福利、保险待遇。任何机关不得扣减或者拖欠公务员的工资。”同时，第七十九条也规定：“公务员工资、福利、保险、退休金以及录用、培训、奖励、辞退等所需经费，应当列入财政预算，予以保障。”

（二）同工同酬原则

同工同酬是指组织对于技术和劳动熟练程度相同的员工在从事同种工作时，不分性别、年龄、民族、区域等差别，只要提供相同的劳动量，就获得相同的劳动报酬。同工同酬原则体现着一个基本的价值取向：确保贯彻按劳分配原则，即付出了同等的劳动应得到同等的劳动报酬。由于按劳分配原则是我国宪法所确认的原则，是社会主义初级阶段的主要分配形式，所以，目前同工同酬原则几乎是组织薪酬分配设计中的首要原则，《公务员法》明确规定，“公务员工资制度贯彻按劳分配的原则，体现工资职责、工作能力、工作实绩、资历等因素，保持不同职务、级别之间的合理工资差距”；《劳动法》第四十六条规定，“工资分配应当遵循按劳分配原则，实行‘同工同酬’”。

（三）平衡比较原则

平衡比较原则是指组织在确定员工的薪酬水平时，必须与社会其他行业以及当地企业相当层次人员的薪酬水平大体持平。目前组织基本上都有专门机构从事员工薪酬水平和趋势的评估，通过动态的评估掌握市场工资的变动情况，及时提出调整组织员工薪酬标准的建议。在我国，《公务员法》第七十五条规定：“国家实行工资调查制度，定期进行公务员与企业相当人员工资水平的比较，并将工资调查比较结果作为公务员工资水平的依据。”这是因为，如果员工的薪酬偏高，会增加组织财政负担，导致组织用人成本过高，挤压组织其他支出，引起社会公众对组织的不满；如果偏低，则使组织的优秀人才流向其他行业，导致组织员工队伍的整体素质下降，造成组织工作效率低下，影响组织目标的实现。因此，目前组织员工的薪酬水平通常处于社会平均薪酬的中等偏上水平，既保证了组织与社会其他行业之间工资分配的总体平衡，又保证了组织工作的高效性。

（四）正常增薪原则

正常增薪原则是指组织定期增加员工的薪酬，并且组织在每年的财政预算中都必须保持必要的经费，用于适度增加员工的工资。《公务员法》第七十三条明确规定：“国家建立公务员工资的正常增长机制。”这一规定为组织援用定期增薪提供了法律保障。组织员工正常增薪具体包括两种方式：一是正常晋升工资级别；二是正常提高工资标准。正常晋升工资级别是指员工在职务或岗位不变的情况下经过年度考核，按照考核成绩晋升工资级别或工资档次，对于考核优秀的员工可以越级晋升，对于考核不合格的员工组织有权不予晋级。这种增加薪酬方法能够保持组织工作人员内部合理的薪酬关系，激励员工，有利于贯彻按劳分配原则。正常提高工资标准是指组织应该保证员工的薪酬水平与GDP增长速度相适应，保持员工薪酬水平的稳定性。实践中，这种增加薪酬方法是提高员工薪酬水平的主要途径，非常有利于保证组织员工的稳定性，提高组织工作效率，帮助组织顺利实现目标。正常增薪原则和具体方式不仅确保了组织员工薪酬与经济发展保持平衡，而且确保了员工增薪制度化、正常化，避免了增薪的随意性。

（五）补偿通货膨胀原则

补偿通货膨胀原则是指组织应该根据通货膨胀指数的变动，定期调整员工薪酬，使员工薪酬的增长率略高于或等于通货膨胀指数，确保员工的实际薪酬水平不会受到通货膨胀的侵蚀。组织在具体执行补偿通货膨胀原则时，一般有三种方法：一是实行薪酬指数化，即按照通货膨胀指数自动调节员工薪酬水平；二是参照通货膨胀指数，定期调整员工薪酬标准；三是不改变薪酬标准，按照通货膨胀程度直接发放通货膨胀补贴。

第二节 工　资

一、工资内涵及决定理论

工资实质是员工为组织目标的实现付出了劳动因而从组织中获得的货币报酬，也就是前文所说的最狭义的薪酬。工资是绝大部分家庭的主要生活来源，工资的高低不仅决定着大多数人的生活质量、幸福程度，而且还对整个社会的经济发展有着非常重要的影响。但是由于影响工资形成的因素非常复杂，目前理论界对工资的形成并没有完全统一的认识，本书介绍几种比较有影响力的工资决定理论。

（一）马克思工资理论

马克思工资理论深刻阐明了工资的本质不是劳动的价值，而是劳动力的价值。马克思主义工资理论是建立在劳动力商品理论和劳动价值理论基础上的。首先，马克思把劳动与劳动力这两个概念区分开来，提出劳动没有价值，劳动不是商品，而劳动力有价值，劳动力能成为商品，并且是具有劳动这一独特使用价值的特殊商品。其次，马克思提出劳动是创造价值的唯一源泉。因此，在资本主义市场经济条件下，资本家购买劳动力商品，劳动力商品即雇佣工人通过劳动创造价值，这种价值将会转化为资本主义社会的各种收入，其中一部分是雇佣工人创造出补偿自身劳动力价值的价值，这部分价值资本家将以劳动力商品价值的等价形式发给雇佣工人作为工资。由此可见，工资只是雇佣工人劳动所创造价值的一部分，其本质是劳动力的价值。马克思还进一步研究了资本主义条件下工资的具体表现形式，分析了计时工资与计件工资的特点，并提出计件工资是资本主义生产方式下最适合的工资形式。马克思研究了工资在发展程度不同的各个资本主义国家间的差异，说明工资量的发展趋势，科学分析和界定了比较工资国民差异的几个重要范畴，即名义工资，实际工资和相对工资。明确指出比较国民工资时，一切决定劳动力的价值数量变化的要素，都必须考虑进来。马克思进而得出以下结论：首先，衡量一国工人生活水平，不能只看名义工资的数量，而主要看实际工资是否与劳动力价值相吻合。其次，由于发达国家工人的劳动强度与劳动生产率较高，所以名义工资较高，但相对工资却较低，受剥削的程度并不低。最后，比较工资的国民差异时，必须始终以劳动力价值及其决定因素为依托，而不是片面静态地比较，只有这样，才能得出科学的结论。另外马克思还根据调查提出在资本主义制度下的工资增长幅度总是与生活资料相关联，当工人的生活成本增加时，工人的工资是增加的，但是这种增加却往往与生活成本的增长相抵消。当生活资料下降时，工人也不能继续保持之前的工资，工资标准会随着生产资料的下降而降低。简而言之，工人工资的增长往往是为了中和生产资料价格的增长，并不是真正意义上的涨工资，而历来工资增长较快的、有实质性增长的工资一般都是脑力劳动者能够获得，最普通的工人是无权分享这种福利的。

（二）生存工资理论

生存工资理论最早由古典经济学家魁奈和重农学派代表人物杜尔阁提出，该理论在 18 世纪末 19 世纪初较多地影响了世界工资理论，在当今的经济生活中依然能给予我们很大启发。生存工资理论主要表述了以下观点：从长远看，在工业化社会中，工人的工资必然处于维持其生计的水平上。亚当·斯密曾在其著作《国民财富的性质和原因的研究》中阐述了这样一种状态：劳动者的工资虽然是不断波动的，却总有一种无形的标准和底线，在相对较长的一段时期内，即使是最廉价劳动力的工资报酬，也不会低于这个限度。在这种视角下，亚当·斯密主要想表达，在社会经济活动中，虽然工人阶级的工资处于被动状态，它随着资本家的兴致而上下波动，市场上供大于求的产品所处行业的工人工资随着产品价格的降低而降低，但是物价也随之降低；市场上供小于求的产品所处行业工人工资随着产品价格的提高而提高，但是这种工资的提高同时又被物价的上涨所抵消。在资本主义社会中，工人的工资被动地由市场对于该行业产品的需求决定，即取决于资本家的兴致而不是工人本身。无论如何资本家都会为了维系工人阶级不至于绝种而为工人支付最基本的保证最低生活保障性工资。大卫·李嘉图则进一步总结道：工资就是劳动的自然价格，而这种价格实际上就是能够维持大多数工人活下去和保证工人阶级不至于绝种的最低价格。在早期，大多数经济学家基本上都是同意生存工资理论的，但随着生产力水平的不断提高，经济学理论的完善和丰富，生存工资理论的缺陷逐渐暴露，并逐渐没落被新的工资理论所替代。但是，从总体来看，生存工资理论在历史上是占有重要位置的一种理论，某种程度上来说，现代最低工资理论是借鉴了生存工资理论框架后所提出的。

（三）边际生产力工资理论

19 世纪后期，美国经济学家约翰·贝茨·克拉克在其著作《财富的分配》中提出了边际生产力分配论。他认为，劳动和资本（包括土地）各自的边际生产力决定它们各自的产品价值，同时也就决定了它们各自所取得的收入。边际生产力工资理论可以说是现代工资理论之先驱，它解释了工资的长期水平，也适用于短期工资水平的确定。

克拉克的工资理论主要运用的是静态分析，他是在没有任何经济扰动的情况下，在社会的组织形式和活动方式（人口、资本、技术、组织、消费倾向等）没有变化的条件下，经济自发力量对于财富生产和分配的决定所起的作用的分析。他认为，工资决定于劳动的边际生产力，即厂商雇佣的最后一个工人所增加的产量——劳动的边际产品。在假定其他生产要素的投入不变的条件下，当劳动的投入增加时，其所增加的产量开始以递增速度增加，到一定量后，由于每一单位劳动所分摊的机器设备、原料等逐渐减少，会出现技术供应不足。因此，如果继续增加劳动投入，每增加一个单位的劳动所生产出来的产品必然少于前一单位劳动所生产的产品，这就是边际生产力递减规律。克拉克就是用边际生产力概念来解释工资水平。他认为工人的工资水平是由最后追加的工人所生产的产量来决定。如果工人所增加的产出小于付给他的工资，雇主就不会雇佣他；反之，如果工人所增加的产出大于所付给他的工资，雇主就会增雇工人。只有在工人所增加的产出等于付给他的工资时，雇主才既不增雇也不减少所使用的工人。

（四）供需均衡工资理论

英国经济学家马歇尔在边际生产力工资理论的基础上，基于均衡价格理论，提出了均衡价格工资理论。他认为可以从劳动力的供给和需求两方面来说明工资的市场决定机制。当工资水平越高时，劳动力供给数量就越多，但需求数量却越少；反之，当工资水平越低时，劳动力供给数量就越少，但需求数量却越多。劳动力的均衡价格，即均衡工资就是劳动力供给与需求两个方面共同认定的工资水平。在这个工资水平上，整个劳动市场劳动力供给恰好能满足劳动力的需求。

均衡价格工资理论说明了在完全竞争的劳动力市场上，劳动力的供求力量决定着工资。如果工资偏离了供求均衡点，供给和需求的自发力量会产生作用，自动迫使其回到均衡点上。

因此，这种工资理论将生产要素中的供给和需求两方面统一起来论述，总体上统筹全局，较以往边际生产力工资理论更为先进科学，它能非常好地解释完全竞争市场上的工资。但是，在现实的经济运作中，劳动力市场并不是完全竞争市场，工资的市场决定还受到资本——劳动替代关系、劳动供给弹性、就业结构和人口结构等诸多因素的影响，因此，这种工资决定理论也并不能完全解释工资的形成机制。但是，无论如何，均衡价格工资理论既表达了古典学派的分配思想，又汲取了边际学派的营养，在经济学史上贡献巨大，影响深远，奠定了经济学工资理论的基础，是目前最广泛使用的劳动力市场工资决定理论。

（五）分享工资理论

20 世纪 70 年代一个新的工资决定理论——分享工资理论由经济学家马丁·魏茨曼提出，其主旨为工资与经济效益紧密相关：经济效益提高，工资水平就随着有一定幅度的提高，经济效益下降，工资将必然降低。工资可以分为工资制度和分享制度两种形式：工资制度中的工资是一定的，与经济效益无关；而分享制度是可变的，与厂商的经营指数挂钩。通过这样的改变，劳工之间所达成的就不单是规定工作时长和工作强度的工资协议，而是工人与雇主间分配利润的比例协议。分享制度实际有其缺陷，即当员工工资完全取决于业绩的时候如果经济效益不好，则员工的基本生活无法得到保障。因此这种分享制度应该是混合成分的，即员工的工资既包括保证员工最基本生活的工资，又包括具有激励作用的利润分享基金。分享制度在实际的运用当中，大多采用混合形式的分配形式。科学运用分享制度可以实现劳资双方相互融合，提高组织产品产量与效益。分享工资理论被应用到现代西方经济活动中，现已成为主流的工资理论。

（六）集体谈判工资理论

集体谈判工资理论是由英国经济学家多布、美国经济学家邓洛普等提出的，他们认为工资决定于劳动力市场上劳资双方的力量对比。在工业化发展的初期，工资谈判是在雇主和劳动者个人之间个别进行的。由于工人无法遏制自己相互之间的竞争，所以无法抵抗工资下降的趋势。工人只能组织起来，通过工会代表自己的更高利益与雇主和雇主集团进行斗争。与此同时，雇主方面通过资本积聚和集中，不断形成大型企业和企业集团，从而遏制了雇主之间的竞争。劳资双方的谈判采取了规模日益扩大的集团化方式。

集体谈判的主要特点是工会有效地遏制了工人之间的竞争，使自己成为劳动供给的垄断者，并力图使劳动市场成为卖方垄断市场。工会提高工资的办法通常有以下三种：一是限制劳动供给，如以立法限制国外劳工移民的进入和外籍工人的雇佣，限制童工和青少年工的使用；二是提高标准工资率，如工会可以运用说服或者强迫手段，迫使雇主支付较高的工资，从而直接达到了提高工资的目的，同时也间接地达到了限制劳动力供给数量的目的；三是与雇主协商建立工资保障制度，如最低工资保障制度、带薪休假制度、逐年加薪制度等。

二、工资制度

（一）职级工资制度

工资制度是根据国家法律规定和政策制定的，是与工资的制定与分配相关的一系列准则、标准、规定和方法的总和。目前，我国公务员的工资制度主要是职级工资制。所谓职级工资制也称为级别工资制，是指主要根据员工的职务、级别、工龄和实际工作贡献等确定工资标准的工资制度。1993 年颁布的《国家公务员暂行条例》明确规定："国家公务员实行级别工资制。"因此，职级工资制适用于下列单位的工作人员（编制外的工作人员除外）。

（1）各级党政机关、人大、政协、法院、检察院、民主党派。

（2）行使国家行政职能、从事行政管理活动并实行国家公务员制度或参照国家公务员制度管理、使用事业编制的单位。但是，受国家行政机关委托、承担部分行政职能的事业单位，不列入职级工资制的实施范围。

（3）参照国家公务员制度管理的群众团体组织，如工会、共青团、妇联等，受行政机关委托、承担行政职能并使用行政编制的社会团体组织。1985 年工资改革以来，一直参照执行机关工资制度和奖金制度，未评聘专业技术职务的行政性公司、社会团体组织等单位。

根据《国家公务员暂行条例》，职级工资制根据不同的职能，将员工的基本工资划分为职务工资、级别工资、基础工资和工龄工资四个部分。其中，职务工资和级别工资是职级工资制的主体。

1. 职务工资

职务工资是指按照员工职务高低、责任大小、工作繁重和业务技术水平等因素确定的工资标准。通常，不同职务，职责范围、责任大小和劳动耗费都会不同，员工工资与职务挂钩，体现按劳分配的原则。员工职务可以分为领导职务和非领导职务。在职务工资标准中，共有 12 个层次的职务，每一职务层设若干个工资档次，最少 6 档，最多 14 档。员工按其所担任的职务确立相应的职务工资，职务工资随着职务、任职年限和工作年限的变动而变动。

2. 级别工资

员工的级别是在确立员工职务的基础上进一步确定的，级别共分 15 级，每个级别对应一项工资标准。在实际执行中，员工级别工资的确定有以下特点：第一，级别与职务存在一定的对应关系。职务越高，所对应的级别越少；职务越低，所对应的级别越多。例如，科员职务对应有六个级别，而司局级职务只对应三个级别。第二，相邻职务的级别有交叉，如科员职务对应九至十四级，正处级职务对应七至十级。第三，所担任的职务、承担的责任和能力、任职年限和工作年限共同决定了其级别的高低。即使是同一职务，也会因承担责任大小不同和工作年限不同而在级别上存在差异。员工的级别只能在所担任的职务相对应的级别范围内变动。

在员工职务分类的基础上设置级别工资的主要作用在于：第一，使受领导职位数和机构规格限制而难以晋升的员工能通过晋升级别提高工资待遇，这充分适应了我国机关中科级职务以下的人员占 92% 以上的特点，拓展了员工尤其是基层员工的激励机制，从"官本位"向"能力本位"发展，从而充分调动公务员的工作积极性。第二，使担任统一职务层次的员工在承担的责任和能力、工作年限和任职年限上的差异能够通过级别工资加以反映，有利于更好地贯彻按劳分配的原则。

3. 基础工资

基础工资最重要的职能是满足员工及其家庭基本生活的需要。各职务人员均执行相同的基础工资，但组织也需要根据物价上涨指数及时调整基础工资数额，确保员工的基本生活水平不因物价上涨而下降。

4. 工龄工资

工龄工资是按员工的工作年限确定的，它主要体现了员工对组织的积累贡献程度。目前，员工的工作年限每增加一年，工龄工资增加 1 元，一直到离退休当年为止。

（二）现行工资制度

随着经济的不断发展，《国家公务员暂行条例》关于职级工资制的规定已不能适应当前发展。2006 年，《公务员法》正式实行，再次对我国的工资制度进行深化改革，制定了新的职级工资制度，重新调整了员工工资总量的各种成分及其在工资总量中所占比重，规定员工工资主要由基本工资、奖金、津贴和补贴组成，更好地体现了按劳分配的原则，实现了对员工的有效激励。

1. 基本工资

基本工资主要职能是满足员工本人及其家庭基本生活费。基本工资标准的制定主要依据全国城镇居民的生活费用，并且定期根据物价上涨指数而进行调整。

《公务员法》第七十三条规定，“公务员实行国家统一的职务与级别相结合的工资制度”，因此员工的基本工资中不再包含工龄工资和基础工资，主要由职务工资和级别工资组成。虽然同一职务层次的员工执行相同的基本工资，但不同级别的员工基本工资不同，即员工的资历和能力依然会影响基本工资，这是因为不同级别基本工资不同，员工即使不能提升职务也可以通过晋升级别提高工资待遇，使得工资激励作用充分发挥。

2. 奖金

奖金是基于员工在完成工作任务时表现优异而给予的物质奖励。奖金具有三个非常明显的特点：第一，奖金具有很强的针对性和灵活性。由于奖金具有比较好的弹性，它可以根据工作需要，灵活决定其标准、范围和奖励周期等，有针对性地激励某项工作的进行；也可以抑制某些方面的问题，有效地调节组织对劳动数量和质量的需求。第二，及时弥补工资制度的不足。任何工资形式和工资制度都具有功能特点，也都存在功能缺陷，奖金能够有效地弥补这些缺陷。第三，奖金具有激励作用。奖金具有非常好的激励作用，它的激励功能来自依据个人劳动贡献所形成的收入差别，利用这些差别，使员工的收入与劳动贡献联系在一起，起到奖励先进，鞭策后进的作用。

员工奖金的发放是基于绩效考核结果上的。《公务员法》第七十四条明确规定：“公务员在定期考核中被确定为优秀、称职的，按照国家规定享受年终奖金。”通常，员工定期考核的结果分为优秀、称职、基本称职和不称职（或者不合格）四个等级，对于考核结果被确定为优秀和称职的员工，享受年终一次性奖金，数额是基于员工本人当年 12 月份的基本工资，按照一定比例发放。

3. 津贴

津贴是指根据员工的特殊工作条件和工作特性以及特定条件下的额外生活费用而给予的

适当的物质补偿。津贴的主要作用是补偿员工在特定环境下的健康、物质和精神损失。津贴的种类、发放范围和标准等，一般由国家统一规定；对于国家没有统一规定的，地区和组织可根据工作需要，在政策允许的范围内，自行设立项目。

目前，依据《公务员法》第七十四条规定："公务员按照国家规定享受地区附加津贴、艰苦边远地区津贴、岗位津贴等津贴。"地区津贴是员工因在某一特定地区工作而享受的工资性补充，由地区附加津贴和艰苦边远地区津贴组成。地区附加津贴主要是指根据各地区经济发展水平和生活费用支出等因素，同时考虑到机关单位工作人员工资水平与企业职工工资水平的差距而确定的。实行地区附加津贴，可使不同地区的机关工作人员工资的提高与经济发展相联系，从而体现不同地区经济发展及物价变动情况，由各省、自治区、直辖市运用地方财力建立。艰苦边远地区津贴主要是体现不同地区自然、地理环境的差异，根据不同地区的地域、海拔高度、气候以及当地物价等因素确定。该项津贴的设立充分体现了不同地区在自然地理环境等方面的差异，有利于发挥薪酬的补偿和配置作用，鼓励员工到边远地区工作。岗位津贴是国家对特殊工作岗位上的员工给予的额外劳动报酬，主要是根据员工的岗位性质及工作条件确定的，员工离开该岗位后，相应的津贴即行取消。目前，经国家批准建立的岗位津贴有：公安干警值勤岗位津贴、人民检察院干警岗位津贴、司法助理员岗位津贴、监察和纪检部门办案人员外出办案补贴等。

4. 补贴

补贴是为了保证员工实际工资水平和生活水平不因物价上涨等因素而下降或为了吸引员工长期为组织工作而设置的补助性工资。依据《公务员法》第七十四条规定："公务员按照国家规定享受住房、医疗等补助。"在住房补助方面，自从 1998 年下半年开始停止住房食物分配后，我国开始逐步实行住房分配货币化，即当房价收入比（即本地区一套建筑面积为 60 平方米的经济适用房的平均价格与双职工家庭年平均工资之比）达到 4 倍以上时，单位原有住房建设资金可转化为住房补贴，对无房和住房面积未达到规定标准的职工实行住房补贴。但是，目前对于住房补贴的改革依然在进行之中，并没有统一的标准。在医疗补助方面，目前，员工医疗补助是在城镇职工基本医疗保险制度的基础上对员工的补充医疗保障，是保持员工队伍稳定、廉洁，保证组织高效运行的重要措施。按照现行财政管理体制，医疗补助经费由同级财政列入当年财政预算，具体筹资标准应根据原公费医疗的实际支出、基本医疗保险的筹资水平和财政承受能力等情况合理确定。

（三）现行工资制度的补充说明

现行工资制度主要针对的对象是组织行政部门的员工，但对于组织事业部门，尤其是专业技术人员和工人，现行工资制度的设计是不够的，因此，需要设计专业技术职务等级工资制度和技术等级工资制度。

专业技术职务等级工资制度将专业技术人员的工资总量分成专业技术职务工资和津贴，其中，专业技术职务工资是其工资构成的固定部分，体现按劳分配的原则，津贴是其工资构成中灵活可变部分，与专业技术人员的实际工作数量和质量挂钩，充分发挥薪酬的激励作用。

技术等级工资制度首先依照技术等级标准，将技术工人划分为高级工、中级工、初级工三个技术等级以及高级技师、技师两个技术等级，然后将工资构成分解成技术等级工资和岗位津贴。技术等级工资主要体现技术工人的技术水平和工作能力，是其工资构成中的固定部分，体现按劳分配的原则。岗位津贴主要体现技术工人实际工作量和岗位差别，是其工资构成中灵活可变的部分，发挥薪酬的激励作用。

三、工资制度的历史改革

新中国成立以来，我国的工资制度经历了四次比较重要的改革。

（一）1956 年工资制度改革

新中国成立初期是我国国民经济的恢复时期。在当时的条件下，由于社会主义经济体系刚刚确立，社会主义工资制度体系尚在摸索当中，在当时我国社会经济生活中职工的工资收入情况是冗杂的，根本没有能大体上表达工资收入状况的工资制度，计算十分烦琐。当时有一部分单位实行供给制度，如公务员和事业单位人员，也存在实行工资制的单位。所谓供给制是指按照基本相同的标准直接供给生活资料的分配制度。供给制最早是在民主革命时期中国共产党在一部分解放区实行的。供给制是一种追求绝对平均分配的带有平均主义色彩的分配形式，显示出了共产主义分配制度的属性，但其注定是特定历史条件下的产物。1950~1954 年的 4 年间，我国享受供给制分配方式的职员大约占全国职员总人数的 1/10 左右。中央人民政府政务院于 1952 年 7 月正式颁布了《各级人民政府机关技术人员暂行工资标准表》，其中涵盖了九种工资分配标准。自 1952 年起国家对享受供给制分配方式的人员统一增加了按照工作职务确定标准的津贴，此举扩大了我国职员工资的差距。到了 1954 年，国家开始统一发给职工定量的实物和货币，由职工个人支配。一年后在解放军干部中运用工资制。国务院于 1955 年 7 月发布《关于国家机关工作人员实行工资制和改行货币工资制的命令》，全面普及工资制度。从此，具有中国特色的工资制度初步建立。

1956 年社会主义改造的基本完成标志着我国公有制的基本建立，按劳分配成为了当时唯一的分配方式，全国性高度统一的职务等级工资制度自此成型。1956 年 7 月国务院发布《关于工资改革中若干具体问题的规定》，工分制度、津贴制度成为了历史，工资制度即职务等级工资制的主体地位确立。当时的职务等级工资制将行政管理人员的工资由高到低分为 30 个等级、330 个工资标准。其中一职又分为数级，级间上下交叉。当时这种工资制度存在着工资水平低、平均主义趋向强、增长死板停滞等缺陷，从此低收入水平下的高平均主义的收入分配格局在我国城镇内部扎根，几乎持续了大约 20 年的时间。直到 1978 年我国确立了改革开放的总思路后，工资制度才有了初步的改革，政府分别在 1981 年、1982 年进行了国家机关人员及事业单位工资的调整，1983 年、1984 年在国有大中型企业实现了两次"利改税"，但是在这时期职务等级工资制度依旧是占绝对统治地位的工资制度。1956 年工资制度改革，这项新中国成立以来首次全国性覆盖的重大改革，奠定了我国未来工资制度的基础，此项制度一直沿用到 1985 年工资制度改革时为止。

（二）1985 年工资制度改革

1956~1985 年随着我国国民经济和社会事业的不断发展，1956 年工资制度存在的诸多问题逐渐暴露，比较典型的有内容复杂、平均主义严重等，根本不能满足实际工作需要。1983 年劳动人事部成立后，就开始积极酝酿新的工资制度改革。

1984 年《中共中央关于经济体制改革的决定》提出以城市为重点进行经济制度改革。在此时期发展有计划的商品经济被提出，收入分配制度也有所改变。企业与机关、事业单位在工资制度上的改革道路出现了逐步分离状况，开始了不同方向的探索。

1985年《关于国有企业工资改革问题的通知》决定在国企实行工资与经济效益接轨，1986年国企推行承包责任制，两者简称为“一脱二挂”。此项改革在20世纪80年代在提高职工的积极性，提高企业活力与经济效益方面发挥了重要作用。1985年6月党中央、国务院发布了《关于国家机关和事业单位工作人员工资制度改革问题的通知》，工资结构从此被划分为四部分，即基本工资、职务工资、工龄津贴、奖励工资。

1985年政府对工资制度的改革使一直占据统治地位的等级工资制成为历史，实现了企业工资制度与机关、事业单位分离，曾经的困难与矛盾得到初步缓解，深刻体现了按劳分配的精神。

（三）1993年工资制度改革

1992年，十四大确立建设有中国特色的社会主义市场经济体制为我国改革的目标，我国社会主义现代化建设和经济体制改革进入一个新阶段。1993年，十四届三中全会提出：坚持按劳分配为主体，多种分配制度并存，效率优先，兼顾公平。基于这种思想的引导，我国社会亟待一种新的工资制度出现。政企分开的思路将工资制度改革推向了另一个高潮。

本次改革过程中职级工资制成为了机关单位的分配制度，从此机关单位内工资的确定主要由职务和级别两因素来确定。职级工资制主要是以国家机关工作人员为运用对象的一种工资制度，通过职务工资和级别工资为主体体现按劳分配原则，还包括基础工资和工龄工资。根据事业单位工作性质和特点不同，在工资结构上分为固定部分和活的部分两大块。固定部分主要体现工作人员的学历、资历以及水平高低、责任大小；活的部分主要体现工作人员实际工作量的多少、效益大小和岗位差别。工资构成比例按经费预算分全额拨款、差额拨款、自收自支三种不同类型分别确定并实施管理。

经过1993年的工资改革，事业单位也开始了独立工资制度体系的建立。

（四）2006年工资制度改革

进入21世纪，我国的经济不断崛起，生产力大幅提高，我国的工资制度也随着不断盘整。通过《关于印发事业单位工作人员收入分配制度改革方案的通知》和《事业单位工作人员收入分配制度改革实施办法》等文件，事业单位收入分配制度继续深化改革，其目标是建立与岗位职责、工作业绩、个人实际贡献紧密联系和鼓励创新创造的分配激励机制。

配合《公务员法》的正式实施，2006年7月1日，公务员开始实行新的工资制度。这次工资制度改革的主要内容是：调整工资结构，将公务员基本工资构成由职务工资、级别工资、基础工资和工龄工资四项调整为职务工资和级别工资两项，取消基础工资和工龄工资，简化了工资结构。同时公务员级别由现行15个改为27个。完善津贴补贴制度，在清理规范津贴、补贴的基础上，实施地区津贴附加制度，完善艰苦边远山区津贴制度和岗位津贴制度。实行年终一次性奖金，并确定奖金标准为本人12月份基本工资。坚决反对混乱发放补贴、津贴现象。建立健全更加机动灵活的工资增长系统，增强工资激励功能，着力于提高工作的积极性。

第三节 福　　利

一、福利的内涵

福利制度是指在员工基本工资的基础上，为了解决员工工作和生活方面的共同需求和某些特殊需求，组织给予员工经济上的帮助和生活方面的补偿照顾制度，是员工薪酬制度和保障制度的重要组成部分。建立科学合理的福利保障制度有利于改善员工的生活和工作条件，减轻员工的经济负担，从更深层次的角度来看，有利于保证员工的清正廉洁，调动公务员的工作积极性，保证员工以良好的精神状态投入到工作中，提高工作效率，实现组织目标，促进社会发展。

虽然工资和福利都是员工薪酬的组成部分，但二者存在一些差别，主要表现在以下几个方面。

（1）在薪酬中的地位不同。工资属于货币薪酬，在薪酬中占主体，是薪酬的基本形式，而福利属于非货币薪酬，在薪酬中处于补充地位。

（2）给付的依据不同。工资遵循的是按劳分配原则，是绩效考核的结果，但福利一般与工作时间或工作贡献大小的关联性不大，通常只要是组织的成员都可以均等地获得组织提供的福利，因此福利具有普惠性。

（3）给付形式不同。一般来讲，工资都是以货币形式给付的，福利的形式则有很多，既可以是货币，也可以是实物或者服务。

（4）保障水平不同。工资是为了保障员工基本的生活水平，福利则更注重改善和提高员工的生活水平。

二、福利制度设计的原则

组织在设计员工福利制度时，应该遵循福利与经济社会发展相适应原则、福利要与组织经济承受能力相适应原则以及工资福利比例适当原则。

（一）福利与经济社会发展相适应原则

福利是以组织为员工的生活而无偿提供的各种补偿。从宏观角度看，组织提供的福利水平应与当时的社会经济发展水平相适应，因为经济发展创造的社会财富是组织向员工提供福利的根本保障。如果福利水平过高，可能会引发社会整体工作的倦怠感，将过多的社会责任变成了发展的压力，最终阻碍社会经济的持续增长；同时福利过低，就会增加员工自身要承担的负担，影响社会的稳定和团结。所以，总的原则就是社会提供的福利要与经济社会发展水平相协调相适应。具体原因有以下几点。

（1）福利待遇过高会导致财政负荷严重，因为福利具有刚性的特征，“只升不降”，最终可能导致财政赤字，会入不敷出。虽然通过提高税收等方式可以增加福利资金来源，然而民众身上的负担不可小视，随时可能激化社会矛盾。

（2）福利待遇过高的话会导致处于核心地位的激励功用锐减或者失效，甚至产生“福利陷阱”“主动失业”等消极现象。福利待遇过高将导致员工失去了通过劳动获取合法报酬的动力，出现动力不足现象。

（3）不管是有形的实物和货币福利还是无形的社会公益服务福利，超过了社会经济发展水平的增长速度，都会对经济发展起到逆向的反冲击作用，这一情况在通货膨胀率较高的时期更为明显，甚至会对整个宏观发展环境形成难以估量的阻力。

因此，一个国家福利制度的设计必须要以该国经济的增长速度为主要参考依据，福利待遇水平与国家财政收入和相关公共支出的比例相适应，并随着经济发展和国家财力的增长而逐步提高，建立收入和支出的动态协调机制，在最大限度的范围内努力改善员工的工作生活条件和生活质量，从而为社会发展和人民的各项需求提供更高效率、更优质的社会行政服务。

（二）福利要与组织经济承受能力相适应原则

从微观角度上讲，组织员工的福利水平还必须具体考虑到本组织的实际经济承受能力，即使组织必须有足够的经济能力来负担员工的福利。如果员工的福利水平超出本组织的实际经济能力，虽然短期内可能能够极大地激励员工工作积极性，有利于组织目标的实现，但是从长期来看，福利支出过高肯定会削减组织其他运转费用的开支，从而成为组织沉重的包袱，降低组织的活力，进而影响到组织竞争力的提升和组织目标的实现，最终会降低员工福利，甚至无法予以保障。

（三）工资福利比例适当原则

现阶段，工资一直是员工取得自身劳动价值的外在表现形式，也是员工纳税的主要依据，同时也就成为了构成国家财政税收的主要来源，也因此是一个国家国民收入分配中占主导地位的部分。所以，付给员工工资的高低就直接影响到员工的生活、社会经济的可持续发展和国民收入的年度增长率，因此，工资水平要与社会经济发展水平相一致，与员工工作内容和工作效率相协调。一方面，福利作为员工薪酬的重要组成部分，也是员工生活水平提高与否的重要原因。然而，考虑到员工工作性质的惠民特征，过快地提高员工的福利待遇发放，会人为地拉大社会贫富差距，造成社会各行业、各阶层之间的不必要摩擦，同时也对社会的宏观环境造成一定的影响。而且，相对于外在的货币化工资收入，福利处于隐性收入部分，而现有的税收衡量和统计工具很难对隐性收入部分进行全程有效的跟踪和统计，过高提高福利，减少工资，会造成国家税收的大量流失，影响国家财政收入总量的健康增长。另一方面，给组织员工发放福利本来是作为正向激励手段，刺激其工作积极性，更好地为人民服务，但量如果过多，也会造成相反的消极影响，在一定程度上削弱员工的工作积极性。所以，对于员工工资和福利必须要控制在合适的比例，同时要形成动态机制，使得工资和福利的比例要随着经济发展水平和社会的发展而处于不断变化当中。积极建立员工工资——福利调整机制，为提高员工工作积极性提供收入保障，同时也在侧面保护国家财政税收的健康增长。

三、福利的内容

目前，福利的内容包括很多，本书介绍十项常见的内容。

（一）工时制度

工时制度是组织为了维护员工的休息权益、有效安排员工工作休息时间、以提高员工的积极性而设计的。目前，组织实行统一的工作时间，每日工作 8 小时，每周工作 40 小时，星期六和星期日为周休息日。但需要强调的是，员工的工时制度的含义不仅是加班应该补休，而首先是要求员工严格遵守工作时间，出满勤，干满点。

（二）福利费制度

福利费制度是组织为在生活方面存在困难的员工而建立的一种专项费用制度，由福利费的提取比例和使用范围两部分组成。福利费的提取比例，有的是按工资总额的一定比例提取，有的是按基本工资的一定比例提取。福利费的使用范围是以帮助解决处理组织员工及其家属在生活方面的困难为主。对员工的困难补助，应根据员工的受困程度，按照梯度原则、节制原则，依据受困程度给予酌情临时补贴或者定期补助。福利费也可以用于适当补助组织日常工作场所的零散购置开销与慰问医院住院的员工等。如果出现福利费上年使用经费尚有结余的情况，结余部分的福利费可转至第二年继续使用。

（三）节假制度

节假制度是组织为了保证员工能依法享有国家法定节假日而设计的制度，主要是指员工在国家法定节假日依法休假，并按工作日发放工资。

（四）探亲制度

探亲制度是组织为了解决员工与分居两地的父母、配偶等亲属团聚问题而建立的福利制度，包括享受探亲假的条件、探亲假期和假期待遇三方面的内容。享受探亲假必须具备以下条件：第一，主体标准，只有在国家行政机关、国家企事业单位与人民团体从业的员工才能享受探亲假待遇。第二，时间条件，工作满一年。第三，事由条件，一是与自己配偶两地分居，公休假日不能使其得到团聚的，即可成为探望自己配偶待遇的享受者；二是与自己父母两地分居，公休假日不能使其得到团聚的，即可成为探望自己父母待遇的享受者。《国务院关于职工探亲待遇的规定》第五条中明确规定，员工在规定的路程假期与探亲假期内，所在单位按照本人的标准工资发给工资并报销往返路费。另外，在探亲时间方面，未婚员工探望父母，原则上每年给假一次，假期 20 天；已婚员工探望配偶，每年给予探亲假一次，假期 30 天。

（五）年休假制度

年休假制度考虑到员工较高层次的精神需求和身心健康，按照相关规定，在每一年度都会安排职工以集中休假的方式进行。2008 年 1 月 1 日《职工带薪年休假条例》正式实施，规定年休假制度主要包括休假的天数、休假期间工资的核算方式等内容。在休假的天数方面，《职工带薪年休假条例》第三条明确规定：“职工累计工作已满 1 年不满 10 年的，年休假 5 天；已满 10 年不满 20 年的，年休假 10 天；已满 20 年的，年休假 15 天。国家法定休假日、休息日不计入年休假的假期。”在休假期间工资的核算方式方面，《职工带薪年休假条例》第二条明文规定：“单位应当保证职工享受年休假。职工在年休假期间享受与正常工作期间相同的工资收入。”第五条规定：“单位确因工作需要不能安排职工休年假的，经职工本人同意，可以不安排职工休年假。对职工应休未休假天数，单位应当按照该职工日工资收入的 300%支付年休假工资报酬。”第七条规定：“单位不安排职工休年休假又不依照本条例规定给予年休假工资报酬的，由县级以上地方人民政府人事部门或者劳动保障部门依据职权责令限期改正；

对逾期不改正的，除责令该单位支付年休假工资报酬外，单位还应当按照年休假工资报酬的数额向职工加付赔偿金；对拒不支付年休假工资报酬、赔偿金的，属于公务员和参照公务员法管理的人员所在单位的，对直接负责的主管人员以及其他直接责任人员依法给予处分；属于其他单位的，由劳动保障部门、人事部门或者职工申请人民法院强制执行。”

（六）婚丧假制度

婚丧假，是指员工本人结婚以及员工的直系亲属死亡时依法享受的假期。根据 1980 年 2 月 20 日原国家劳动总局、财政部发布的《关于国营企业职工请婚丧假和路程假问题的通知》的规定，员工的直系亲属（父母、配偶和子女）死亡时，可以根据具体情况，给予 1~3 天的婚丧假；员工在外地的直系亲属死亡时需要本人去外地料理丧事的，可以根据路程远近，另给予路程假，但是途中的车船费等，全部由职工自理。另外，婚丧假期间工资正常发放。

（七）产假制度

产假，是指在职妇女产期前后的休假待遇，一般从分娩前半个月至产后两个半月，晚婚晚育者可前后长至四个月，女职工生育享受不少于 90 天的产假。2011 年 11 月 21 日，国务院法制办公室全文公布《女职工特殊劳动保护条例（征求意见稿）》，拟将产假由 90 天增至 14 周，生育流产医疗费用由单位支付。2012 年 4 月 18 日，国务院常务会议审议并原则通过《女职工劳动保护特别规定（草案）》，草案将女职工生育享受的产假由 90 天延长至 98 天，并且规定产假期间工资正常发放。

（八）冬暖补贴

冬暖补贴是组织为补偿居住在寒冷地区员工因取暖所支出的费用而建立的一种补贴制度，包括实现取暖补贴的地区范围、取暖期限、享受补贴的对象和补贴标准等内容，其中取暖补贴的实施范围是：以秦岭-淮河为分界线的以北地区或者以南地区个别海拔较高、气候寒冷的县、自治区。

（九）交通补贴

交通补贴即组织旨在保障员工的日常工作需要，承担合理支出的交通费用。主要有上下班交通费补贴和出差交通补贴两种，具体包括实行范围、享受条件和补贴标准等内容。50 万以上人口的市和重要工矿区人民政府所在地、省（自治区、直辖市）人民政府所在地都是交通费补贴的实施范围，补贴对象是家距离工作地点 2000 米以上，必须乘坐公共汽车、电车或骑自行车上下班的员工。

（十）集体生活福利设施

单位集体生活福利设施是指组织为了满足员工的共同需要，尽可能减轻员工的家务劳动负担，并提高员工的身体和文化素质，方便员工的生活而筹资建立的福利设施，主要包括如下内容。

（1）生活福利设施。包括员工食堂、员工集体宿舍、低房租住房、托儿所、幼儿园、浴室、理发室、休息室等。这些生活福利设施的建立目的是为了满足员工的共同需要，为员工的生活创造便利条件。

（2）社会文化设施。包括文化宫、俱乐部、体育场、健身室、游泳池、图书馆等，这些社会文化设施的建设目的是为了满足员工的文化生活需要，提高其身体和文化素质，促进其身心健康成长。

（3）员工住宅等设施。住宅设施是保障员工稳定工作的基本物质条件，组织为满足员工的基本生活需要而有必要提供相应的住宅设施或福利补贴。1998 年，国务院发布《关于进一步深化城镇住房制度改革，加快住房建设的通知》，要求自该年 7 月 30 日起停止福利性分房，实行住房分配货币化，促进住宅商品化。目前，组织实行的是具有福利性质的住房公积金制度。根据《住房公积金管理条例》规定，住房公积金的基本执行程序是：由组织和员工共同承担住房公积金，每月将员工一定比例的基本工资扣除并存入住房基金的个人基金账户，组织也相应地补充一定比例的款额，共同积累住房基金，积累到一定规模后，员工可提取，用于支付购置或自建自住住房、私房翻修等住房费用。需要说明的是，住房公积金是员工个人收入的一部分，可以转移和继承。

四、现行福利制度的存在问题及其改革

随着社会经济的不断发展，现行福利制度的弊端逐步凸显，突出表现在如下方面。

（一）福利制度在公务员薪酬体系中定位不准确问题

我国仍处于社会主义初级阶段，按劳分配仍然是最主要的分配方式，因此工资理应在员工薪酬制度中处于核心地位，福利则是薪酬制度的必要补充。但现实却恰恰相反，大部分员工的福利补贴加上实物福利，所获得实际收入将大大超过员工的工资，从而造成一种本末倒置的现象。这不但不适应社会主义市场经济的要求，也容易使人们混淆工资和福利的界限。一方面是员工总觉得自己的工资低，无法体现自身的价值，不利于调动员工工作积极性；另一方面在很多人看来员工的“工资”够高了，从而心里产生一种不平衡感。因此，需要合理确定福利在薪酬体系中的定位，改变目前工资和福利比例结构不合理的现象。

（二）举办集体福利设施的主体定位不准确问题

我国员工的部分福利是通过举办集体生活和文化设施来体现的，如食堂、幼儿园、理发室、体育馆等。在过去很长的一段时间里，机关单位成为举办集体福利设施的主体，员工几乎不用出门就可以解决生活中大部分问题。虽然这些福利设施对于改善和提高员工的物质文化生活水平发挥了不小的作用，但为此国家也付出了沉重的代价。首先，各单位存在集体设施重复建设的现象，而这些福利设施又得不到充分利用，造成了资源的闲置和浪费；其次，国家在举办这些福利设施时投入大量的人力物力和财力，不仅会加重国家的财政负担，还会减少国家在其他方面的投资；最后，机关单位对福利的大包大揽，还阻碍我国第三产业的发展。因此，随着市场经济体制的建立，国家在福利设施的举办上应及时让位，尽快实现福利的社会化和商品化。

（三）福利制度衍生的隐性腐败问题

目前，为了更好地为员工解决后顾之忧，竭诚完成组织目标，组织员工尤其是公务员收入模式实行的是“低工资、多补贴、泛福利”的分配模式，也就是说，外在货币化的表现形式为员工的基本工资水平不高，但组织往往提供种类繁多的福利项目，如家庭住房福利、子

女教育福利、交通福利等内容。借鉴经济学理论，通常经济人会按照市场分配原则，谋求自身收益最大化。员工属于经济人，而且现阶段组织福利分配原则不甚清晰，分配过程的透明性较差，缺乏足够的监督。因此，员工非常容易在社会福利分配过程中侵占组织福利，产生腐败问题。

鉴于上述问题，如何有效地改革和完善组织员工福利制度是当前组织薪酬管理工作面临的一个重点、难点问题。按照福利制度设计所必须遵循的三个原则，员工福利水平的确定与改革必须基于社会经济发展水平和组织实际经济承受能力上，充分考虑工资和福利之间的关系。因此，现阶段，员工福利制度的改革可以从三个方面展开。

1. 实行福利货币化改革

目前，员工福利在薪酬中占比过重，超过工资收入的一个很重要的原因就是福利发放形式的混乱，尤其是实物发放比重较大。因此，组织可以逐步实行福利的货币化。所谓福利的货币化就是组织对员工的福利支付方式多采取货币支付的方式。通过员工福利货币化的改革，既可以增强员工福利的透明化，有利于员工个人财产申报，加强廉政建设；又可以增强员工收入支配的自主性，特别是在目前我国消费需求不是很旺盛的情况下，员工货币收入增加，对于刺激消费，促进经济发展也起到一定作用。

但是，在实行福利货币化改革过程中，组织一定要明确福利标准，不能只是简单货币化，这样容易导致组织的财政负担过重，影响组织有效运行，也可能使很多不合法的福利收入趁此机会变成合法的收入。另外，还需要注意的一点，实行福利的货币化改革，并非所有的福利项目都要实行货币化，对于暂时不实行货币化改革的项目，组织要对其加强管理。

福利货币化改革是一个系统工程，不能急于求成。为了保证改革的效果，组织首先要做好规划，然后按照规划有计划有步骤地展开。如何使这种改革取得更好的效果，除了做好统筹的规划外，组织需要借鉴国外的改革经验，同时也需要充分发挥市场在资源配置中的作用，从而逐步建立起与社会主义市场经济相适应的员工福利制度。

2. 员工福利社会化

福利工作要逐步向社会化方向发展，要多层次、多渠道、多形式地发展各种社会福利事业，逐步扩大社会福利设施，建立各种形式的社会福利基金。组织自办的集体福利设施要提倡向社会开放，提高福利的“社会化”“商品化”程度，以此来促进第三产业的发展和市场的发育，提高社会的经济水平和质量，从而进一步为组织员工提高更好的福利，形成良性循环。这里说明一下第三产业能为组织员工提供的服务将比组织提供的福利更具优越性的原因：一方面，提供的服务更具多样性，能满足不同人群和不同阶层的需要；另一方面，相比较而言第三产业提供的产品与组织自办的福利相比，无论在价格和品质上更具竞争力。

3. 内外监控相协调，实现福利制度阳光化

将员工利益置于阳光下，是实现员工福利制度改革公平公正的前提。实现员工福利阳光化不仅可以避免员工之间收入差距，更可根除引发社会不满情绪的“灰色收入”等行为。只有实现员工福利阳光化，才能使组织及社会各界之间建立起和谐的机制与关系，更有利于公众对组织的监督，以避免腐败的滋生。因此，员工福利制度阳光化是稳定员工队伍、树立组织威信、实现社会秩序稳定的必经之路。为了有效实现制度阳光化，监督机制则万分重要。监控是确保一项制度严格进行的强制性手段，监控制度的缺失与不完善会导致别有用心的人钻法律的空子。一方面要监督各地方改革落实时效性，另一方面则要监督改革执行过程的严谨性，这样就要坚持从内到外的双重监督原则。

（1）内部监控。首先要对员工福利预算外支出部分进行严格的内控，本着“收支两条线”与“票款分离”的原则，对行政事业性收费加以严查与清理，杜绝不规范收费，以此切断预算外资金的源头。其次，要将政企完全分离，坚决杜绝组织向企业转嫁经济负担，政府财政必须是机关单位等组织的唯一经济来源，以此加强政府财政收支的控制，利于建立规范的员工福利制度。除此之外，要制定更有力度的惩罚制度，本着“在法律面前，人人平等”这一原则，无论什么人一旦触犯法律或是打着改革的幌子钻法律的空子，都要严格给予惩处，绝不手软。只有将惩罚措施坚决有力地实行下去，才能有效落实监控制度，并使改革取得更好成效。

（2）外部监督。人民群众作为重要的外部监督的主体，必须有效发挥其监督作用，以此确保福利制度的阳光化。为了调动人民群众的积极性，应出台相关法律政策以保障人民的监督权不受侵犯，并为人民群众提供直接的监督举报渠道，从而将人民群众的监督权落实到实处。各个新闻媒体也要遵守职业道德，敢于将事实公之于众，增强舆论监督的社会作用。与此同时，国家应采取相应措施以保障新闻媒体从业人员的安全，保障其在行使监督权时不受到干扰与恐吓。总之，外部监督的有效落实需要强有力的法律法规作为执行外部监督权主体的基本保障。

第四节 社会保险

一、社会保险的内涵

社会保险指的是政府通过法律法规的形式，为劳动者提供养老、医疗、失业、工伤以及生育等保险待遇，以保障其在遭遇上述风险时的基本生活条件，从而维护社会稳定的制度与措施。社会保险作为保险强调一定的权利与义务的对称性，即被保险对象需要支付一定的保险费用；同时社会保险作为一种强制性的保险，目的就在于在全社会的范围内分散上述社会风险，因而带有一定的社会福利性质。

对于组织的社会保险而言，它既具有一般社会保险的所有共性，又具有组织部门的特征，因此，组织的社会保险具有如下特点。

（1）强制性。社会保险是以国家法律保证其强制实施的，参加社会保险的成员资格是由国家通过立法确认的，在国家法律法规指定的范围内，每一个社会成员都必须依法参加社会保险，每个受保人或组织都必须根据法律规定按时缴纳保险费。对于无故迟缴或拒缴法定保险费用的个人或组织，国家可以依法征收滞缴金或者追究其法律责任。社会保险有了强制性的特征，才能保证社会保险基金有可靠的来源，才能依法保证被保险人获得社会帮助的权利，并使这种权利有可靠的物质基础。社会保险的强制性，是区别于商业保险志愿性的重要标志之一。

（2）保障性。社会保险是根据国家法律规定，强调个人缴费，所在单位按照一定比例相应匹配资金，向国家指定的管理机构交纳作为社会保险基金。这是对员工的各种劳动风险进行事先预防。当遇到年老、生病、负伤、残疾、生育、失业、死亡等社会风险时，在暂时或长期丧失劳动能力以及暂时失去工作时，以社会保险的方式给予员工本人及其家属一定的物质补助，保障其基本生活需要。这种以法律为组织保障依托的社会保险，能使员工在暂时或永久丧失劳动能力后，其基本生活得到有效的保障。

（3）互济性。互济作用是社会保险最重要的特征。所谓互济性，就是指通过社会保险制度的实施，实现社会的“一人为大家，大家为人人”的互济性社会协议。社会保险的互济性贯穿于保险基金的筹集、管理和支付的全部过程之中，依靠国家、单位和员工三方共同筹资，充分发挥社会保险的互济作用。这种互济性不仅反映在国家、单位与员工之间的互助合作关系中，而且还体现在参加社会保险的主体成员之间的互济上。

（4）差别性。差别性是指不同组织和不同员工，在享受社会保险待遇时需要体现一定的差别性。当员工同样出现年老、生病、负伤、残疾、生育、失业、死亡等社会风险时，由于个人的工龄、工资和缴纳的社会保险费用不同，其享受的社会保险待遇也有所差别。

另外，还需要注意的是，社会保险与福利虽然同属于社会保障体系，都是国民收入再分配的手段，但仍然存在很多区别，主要体现在以下四个方面。

（1）两者的给付条件不同。社会保险一般是针对暂时或永久丧失劳动能力或者机会的员工，福利则是针对组织的全体成员。

（2）两者的保障水平不同。社会保险给付一般不超过原来的标准，福利则更注重改善和提高员工的生活水平。

（3）两者的法律强制性不同。通常来说，社会保险由立法规定，具有强制性，福利除了有一部分是立法规定的，还有一部分是组织依据自身情况设立。

（4）两者的给付形式不同。保险给付形式多是货币，福利则既有货币还有实物和服务等。

二、社会保险的内容

社会保险的内容包括养老保险、医疗保险、失业保险、工伤保险和生育保险等五个保险项目，即人们经常说的“五险”。下面详细介绍。

（一）养老保险

养老保险是国家和社会根据一定的法律和法规，由政府主管部门负责组织和管理，组织和在职员工共同承担养老保险费的缴纳义务，保障员工在达到国家规定的解除劳动义务的劳动年龄界限或因年老丧失劳动能力而退出劳动岗位后的基本生活而建立的一种社会保险制度。养老保险的产生与发展，是社会化大生产的产物，也是社会进步的标志。

目前，世界上实行养老保险制度的国家可分为三种类型，即投保资助型（也叫传统型）养老保险、国家统筹型养老保险和强制储蓄型养老保险（也称公积金模式）。投保资助型养老保险中个人领取养老金的权利与缴费义务联系在一起，即员工和组织定期缴费是领取养老金的前提，养老金水平与员工收入挂钩，基本养老金按退休前员工历年指数化月平均工资和不同档次的替代率来计算，并定期自动调整。除基本养老金外，国家还通过税收、利息等方面的优惠政策，鼓励组织实行补充养老保险，基本上也实行多层次的养老保险制度。目前，这是绝大多数国家实行的养老保险模式。国家统筹型的养老保险费全部来源于政府税收，个人不需缴费，享受养老金的对象不仅为劳动者，还包括社会全体成员，但养老金保障水平相对较低，通常只能保障最低生活水平而不是基本生活水平。这种养老保险模式通常在福利国家实行，我国的养老保险制度在改革开放之前就是采取这种模式。强制储蓄型养老保险的主要特点是强调自我保障，建立个人公积金账户，由劳动者在职期间与其所在单位共同缴纳养老保险费，劳动者在退休后完全从个人账户领取养老金，国家不再以任何形式支付养老金。其中，个人账户的基金在劳动者退休后可以一次性连本带息领取，也可以分期分批领取。目前，这种养老保险制度主要见于新加坡和东南亚一些国家。

目前，我国实行的是社会统筹与个人账户相结合的基本养老保险制度。这个制度在基本养老保险基金的筹集上采用传统型的基本养老保险费用的筹集模式，即由国家、单位和个人共同负担，但在养老基金管理结构上进行了创新，将其分为社会统筹基金和个人账户基金，社会统筹基金的资金来源主要是单位的缴费，个人账户基金的资金来源由个人缴费和单位缴费两部分组成。这种管理机构强调个人账户养老金的激励因素和劳动贡献差别。因此，该制度既吸收了传统型的养老保险制度的优点，又借鉴了个人账户模式的长处，既体现了传统意义上的社会保险的社会互济、分散风险、保障性强的特点，又强调了职工的自我保障意识和激励机制。

另外，根据《国家公务员暂行条例》对国家机关事业单位人员的退休养老制度的规定，公务员不需要为养老缴纳任何费用。机关、事业单位社会养老保险制度的基本特点是：第一，养老保险金固定，一般以退休前最后一个月的工资为基数按一定比例计发；第二，保障水平高，无论是名义替代率还是实际替代率都高于社会其他组织；第三，个人不承担缴费义务，完全由财政负担。该制度存在的主要问题为：由于没有统一的政策和法规相配套，各地区根据自身的财政收入状况自行其是，致使机关事业单位的养老保险待遇与企业职工的养老保险制度不相衔接，而且事业单位彼此之间差距明显。

（二）医疗保险

医疗保险是我国社会保险的一个重要组成部分，是指劳动者因疾病、负伤或生育需要治疗时由国家或组织为其提供经济补贴和医疗服务保障的一种社会保险制度。实行医疗保险的目的是为劳动者的疾病风险及时提供医疗保障，增进劳动者的身体健康，提高劳动者的身体素质。

目前，按照《国务院关于建立城镇职工基本医疗保险制度的决定》，我国医疗保险制度的基本内容主要包括六个方面。

（1）建立合理负担的共同缴费机制。基本医疗保险费由用人单位和个人共同缴纳，体现国家社会保险的强制特征和权利与义务的统一。医疗保险费由单位和个人共同缴纳，不仅可以扩大医疗保险资金的来源，更重要的是明确了组织和员工的责任，增强了个人自我保障意识。

（2）建立统筹基金与个人账户。基本医疗保险基金由社会统筹使用的统筹基金和个人专项使用的个人账户基金组成。员工缴费全部划入个人账户，单位缴费按 30% 左右划入个人账户，其余部分建立统筹基金。个人账户专项用于本人医疗费用支出，可以结转使用和继承，个人账户的本金和利息归个人所有。

（3）建立统账分开、范围明确的支付机制。统筹基金和个人账户确定各自的支付范围，统筹基金主要支付大额和住院医疗费用，个人账户主要支付小额和门诊医疗费用。统筹基金要按照“以收定支、收支平衡”的原则，根据各地的实际情况和基金的承受能力，确定起付标准和最高支付限额。

（4）建立有效制约的医疗服务管理机制。基本医疗保险支付范围仅限于规定的基本医疗保险药品目录、诊疗项目和医疗服务设施标准内的医疗费用；对提供基本医疗保险服务的医疗机构和药店实行定点管理；社会保险经办机构与基本医疗保险服务机构（定点医疗机构和定点零售药店）要按协议规定的结算办法进行费用结算。

（5）建立统一的社会化管理体制。基本医疗保险实行一定统筹层次的社会经办，原则上以地级以上行政区（包括地、市、州、盟）为统筹单位，也可以县为统筹单位，由统筹地区的社会保险经办机构负责基金的统一征缴、使用和管理，保证基金的足额征缴、合理使用和及时支付。

（6）建立完善有效的监管机制。基本医疗保险基金实行财政专户管理；社会保险经办机构要建立健全规章制度；统筹地区要设立基本医疗保险社会监督组织，加强社会监督。要进一步建立健全基金的预决算制度、财务会计制度和社会保险经办机构内部审计制度。

另外，在公务员医疗保险方面，按照《关于实行国家公务员医疗补助的意见》规定，对公务员实行专门的医疗补助，补助经费来源于财政预算，专款专用，单独管理。

（三）失业保险

失业保险是指依据国家法规，通过国家、单位和个人等渠道筹资建立的失业保险基金，在劳动者失业时给予失业救济以保障其最基本生活需要的社会保障制度。

目前，我国失业人员享受失业保险的三个条件分别是：第一，非因本人意愿中断就业；第二，已办理失业登记，并有求职要求；第三，按照规定参加失业保险，所在单位和本人已按照规定履行缴费义务满一年。失业保险待遇主要由失业保险金、医疗补助金、丧葬补助金和抚恤金、职业培训和职业介绍补贴等构成。其中最主要的是失业保险金，失业人员只有在领取失业保险金期间才能享受到其他各项待遇。在失业保险待遇中，医疗补助金是失业人员患病就医时在失业保险经办机构领取的补助，标准是由各省、自治区、直辖市人民政府确定的，一般包括每月随失业保险金一同发放的门诊费和按规定比例报销的医疗费两部分。失业人员在领取失业保险金期间死亡的，其家属可以领取一次性丧葬补助金和抚恤金，标准参照当地在职职工的规定。职业培训和职业介绍补贴是为了鼓励和帮助失业人员尽快实现再就业而从失业保险基金中支付的费用，一般说来职业介绍的补贴支付给职业介绍机构，由他们为失业人员免费介绍职业。

需要注意的是，在传统的人事管理制度中，国家机关工作人员事实上不存在失业问题，因此，失业保险制度只在企事业单位中实行，公共行政组织中并没有建立失业保险制度。

（四）工伤保险

工伤保险是指劳动者因生产或工作发生受伤、残疾、职业病或死亡，本人及其家属丧失收入来源，生活无保障时，从组织或国家获得必要的物质帮助的一种社会保险制度。它是国家为了保障劳动者在工作中遭受事故伤害和患职业病后获得医疗救治、经济补偿、促进工伤预防和职业康复、分散工伤风险的一种社会保障手段。工伤保险实行社会统筹，设立工伤保险基金，对工伤劳动者提供经济补偿和实现社会化管理服务。工伤保险费由用人单位应当按时缴纳工伤保险费，职工个人不缴纳工伤保险费。用人单位缴纳工伤保险费的数额为本单位职工工资总额乘以单位缴费费率。工伤保险费根据以支定收、收支平衡的原则，确定费率。国家根据不同行业的工伤风险程度确定行业的差别费率，并根据工伤保险费使用、工伤发生率等情况在每个行业内确定若干费率档次。行业差别费率及行业内费率档次由国务院社会保险行政部门制定，报国务院批准后公布施行。

目前，关于工伤的认定，主要依照《工伤保险条例》第十四条规定，“职工有下列情形之一的，应当认定为工伤：（一）在工作时间和工作场所内，因工作原因受到事故伤害的；（二）工作时间前后在工作场所内，从事与工作有关的预备性或者收尾性工作受到事故伤害的；（三）在工作时间和工作场所内，因履行工作职责受到暴力等意外伤害的；（四）患职业病的；（五）因工外出期间，由于工作原因受到伤害或者发生事故下落不明的；（六）在上下班途中，受到非本人主要责任的交通事故或者城市轨道交通、客运轮渡、火车事故伤害的；（七）法律、行政法规规定应当认定为工伤的其他情形”。第十五条规定，“职工有下列情形之一的，视同工伤：在工作时间和工作岗位，突发疾病死亡或者在48小时之内经抢救无效死亡的；在抢险救灾等维护国家利益、公共利益活动中受到伤害的；职工原在军队服役，因战、因公负伤致残，已取得革命伤残军人证，到用人单位后旧伤复发的”。第十五条还规定，“职工有前款第（一）项、第（二）项情形的，按照本条例的有关规定享受工伤保险待遇；职工有前款第（三）项情形的，按照本条例的有关规定享受除一次性伤残补助金以外的工伤保险待遇”。但是，第十六条规定，“职工符合本条例第十四条、第十五条的规定，但是有下列情形之一的，不得认定为工伤或者视同工伤：故意犯罪的；醉酒或者吸毒的；自残或者自杀的”。

在工伤保险待遇方面，《工伤保险条例》第三十条规定：“职工因工作遭受事故伤害或者患职业病进行治疗，享受工伤医疗待遇。职工治疗工伤应当在签订服务协议的医疗机构就医，情况紧急时可以先到就近的医疗机构急救。治疗工伤所需费用符合工伤保险诊疗项目目录、工伤保险药品目录、工伤保险住院服务标准的，从工伤保险基金支付。工伤保险诊疗项目目录、工伤保险药品目录、工伤保险住院服务标准，由国务院社会保险行政部门会同国务院卫生行政部门、食品药品监督管理部门等部门规定。职工住院治疗工伤的伙食补助费，以及经医疗机构出具证明，报经办机构同意，工伤职工到统筹地区以外就医所需的交通、食宿费用从工伤保险基金支付，基金支付的具体标准由统筹地区人民政府规定。工伤职工到签订服务协议的医疗机构进行工伤康复的费用，符合规定的，从工伤保险基金支付。”第三十二条规定：“工伤职工因日常生活或者就业需要，经劳动能力鉴定委员会确认，可以安装假肢、矫形器、假眼、假牙和配置轮椅等辅助器具，所需费用按照国家规定的标准从工伤保险基金支付。”第三十三条规定：“职工因工作遭受事故伤害或者患职业病需要暂停工作接受工伤医疗的，在停工留薪期内，原工资福利待遇不变，由所在单位按月支付。停工留薪期一般不超过12个月。伤情严重或者情况特殊，经设区的市级劳动能力鉴定委员会确认，可以适当延长，但延长不得超过12个月。工伤职工评定伤残等级后，停发原待遇，按照本章的有关规定享受伤残待遇。工伤职工在停工留薪期满后仍需治疗的，继续享受工伤医疗待遇。生活不能自理的工伤职工在停工留薪期需要护理的，由所在单位负责。”第三十四条规定：“工伤职工已经评定伤残等级并经劳动能力鉴定委员会确认需要生活护理的，从工伤保险基金按月支付生活护理费。生活护理费按照生活完全不能自理、生活大部分不能自理或者生活部分不能自理三个不同等级支付，其标准分别为统筹地区上年度职工月平均工资的50%、40%或者30%。”另外，《工伤保险条例》第三十五、三十六、三十七条还规定了职工因工致残的，按照具体的伤残等级享受不同的待遇，这里不再一一列出。

（五）生育保险

生育保险是指妇女劳动者因生育而暂时丧失劳动能力时，从社会获得必要物质帮助的一种保险制度。按照国家相关规定，生育保险金用人单位按照国家规定缴纳生育保险费，职工不缴纳生育保险费。凡是与用人单位建立了劳动关系的职工，包括男职工，都应当参加生育保险。建立和实行生育社会保险既可以照顾女职工的医疗保健，又可保障女职工生育期间的基本生活需要，是体现现代社会视生育行为为社会行为的社会理念的具体体现。

职工应当同时具备下列条件才能享受生育保险待遇：用人单位为职工累计缴费满 1 年以上，并且继续为其缴费；符合国家和省人口与计划生育规定。生育保险待遇的主要内容包括：第一，生育医疗费。女职工生育的检查费、接生费、手术费、住院费和药费由生育保险基金支付。超出规定的医疗服务费和药费（含自费药品和营养药品的药费）由职工个人负担。女职工生育出院后，因生育引起疾病的医疗费，由生育保险基金支付；其他疾病的医疗费，按照医疗保险待遇的规定办理。女职工产假期满后，因病需要休息治疗的，按照有关病假待遇和医疗保险待遇规定办理。第二，女职工依法享受产假期间的生育津贴，按本单位上年度职工月平均工资计发，由生育保险基金支付。另外，关于产假天数的计算，相关法律规定，基本产假 98 天，其中产前可以休假 15 天；生育时遇有难产的（如剖宫产、Ⅲ度会阴破裂者），可增加产假 30 天；怀孕不满四个月流产的，根据医务部门的意见，给予 15~30 天的产假；怀孕四个月以上（含四个月）流产的，给予 42 天产假；自愿生育独生子女的，增加 35 天；晚育的，增加 15 天。

[思考题]

1. 如何理解薪酬、工资、福利和社会保险的含义？
2. 薪酬制度设计的原则是什么？
3. 我国现行的工资制度是什么？
4. 福利制度设计的原则是什么？
5. 我国现行的福利制度包括什么内容？
6. 社会保险的内涵是什么？
7. 我国现行的社会保险包括什么内容？

[案例分析]

公务员涨薪方案结合养老金并轨

公务员涨薪问题已经成为两会热议的话题之一，《中国经营报》记者通过人社部高层了解到，虽然公务员涨薪呼声高，但目前还没有讨论具体涨薪方案。此前，人社部计划建立类似职业年金形式的补充养老金，并把这看成是当前给公务员涨薪的主要手段，而这一方式已经进入到论证阶段，与公务员养老金改革配套出台。

“职业年金”补充公务员涨工资

2014 年两会期间，广东省大学生村官向习近平总书记反映，“公务员的工资还不及保姆工资的一半”。而习近平总书记给出的答复是：“要关心大学生村官的工作生活，包括婚恋问题，给他们创造条件扎根基层、实现梦想。”

与此同时，全国政协委员、国家公务员局党组书记兼副局长杨士秋也对外表态，“部分公务员存在灰色收入，但这也不能把该现象与整个公务员队伍，特别是基层公务员队伍收入低混谈。灰色收入应通过一系列措施解决，但公务员收入低的问题也要解决”。

公务员涨薪的密集信号背后，人社部人士向记者透露：“我们在养老金并轨的方案中，已经设计过涨薪的办法。”

目前，人社部已经对公务员养老金并轨方案进行可行性研究，今后公务员养老金将转化为社会养老金。

其中，“还将设计一块个人账户，将每年需要上涨的公务员薪酬存到个人账户中”。上述人士表示。

国务院总理李克强在 2014 年 3 月 5 日上午的政府工作报告中指出，2014 年总体工作部署要“建立统一的城乡居民基本养老保险制度，完善与职工养老保险的衔接办法，改革机关事业单位养老保险制度，鼓励发展企业年金、职业年金和商业保险”。

当记者问及，是否以“职业年金”的方式，增加公务员收入时，上述人社部人士认为，“不一定叫职业年金，但是形式类似”。

资料显示，职业年金是一种补充养老保障制度，职业年金以货币资产的形式存入，今后公务员养老保险进行改革后，职业年金相当于补充养老保险。

在记者采访的同时，一位国家公务员向上述人士咨询公务员薪酬问题时，该人士给予了明确的回答，“今后上涨的工资存在你个人账户上，退休的时候就会拿到”。

目前，在美国、英国和日本都执行类似的职业年金模式参与养老。“在养老金并轨之后，可以看到政策的出台。”上述人士表示。

涨薪呼之欲出

“我们了解到的情况是，已经有部分地区的公务员上涨了工资。”一位来自北京的政府财务人员向记者透露，“公务员涨薪已经快了”。

在记者之前联系北京相关人事部门，并没有得到有关公务员涨薪和绩效工资的相关答复。

前述人士透露，“我们私下计算，每年政府对每名公务员的投入不足 10 万元，而且已经没有分房的待遇了”。

不久前，李克强总理做出的政府工作报告时指出，收入是民生之源，要深化收入分配体制改革，努力缩小收入差距。改革机关事业单位工资制度，在事业单位逐步推行绩效工资。

2013 年年底，北京曾经向部分公务员发放绩效工资。“基层公务员的收入太低了”，一位北京郊区公务员向记者表示，“年底我们收到了一个新的文件，给基层公务员上涨部分工资，称为绩效奖金”。

而这一绩效奖金的数额在数千元不等，“每个区叫的名称不一样，数额也不一样”。另一北京政府系统人士向记者透露，“总体是城区多，郊区少”。

也曾有国家公务员向记者透露，“我们每年发的是 13 薪，年底多发一次底薪，只有 2000 多元”。

早前，在接受记者采访时，参与公务员和央企薪酬改革讨论的一位专家向记者透露，在与国家高层人士进行讨论中曾经出现过一次尴尬的局面。国资委目前为央企高管制定的平均年薪为 70 万元。

“但是，现在各个部委部长的年薪也只有十几万元，两者之间的差距还是非常大的。”上述人士曾经表示。

对于公务员底薪的看法，一位副部级官员向记者表示，“凭着我们的聪明才智，如果下海的话，还是可以做出一番事业的。但是，追求事业和价值是不能用钱衡量，我们还是想为国家做出一番贡献的”。

2014 年 3 月 6 日，全国政协委员、人社部副部长何宪曾表示，公务员工资制度改革还处在研究阶段，改革应当重点研究解决工资结构、地区差距等四个方面的问题。

另一人社部人士透露，“仅从工资角度进行上调，还没有讨论特别的倾向性政策，主要还是从养老角度入手”。

（资料来源：http://finance.eastmoney.com/news/1350，20140316368575495.html）

[案例讨论题]

1. 结合本章内容，根据案例信息讨论公务员养老制度的特点。
2. 结合本章内容，讨论为什么公务员涨薪会有这么大争议？

CHAPTER 10

第十章　人事监察管理

[内容提要]

本章阐述了人事监察管理的基本知识、中西方国家人事监察管理制度。重点介绍人事监察的概念、特征、方法，我国古代人事监察制度的历史沿革和特征，西方国家人事监察制度的主要机制及特征，以及我国现行的人事监察制度及相关思考。

[学习要点]

1. 了解我国古代人事监察制度的历史沿革、现代中国人事监察制度的发展历程；
2. 掌握人事监察的概念、特征、职能、方法；
3. 掌握我国古代人事监察制度的特征；
4. 掌握西方人事监察制度的主要机制和特征；
5. 掌握我国现行人事监察制度与改革。

第一节　人事监察概述

一、监察的含义

监察一词，古今中外有不同的含义。

（一）我国古代监察一词的含义

我国古代，“监”就是自上而下监视，其本意为监视、督察。《诗经·大雅》云：“监观四方，求民之莫。”“察”的本意为细看、评审、考核、调查，其意与“监”有相通之处。《论语·卫灵公》云：“众恶之，必察焉；众好之，必察焉。”“监察”二字在秦朝开始一起使用，设监察使，以御史监郡，是中央监察地方的官吏。

我国古代的监察官吏，都作为君王的耳目，监察群臣百官，是自上而下的监察，与监察的含义基本相同。

（二）国外监察的含义

国外的监察，一开始就不是自上而下的监督、检查，而是管理监督的意思。古罗马设有监察官，负责登记公民户口和财产等。一般来说，西方国家的监察主要是议会对政府工作的监察。

（三）现代意义上的监察

就监察的对象而言，有广义、狭义与中义之分。

广义的监察是指对公民、社会组织、国家机关等各种行为的监察，基本与监督同义。

狭义的监察专指对政府机关及其公职人员的监督。

中义的监察是指监察部门对组织机构及其任职人员是否合法合理履行职责，进行弹劾、惩戒、纠正和监督。包括对立法机关、行政机关、司法机关及其任职人员行为及其效果的监察，对国家机关、国有公司、企业、事业单位委派到非国有公司、企业、事业单位、社会团体从事公务的人员及其任职人员的行为及其效果的监察，也包括对企业组织及其任职人员的行为及其效果的监察，具有专门性、权威性和强制性。本书采用中义的监察，作为人事监察的基础概念。

二、人事监察的概念与特征

（一）人事监察的概念

本书认为，人事监察，是人事管理工作的重要组成部分。就是监察主体通过认可的方式，对组织机构以及其任职人员履行岗位职责时的行为的合法性和合理性进行综合管理的过程，也包括在人事任命、选聘、考核、培训、交流、退休、薪酬待遇等各人事管理环节，对相关行为的合理合法性的管理过程。人事监察是保证组织管理活动正常、协调、高效运转的主要条件，又是防止任职人员权力滥用、以权谋私的重要手段，其内容包括人事行政监察、人事效能监察主要方面。人事监察制度是纪检监察制度和人事管理制度的重要组成部分。

人事行政监察，是监察部门对组织机构及任职的人员违反组织纪律的行为进行调查、建议、处分等的监督活动。

人事效能监察，是指人事监察部门对监察对象部门及其任职人员的工作状态，以及对履行职责和执行职能的质量、效率、效果等情况进行的检查、问责和处置活动。

（二）人事监察的特征

1. 主体特定性

设立专门的人事监察机构，并独立地行使监察职权，是人事监察的显著特点。它使人事监察工作更加独立化、专门化，并通过法定方式确定其地位和职权范围，以求有效地防止事务懈怠和权力的滥用。例如，瑞典在世界上最早设立专职行政监察专员以便行使监察权，韩国也成立监察院执行监察和审计两种职能。

2. 对象特定性

人事监察的对象为组织机构中的组织权力，包括各项人事管理权力。为此履行组织权力的部门和人员，就称为人事监察的实际对象。例如，瑞典的议会监察专员所监察的对象包括行政机关及其工作人员，也监督司法机关及工作人员；而日本的监督对象范围则更广，不仅有行政机关，还有法人会社、事业团体、公共企业等。

3. 客体特定性

人事监察的客体监察对象为实现组织目标而行使的职权和履行职责的行为。监察的目的是为了及发现和纠正不合法的行政行为，包括不公正、不礼貌、不执行立法机关意图、泛用自由裁量权、无理拖延、玩忽职守、效率低下、任人唯亲、误导信息等，错误的人事管理行为，如任职、薪酬待遇、录取、考核、培训等人事管理活动中的不正当做法等。

4. 内容综合性

人事监察是一种综合性的监督检查，监察的范围是多角度、全方位的。人事监察不仅着眼于对组织机构及其任职人员在履行组织职责时的行为法纪监察督促，而且更注重合理人事行为及人事行为效能的监察督促。不仅注重对严格遵守组织纪律规范的监察，而且还在此基础上强调对发挥主动性和创造性、灵活行政的督促。

三、人事监察的职能

人事监察的功能是指人事监察所具有的、所应发挥的效能或者作用。总体上，人事监察具备预防、惩戒、纠正、制约及救济等功能。

（一）预防功能

人事监察的预防功能是指监察对于防范不规范的职业行为，将不规范的行为遏制在发而未发之时的功能。

（二）惩戒功能

人事监察的惩戒功能，是指对组织任职人员的不当行为进行的处置，起惩罚、警戒的作用。包括行政惩戒和司法惩戒。我国公务员的行政惩戒的级别包括警告、记过、记大过、降级、降职、撤职等处分形式，处分主要应对违反公务员纪律的行为做出。台湾监察体系对于违法失职事件的惩戒有撤职、停职、降级、减薪、记过、申诫等六种类别。

（三）纠正功能

人事监察的纠正功能，指及时制止、纠正已经出现的不当行为，使其终止而不再继续的功能。在我国公务员制度中，主要采用以责令纠正或者宣布无效方式纠正相关单位及其工作人员的不当人事行为。这些不当的行为具体包括：①不按编制限额、职数或者任职资格条件进行公务员录用、调任、转任、聘任和晋升的；②不按规定条件进行公务员奖惩、回避和办理退休的；③不按规定程序进行公务员录用、调任、转任、聘任、晋升、竞争上岗、公开选拔以及考核、奖惩的；④违反国家规定，更改公务员工资、福利、保险待遇标准的；⑤在录用、竞争上岗、公开选拔中发生泄露试题、违反考场纪律以及其他严重影响公开、公正的；⑥不按规定受理和处理公务员申诉、控告的；⑦其他情形。

（四）制约功能

人事监察的制约功能是指对于组织机构及其任职人员的活动或者行为的控制、约制功能。

（五）救济功能

人事监察的救济功能是指当组织机构及其任职人员违法行使职权，侵犯公民、法人和其他组织的合法权益并造成某种消极后果时，人事监察可以对这种消极后果予以补救，使受害人的权利得到救济。

四、人事监察的方法

人事监察针对人事管理活动的复杂性，采取不同的方法和形式进行，因而科学的人事监察具有不同的种类。

（一）按监察的时间顺序分为事前监察、日常监察和事后监察

人事监察作为人事管理的重要职能，主要是在事后发生的，也就是对决策执行结果进行检查和分析，检查是否出现了偏差或偏离，分析出现偏差或偏离的原因，找出责任者，提出改进意见并总结经验教训，这就是事后监察。

事前监察是指对某一问题尚未做出决策之前，为了保证其科学性而事先进行的监察。

日常监察指在执行决策过程中，为了防止和随时可能出现的偏离和偏差、考核计划实施情况而进行的监察。

（二）按监察的范围分为一般监察和专门监察

一般监察是指对当地的人事工作进行全面的监督考察；专门监察是指对某一方面、某一个部门的工作进行监察。

（三）监察参与主体分为独立监察和共同监察

独立监察是人事监察部门不受所在单位或主管部门提出的处分意见的限制，而单独地根据受处分者所犯错误的情节、性质，给予适当处分。

共同监察是指与同级或下级监察部门一起进行检查，特别是主动访问群众或将其请进来召开座谈会，以了解情况、查证事实，更好地发挥共同监察作用。

五、人事监察程序

人事监察职能的系统表现，构成了人事监察的过程和程序，只有严格按科学的人事监察程序进行监察，才能真正发挥人事监察的作用，使人事监察预防和克服缺点错误，挖掘潜力，通过正反两方面吸取经验教训，提高人员管理水平，有效地实现管理目标。科学的监察过程，由四个阶段组成。

（一）制订监察计划

人事监察的管理工作，主要确定监察对象、监察目的、监察时间、监察地点、监察办法和监察方式。

（二）观察和检查

就是深入实际、深入群众进行调查研究，搜集了解和掌握被监察对象的事实和现象，取得最新说明问题的情报，为下一步工作提供充分的事实依据。

（三）分析和评价

就是对取得的事实和现象以及情报进行深入细致的分析并得出正确结论。同时，还要确定被监察对象在执行政策、法令计划及规定等方面的偏差或偏离的程度，为处理和解决问题提供依据。

（四）纠正和总结

就是针对存在的问题，确定纠正对象，制定纠正措施，确定执行的时间以及采取的方式，使问题得以圆满处理和解决，最后还要对监察对象、过程和效果进行总结和评价，以找出经验教训，指导今后工作。

六、建立科学的人事监察制度的作用

（1）科学的人事监察制度是保障人事部门和各级国家机关、事业、企业单位的人事管理机构或专职人员贯彻执行国家法律、法规和政策的重要手段。人事管理是适应国家政治、经济发展的需要，采取科学的理论和方法对国家机关、企事业单位或其他社会团体中的工作人员进行的有效管理，人事管理活动必须遵守国家的政策、法律、规章和制度，如果人事活动没有章法加以控制和约束，就会给国家的经济建设和社会生活造成矛盾，甚至失误。同时人事工作还必须正确合理。因此，人事活动的合理与合法都需要监督检查进行检验。

（2）科学的人事监察制度是克服官僚主义、改进工作、提高效能的有力措施。监察工作是克服官僚主义的有效方法。官僚主义产生的原因，一是管理体制过于集中，二是没有健全的人事法规和监督检查体制。因此，健全法制，实行严格的监督、检查制度和奖惩制度是强化人事工作、消除官僚主义、提高工作效率的有力措施。

（3）科学的人事监察制度有助于严肃政纪，消除人事管理中的腐败因素和腐败分子，也有助于加强廉政教育，开展遵纪守法活动。首先，只有建立健全科学的人事监察制度，才能积极有效地推进监察工作，开展反腐败斗争，严肃查处各种违法违纪案件，匡正祛邪，顺乎民意，更好地为人民谋利益。其次，科学的人事监察制度还通过正反两个方面的典型案例，利用舆论工具和内部通报等多种形式加强廉政教育，提高遵纪守法的自觉性。最后，科学的人事监察制度能充分发挥对经济建设的服务推动作用，即服务于经济建设这个中心，把人事监察工作渗透到经济活动和各项业务管理工作中，把监察工作和经济工作结合起来，提高人事工作效率，推动生产的发展。

第二节 中国古代人事监察制度

一、中国古代监察制度概述

人事监察制度，是国家监察制度是国家政治制度的重要组成部分，它是指对组织机构任职人员进行监督、检查和处理违法失职行为的一种制度。概括说，监察制度主要是由监督机构、监督人员等“硬”设施和监督方式等“软”设施构成的。监察机构的建制规模、监督人员素质的高低、监督方式的多少等可以大致反映出一个国家、一个时代监察制度水平的高低。

中国古代监察制度是封建国家政治制度的重要组成部分，其完备和严密程度，是世界其他封建国家无法相比的，而且它源远流长，影响当今及后世，为中外政治家、学者所瞩目。

中国古代监察制度包括御史监察制和谏官言谏制两大系统（图 10-1）。

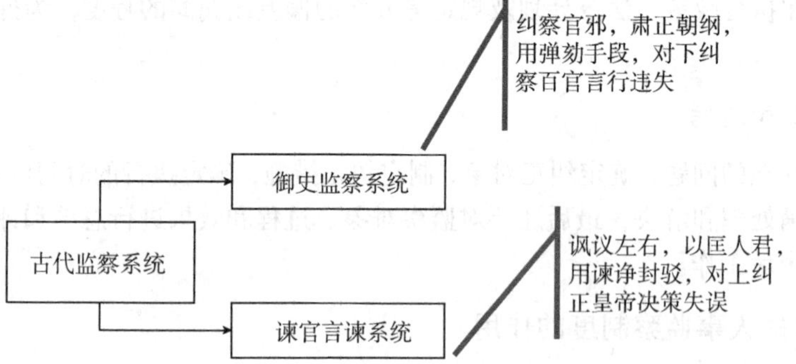

图 10-1 我国古代的监察体制

监察制度的主干是御史系统，通过设御史官职或御史机构，履行纠察官邪、肃正朝纲的职责，用弹劾手段，对下纠察百官言行违失。

谏官制度，又称给谏制度，是我国古代监察制度内容的另一个重要方面。给，是指专司封驳的给中；谏，是指专司谏诤的谏官。给事中与谏官统称谏官，也称言官。谏官言谏系统主要履行谏讽职责：讽议左右，以匡人君，用谏诤封驳，对上纠正皇帝决策失误。

总体而言中国古代监察制度具有相对突出的特征，具体表现为：第一，监察权地位崇高，监察体制健全；第二，监察机构独立，自上而下监察；第三，强化中央对地方行政监察；第四，重视对监察官吏的选任、考核。

二、中国古代人事监察制度发展的历史阶段

中国古代监察制度萌芽于夏商周时期，确立于秦汉时期，完备于隋唐宋时期，加强于明清时期。在其发展过程中，形成了一系列颇具中国特色的机构、职能和监察法规，在国家机器运行中起制衡作用的，在纠察百官、保证吏治清明方面也起到了积极作用，作为一种重要

的国家制度。迄今仍有较高的借鉴价值。

（一）监察制度形成阶段——秦汉时期

秦汉时期，是我国的监察制度形成的时期，其显著特征是监察机构有中央地方之分，监察职能和行职能政初步分开。

我国古代监察制度初创于秦朝（图 10-2）。当时作为丞相助手御史大夫，具有监察职能，其职权既掌管天下文书，又掌管监察大权。御史大夫之下设有御史中丞、侍御史、监察御史等官。秦统治者为巩固统一的专制主义中央集权制所实行的御史制度，乃开我国封建社会监察制度之先例。秦政府为加强中央集权，从中央到地方，建立了一整套御史系统，各级监察官员在监察行政、典正法度、察举非法方面发挥了重要作用。御史府的建立和地方监察官员的设置，更是标志着监察制度的建立。

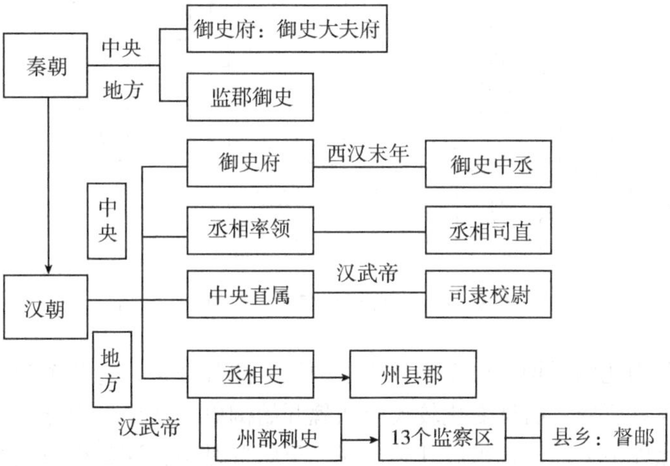

图 10-2 中国秦汉时期的监察体制

但是，秦朝的监察制度仅处于初创阶段，相当粗糙，监察机构和职能并没有专门化。御史大夫虽有监察百官的职责，但还兼有其他行政职责，御史大夫府同样也不能算是专门的监察机构。

到了汉代，监察制度除了沿袭秦制，又有较大发展。汉朝的监察机构采取多元制，主要有三个系统：御史中丞、司隶校尉、丞相司直都。汉朝政府把御史大夫府扩大为御史台，专门负责监察工作，由御史中丞任御史台长官，“在殿中察举非法”；下设侍御史，其职责是辅佐御史中丞监察百官，“掌选明法律者为之，凡天下诸献疑事，掌以法律当其是非”。司隶校尉原为持节武臣，后来撤去军队，并将其官职固定下来，成为常设监察官员。丞相司直由丞相直接率领，其职责是“掌佐丞相，察举不法”，代表丞相对行政官员进行监督。

御史中丞、司隶校尉、丞相司直都为中央监察官员，但是三者互不统属。御史中丞为中央正规监督机构的长官，司隶校尉为皇帝特设的监察官员，丞相司直则代表丞相执行监察权。从品位上讲，丞相司直为最高，司隶校尉其次，御史中丞为最低。由于司隶校尉是监督京都百姓的监察官员，所以有权监督丞相司直，但司隶校尉实际上又是地方监察官，又受御史中丞的监督。三者各有分工但又互相牵制。可见，汉代中央监察系统组织严密，设计颇具匠心，使得天下官员无不处于严密的监督之下，包括监察官员亦受人监督。

汉武帝为了加强中央集权，分全国为冀、幽、并、徐、青、扬、荆、豫、兖、益、凉、交趾、朔等十三个监察区，称为十三部州，每部设刺史一人，直属御史中丞，并受丞相史监督。因此，形成了第一个监察法规——“六条问事”。“六条问事”规定刺史有权监察郡国皇族、地方豪绅。到了西汉末年，部州刺史的权力越来越大，已是“任重职大，所恶之退”。

东汉时的监察制度基本上和西汉一样，御史台虽是专门监察机构，组织上仍受少府节制。

（二）监察制度发展阶段——魏晋南北朝时期

魏晋南北朝时期，我国的监察制度得到了进一步的发展，其显著特征是中央监察机构初步统一，谏官系统开始系统化、规范化（图 10-3）。

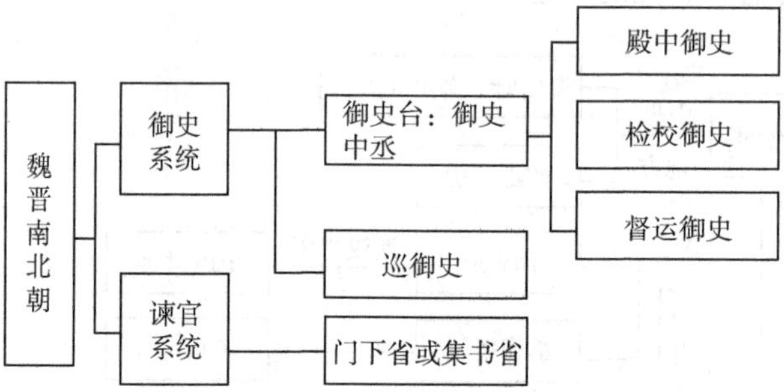

图 10-3　中国魏晋南北朝时期的监察体制

到了三国两晋南北朝时期，由于朝代更替频繁，战乱频仍，这几个朝代的监察机构不完善，名称、职能各有所变，而且变化较大。从魏开始御史台从少府中分裂出来，成为独立的中央监察机关。此外中下的谏官组织开始出现，至两晋时期，谏官组织更加规范化了。中国历史进入魏晋南北朝后，由于士族门阀握有重权，监察制度也迸现出强烈的门阀政治色彩。这一时期监察制度的明显特点主要表现为：①监察机构组织完全独立，机构初步统一，御史台已不再从属于少府；②监察官员权力增大，御史中丞已有“震肃百僚”的权威，政治地位可比尚书令，甚至可比皇太子。

（三）监察制度的成熟阶段——隋唐时期

隋唐时期，我国的监察制度进入到成熟阶段。御史权力扩大，并享有部分司法权，以及台谏并立的局面，是这一时期监察制度最显著的特征（图 10-4）。

隋唐时期，官僚系统进一步完善，监察制度也随之日益完善。隋文帝改革了原有的监察体制：恢复御史大夫制度，扩大监察机构的规模，废除御史直属官制度，恢复地方巡察制度等。唐代则进一步健全、完善了监察机构。总体上说，唐代的监察机构分为谏官组织和御史台两部分。谏官负责规劝皇帝；御史台负责监督百官。御史台实行分署办公，成立台院、殿院、察院，三院在御史大夫（御史台长官）率领之下各司其职，构成一个严密的中央监察系统。台院设主簿 1 人，令史 70 人，书令史 25 人，亭长 6 人，掌固 12 人，其职责是“掌纠举百僚，推鞫狱讼”；殿院设殿中侍御史 9 人，令史 8 人，书令史 18 人，其职责是“掌殿庭供俸之仪”；察院设监御史 15 人，其职责是“分察百僚、巡按州县”。谏官组织包括给事

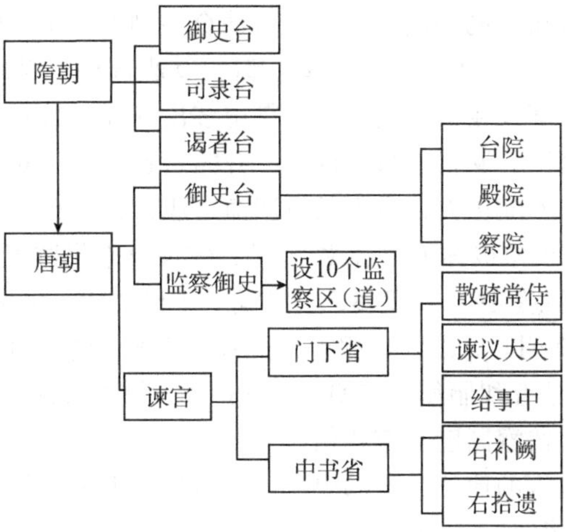

图 10-4 中国隋唐时期的监察体制

中和谏官。给事中沿袭隋制，隶属门下省，设给事中 4 人，职权甚重，不但有权驳回和纠正百官奏折中的悖失之处，甚至皇帝的诏敕有误，也可修改上奏。谏官设有左右散骑常侍各 2 人，谏议大夫 4 人，左右补阙左右拾遗各 2 人。左属门下省，右属中书省。他们经常侍奉皇帝之侧，随时应对皇帝的咨询。历史上唐太宗以虚怀纳谏著称。魏征以直谏敢言著称，是中国史上最负盛名的谏臣。曾任谏议大夫、左光禄大夫，一生上书言事 200 多次，所言多被太宗采纳。

唐朝不仅在中央建立了庞大而系统的监督机构，而且在地方上也建立了严密的监察制度。唐朝对地方实行巡按制度亦即“道察”制度，将全国分为十道（后增至十五道） 监察区。每道设“巡察使”，以五品以下官员担任，须为“识治道通明无屈挠者”，两年一替换，主要职责是“察官人善恶”等“巡察六条”。它同监察院遣地方临时工作的监察使共同构成地方的监督网络。

（四）监察制度强阶段——宋元时期

宋元时期，我国的监察制度得到进一步强化，其显著特征为首开“台谏合一”先河，元朝形成全国范围的垂直监察网络（图 10-5）。

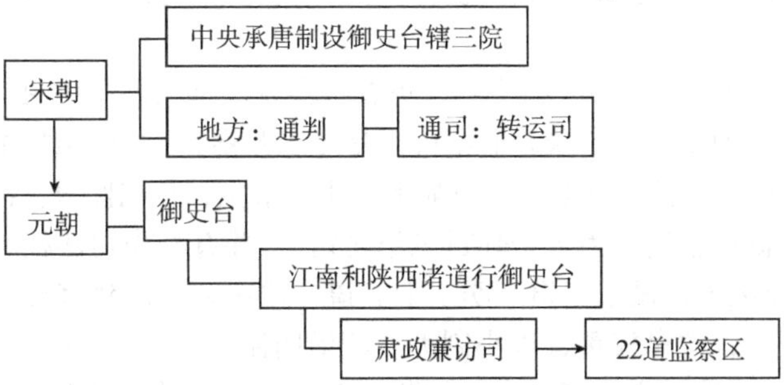

图 10-5 宋元时期的监察体制

宋代为了加强对监察机构的控制，实行了台谏合一制度。宋在中央，裁抑宰相，提高台谏地位。沿袭唐朝的监察体制，设御史台，置三院，其职责是“纠察官邪，肃正纲纪”，监察御史转为重点监察尚书六部及在京官员，三院御史多出外任，兼领它职，规模比唐代大大缩小。谏官监察对象由君而臣。谏官不只再议谏，开始负责监察，对朝政得失，为官不当者，皆可谏诤。而御史权力亦不断扩大，由于已设谏诤之职，这样台（御史台）谏职能相趋，由谏官言事，台官弹劾，这现象被称为“台谏合一”，体现出宋代监察制度之强化。对地方，加紧监控。全国划为十五路监察区，每路属部有监司。下设监州，也称通判，与知州共掌州政。通判“刺举以闻”，牵制知州。另设立专职审计机构，改革了前代将审计与一般监督混同的做法。宋代监察、行政、司法互纠制衡。宋朝“天下是非，付之台谏”，利于吏治，但矫枉过正。南宋台谏有名无实。辽金监察制度与宋相仿。

元代则提高了监察机构的地位，设御史台，台主御史大夫，纠察百官善恶得失。元初，仿行省制设立行御史台，简称行台（外台）。外台共三台，分察全国二十二道监察区。各道设肃政廉访司，由监察御史充任。“三台一道”构成元监察格局。

元代比较重视监察制度的规范化，制定了一整套监察法规。其中《设立宪台格例》是中国监察制度历史上第一部完整的中央监察法规。

（五）监察制度高度完备阶段——明清时期

明清时期，我国的监察制度达到高度完备的程度。其显著特征为结束了唐以来监察机构三院制，实现了监察组织的空前完整和统一(图 10-6)。

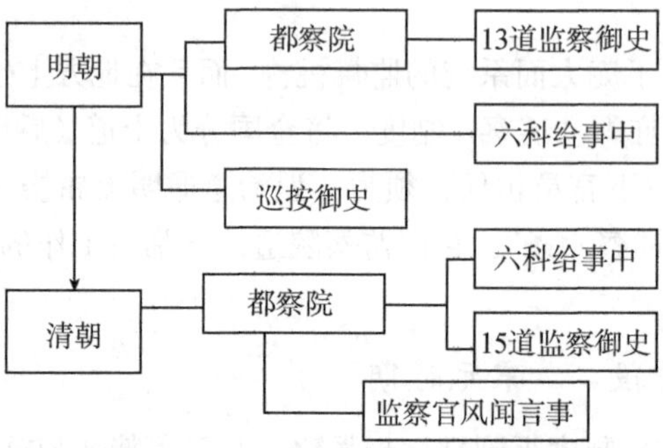

图 10-6　明清时期的监察体制

明初废丞相，设六部，把御史台三院合并为都察院。实行地方分区监察和中央按系统监察相结合的二元制。

（1）都察院。1382 年朱元璋罢御史台，更置都察院。都察院是中央监察机关，其职责是“纠劾”官吏。都察院官吏分为三类。监察御史是专职监察官，“主察纠内外百司之官邪”“事得专达，都御史不得预知也”。监察御史与都御史比肩事主，互相监督。都御史主管全国监察事务。“纠劾百司，提督各道，为天子耳目风纪之司”，并有相当司法权和司法监察权。都察院按全国十三省行政区划，设十三道（明末十五道）监察区，监察官员为监察御史。巡按监察御史“代天子巡狩”，位卑权重，以小制大。清沿明制。

（2）六科给事中。明还产生了一个新的监察系统——六科给事中。十五道监察御史与六科给事中史称“科道之官”。朱元璋为监督六部，分吏、户、礼、兵、刑、工六科，各设都给事中一人，正七品，左右给事中与给事中，均从七品，掌侍从、规谏、补阙、拾遗，辅助皇帝处理奏章，稽查六部事务。享有“科抄”“科参”“注销”之权，注销是指圣旨与奏章每日归附科籍，每五日一送内阁备案，执行机关在指定时限内奉旨处理政务，由六科核查后五日一注销。六科还可以参与“廷议”“廷推”，参与朝廷大政方针的制定，监督其执行。六科给事中主要有言谏权、封驳权、弹劾权。六科给事中钳制六部，同时分化都察院监察权。独立于都察院，直接对皇帝负责。品卑而权特重。清雍正改隶都察院。

（3）按察使、巡抚和总督。明初，各道设提刑按察使，为省级监察机关。按察使独立行使职权，但大事要与都指挥使、布政使“二司会议，告抚、按，以听于部院”。清仍设按察使。总督和巡抚以中央最高监察官员身份巡视地方、权倾巡按，可独立行事。清中期，督抚从地方监察官演变成地方军政长官，与汉刺史演变相似。

（4）厂卫。厂卫即东、西厂和内行厂及锦衣卫，是明代监察制度走向极端而设立的特务机构，负责秘密监察各级官吏。明朝中后期，厂卫横行，实际已掌握监察实权。

清朝沿袭了明朝的监察制度，但采取一些措施纠正明朝监察制度的缺陷，使监察制度更加严密。清朝的监察机关地位进一步提高，左都御史（从一品），左副都御史（正三品） 均为长官，主管都察院的监察事务，又称“堂官”。而右都御史和右副都御使并不在京任职，专作总督、巡抚的加衔，右都御史由总督兼任。六科给事中变成了都察院主要的下属机构，分吏、户、礼、兵、刑、工六科，长官称为掌印给事中。十五道是都察院另一个重要的下属机构，其职责是监督各级官吏（主要是地方官吏）。为加强对皇族的监督，还设置宗室御史，负责监察宗人府，又称“稽查宗人府衙门”。清朝还以皇帝的名义制定了中国古代最完整的一部监察法典《钦定合规》。

至此，古代监察系统达到了高度统一，并十分严密。纵观秦以来历代设置的监察机构，尽管其名称和内部组织机构不断变化（表 10-1），但封建帝王都将监察奉为治国治吏的圭臬，努力使监察体系自成系统，独立行使纠察弹劾职权，从而使监察官不受或少受其他部门的干扰，更加有效地行使职权。

表 10-1 我国历代监察制度

朝代	特点
秦	御史大夫
西汉	御史府（辖十三州刺史）
隋、唐	门下省
宋	谏院、通判
元	御史台
明、清	都察院、科道、按察使司

三、中国古代监察制度的运行机制和方式

中国古代监察的对象和内容十分广泛，从中央百司到地方各级机关，从三公九卿到百僚，

从行政到司法，从财政到军队，可谓自皇太子以下无所不监，无所不察。但在交通信息传递十分落后的封闭式的小农经济社会里，如何对于政府的决策失误和官吏的违纪违法、失职渎职行为防患于未然，或者迅速及时地发现并予以补救和纠正，防止更大的失误。对此，历代执政者精心设计并推行了多种监察方案和措施，几乎涉及中央和地方各级行政以及外廷和内廷的所有领域，形成了一套多形式、多渠道、全方位的监察运作机制和方式。

（一）运用审核文书方式的决策施政程序监督

历代从皇帝到各级官吏的权力实施，主要通过一系列的不同文书的起草、颁发、上传下达和执行来完成的。因此，公文和文书直接反映了国家和官员的政务活动的情况。而对于文书的审核，不仅可以保证文书有较高的质量和高效率地处理，促进行政效率的提高；而且可以从中取得信息反馈，了解到法令执行的情况，作为制定和调整统治阶级政策的依据，有利于执政者制定出比较切合实际的政策法规；还可以及时了解官吏优劣的真实情况，是监察信息的重要来源。所以，实行全过程地审核稽查文书则成为封建监察制度的最基本方式和手段，并形成了一套呈送审核、催办注销、检查照刷等一系列严密的程序。

1. 受公卿奏事，举劾案章

这是秦汉时御史通过收受文书进行监察官吏的一种手段和方式。所谓“受公卿奏事，举劾案章”，就是通过接受公卿奏事文书，如发现有违失则纠劾之。

2. 封驳制度

封驳指封还皇帝失宜的诏命，驳正臣下有违误的章奏。秦汉以后建立起来的门下省是审察政令、签署奏章的封驳机关，各类政策法令等文书必须经过门下省的检查审议，中央各部上奏的一切文书都得经过门下省的总理典正，审核式副署，而后才决定处理意见。这对于监察方式的发展具有重大意义，使言谏系统对政府的决策监督落实在公文程上。诏令下达门下省，这样专任门下职事的侍中，不仅有权在形成诏令之前参与商讨，坚持异议，而且在诏令形成之后也有法定权力可以谏诤，甚至有权封还诏书。实践证明，这种监督方式在一定条件下是有效果的。

《新唐书·职官二》说，“凡下之通上，其制有六：一曰奏抄，二曰奏弹，三曰露布，四曰议，五曰表，六曰状，皆审署或覆奏施画制可而行焉”。给事中在审署申覆中，对“百司奏抄”中有不当之处，可予以驳正。凡三司会审的案件，“若刑名不当，轻重或失”，给事中有权驳回，依法重审。唐文宗时，三法司审理王晏平一案，三次上奏判处死罪，给事中韦温审核罪状，认为法不当死，故三次驳回上奏，最后三司将王晏平判为减死贬官，上报皇帝批准，“文宗深奖之”。凡吏部奏请授职文武六品以下官，给事中有权进行审查，“校其士历浅深”，“访其德行，量其德行，量其才艺”。若委不当或政绩不真实，则驳还其奏章。凡工部奏请兴作之目及申报工程所需数，亦由给事中依法审查其是否合理，再转达政事堂会议。可见，这种封驳制度主要防止决策失误，是一种政治意义上的监控，属于着眼于事先防止的监督方式，体现了监察的预防功能。在封建政治制度下，这种预防功能尽管极为有限，但是或多或少使君主专制政体具有一定的自我调节作用。

3. 文册申报备案稽考制度

秦汉以后，御史机关虽不再负责掌受百官公卿奏章和管理中央机要文书，但根据监察工作的需要，涉及人事、经济、司法等重要文册、案牍和财经报表仍须申报监察机关备案稽考。

清代文册送报制度十分周密系统。例如，户科稽查财政财务文账范围相当广泛细致，凡在京各部院支领财物、直省钱粮奏销交盘、漕粮、盐课、各仓粮斛册等均得送户科察核。为防止建筑工程中的浮开冒估的贪污行为，清政府规定事前确估题报，以防患于未然。工竣之后，还必须造册题报。

行政机关有关文册必须按明文规定送监察机关备案、审查，这就从制度和措施上保证了监察机关对行政监督的主动权，使监察对象的权力运行受到程序性的制约。因此，应该说这是一种具有实际意义的约束机制和监控方式。

4. 注销制度

所谓注销，是指每件事情办完之后，要及时办理注销手续，以示了结。如果发现有稽延迟误等情节，则行参奏穷治。因此，注销的实质是监督机关对政府机关奉旨应行事件及平时各类行政法规的执行情况进行检查的一种手段。

明代规定，凡皇帝批准执行的奏章，由六科按执行机构的职权范围分类抄出，并附上自己的意见分送各部执行。而六部诸司对所有奉旨应行事件，勒限奏报，按时办理则予以注销，拖延时间则予以参奏。

注销制度，是我国行政制度史上非常有意义的管理制度，也是一种行之有效的监督方式。它可以及时纠举衙门临事之稽延积压之弊，有效地避免各级官员在办事过程中，事前不请示，事后无检查、督促和奏销的现象，从而大大提高行政效率。

5. 照刷文卷

照刷文卷又简称“刷卷”。照刷的字意是“明察曰照，寻究曰刷”，即仔细检查的意见。照刷文卷作为一种监察方式，就是在一定期限内对有关机关办理的政务公文情况进行全面检查清理，以检验各衙门政绩优劣及公事违失。因此，它是一种事后的监察方式。

从受理奏章审核诏敕到稽考各类文书，从注销文卷到照刷文卷，这就构成了监察机关通过检查文书对官府政务活动的全过程监督机制和方式。这种监督机制和方式既有事后监督，又有事前和事中监督，体现了预防为主、惩治为辅的监察原则。

中国古代监察机关通过检查文书、派员巡察等方式，主动获取监察情报，及时发现行政偏差和失误，采取切实可行的补救措施，这有利于克服坐镇接受检举的被动监察局面。我国古代行政法规定，行政机关的重大政务需向监督机关备案、注销，这是一种对行政机关权力运行的程序性的外部制约，反映了封建监察工作在某种程度上的规范化和严肃性。

（二）出使地方的巡察监督

监察官代表朝廷巡察地方政事，是我国古代监察机关所奉行的一种传统监察方式，也是中央监督地方的最基本的行之有效方式。

综观历代监察官的巡察方式可分为定期和不定期两种。

定期巡察是中央对地方的一种经常性的巡回监察，它按规定时间定期巡察地方，监察官吏。定期巡察制度，一般实行分工定点巡视。汉代的十三部刺史，唐代的十道按察使，宋朝的诸路监司，元代的二十二道肃政访司，明代的十三道监察御史，清代的十五道监察御史都是属于定点包干巡察。例如，汉代刺史常以八月出巡，岁终尽诣京都奏事。宋代由监司定期巡察州县，制度十分严格。规定诸监司每年一遍定期巡察州县。提点刑狱则两年巡察一遍，须在次年正月，将已巡的地方按时申报尚书省。诸监司每岁须巡视地方，限 5 月下旬起发，至7月15日以前巡遍，并将每到一处的月日时间申报尚书省。

不定期巡察，一般是皇帝根据形势需要，临时选派政府大员带敕巡视地方，事毕即归朝复职，任期也不长，并不固定巡察时间。凡诸路监司不按期巡察，令御史台弹劾。若巡未遍而移置者，至次年岁新官未到，即见任官春季巡遍。这是一种随时随事巡察制度，具有较大的灵活性。

历代巡察职责主要有四大项：一是弹劾不法，考核官吏；二是审录复查案件，平反冤狱；三是广施恩惠，救济贫乏，考察政教民情，检查地方各种政务；四是荐举人才。

监察官或大臣带宪巡察地方，不管是定期巡察还是临时巡察，都作为中央的特使，“奉制巡按”“持有制命”，直接对皇帝负责。因此，权力很大。

御史巡按地方一般采取或明察或暗察的方式进行。明察是公开监察官的身份，到官府吊刷卷宗、审录罪囚，到社会采访，接受百姓诉讼。通过公开检查、调查方式实施监察，有时还将视察的内容公开通知州县，称为刷牒，州县据此预作准备。但刷牒制度弊病很大，客观上为地方官营私舞弊起到了通风报信作用，故宋徽宗时曾下诏取消刷牒。巡按明察可起到震惧州县、警示官吏的作用，但又往往出现御史来时轰轰烈烈、一去则故态复萌的弊端。

暗察是一种不张声势地深入民间微服私访的方式。例如，《后汉书·方术列传·李郃传》载：“和帝即位，分遣使者，皆微服单行，各至州县，观采风谣。”所谓观采风谣，就是巡察大使深入民间采访评价地方官政绩优劣的民谣，作为实施监察的参考依据。唐朝采访使的监察方式之一就是潜于“人间听察细事”。金世宗时还特设暗访御史，微行州郡，谓之“行路御史”。明朝御史《出巡事宜》还明文规定：“凡考察官吏廉贪贤否，必于民间广询密访，务循公议，以协众情。”监察官实行便服暗察，由于被察者并不知道，事先很难准备，搞弄虚作假，或通关节，所获得的官吏治政信息具有较大的客观性。例如，《明史·周新传》载，“新微服行部，忤县令。令欲拷治之，闻廉使且至，系之狱。新从狱中询诸囚，得令贪污状。告狱吏曰：‘我按察使也’。令惊谢罪，劾罢之”。这说的是明成祖时，周新任浙江按察使，入浙后不事张扬，却常常微服私访，有次微服到某县去察访，那县官错把周新作为草民捆起来关进囚房，周新乘机在囚犯中调查，最后依据从囚犯们那里听来的县令贪墨的实情加以弹劾免去了那县令。又如，《清史稿·刘统勋传》载，刘统勋去河南杨桥勘查工程时，见工程延误，治河的官吏以干草缺乏为由，已耽误工事月余，“统勋微行，见大小车载刍茭凡数百辆，皆弛装困卧。有泣者，问之，则主者索贿未遂，置而不收也。即令缚主者至，数其罪，将斩之。巡抚以下为固请，乃杖而荷校以徇，薪刍一夕收立尽。逾月工遂竟”。

出巡监察这种方式，由于改变了那种靠坐镇受理吏民检举、诉讼的单一被动监察方式，而实行走出监察衙门检查调查的主动出击监察方式，所以，在一定程度上减少了那种坐镇监督容易出现的虚监、失监的官僚主义现象，大大提高了监察的实际效果，使地方上的一些不法官吏及时受到惩治，有的贪官污吏望风弃官而逃。这类例子历代有之。

由于巡察监察的有效性，它成为我国古代社会长期沿用的一种基本监察方式，起到了中央对地方的监控作用，有力地维护了封建专制主义中央集权统治。

（三）亲临现场督察的随事监检

凡遇国家重大政事、礼仪、经济和军事等活动，监察官亲临现场实行监督，这是中国古代常采用的一种监督方式，这种监督方式在御史产生之日就实行了。

秦汉以后，御史现场监察范围非常广泛，凡遇朝会、祭礼、仓库出纳，犯人斩决，军队出征等，都有御史前往监视，并逐渐成为制度化。

1. 监朝仪和祭礼

朝廷礼法是封建纲常的重要组成部分。检查朝班时百官的仪态行履，以维护朝廷的秩序和尊严，自汉代叔孙通定朝仪始，一直列为封建监察机构的重要职责。《汉书·叔孙通传》载，长乐宫置酒，“御史执法，举不如仪者辄引去。竟朝置酒，无敢喧哗失礼者”。《后汉书·百官三》云，后汉凡祠郊庙及大朝会大封拜，则侍御史监威仪，劾违失。曹魏创设殿中侍御史二人，每有朝会，殿中侍御史头发上插着白笔，端坐在殿旁，准备奏举不法。

2. 监试

隋唐明清之际，科举成为选拔官吏最重要的途径。为了保证科场的严肃性，防止考场中的种种营私舞弊行为，凡乡试、会试、殿试都派御史到考场充当监试官。御史监考在唐代已成为一种制度，对于科举考试，御史台有责任派人前往监督。

3. 监决

为了避免滥杀无辜，中国古代实行御史到刑场监决制度。唐朝规定，凡处死囚犯，御史台须差一名御史监决。倘若有囚犯称冤，并发现所执行的案件有明显的冤错时，有权决定暂停执行，并立即向皇帝奏报，请求重新处理。这样，囚犯在临决之前，仍有申冤机会。

4. 监视钱谷出纳

古代粮库、金库是财经的要害部门，承担着贮藏周转金谷的重任，其管理中最容易出漏洞的是财物出纳之际，如克扣、以次充好、盗窃等弊端。因此，为了防止钱帛粮谷出纳时营私舞弊，唐代时就派御史监督出纳。

库藏仓廪关系到封建的经济命脉，封建统治者为加强对它的监督检查，实行就地监其收放的现场监督方式，是十分必要的，这比那种空行文牒，莫审盈虚的纯粹稽账方式有效得多。

5. 监军

汉唐间多是在军队出征时才临时差遣御史随军监察，其中也有常驻军坐镇监督的，这两种监军方式都属于现场直接监察。它对于控制军队和及时反馈军情具有一定作用。但由于御史不懂军事，且又代表皇帝行使职权，故常出现监军御史横加干涉军务的弊病，鉴于此，宋朝以后御史监军逐渐改为巡按方式。

现场监督实质是一种跟踪式的随时监控，即过程监控，目的是力求尽早发现问题，事中纠正和中止，防止因“时滞”而带来重大失误和损失。

（四）采用参政方式的实时监督

参政监督，就是监察官通过参与国家有关政务工作来实施监督。它既是一项监督权力，又是一种重要的监察途径。参政监督可分为直接与间接两种形式，直接形式是监察官通过直接参与国家行政、经济、司法等活动进行监察，间接形式是监察官通过议政，对国家和社会事务管理提出意见、建议，辅佐决策，运用谏诤权发表对国家各类重大问题的见解、建议，参助决策。中国古代参政监督具体通过知政、议政、参政等层次性的途径实现的。

1. 知政

知政即监察官通过预知政事实行监督。任何有效的事先监督，首先必须预知政事，如果国家重大政事信息不与监察机构及时沟通，甚至对监察机关实行封锁，那么监察官很难或无法对国家的政治、经济、司法等决策及决策的实施实行监督。因此，让监察官知政则是保障监察职能实施的前提条件，是政府主动接受监督的一种表现。为此，中国古代封建统治者通过文书收转、连署、备案和允许监官入阁听政等制度为监察机关的知政创造条件。

2. 议政

议政是监察官通过参与国家政事的预议进行监察。在中国古代，不仅谏官有充分的议政权，而且御史也有较大的议政权。监察官参与议政的方式有三种：一是侍从皇帝，随时议政；二是入阁参与朝议；三是上奏章议政。前两种都是监察官预知政事的重要途径，又是参政的基本方式。

3. 参政

这里所言的参政，是指直接参与国家有关政事活动，并具有一定的政事决定权。中国古代监察官的参政监督内容，主要有参与官吏选拔、考核、司法审判等事项。

监察官直接参与人才举荐、选拔和考核，显然不仅是一种人事监督权，而具有一定的人事权，这种人事权与其黜陟能否的职能是一致的，它保证了监察职能的实现。

考核与监察是并行考察官吏的手段，两者相辅相成，相互制约，目的都是为了促使官吏更好地执行国家的使命。因此，中国古代御史机关在举劾违失的同时，还有考课百官功绩的权责，御史在参加政府的考课工作中进行对百官的监察。

御史参与会审是中国古代监察机关对司法工作进行监督的传统方式和主要途径，也是维护法律正确实施的重要手段。

在中国古代，对一些重大疑难案件或诏狱往往采取多方联合审讯，其中御史属于会审法官之一。御史参加审判活动，责在监督和参与审判活动，防止法官一人武断专横所有狱讼大案。

御史参与会审案件，是作为法律监督机关参与司法审判，执行查核监督的职责。这种司法监督的特点，不是在审判已经发生法律效力的裁判做出以后的补救性的审判监督程序，而是一种与司法审判的同步检察。因此，它不是一种事后纠错的审判监督程序，而是一种直接参与审判的现场监督。它有利于制止官吏的枉法舞弊，避免一些冤狱的出现，减少一审或纠正原判中的错误。

御史参与司法审判的出发点是加强对司法审判机关的制约，但御史是作为皇帝的代表参加的，因此，在皇帝不断扩大御史的司法职权的情况下，其司法权往往超越监督职权的范围，有时甚至包揽司法，操纵刑狱，造成封建司法的混乱，这是御史参与司法审判的一个弊病。

（五）受理检举申诉的事后监督

受理吏民的检举揭发控告是监察机关监督官吏的重要依据，也是监督官获取官吏不法行为信息的途径之一。因此，中国古代统治者不仅赋予监察机关受理涉及官吏非法违失的检举和控告，而且提供多种受理检举、上诉的途径，以保证检举诉讼渠道的畅通。

（1）设登闻鼓、立肺石，提供直诉途径。登闻鼓，是指有冤者敲击朝堂外所置大鼓，以求朝廷申冤的一种直诉形式。肺石，是指有冤无处申者站在朝廷门外赤色石上，以求朝廷申冤的另一种直诉形式。

（2）设匦以受四方之书。匦相当于今天的检举箱，武则天时设置。

（3）直接受理检举上诉状。在中国古代，民众之间的争讼大案，如果不涉及官吏非法违失制造的冤狱，御史机关一般不受理；如果牵累官吏的，则由御史受理。

御史受理诉状有严格的程序，原告者只能自下而上逐级申诉，一般禁止越级诉讼。因为越诉行为既不利于案件及时、正确的处理，又给上级司法机关带来不必要的麻烦，监察机关受理诉状，目的是从中发现和了解各级司法部门断案是否公允和及时。

总之，我国古代监察制度运行方式具有事前监督、事中监督、事后监督相结合的系统化特点，力求对政府权力的运行实行全过程的监督，其中既有亡羊之前的预防，又有亡羊之后的补牢。这种监察机制的运行方式对于加强当前社会主义的监察制度建设具有借鉴意义

四、中国古代监察机关的职权

中国古代监察制度兼有治官、监督、制衡、检察、弹劾、惩戒和教育之效能，充分体现了监督之意。为此，监察机关履行的职权大体包括以下内容。

（1）谏诤权。谏诤，本意是直爽地说出人的过错，劝人改正。古代谏诤制度中，谏诤是指对君主言行违失的直言批评，规劝其改正错误。谏诤权是古代谏官的主要职权。皇帝言行、国家政令、乃至社会风俗习惯，在监察官看来，只要是不合时宜者，均可向皇帝提出建议或劝告。监察官行使献纳谏正，既可在皇帝诏令、国家政策酝酿颁行之前提出，又可在政令颁布之后。古代谏官主要有散骑常侍、谏议大夫、给事中等。唐谏官魏征，常常谏诤政事之得失，唐时唐太宗下令，凡讨论军国大事“必使谏官随入，预闻政事”就是说凡遇朝廷决策，谏官有权闻政事，并对政策得失发表意见。正是因为唐太宗从谏如流，才有“贞观之治”的局面。

（2）封驳权。所谓封驳，就是指封还失宜的诏命，驳正臣下有违误的奏章。在中国古代，封驳是给事中的专责和权力。例如，在隋朝，门下省有权审核内史省起草的制敕诏令、政策法规，如有差失或不便施行，驳正封还；中央各部上奏的章疏表状有违失则驳正；法司或三司会审的重大案件，如刑名不当，量刑轻重有失，有权依法驳回重判。

（3）检查权。古代监察机关依法清核检查文档的检查权，以保证政府机关的行政行为必须在各项规章制度、法律规范、公文批示的框架内运作。监察机关的检查权既可以独立行使，也可以与其他职权同时行使，在更多的时候，检查权往往作为行使其他权力的前奏而先行运用，在实施检查权时，发现问题，调查取证，弄清事实真相，然后启用弹劾权或处置权等权力。

（4）弹劾权。弹劾是监察机关向皇帝检举或控告官吏违法失职的权力行为，即史籍所谓的“举劾按章”“察举非法”之类的行为。这是监察官员行使监察权力的最主要的也是最重要的方式和手段，即所谓“御史察吏，全以纠弹为主”。汉代御史中丞，“佐天子，专掌纠劾”；而晋南朝时为激发监察官纠劾精神，竟允许“风闻奏事”即可据传言奏事，弹者不必署名，即使弹劾有误，也不负任何责任。唐宋御史台“掌纠察官邪，肃正纲纪”，明清也大致相同。监察官的弹劾对象可以说除皇帝之外的文武百官。监察官直接对皇帝负责，不必征求上司如御史台长官的同意，最后裁决由皇帝决定。

（5）纠举权。纠举权也是中国古代各朝监察机关最重要的职权之一。对于官吏的一般违法失职行为，没有必要在皇帝面前弹劾的，监察机关必须履行的职责就是纠举。

（6）司法权。我国古代的司法权，包括司法监察权和司法审判权。司法监察权自秦汉御史就有这种权力，而司法审判权到南朝陈时始有之，陈时建立朝廷重官会审制度，御史中丞

也参与司法审判。后为唐所继承，唐时建立三司会审制，即刑部、大理寺和御史台三者共同审理案件，称“三司推事”，到清时，除沿用“三司”制外，如遇重大案件，则实行九卿会审制，即刑部、大理寺、都察院会同吏、户、礼、兵、工部和通政司的官员共同审理。可以说古代御史既是监察官又是司法官。

（7）建议纠正政事权。指对国家行政机关违反法纪的行为，提出处理建议。

（8）审计权。它是对国家财政预算的执行和决策编制的审核，并稽查财政上的不法行为。唐时，监察御史巡按郡县，即有检查屯田、铸钱等内容；宋代的转运使司，既是掌管财赋的长官，又是监察官，其职权中有“岁行所部，检察储积，稽考帐籍”。到明清尤其是清代，凡封建衙门机构的收支账目和会计报告，都要送呈都察院检查。

（9）监察礼仪权。皇帝和臣僚在行使权力过程中都必须遵循严格的礼仪。监察机关负责监察各项政务活动中的礼仪，典正法度、纠察礼仪，是监察机关的基本职责。

（10）处置权。即允许御史在特殊情况下从事先行后奏，“随事处置”，如明清御史纠劾文武百官，凡六品以下贪酷显著者就便拿问。

此外，中国古代的监察机关还有监试权、监军权、调查权、考察与举荐官吏权。其权力广泛，为世界监察史所罕有。

五、中国古代监察官的选任

（一）监察官选任的方式

从秦朝到魏晋南北朝，御史大夫或御史中丞都是由皇帝直接任命的；唐宋时期对御史的选任有御史自荐或宰相奏荐、皇帝亲择等几种方式；元代规定的御史台自选台官，摆脱了相权的控制；明清时，主要采用考选制，对监察官的选任有了更统一的标准和严格的程序。

（二）对监察官的要求

监察官必须有渊博的知识，有刚正不阿的品质，有高度的社会责任感和临大节不动摇的坚强意志，有丰富的实践经验。

（三）回避制度

自北魏开始，就有规定，士族子弟不得任监察官；宋朝规定，凡宰执所荐之人，以及宰执子弟、亲戚和属官，一概不得充任台官；清朝时规定，三品以上的京官和外任督府以上子弟不得充选科道官。

（四）考核与升迁

考核严格，升迁极快。例如，汉代品秩为六百石的刺史如果成功地弹劾了二千石的郡国长官，自己便可取而代之。唐代，一般官员须经四考之后才能迁转他官，而御史经过三考即可升迁。

六、中国古代监察制度的借鉴意义

中国古代监察制度发展状况体现了中华民族的独特历史和文化。尽管中国古代监察制度与中国当代检察制度面临的历史阶段、阶级性质、社会制度和国际环境都有所不同，但不可否认的是，数千年传承的文明中，积累了丰富的值得借鉴好吸收经验及教训：第一，监察官低配高用，地位尊崇，权力显赫；第二，强有力的职权是监察职能作用得以充分发挥的保障；第三，监察机关垂直的领导体制为监察职权的发挥减少障碍；第四，监察制度为历朝历代所重视。

第三节 西方国家人事监察制度的发展变革

西方国家的人事监察，也就是对文官（公务员）的监察，主要体现在文官违反纪律的惩戒上。文官违反服务纪律的行为，是指文官在履行职务、执行公务中违反法律、法规和行政纪律，玩忽职守造成损失，或利用职权谋取非法利益，以及其他应与惩戒的行为。对文官的惩戒，包括司法惩戒和行政惩戒。对触犯刑律的文官施加司法惩戒（罚款、自由刑），对违反行政纪律的文官，由文官管理机关实施行政惩戒（即纪律惩戒）。

一、西方人事监察制度的主要形式

（一）议会议员监察制度

议会监察，实质上是议员对行政机关及其公务人员的监察，由于各国历史、传统的不同，议员监察制度，在表现形式上有所差异。内阁制国家，如英国、日本，议员监察的范围要广一些；在总统制国家，如美国、法国，议员监察的范畴就窄一些。但以下几个方面则是共同的。

1. 监督施政

议员对政府施政的监督主要通过质询、辩论和不信任投票的方式进行。在内阁制国家，如果议员不同意内阁决定的重大政策，可以通过不信任投票表示反对。当不信任投票古多数或者议会通过了对内阁的“谴责决议案”时，内阁必须全体辞职。在英国，内阁由平民院中多数党组成，正常情况下，内阁不存在因议会不信任投票而倒阁的危险。法国第五共和国以前，由于是多党联合执政，议会中往往没有一个政党能占绝对多数，通常是由几个政党联合组成“混合内阁”，所以容易被议会推翻。

2. 监督财政

西方国家的宪法一般都规定，政府处理国家财政必须根据议会决议；新课税或变更现行税，必须根据法律；内阁必须定期向议会报告国家财政情况；国家每年预算须经议会通过。如果议会（主要是众议院）拒绝通过内阁的财政议案，也就意味着对政府的不信任，有可能导致内阁辞职或解散众议院。进人 20 世纪以后，西方许多国家由于行政权力普遍膨胀，议会的财政监察权往往流于形式。

3. 监督外交

议会对政府外交的监督，有两种情况：一是对外缔结的一切条约都须经过议会同意；二是重要的条约须经议会同意。

4. 监察政府人事

国外议会还通过对政府人事的认可，以及弹劾具有劣迹的官员，实现对政府的人事监察。在总统制国家，总统或总理任用重要行政官员必须首先取得议会的同意，如议会反对某个违法失职的政府官员，可以通过刑事诉讼程序，向该官员提出控诉和审判，行使弹劾权。1806

年以后英国不再使用弹劾诉讼，但其他各国议会，尤其在美国和法国，弹劾作为议会监察政府的手段仍被采用。

（二）监察专员制度

西方国家，法院和行政裁判所的监察主要是针对政府和公务员的违法犯罪行为。可是，各种各样的不良行政，如专横、疏忽、失误、迟延推诿，以及不合理、不公正和压制性行政行为、不负责任的言行等，都可能给公民的权益造成损害。为了保护公民的利益，西方国家创立了议会监察专员制度这一非司法性救济手段。这一制度首先在瑞典创立，第二次世界大战以后在北欧和绝大多数西方国家流行起来。

瑞典法律规定，议会监察专员必须具备众所周知的法学能力和公正立场，由参、众两院选出。监察专员受法律保护，只有严重违法或构成犯罪，议会才能将其罢免，但目前尚无先例。监察专员的监察范围涉及一切公共权力机关和司法机关，但也有例外，即内阁部长、大法官、国家议会和地方议会的议员和中央银行的董事不在监察之列。英国的法律规定，监察专员的调查范围是大约50多个中央政府和机构的行政行为。一般来讲，议会监察专员能够做到的只是对被监察者提出建议和批评。对被监察者提出的批评，将记载在公开印发的文件中。由于这些文件在政界圈子里广为流传，这种批评的影响很大。

（三）司法监察制度

主要指司法审查制度和行政诉讼制度。司法审查制度主要有两种，即普通法院的审查制度和宪法法院的审查制度。前者是由普通法院（主要由最高法院）行使违宪审查权的司法监察。目前，实行普通法院司法审查制度的国家除美国外，还有日本、加拿大、墨西哥、阿根廷、澳大利亚等国。与上述国家不同，欧洲大陆国家如意大利、德国、法国、奥地利、西班牙等20多个国家，在普通法院之外另设专门的宪法法院行使司法审查权。宪法法院主要职能是保证宪法实施，行使违宪审查权，行政权限争执裁决权、弹劾案审判权。

（四）行政司法制度

20世纪以来，西方国家的三权分立发生较大变化，行政机关不仅行使了议会部分立法权，行使了法院一大部分司法权，成为行政机关内部监察的重要形式。但它又独立于行政机关之外，以第三者的身份，受理行政争议案件。在当今西方社会重大行政争议案件的解决需要有关人员具备专门技术、专门知识，以及行政管理的有关法规、规章和规则方面的知识。这远不是普通法院的法官所能作为的，因此行政司法组织应运而生。行使行政司法职能的行政裁判所首先在英国出现。

（五）组织人事监察

组织内部对不良行政行为实施的监督与制约，主要有行政和人事监察两部分。

所谓内部行政监察，就是对不良行政行为予以纠正、变更或撤销，以堵塞政府施政的漏洞，改变工作作风，保证政府高效运转。世界各国中，日本政府的自我监察是比较完善的。第二次世界大战后初期，日本政府把加强行政管理和建立行政监察制度作为亟待解决的任务提到议事日程。日本行政监察的范围主要有：调查行政机关的实际工作情况和问题，对有关行政机关提出劝告和改进工作方案，纠正工作中的偏差，使行政机关能够比较合理、有效地完成工作任务；公布监察报告书，能使被监察的机关和人员明确改进工作的方向，同时还能使存在相同、相似问题的行政机关和公务员自觉改进工作。

人事监察则是对文官（公务员）的监察。这主要体现在对文官违反服务纪律行为的惩戒上。而惩戒又分为司法惩戒和行政惩戒，司法惩戒是对触犯刑律的文官施以刑事强制（罚款和自由刑）；行政惩戒主要是纪律行政惩戒，是由文官管理机关对违反行政服务纪律的文官施以行政处分。西方国家的文官惩戒制度以英国、美国、法国最为典型。英国是最早形成文官制度的国家。在英国，人事惩戒权由各部大臣行使，并负完全责任。此外还设有文官委员会、惠特利委员会、文官特别庭。惩戒一般先由违纪文官的主管长官向所在部门的人事官提出惩戒报告，同时要将所犯过失及事实通知违纪者，并给予其书面申诉的权利和机会。1885 年美国国会通过《文官制度法》，开始实行以“功绩制”为基础的文官制度。根据该法的规定，美国政府设立文官委员会。该委员会是联邦最高人事管理机构，由总统提名，经参议院同意后任命，只对国会负责。此后美国又颁布《考绩法》《文官制度改革法》《从政道德法》，改革了文官制度。1978 年通过的《文官政府改革法》，将文官委员会分成两个机构：人事管理局和功绩制保护委员会。在美国，行政惩戒主要由各机关首长、惩戒委员会执行。行使惩戒权时，须先通知被惩处者，并附有惩处的原因、违法事实和法律依据，同时给个人以申辩机会。第二次世界大战后，法国进行公务员制度改革，重点是加强文官立法，设立公务员管理庭和最高公务员协议会，指导并管理中央和地方公务员事宜。法国公务员惩戒权由行政首长和部门公务员惩戒委员会行使。凡是行政惩戒案件，都要由本机关公务员惩戒委员会进行审议。该委员会由本机关若干高级公务员组成，但它仅是建议性机关，最终的惩戒决定还是由行政首长做出。

二、英国的人事监察制度

（一）惩戒机关

1. 文官委员会

文官部人力控制组，对中央政府的文官实行控制，对各业务机构有关开支进行监督。文官部所属文官的人员编制和经费开支，由财政部直接控制。人力控制组组长由财政部常务次长担任。

2. 惠特利委员会

惠特利委员会是 1918 年成立的协商协会，因为由经济和劳工问题专家惠特利主持，故称“惠特利委员会”。全国惠特利委员会由政府和文官团体各派 27 名代表组成，主席由政府代表担任，副主席由文官工会代表担任。该委员会的职责是通过协商，解决行政当局与文官之间的各种纠纷，并可以对人事管理和人事立法提出建议。委员会处理问题，不采取表决方式，而是讨论协商。它不是权力机构，而是协调机构。其决议必须经政府同意，以枢密令发布，才能发生效力。

当文官与行政当局发生纠纷，惠特利委员会调解无效时，则可能提交劳资仲裁法院。

3. 劳动仲裁法院

劳资仲裁法院（特指文官特别庭）最初是为了仲裁工商业劳资纠纷而于 1919 年建立，后来，应 1925 年文官团体的要求，法院开始兼办政府文官的公务纠纷案件，并设立文官法庭。这个法庭由三方代表组成：一是法院院长或庭长；二是财政部代表；三是惠特利委员会代表。

文官法庭的职权是，审理和仲裁文官与行政当局关于工资、津贴、工作时间、休假、工作条件等方面的纠纷案件。

4. 行政司法机构

在英国的文官监管制度中，司法监督的机制比较突出。1921年起，英政府在各部门社里行政裁判所，受理行政人事纠纷，以监督文官制度的运作。

5. 普通法院

英国普通法院也有权受理关于行政机关或文官人员违法失职、越权侵权等案件。普通法院对于行政裁判所实行一定程度的管辖。普通法院通过调卷令、诉讼终止令和执行令对于行政裁判所的裁判活动实行一定控制。

（二）惩戒事由

文官除遵守国家法律外，还必须遵守《文官荣誉法典》中对文官职业道德的要求，以及各种规章制度：①文官必须忠于国家，并宣誓严守《国家机密法》；②保持政治中立，不得参加政治活动；③文官必须廉洁奉公，严禁利用职权谋取个人私利，禁止经商或从事与本部门业务有关的任何赢利事业；④文官应勤恳工作，对渎职、玩忽职守而对国家造成损害者，予以重惩；⑤严禁参与赌博、欺诈和其他的不正当活动；⑥文官必须遵守工作纪律。例如，不经请假而不上班，经常迟到或在办公室内虚耗时间，不注意遗失公物三次以上，不服从命令，工作时间醉酒等，都要受到惩处。另外，服务成绩低劣，即考绩成绩不佳，也将被惩处。

（三）惩处的种类

文官因以上事由受惩处时，按情节轻重有申戒、停薪或减薪、罚金、调职、停职、降职、提前退休、免职等。

（四）惩戒程序

对违反规定而情节轻微者，由其直接上司以口头谴责。情节较为严重时，则应由各部的惩戒委员会确定事实，调查证据，并得出结论，报请大臣予以惩处。惩戒权归各部大臣。违反规定情节严重时，应依下列程序进行。

1. 通知

对受惩戒者，应于惩戒前将违法失职内容及事由，以文书形式通知本人。

2. 答辩

受惩戒者接到通知文书后，应于限期内以文书提出答辩，并有权利要求会见直接长官以外的其他职员，并得以口头陈述自己的立场。在口头陈述自己的立场时，并得以接受友人或同事或文官工会代表的协助。

对于较少较为严重的处分（如停职）程序更为严谨。停职期间，通常只给津贴，其数额约为薪金的1/2~1/4。一般认为除非惩处有达到免职的可能时，才予以停职，否则不应轻易滥用，以免损害文官的权益。

三、美国的人事监察制度

美国文官“是指除选举产生的官员，须经议院同意而由总统任命的官员、一般工人及军官以外的所有政府文职人员”。从杰克逊总统往后美国文官的任命逐步形成了“政党分肥制”。政党分肥制下的官员在任职期间，贪赃枉法，无所不为，结果造成官员素质低下，不能胜任政府工作。政党分肥制也极大地影响了政府工作的连续性和稳定性，为了纠正这些弊端，美国于 1883 年颁布了文官制度条例，即《彭德尔顿法》，对文官制度进行了改革，实施以“功绩制”为基础的文官制度。美国的文官惩戒，有自己较为特殊的一套制度。

（一）惩戒机关

1. 人事管理局

人事管理局，人事管理局是美国联邦政府公务员监督管理的中心机构，直接对总统负责。它是 1978 年在原文官委员会的基础上建立的。它的基本职责之制定和颁布各种规章条例，监督文官规章制度的实施情况。

2. 功绩制保护委员会

功绩保护委员会是美国联邦政府专门设立保护公务员功绩并且具有司法职能的独立行政机构。它的基本组成主体是功绩保护委员，该委员都由总统直接提名，经国会参议员表决批准任命，法律规定委员中原则上不得三名以上成员属于同一个政党。它的基本监督职责是：一是受理联邦政府各部门公务员在人事方面的诉讼审查；二是检验由政府制定的规章是否合法，并对公务员具体执行中案件是否违法、行政部门是否滥用行政处分予以监督。

特别监督官制度。特别监督官由功绩制保护委员会设置，专门负责对受到控诉公务员进行调查的官员，也是由总统直接提名，同样要经过国会参议员批准任命。对公务员不当行为进行调查后，凡是有充分证据证明被调查人的行为构成违法，即可向功绩制保护委员会提起惩戒要求，功绩制委员会可根据情形给予公务员纪律处分。

3. 监察长制度

监察长制度是美国公务员内部监督的重要组成部分，监察长隶属于美国中央部局及独立管制机构，在一定程度上是直接向总统和国会负责的，专门对公务员违法行为进行监察。监察长权力较大，可以对公务员任何的行政行为展开调查。例如，监察长有权查阅所在部门的所有记录、报告、文件等资料，任何人都不得阻止其进行审计和调查；监察长可向国会报告任何事项而不受所在部门或有关机构限制；监察长有权聘用或解雇其办公室的职员，可以有自己的法律顾问。一旦发现公务员的行为已经触犯了行政纪律，他会将材料转给行政机关首长进行处理；但当发现公务员行为已经违反了美国法律的时候，他有权利把所掌握的材料移交给司法检察官，之后再由检察官向法院提起法律诉讼。

4. 独立检察官制度

独立检察官是针对高级公务员监督的一种制度设置，他由司法部长直接任命。当某些高级公务员涉嫌具有违法行为的时候，由司法部部长对其调查，或者由其领导的检察官来调查不合适时，司法部长可以根据《独立检察官法》任命一个独立检察官进行调查。独立检察官被赋予了很大的职权，可独立开展监察工作，任何人都不得罢免独立检察官。独立检察官最高甚至可以审查总统，尼克松与克林顿都曾在“水门事件”和“拉链门事件”中接受过调查。独立检察官一般熟悉法律和司法运行，权威性很高，因此，他对公务员公共行为具有很强的监督能力。

5. 联邦劳工关系局

联邦劳工关系局是美国负责制定政府机构内部关于公务员劳工管理政策、解决公务员工会同行政机关的争端的独立机构。它由三名委员组成，委员都由总统提名，经参议员批准任命。联邦劳工关系局负责听取公务员的申诉，监督公务员工会的建立和选举，监督公务员工会的选举，监督关于谈判范围条例的实施等。

6. 政府道德署制度

政府道德署在《政府道德法》的指导下建立，隶属于人事管理局，是专门负责高级公务员财产申报和帮助人事管理局监督公务员的机构。政府道德署设长官一名，也由总统直接提名，参议院任命。政府道德署的主要监督职责是：审查包括总统、副总统在内的等高级公务员的个人财产申报；检查公务员的财产申报项目是否属实；在一定情况下要求公务员就财产开支出具证明；必要时还责令公务员改正其不当的行政行为等。

总审计署是美国的全国财务审计机构。它的主要职责就是对公务员所涉及财政的开支进行审计，提出更加高效利用公共资金的方案和改革建议等。

（二）惩戒事由

被正式录用为文官后，要依照政府对文官的要求从事工作。美国文官应：不以权谋私，不偏袒包庇，不妨碍政府效率及经济运转，不丧失独立与公正的判断能力，不在官方渠道以外决定政府事宜，不破坏公众对政府廉洁的信任。针对文官中存在的不廉洁问题，1978 年美国国会通过《美国 1978 年廉政法》，建立美国文官收入财产申报制，每个文官都必须填写文官收入财产申报表，并在 30 天之内由本部门廉政办公室审查，一旦发现有违法的收入或财产，立即处理，在规定的期限不报者将受到司法机关起诉。

对文官离职及退休后的再就业也进行了严格的限制。美国文官在离职退休后经常利用关系同私营企业相互勾结，以不正当手段牟利，成为美国常见的经济犯罪，针对这种情况《美国 1978 年廉政法》视情况不同，对离职及退休的文官与其在政府任职期间的职务或与工作有关的商业活动规定了一至数年的“冷却限制期”或“禁止期”。冷却期满后，文官可利用自己庞大的人事网络关系，在商业领域大显身手。

（三）惩戒程序

美国的惩戒由各行政机关依据不同的惩戒形式和事由做出，没有统一适用的程序。

四、西方国家人事监察制度的基本特点

（一）监察机构独立性强

西方许多国家建立的监察机构在地位上都具有较强的独立性。例如，作为世界上最早设立专职行政监察机构的瑞典，其行政监察机构就彻底摆脱了对监察对象的依附关系，地位相当超然、独立。以议会监察专员为例，它归属于议会，只接受议会的指示和监督，工作对议会负责。除议会外，不接受任何其他组织和个人的指示和干预。监察专员虽隶属于议会，但它对议会也保持着一定的独立性。议会给予它的“指示”往往是原则性的，不干涉监察专员的具体工作。从人事上看，监察专员由议会选举产生，其人选必须是德高望重的高级法律专家中的无党派、非政治性人物。监察专员不能担任议员，不能在政界、商界兼职。除议会宪

法委员会外，任何部门和个人均无权罢免任期内的监察专员。监察专员署的经费、工作人员的薪酬完全由议会拨付。正是在组织、人事和财政上独立，以及上述对议会的相对独立性，保证了监察权的自主行使，避免了外界对监察工作的干扰。监察专员可以自主地对政府机关及其官员的行政行为是否合法或妥当做出裁决；自主地决定调查项目或外出考察，而无须事先向议会请示，无须向被监察机关说明缘由；自主地决定将每一件监察事项向新闻界公布等。美国的监察长及其办公室在地位上也具有相当大的独立性。1978 年经美国国会批准、由卡特总统签署的《监察长法》明文规定，监察长及其办公室是负责审计和刑事调查的独立部门。为保证其独立性，法律规定各部委的监察长都由总统直接任命，并须经参议院同意。只有总统有权撤换监察长，但应当向参、众两院说明其撤换的理由。韩国、芬兰、丹麦、奥地利、法国、澳大利亚、加拿大、荷兰等 80 多个国家的行政监察机构在地位上都是相对独立的，因而其职权也具有相当的独立性和超然性。

（二）法制体系完善细致

1. 监察法律法规互相协调配合，形成严密的体系

法律制度建设不仅要解决有法可依的问题，还应解决有人执法和如何执法的问题。例如，美国廉政法律制度建设，在立法上强调从政道德、规范从政行为的同时，一般都明确规定执法主体。例如，《政府道德法》对财产申报的种类、人员、内容、审查以及利益冲突的解决等做了详细的规定，还要求设立联邦政府道德署，政府各部门也要设立道德官员办公室，并对这些专门机构的职能、权限和运作程序做出规定，从而使执法主体、执法内容和监督对象在同一部法律之中予以明确。除联邦政府道德署外，联邦选举委员会、总统廉政和效率委员会、监察长办公室、独立检察官等都是依据相应法律而设立的专门履行相应职能的监察机构，这就使立法与执法配套、法律体系与监察体系相互协调。在新加坡的监察法律体系中，既有预防性立法，如《公务员法》《公务员行为准则》《公务员纪律条例》《财产申报法》等系列规章制度,又有惩治性法规。新加坡廉政与反腐败法律体系的完备性，不但体现在它将一系列反贪污贿赂的规范法律化、制度化，还规定了有关法律的执行机关。贪污调查局就是《反贪污法》的执行机关，也是新加坡反贪污贿赂的专门机构。《反贪污法》对贪污调查局做出全面规定，赋予其相应的权力，特别是强化了其侦查权限和侦查措施，增大了执法的权威性。韩国的行政监察立法也非常重视配套法规的建设。

2. 对监察对象行为规范的规定详细、具体，可操作性强

国外监察立法关于监察对象行为规范的规定，经过了一个由粗疏到严密的历史发展过程。随着公务员制度的建立和公务员法的颁布，西方国家对公务人员的行为规则的规定也逐渐系统化。其中监察法关于公职人员行为规范的规定，最具特色的是从政道德的规定和财产申报的规定。从政道德的规定对公职人员从政道德行为的所有主要方面都予以严格规范。西方国家行政监察所规范的主要道德行为包括严禁送、收礼品，严禁经商，限制兼职以及公职以外的有关活动及在任职和公务活动中公正执行公务，严禁以公职谋私等。美国政府先后制定颁发了《政府道德法》《政府道德改革法》《行政部门雇员道德行为准则》等，内容涉及选举、财产申报、接受礼品、利益冲突、公务以外活动、离职后从业行为等。通过连续的道德立法，上述诸方面的从政道德要求不断被细化、规范化，可操作性越来越强。《行政部门雇员道德行为准则》规定：公职人员一次不得接受价值超过 20 美元的礼品，且一年内从一个人处接受的礼品不得超过 50 美元。从而对公职人员，特别是政府官员从政道德行为的所有主要方面都从国家法律层面予以严格细致的规范。法国政府制定的公务员《道义法规》，对公务员的道德行为标准也做了具体规定，严禁公务员以其权力、地位和影响力直接或间接地谋取任何私利。例如，有关公务员道德立法中禁止在职公务员经商。法律规定：禁止任何在职公务员以职业身份从事一项有利可图的私人活动；禁止任何公务员，不论其职位高低，亲自或通过中间人，以某种名义，在他的行政部门或公共事业部门所辖的或者是与之有关的企业中谋求会损害他本身职务独立性的利益。同时，公务员道德立法中对公务员配偶或子女从事赢利性活动也做了限制。法律规定，当一个公务员的配偶以职业身份从事一项有利可图的私人活动时，该公务员必须向他所在的行政部门或公共事务部门声明，其规定是非常缜密细致的。美国《道德改革法》规定：总统、副总统、国会议员、联邦法官，以及行政、立法和司法三大机构的工作人员，必须在任职前报告并公开自己以及配偶的财务情况，包括收入、个人财产等，以后还须按月申报。对财产申报资料的接受、保管办法、保存期限、公开方式、查阅手续、审查以及对拒绝申报和虚假申报的处罚办法也都做了详细规定。美国《廉政法》也规定政府有关官员必须填写财产和收入申报单，逾期不报，将被司法机构起诉。申报单由廉政办公室审查，一旦发现有违法收入，立即处理。申报单可供新闻机构和公众查阅。法国 1988 年出台的《政治家生活资金透明度法》规定，公职人员必须依法对其拥有的财产状况，包括财产数量、来源、增减等情况向指定的监察机关做出报告，以接受审查和监督。一旦发现公职人员所拥有的财产与其合法收入不相符，而该官员又不能说明其正当来源的，即视为非法所得予以惩处。墨西哥 2002 年在互联网上建成“政府公务员个人财产申报接受和处理系统”。公务员可通过网络向该系统发送个人财产资料完成申报。

（三）惩罚措施坚强有力

对于公职人员违反法律以权谋私、贪污腐败的行为，在各国的法律中，都明确规定了惩戒措施，实行严厉制裁。一般除了规定比较重的剥夺人身自由权利的刑罚外，同时还要在经济上给予处罚。美国联邦刑法典规定，任何政府官员如果收受的财物价值超过 7000 美元，就要处以相当于其收受财物价值 3 倍的罚金，或者判 15 年以下的监禁，或者取消其政府官员的资格。德国规定，公务员接受礼品不能超过 50 马克，否则就要受到不同程度的纪律处分，其中包括警告、严重警告和开除公职。此外，德国政府还从刑法角度制定条例，严厉处罚在经济活动中违法的官员，处罚的第一个等级是坐牢 3 年（如果当事者是法官就要坐牢 5 年），第二个等级是坐牢 10 年，同时还要罚款。罚款数额根据情况从公务员一个月的工资额至 10 年的工资额之内判定。英国规定，公务员有贪污受贿、滥用政府基金行为的即被开除，并丧失领取退休金资格，构成犯罪则予以刑事处罚。同时，各国还对公职人员亲属的违法行为进行严厉打击。新加坡作为世界上廉洁程度比较高的国家之一，除了得益于它的高薪养廉制度以外，还得益于其对贪污贿赂行为的严厉处罚。其中公积金制度对贪污犯罪分子所具有的巨大威慑力，已经成为新加坡政府以严养廉的强大后盾。其根本原因在于，新加坡的公务员退休后没有专门的养老金或退休工资，而是领取在职期间积存的公积金。公务员每月积存的公积金相当于工资的 40%，其中，18% 由个人承担，其余的 22% 则由单位补贴。一旦发生贪污受贿行为，在刑事处罚的同时，公积金将被全部没收。

第四节 我国现阶段的人事监察制度

一、我国现行人事监察制度的沿革

（一）我国人事监察制度创立时期（1949~1953 年）

1949 年，《中国人民政治协商会议共同纲领》第十九条规定："在县、市以上的各级人民政府内设人民监察机关，以监察各级机关和各种公务人员是否履行其职责，并列举其中之违法失职的机关和人员。"

1950 年 10 月 24 日，政务院根据《中国人民政治协商会议共同纲领》和《中央人民政府组织法》制定了《中央人民政府政务院人民监察委员会试行组织条例》，详细规定了人民监察委员会的职权。此外，在地方也设立了人民监察委员会，在中央直属机关、国有企业部门、人民团体和新闻机关设置了监察通讯员。

人民监察委员会机构的设立，标志着我国社会主义监察制度的创建。

（二）我国人事监察制度的发展时期（1955~1958 年）

1954 年 9 月 21 日第一届全国人民代表大会第一次会议决定设立国家监察部。1956 年 9 月中共八大选举产生中央监察委员会。我国人事监察制度得到了进一步的发展。

（三）我国人事监察制度遭受挫折时期（1959~1978 年）

1959 年 4 月 28 日，第二届全国人民代表大会第一次会议通过国务院关于撤销监察部的议案。国务院的议案认为：监察部自设立以来，在维护国家纪律、监察国家行政机关工作人员方面做了许多工作。根据几年来的经验，这项工作必须在各级党委领导下，由国家机关负责，并且依靠人民群众，才能做好，因此，监察部亦无单独设立之必要，建议撤销监察部。监察部撤销后，对于国家行政机关工作人员的监督工作，一律改为由各有关国家机关负责进行。"文化大革命"时期，监察工作一度停止。

（四）我国行政监察制度恢复和健全发展时期（1979 年至今）

1982 年正式成立审计署，同时，在县级以上的各级人民政府中都设立了审计机构。

1986 年 12 月 2 日，第六届全国人大常务委员会第十八次会议决定，恢复设立中华人民共和国监察部，从而开创了我国行政监察工作的新局面。

1988 年 5 月，监察部颁布了《监察机关调查查处政纪案件试行办法》。

1990 年 12 月 9 日，国务院颁布《行政监察条例》。

1993 年，中央纪委、监察部开始合署办公。

1997 年 5 月 9 日，第八届全国人大常务委员会第二十五次会议通过了《行政监察法》。

2003 年 8 月中央纪委、中央组织部正式组建专门的巡视工作机构。

2007 年 5 月 31 日中共中央、国务院决定设立国家预防腐败局。

二、我国现行人事监察机构的构成

目前，我国的人事监察体系较为分散，行使监察职权的主要有党的纪律检查委员会、行政监察机关、审计机关、人民检察院、组织人事机关等部门。

（一）党的纪律检查委员会

党的纪律检查委员会对党员的纪律检查职责。由于党的纪律处分与国家法律处分事实认定，相互承认，两种处罚方式效果大都具有同步性。虽然，党的纪律检查委员并不是国家机关，但是在现行国家治理结构中，与监察机关合署办公，在很多方面代行着国家机关的职能，“纪监合一”“以纪代监”，两种处分相互承认、相互混同，在事实上和法律惯例上确立了党的纪律检察机关作为我国监察体系的一部分。

（二）行政监察机关

我国《行政监察法》规定了狭义上的监察制度，即对行政机关及其工作人员依法履行职务的行为进行监督。《行政监察法》第十八条规定了行政监察机关的职责，即监察机关对监察对象执法、廉政、效能情况进行监察，履行下列职责：①检查国家行政机关在遵守和执行法律、法规和人民政府的决定、命令中的问题；②受理对国家行政机关及其公务员和国家行政机关任命的其他人员违反行政纪律行为的控告、检举；③调查处理国家行政机关及其公务员和国家行政机关任命的其他人员违反行政纪律的行为；④受理国家行政机关公务员和国家行政机关任命的其他人员不服主管行政机关给予处分决定的申诉，以及法律、行政法规规定的其他由监察机关受理的申诉；⑤法律、行政法规规定由监察机关履行的其他职责。监察机关按照国务院的规定，组织协调、检查指导政务公开工作和纠正损害群众利益的不正之风工作。由此可见，行政监察机关隶属于各级人民政府，是各级人民政府行使监察职能的机关，是管理行政监察事务的行政机关。行政监察工作应当在国务院及地方各级人民政府的领导和管理下进行，行政监察工作是国家行政管理的重要内容和必要环节，也是国家机关内部监督的重要形式。为了保证行政监察职能正确的实现，国家在政府系统设立监察机关，依法对国家行政机关、公务员以及国家行政机关任命的其他人员实施监察，以改善和加强行政管理，提高行政效能，促进廉政建设，保障社会主义建设事业的顺利发展。由于行政机关在数量上和职能上都占国家机关的主要部分，因而行政监察构成了我国监察制度的主体，行政监察也显得尤为重要。

（三）审计机关

审计机关是我国的经济监察机关，专门针对行政机关的财政收支的合理性、经济性与效率性进行监督。国务院和县级以上地方人民政府设立审计机关，对国务院各部门和地方各级人民政府及其各部门的财政收支、国有的金融机构和企业事业组织的财务收支进行审计，独立检查被审计单位的会计凭证、会计账簿、财务会计报告以及其他与财政收支、财务收支有关的资料和资产，监督财政收支，以及财务收支真实、合法和效益的行为。

（四）检察院

检察院是国家的法律监督机关，也是我国行使司法监察职权的主要国家机关。其具有三方面的主要职权：一是针对国家机关及其工作人员职务犯罪的刑事侦查权；二是司法监察权；三是公诉权。

（五）组织人事机关

组织人事机关在监察制度中的作用主要体现在对公务员的人事惩戒上面，对违法违纪，但尚未构成犯罪，或虽构成犯罪但依法免予刑事处罚的国家公务员的一种行政制裁措施。公务员惩戒责任又称为处分。

三、完善我国人事监察机制的思考

（一）统一职权

应当将具有立法监察、行政监察、司法监察、廉政监察等的职权联合起来，有效衔接，形成监察权链条，从发现国家工作人员问题、分析问题到解决问题或提请其他国家机关解决问题，最大限度地杜绝官僚主义弊端。结合古今中外来看，切合我国现行监察实际，监察机关应包含以下几个职权：弹劾权、惩戒权、纠正权、审计权、侦查权、公诉权等。

（二）健全人事监察机制

1. 预防性监察机制

一是要严把任职人员的“入口”关，在人员选聘是要严格坚持“德才兼备”的用人标准，特别是要保证中高层管理人员具备较高的素质；二是要通过各种监察方式，及时发现问题，解决问题，做到防范在先。预防性监察机制，具有超前性，是实施人事监察的重要一环，主要有思想预防、政治预防、经济预防、文化预防等。

2. 常规性监察机制

主要是加强对任职人员从事公务、私务的监察。这一监察是大量的、经常性的，包括业务、工作效率、精神状态、言谈举止、职业道德、遵章守纪、廉洁奉公等方面，重点是廉政、勤政。这一监察既是重点，也是难点。从任职人员的录用、考核、考评、职务升降、晋级增资、岗位交流、辞职辞退、离职退休等方面建立一套科学的组织规则和行为规范，健全完善的日常监督机制，比事后追惩要主动、经济、人道得多。

3. 惩戒性监察机制

对违反组织规章和组织纪律任职人员予以处惩，是人事监察的一项重要内容及手段。目前要加强和完善以下几个方面：一是执法不严的问题。外部，要创造一个良好的执法监督环境，保证执法监察部门工作的独立性；内部，要敢于和善于杜绝说情风、关系网、人情案，坚决克服执法执纪不严，失之于宽、失之于软的现象，做到法纪面前人人平等。二是案件查处的深度问题，要适应新形势，拓宽视野，善于在新领域特别是围绕经济问题发现和查处案件，改变以往单纯从已暴露出来的问题着手去追究的思路和做法。三是加强各个执法监察部门的协调配合，把法纪、党纪、政纪以及经济处罚结合起来，进一步发挥法纪监察机关监察的作用。

4. 权力制约权力的监察机制

要以权力制约权力，就必然要求监察权应大于或至少应独立地平行于被制约的权力，否则，监察权就难以充分实现。为此要进行各监察部门监察权的重新设计。

5. 法律监察机制

一是加快人事监察立法进程，加快人事监察立法。重点是加强操作性强、实践迫切需要的人事监察程序法、新闻法、监察法、任职人员财产申报法、任职人员离任审计法、政务公开法、舆论监督程序法等。二是修订现有人事监察法规。主要是对已过时的、不再适应当前实际的人事监察法规进行修改和重新公布；把那些运行良好、效能较高的法规、规章以更高的法律形式加以取代；把那些比较成熟的经验和做法以法律、法规和规章的形式固定下来，以确保人事监察的公开、公平、公正地行使。

6. 全过程监察机制

对任职人员道德进行监察和制约的目的是保证岗位职权被正确地运用和行使，保证公民权利的正确和充分地实现。这就要求组织机构及其任职人员的一切行为和整个履行职责过程都应置于广泛而严密的监督之下，形成事前监察、事中监察、事后监察的全过程的监督机制，发挥监察的效能，达到预期的目的。

（三）增强监察制度的独立性

监察制度的独立性是指将监察部门依照法律规定独立行使监察权，对其他组织机构及其任职人员进行监督。监察机关独立于其他的治权机关，不受司法机关、行政机关社会团体和个人的干涉。

（四）设立人事监察专员制度

在我国推行人事监察专员制度，要充分考虑本土环境，取其精华弃其糟粕，最大限度地使用其制度优势来填补我国在人事监察方面的不足。建议人事监察专员的拥有以下职权。

（1）独立的调查权。人事监察专员有权对组织机构其工作人员的任何违纪行为进行调 查，不受其他任何机构和个人的干预和妨碍，各相关组织机构其工作人员负有协助调查的义务。

（2）建议权。人事监察专员在经过调查之后，发现有关部门确实存在问题，可以向该部门提出改正错误或不良行政行为的建议。

[思考题]

1. 我国古代人事监察制度有哪些特征？
2. 简述我国现行人事监察制度与改革。
3. 简述西方人事监察制度的主要机制。

[案例分析]

香港特别行政区以廉政公署为核心的监督制度

香港特别行政区廉政公署（Independent Commission Against Corruption，ICAC）于1974年2月15日成立，是香港一个专门打击贪污的独立执法机构。香港并非“高薪养廉”，而是“零度容忍”。廉政专员汤显明强调，反贪的关键不是“严惩重判”，而是做到“逢贪必被抓”。哪怕贪一元钱，那也是贪，也要查。因此，反贪机构的关键是要做到，对腐败“零度容忍”。表10-2是廉政公署规定的公务员可接受的礼金范围。

廉政公署独立于政府之外，切断行政掣肘。其独立性表现在四个方面：①机构独立。廉政公署不隶属于任何一个政府部门，其最高官员“廉政专员”由香港最高行政长官直接任命。②人事独立。廉政公署专员有完全的人事权，署内职员采用聘用制，不是公务员，不受公务

表 10-2 礼金范围

来源	类别	涉及金额及细则
亲属	没有限制	
私交好友	货款、礼物	每次不可逾 2000 港元，须在 14 日内清还；于生日、结婚或传统有交换礼物习惯的场合，可接受总值不超过 2000 港元的礼物，否则，不可收逾 400 港元的礼物
其他人士	货款、礼物	每次不可逾 1000 港元，须在 24 日内清还；于生日、结婚等场合，可接受不超过 1000 港元的礼物
商人等	货款、礼物、金钱、折扣	雇员必须向政府申请接受有关利益

员叙用委员会管辖。③财政独立。廉政公署经费由香港最高行政首长批准后在政府预算中单列拨付，不受其他政府部门节制。④办案独立。廉政公署有《廉政公署条例》《防止贿赂条例》《选举（舞弊及非法行为）条例》等赋予的独立调查权，包括搜查、扣押、拘捕、审讯等，必要时亦可使用武力，而抗拒或妨碍调查者则属违法。

廉政公署的组织架构由执行处、防止贪污处、社区关系处构成。执行处，是廉政公署的调查部门，负责接受，审阅和调查有关贪污的指控；防止贪污处，主要负责审视各政府部门及公共机构的工作常规及程序，以预防可能出现贪污的情况；社区关系处，负责宣传教育工作。“三位一体”的架构，让腐败分子不敢贪、不能贪、不想贪。

廉政公署制定了其工作人员的专业守则，如坚守诚信和公平的原则、尊重任何人的合法权利、不惧不偏、大公无私执行职务、绝对依法行事、不以权谋私、严守保密原则、为自己的行为及所做的指示承担责任。

廉政公署有明确的法定权力，包括调查权、搜查权、拘捕权、印取拍照权、物件检押和财产处置权、扣留旅游证件权、将接受调查而行将离港人员拘捕的权力等。

[案例讨论题]

结合案例，试分析人事监察部门如何实现其独立性？

参 考 文 献

奥斯本, 盖布勒. 2006. 重塑政府[M]. 周敦仁译. 上海: 上海译文出版社: 25-26.
彼得・德鲁克. 2009. 管理的实践[M]. 齐若兰, 等译. 北京: 机械工业出版社.
边慧敏. 2003. 公共部门人力资源管理[M]. 成都: 西南财经大学出版社.
陈昌文. 2000. 公共部门人力资源开发与管理[M]. 成都: 四川人民出版社.
陈辉, 刘丽伟. 2010. 公共部门人力资源开发与管理基础分析[J]. 行政论坛, (5): 50-53.
陈天祥. 2007. 新公共管理——政府再造的理论与实践[M]. 北京: 中国人民大学出版社:17.
陈振明. 2001. 国家公共部门工作人员制度[M]. 福州: 福建人民出版社.
陈振明. 2003. 国家公务员制度[M]. 福州: 福建人民出版社.
陈振明, 孟华. 2001. 公共人力资源管理[M]. 福州: 福建人民出版社.
程样国, 韩艺. 2007. 国际新公共管理浪潮与行政改革[M]. 北京: 人民出版社: 38-39,127.
丛建阁. 2002. 公共部门人力资源开发与管理[M]. 北京: 中国财政经济出版社.
董珍祥, 蒲娜丽. 1997. 国外行政监察的范围[J]. 人大工作通讯, (12): 35-37.
郝忠胜, 李虹. 2003. 人力资源主管绩效管理办法[M]. 北京: 中国经济出版社.
何俊青. 2010. 西方新公共管理中管理主义思想和实践的梳理与反思[J]. 科技进步与对策, (2):93-94.
亨利. 2011. 公共行政与公共事务(第十版)[M]. 孙迎春译. 北京: 中国人民大学出版社.
黄德林, 陈鼓, 沈炜. 2004. 公共部门工作人员实施“负激励”中存在的问题及其对策[J]. 中国行政管理, (3): 51-54.
黄慧, 董学华. 2005. 浅淡职称评聘工作及职称制度改革[J]. 安徽农业科学, 33(9): 1767-1768, 1770.
霍尔比契. 2004. 转型——与企业战略匹配的人力资源管理(第一版)[M]. 北京: 中国财政经济出版社.
加里.德斯勒. 1999. 人力资源管理（第六版）[M]. 刘昕, 吴雯芳, 等译. 北京: 人民大学出版社.
贾永梅. 2009. 中国古代监察人事管理制度今鉴[J]. 哈尔滨学院学报, 11: 104-107.
蒋冠庄. 2009.事业单位岗位管理实用指南[M] . 北京: 中国人事出版社.
金太军. 2002. 公务员制度创新与实施[M]. 广州: 广东人民出版社.
寇家伦. 2006. 人才测评[M]. 北京: 中国发展出版社.
拉丰, 马赫蒂摩. 2002. 激励理论(第一卷): 委托——代理[M]. 陈志俊, 等译. 北京: 中国人民大学出版社.
李建钟. 2010. 公共人事变革——干部人事制度改革论纲[M]. 北京: 中国人事出版社.
李素矿. 2002. 浅析我国职称制度改革发展趋势[J], 科技进步与对策, 19(12): 90-91.
廉茵. 2006. 公共部门人力资源管理[M]. 北京: 对外经济贸易大学出版社.
廖泉文. 2002. 招聘与录用[M]. 北京: 中国人民大学出版社.
林修坡. 1991.外国政治制度与监察制度概要[M]. 北京: 北京大学出版社.
刘宋斌. 1990.人事监察[M]. 北京: 中国劳动出版社.
刘霞. 2012. 制度活力的重构——事业单位人事管理新解[M]. 北京: 中国人事出版社.
卢嘉旗, 刘锡桓.2010.人事管理学新编[M]. 广州: 广东省出版集团, 广东人民出版社.
陆学艺, 顾秀林.2008.中国事业单位人事制度改革研究[M]. 北京: 社会科学文献出版社.
吕学静. 1996. 现代人事管理学[M]. 北京: 北京经济学院出版社.
罗纳德・克林格勒,约翰・纳尔班迪. 2001. 公共部门人力资源管理: 系统与战略[M]. 孙柏瑛, 等译. 北京:

中国人民大学出版社.
皮纯协. 1991.中外监察制度简史[M]. 郑州: 中州古籍出版社.
全志敏. 1994. 国家公务员管理——高层次人力资源开发[M]. 天津: 百花文艺出版社.
任萌. 2012. 行政效能监察制度研究[D]. 山东大学硕士学位论文.
瑞尼. 2002. 理解和管理公共组织[M]. 北京: 清华大学出版社.
沙汉英. 1997. 人事监察制度的科学化刍议[J]. 汉中师院学报(哲学社会科学版), (2): 75-77.
沈文莉, 古小华.2007.公务员制度教程[M]. 北京: 中国经济出版社.
石金涛. 2003. 培训与开发[M]. 北京: 中国人民大学出版社.
石伟. 2011. 机关事业单位工作分析[M]. 北京: 中国人事出版社.
斯蒂芬·P.罗宾斯. 2002. 组织行为学（第七版）[M]. 北京: 中国人民大学出版社.
孙柏瑛, 祈光华. 2004. 公共部门人力资源管理[M]. 北京: 中国人民大学出版社.
孙伯南. 1980. 中国监察制度的研究[M]. 台北: 三民书局股份有限公司.
孙英陆. 2005. 怎样培养员工培养人才[M]. 北京: 科学出版社.
谭融. 2003. 公共部门人力资源管理[M]. 天津: 天津大学出版社.
王建民, 钱诚, 王晟泽. 2010. 组织内监察员制度: 国际实践与中国借鉴[J]. 甘肃行政学院学报, 5: 4-12, 126.
王雷保. 1989. 公务员职位分类教程[M]. 北京: 机械工业出版社.
王丽平, 韩艺. 2008. 创新政府管理与服务方式的原则和领域[J]. 中国行政管理, (1): 36-38.
王明杰, 郑一山. 2006. 西方人力资本理论研究综述[J]. 中国行政管理, (8): 93-94.
王胜泉. 1989. 人事管理学[M]. 北京: 北京经济学院出版社.
王涛. 2012. 专业技术人员职称改革探讨[J]. 管理观察, (9): 166-169.
王玺. 2004. 绩效与奖励管理[M]. 北京: 中国纺织出版社.
沃纳. 2000. 管理学大师手册[M]. 沈阳: 辽宁教育出版社.
吴新叶. 2009. 公务员提案制度: 韩国公共部门人力资源开发的经验与启示[J]. 中国行政管理, (1): 102-104.
萧鸣政. 2005. 人力资源开发与管理——在公共组织中的应用[M]. 北京: 北京大学出版社.
小詹姆斯基. 1982. 管理学基础[M]. 北京: 中国人民大学出版社.
杨莉. 2012. 职称与职业资格[J]. 中国农学通报, 28(35): 166-169.
姚建东. 2010. 试论公共部门人力资源管理的特性, 战略目标和发展趋势[J]. 中国人力资源开发, (4): 101-103.
张康之, 李传军. 2005. 一般管理学原理[M]. 北京: 中国人民大学出版社: 162-163.
张扬. 2007. 我国行政监察人事制度浅析——兼谈国外行政监察人事制度的成功经验[J]. 中共乐山市委党校学报, 9(3): 27-28.
张璋. 2002. 20 世纪 80 年代以来的全球行政改革:背景、理论、举措与经验[J]. 北京行政学院学报, (2): 32.
赵丽江, 张远凤. 2009. 美国联邦政府雇员关系的调适——公共部门人力资源管理方式的悄然变异[J]. 中国行政管理, (5): 113-116.
赵履宽, 王子平. 1986. 人事管理和社会学[M]. 北京: 中国展望出版社.
赵曼, 陈全明. 2010. 公共部门人力资源管理[M]. 北京: 清华大学出版社.
赵曼. 2008. 公共部门人力资源管理[M]. 武汉: 华中科技大学出版社.
赵曙明, 刘洪. 2005. 人力资源管理[M]. 北京: 中国人民大学出版社.

周三多. 1999. 管理学[M]. 上海：复旦大学出版社.
Ferris G R, Rosen S D, Barnum H T. 1996. Handbook of Human Resource Management [M] Dxford: Blackwell Publishers Inc.
Henry N. 2006. Public Administration and Public Affairs[M]. 北京：北京大学出版社.

APPENDIX

附　录　中华人民共和国公务员法

（2005年4月27日第十届全国人民代表大会常务委员会第十五次会议通过）

目 录

第一章　总则

第一条 为了规范公务员的管理，保障公务员的合法权益，加强对公务员的监督，建设高素质的公务员队伍，促进勤政廉政，提高工作效能，根据宪法，制定本法。

第二条 本法所称公务员，是指依法履行公职、纳入国家行政编制、由国家财政负担工资福利的工作人员。

第三条 公务员的义务、权利和管理，适用本法。

法律对公务员中的领导成员的产生、任免、监督以及法官、检察官等的义务、权利和管理另有规定的，从其规定。

第四条 公务员制度坚持以马克思列宁主义、毛泽东思想、邓小平理论和“三个代表”重要思想为指导，贯彻社会主义初级阶段的基本路线，贯彻中国共产党的干部路线和方针，坚持党管干部原则。

第五条 公务员的管理，坚持公开、平等、竞争、择优的原则，依照法定的权限、条件、标准和程序进行。

第六条 公务员的管理，坚持监督约束与激励保障并重的原则。

第七条 公务员的任用，坚持任人唯贤、德才兼备的原则，注重工作实绩。

第八条 国家对公务员实行分类管理，提高管理效能和科学化水平。

第九条 公务员依法履行职务的行为，受法律保护。

第十条 中央公务员主管部门负责全国公务员的综合管理工作。县级以上地方各级公务员主管部门负责本辖区内公务员的综合管理工作。上级公务员主管部门指导下级公务员主管部门的公务员管理工作。各级公务员主管部门指导同级各机关的公务员管理工作。

第二章　公务员的条件、义务与权利

第十一条 公务员应当具备下列条件：

（一）具有中华人民共和国国籍；

（二）年满十八周岁；

（三）拥护中华人民共和国宪法；

（四）具有良好的品行；

（五）具有正常履行职责的身体条件；

（六）具有符合职位要求的文化程度和工作能力；

（七）法律规定的其他条件。

第十二条 公务员应当履行下列义务：

（一）模范遵守宪法和法律；

（二）按照规定的权限和程序认真履行职责，努力提高工作效率；

（三）全心全意为人民服务，接受人民监督；

（四）维护国家的安全、荣誉和利益；

（五）忠于职守，勤勉尽责，服从和执行上级依法作出的决定和命令；

（六）保守国家秘密和工作秘密；

（七）遵守纪律，恪守职业道德，模范遵守社会公德；

（八）清正廉洁，公道正派；

（九）法律规定的其他义务。

第十三条 公务员享有下列权利：

（一）获得履行职责应当具有的工作条件；

（二）非因法定事由、非经法定程序，不被免职、降职、辞退或者处分；

（三）获得工资报酬，享受福利、保险待遇；

（四）参加培训；

（五）对机关工作和领导人员提出批评和建议；

（六）提出申诉和控告；

（七）申请辞职；

（八）法律规定的其他权利。

第三章 职务与级别

第十四条 国家实行公务员职位分类制度。

公务员职位类别按照公务员职位的性质、特点和管理需要，划分为综合管理类、专业技术类和行政执法类等类别。国务院根据本法，对于具有职位特殊性，需要单独管理的，可以增设其他职位类别。各职位类别的适用范围由国家另行规定。

第十五条 国家根据公务员职位类别设置公务员职务序列。

第十六条 公务员职务分为领导职务和非领导职务。

领导职务层次分为：国家级正职、国家级副职、省部级正职、省部级副职、厅局级正职、厅局级副职、县处级正职、县处级副职、乡科级正职、乡科级副职。

非领导职务层次在厅局级以下设置。

第十七条 综合管理类的领导职务根据宪法、有关法律、职务层次和机构规格设置确定。

综合管理类的非领导职务分为：巡视员、副巡视员、调研员、副调研员、主任科员、副主任科员、科员、办事员。

综合管理类以外其他职位类别公务员的职务序列，根据本法由国家另行规定。

第十八条 各机关依照确定的职能、规格、编制限额、职数以及结构比例，设置本机关公务员的具体职位，并确定各职位的工作职责和任职资格条件。

第十九条 公务员的职务应当对应相应的级别。公务员职务与级别的对应关系，由国务院规定。

公务员的职务与级别是确定公务员工资及其他待遇的依据。

公务员的级别根据所任职务及其德才表现、工作实绩和资历确定。公务员在同一职务上，可以按照国家规定晋升级别。

第二十条 国家根据人民警察以及海关、驻外外交机构公务员的工作特点，设置与其职务相对应的衔级。

第四章 录用

第二十一条 录用担任主任科员以下及其他相当职务层次的非领导职务公务员，采取公开考试、严格考察、平等竞争、择优录取的办法。

民族自治地方依照前款规定录用公务员时，依照法律和有关规定对少数民族报考者予以适当照顾。

第二十二条 中央机关及其直属机构公务员的录用，由中央公务员主管部门负责组织。地方各级机关公务员的录用，由省级公务员主管部门负责组织，必要时省级公务员主管部门可以授权设区的市级公务员主管部门组织。

第二十三条 报考公务员，除应当具备本法第十一条规定的条件外，还应当具备省级以上公务员主管部门规定的拟任职位所要求的资格条件。

第二十四条 下列人员不得录用为公务员：

（一）曾因犯罪受过刑事处罚的；

（二）曾被开除公职的；

（三）有法律规定不得录用为公务员的其他情形的。

第二十五条 录用公务员，必须在规定的编制限额内，并有相应的职位空缺。

第二十六条 录用公务员，应当发布招考公告。招考公告应当载明招考的职位、名额、报考资格条件、报考需要提交的申请材料以及其他报考须知事项。

招录机关应当采取措施，便利公民报考。

第二十七条 招录机关根据报考资格条件对报考申请进行审查。报考者提交的申请材料应当真实、准确。

第二十八条 公务员录用考试采取笔试和面试的方式进行，考试内容根据公务员应当具备的基本能力和不同职位类别分别设置。

第二十九条 招录机关根据考试成绩确定考察人选，并对其进行报考资格复审、考察和体检。

体检的项目和标准根据职位要求确定。具体办法由中央公务员主管部门会同国务院卫生行政部门规定。

第三十条 招录机关根据考试成绩、考察情况和体检结果，提出拟录用人员名单，并予以公示。

公示期满，中央一级招录机关将拟录用人员名单报中央公务员主管部门备案；地方各级招录机关将拟录用人员名单报省级或者设区的市级公务员主管部门审批。

第三十一条 录用特殊职位的公务员，经省级以上公务员主管部门批准，可以简化程序或者采用其他测评办法。

第三十二条 新录用的公务员试用期为一年。试用期满合格的，予以任职；不合格的，取消录用。

第五章　考核

第三十三条 对公务员的考核，按照管理权限，全面考核公务员的德、能、勤、绩、廉，重点考核工作实绩。

第三十四条 公务员的考核分为平时考核和定期考核。定期考核以平时考核为基础。

第三十五条 对非领导成员公务员的定期考核采取年度考核的方式，先由个人按照职位职责和有关要求进行总结，主管领导在听取群众意见后，提出考核等次建议，由本机关负责人或者授权的考核委员会确定考核等次。

对领导成员的定期考核，由主管机关按照有关规定办理。

第三十六条 定期考核的结果分为优秀、称职、基本称职和不称职四个等次。

定期考核的结果应当以书面形式通知公务员本人。

第三十七条 定期考核的结果作为调整公务员职务、级别、工资以及公务员奖励、培训、辞退的依据。

第六章 职务任免

第三十八条 公务员职务实行选任制和委任制。

领导成员职务按照国家规定实行任期制。

第三十九条 选任制公务员在选举结果生效时即任当选职务；任期届满不再连任，或者任期内辞职、被罢免、被撤职的，其所任职务即终止。

第四十条 委任制公务员遇有试用期满考核合格、职务发生变化、不再担任公务员职务以及其他情形需要任免职务的，应当按照管理权限和规定的程序任免其职务。

第四十一条 公务员任职必须在规定的编制限额和职数内进行，并有相应的职位空缺。

第四十二条 公务员因工作需要在机关外兼职，应当经有关机关批准，并不得领取兼职报酬。

第七章 职务升降

第四十三条 公务员晋升职务，应当具备拟任职务所要求的思想政治素质、工作能力、文化程度和任职经历等方面的条件和资格。

公务员晋升职务，应当逐级晋升。特别优秀的或者工作特殊需要的，可以按照规定破格或者越一级晋升职务。

第四十四条 公务员晋升领导职务，按照下列程序办理：

（一）民主推荐，确定考察对象；

（二）组织考察，研究提出任职建议方案，并根据需要在一定范围内进行酝酿；

（三）按照管理权限讨论决定；

（四）按照规定履行任职手续。

公务员晋升非领导职务，参照前款规定的程序办理。

第四十五条 机关内设机构厅局级正职以下领导职务出现空缺时，可以在本机关或者本系统内通过竞争上岗的方式，产生任职人选。

厅局级正职以下领导职务或者副调研员以上及其他相当职务层次的非领导职务出现空缺，可以面向社会公开选拔，产生任职人选。

确定初任法官、初任检察官的任职人选，可以面向社会，从通过国家统一司法考试取得资格的人员中公开选拔。

第四十六条 公务员晋升领导职务的，应当按照有关规定实行任职前公示制度和任职试用期制度。

第四十七条 公务员在定期考核中被确定为不称职的，按照规定程序降低一个职务层次任职。

第八章　奖励

第四十八条 对工作表现突出，有显著成绩和贡献，或者有其他突出事迹的公务员或者公务员集体，给予奖励。奖励坚持精神奖励与物质奖励相结合、以精神奖励为主的原则。

公务员集体的奖励适用于按照编制序列设置的机构或者为完成专项任务组成的工作集体。

第四十九条 公务员或者公务员集体有下列情形之一的，给予奖励：

（一）忠于职守，积极工作，成绩显著的；

（二）遵守纪律，廉洁奉公，作风正派，办事公道，模范作用突出的；

（三）在工作中有发明创造或者提出合理化建议，取得显著经济效益或者社会效益的；

（四）为增进民族团结、维护社会稳定做出突出贡献的；

（五）爱护公共财产，节约国家资财有突出成绩的；

（六）防止或者消除事故有功，使国家和人民群众利益免受或者减少损失的；

（七）在抢险、救灾等特定环境中奋不顾身，做出贡献的；

（八）同违法违纪行为作斗争有功绩的；

（九）在对外交往中为国家争得荣誉和利益的；

（十）有其他突出功绩的。

第五十条 奖励分为：嘉奖、记三等功、记二等功、记一等功、授予荣誉称号。

对受奖励的公务员或者公务员集体予以表彰，并给予一次性奖金或者其他待遇。

第五十一条 给予公务员或者公务员集体奖励，按照规定的权限和程序决定或者审批。

第五十二条 公务员或者公务员集体有下列情形之一的，撤销奖励：

（一）弄虚作假，骗取奖励的；

（二）申报奖励时隐瞒严重错误或者严重违反规定程序的；

（三）有法律、法规规定应当撤销奖励的其他情形的。

第九章　惩戒

第五十三条 公务员必须遵守纪律，不得有下列行为：

（一）散布有损国家声誉的言论，组织或者参加旨在反对国家的集会、游行、示威等活动；

（二）组织或者参加非法组织，组织或者参加罢工；

（三）玩忽职守，贻误工作；

（四）拒绝执行上级依法做出的决定和命令；

（五）压制批评，打击报复；

（六）弄虚作假，误导、欺骗领导和公众；

（七）贪污、行贿、受贿，利用职务之便为自己或者他人谋取私利；

（八）违反财经纪律，浪费国家资财；

（九）滥用职权，侵害公民、法人或者其他组织的合法权益；

（十）泄露国家秘密或者工作秘密；

（十一）在对外交往中损害国家荣誉和利益；

（十二）参与或者支持色情、吸毒、赌博、迷信等活动；

（十三）违反职业道德、社会公德；

（十四）从事或者参与营利性活动，在企业或者其他营利性组织中兼任职务；

（十五）旷工或者因公外出、请假期满无正当理由逾期不归；

（十六）违反纪律的其他行为。

第五十四条 公务员执行公务时，认为上级的决定或者命令有错误的，可以向上级提出改正或者撤销该决定或者命令的意见；上级不改变该决定或者命令，或者要求立即执行的，公务员应当执行该决定或者命令，执行的后果由上级负责，公务员不承担责任；但是，公务员执行明显违法的决定或者命令的，应当依法承担相应的责任。

第五十五条 公务员因违法违纪应当承担纪律责任的，依照本法给予处分；违纪行为情节轻微，经批评教育后改正的，可以免予处分。

第五十六条 处分分为：警告、记过、记大过、降级、撤职、开除。

第五十七条 对公务员的处分，应当事实清楚、证据确凿、定性准确、处理恰当、程序合法、手续完备。

公务员违纪的，应当由处分决定机关决定对公务员违纪的情况进行调查，并将调查认定的事实及拟给予处分的依据告知公务员本人。公务员有权进行陈述和申辩。

处分决定机关认为对公务员应当给予处分的，应当在规定的期限内，按照管理权限和规定的程序做出处分决定。处分决定应当以书面形式通知公务员本人。

第五十八条 公务员在受处分期间不得晋升职务和级别，其中受记过、记大过、降级、撤职处分的，不得晋升工资档次。

受处分的期间为：警告，六个月；记过，十二个月；记大过，十八个月；降级、撤职，二十四个月。

受撤职处分的，按照规定降低级别。

第五十九条 公务员受开除以外的处分，在受处分期间有悔改表现，并且没有再发生违纪行为的，处分期满后，由处分决定机关解除处分并以书面形式通知本人。

解除处分后，晋升工资档次、级别和职务不再受原处分的影响。但是，解除降级、撤职处分的，不视为恢复原级别、原职务。

第十章 培训

第六十条 机关根据公务员工作职责的要求和提高公务员素质的需要，对公务员进行分级分类培训。

国家建立专门的公务员培训机构。机关根据需要也可以委托其他培训机构承担公务员培训任务。

第六十一条 机关对新录用人员应当在试用期内进行初任培训；对晋升领导职务的公务员应当在任职前或者任职后一年内进行任职培训；对从事专项工作的公务员应当进行专门业务培训；对全体公务员应当进行更新知识、提高工作能力的在职培训，其中对担任专业技术职务的公务员，应当按照专业技术人员继续教育的要求，进行专业技术培训。

国家有计划地加强对后备领导人员的培训。

第六十二条 公务员的培训实行登记管理。

公务员参加培训的时间由公务员主管部门按照本法第六十一条规定的培训要求予以确

定。

公务员培训情况、学习成绩作为公务员考核的内容和任职、晋升的依据之一。

第十一章　交流与回避

第六十三条 国家实行公务员交流制度。

公务员可以在公务员队伍内部交流，也可以与国有企业事业单位、人民团体和群众团体中从事公务的人员交流。

交流的方式包括调任、转任和挂职锻炼。

第六十四条 国有企业事业单位、人民团体和群众团体中从事公务的人员可以调入机关担任领导职务或者副调研员以上及其他相当职务层次的非领导职务。调任人选应当具备本法第十一条规定的条件和拟任职位所要求的资格条件，并不得有本法第二十四条规定的情形。调任机关应当根据上述规定，对调任人选进行严格考察，并按照管理权限审批，必要时可以对调任人选进行考试。

第六十五条 公务员在不同职位之间转任应当具备拟任职位所要求的资格条件，在规定的编制限额和职数内进行。

对省部级正职以下的领导成员应当有计划、有重点地实行跨地区、跨部门转任。

对担任机关内设机构领导职务和工作性质特殊的非领导职务的公务员，应当有计划地在本机关内转任。

第六十六条 根据培养锻炼公务员的需要，可以选派公务员到下级机关或者上级机关、其他地区机关以及国有企业事业单位挂职锻炼。

公务员在挂职锻炼期间，不改变与原机关的人事关系。

第六十七条 公务员应当服从机关的交流决定。

公务员本人申请交流的，按照管理权限审批。

第六十八条 公务员之间有夫妻关系、直系血亲关系、三代以内旁系血亲关系以及近姻亲关系的，不得在同一机关担任双方直接隶属于同一领导人员的职务或者有直接上下级领导关系的职务，也不得在其中一方担任领导职务的机关从事组织、人事、纪检、监察、审计和财务工作。

因地域或者工作性质特殊，需要变通执行任职回避的，由省级以上公务员主管部门规定。

第六十九条 公务员担任乡级机关、县级机关及其有关部门主要领导职务的，应当实行地域回避，法律另有规定的除外。

第七十条 公务员执行公务时，有下列情形之一的，应当回避：

（一）涉及本人利害关系的；

（二）涉及与本人有本法第六十八条第一款所列亲属关系人员的利害关系的；

（三）其他可能影响公正执行公务的。

第七十一条 公务员有应当回避情形的，本人应当申请回避；利害关系人有权申请公务员回避。其他人员可以向机关提供公务员需要回避的情况。

机关根据公务员本人或者利害关系人的申请，经审查后做出是否回避的决定，也可以不经申请直接做出回避决定。

第七十二条 法律对公务员回避另有规定的，从其规定。

第十二章 工资福利保险

第七十三条 公务员实行国家统一的职务与级别相结合的工资制度。

公务员工资制度贯彻按劳分配的原则。

国家建立公务员工资的正常增长机制。

第七十四条 公务员工资包括基本工资、津贴、补贴和奖金。

公务员按照国家规定享受地区附加津贴、艰苦边远地区津贴、岗位津贴等津贴。

公务员按照国家规定享受住房、医疗等补贴、补助。

公务员在定期考核中被确定为优秀、称职的，按照国家规定享受年终奖金。

公务员工资应当按时足额发放。

第七十五条 公务员的工资水平应当与国民经济发展相协调、与社会进步相适应。

并将工资调查比较结果作为调整公务员工资水平的依据。

第七十六条 公务员按照国家规定享受福利待遇。国家根据经济社会发展水平提高公务员的福利待遇。

公务员实行国家规定的工时制度，按照国家规定享受休假。公务员在法定工作日之外加班的，应当给予相应的补休。

第七十七条 国家建立公务员保险制度，保障公务员在退休、患病、工伤、生育、失业等情况下获得帮助和补偿。

公务员因公致残的，享受国家规定的伤残待遇。公务员因公牺牲、因公死亡或者病故的，其亲属享受国家规定的抚恤和优待。

第七十八条 任何机关不得违反国家规定自行更改公务员工资、福利、保险政策，擅自提高或者降低公务员的工资、福利、保险待遇。任何机关不得扣减或者拖欠公务员的工资。

第七十九条 公务员工资、福利、保险、退休金以及录用、培训、奖励、辞退等所需经费，应当列入财政预算，予以保障。

第十三章 辞职辞退

第八十条 公务员辞职，应当向任免机关提出书面申请。任免机关应当自接到申请之日起三十日内予以审批，其中对领导成员辞去公职的申请，应当自接到申请之日起九十日内予以审批。

第八十一条 公务员有下列情形之一的，不得辞去公职：

（一）未满国家规定的最低服务年限的；

（二）在涉及国家秘密等特殊职位任职或者离开上述职位不满国家规定的脱密期限的；

（三）重要公务尚未处理完毕，且须由本人继续处理的；

（四）正在接受审计、纪律审查，或者涉嫌犯罪，司法程序尚未终结的；

（五）法律、行政法规规定的其他不得辞去公职的情形。

第八十二条 担任领导职务的公务员，因工作变动依照法律规定需要辞去现任职务的，应当履行辞职手续。

担任领导职务的公务员，因个人或者其他原因，可以自愿提出辞去领导职务。

领导成员因工作严重失误、失职造成重大损失或者恶劣社会影响的，或者对重大事故负有领导责任的，应当引咎辞去领导职务。

领导成员应当引咎辞职或者因其他原因不再适合担任现任领导职务，本人不提出辞职的，应当责令其辞去领导职务。

第八十三条 公务员有下列情形之一的，予以辞退：

（一）在年度考核中，连续两年被确定为不称职的；

（二）不胜任现职工作，又不接受其他安排的；

（三）因所在机关调整、撤销、合并或者缩减编制员额需要调整工作，本人拒绝合理安排的；

（四）不履行公务员义务，不遵守公务员纪律，经教育仍无转变，不适合继续在机关工作，又不宜给予开除处分的；

（五）旷工或者因公外出、请假期满无正当理由逾期不归连续超过十五天，或者一年内累计超过三十天的。

第八十四条 对有下列情形之一的公务员，不得辞退：

（一）因公致残，被确认丧失或者部分丧失工作能力的；

（二）患病或者负伤，在规定的医疗期内的；

（三）女性公务员在孕期、产假、哺乳期内的；

（四）法律、行政法规规定的其他不得辞退的情形。

第八十五条 辞退公务员，按照管理权限决定。辞退决定应当以书面形式通知被辞退的公务员。

被辞退的公务员，可以领取辞退费或者根据国家有关规定享受失业保险。

第八十六条 公务员辞职或者被辞退，离职前应当办理公务交接手续，必要时按照规定接受审计。

第十四章　退休

第八十七条 公务员达到国家规定的退休年龄或者完全丧失工作能力的，应当退休。

第八十八条 公务员符合下列条件之一的，本人自愿提出申请，经任免机关批准，可以提前退休：

（一）工作年限满三十年的；

（二）距国家规定的退休年龄不足五年，且工作年限满二十年的；

（三）符合国家规定的可以提前退休的其他情形的。

第八十九条 公务员退休后，享受国家规定的退休金和其他待遇，国家为其生活和健康提供必要的服务和帮助，鼓励发挥个人专长，参与社会发展。

第十五章　申诉控告

第九十条 公务员对涉及本人的下列人事处理不服的，可以自知道该人事处理之日起三十日内向原处理机关申请复核；对复核结果不服的，可以自接到复核决定之日起十五日内，按照规定向同级公务员主管部门或者做出该人事处理的机关的上一级机关提出申诉；也可以不经复核，自知道该人事处理之日起三十日内直接提出申诉：

（一）处分；

（二）辞退或者取消录用；

（三）降职；

（四）定期考核定为不称职；

（五）免职；

（六）申请辞职、提前退休未予批准；

（七）未按规定确定或者扣减工资、福利、保险待遇；

（八）法律、法规规定可以申诉的其他情形。

对省级以下机关作出的申诉处理决定不服的，可以向做出处理决定的上一级机关提出再申诉。

行政机关公务员对处分不服向行政监察机关申诉的，按照《中华人民共和国行政监察法》的规定办理。

第九十一条 原处理机关应当自接到复核申请书后的三十日内做出复核决定。受理公务员申诉的机关应当自受理之日起六十日内做出处理决定；案情复杂的，可以适当延长，但是延长时间不得超过三十日。

复核、申诉期间不停止人事处理的执行。

第九十二条 公务员申诉的受理机关审查认定人事处理有错误的，原处理机关应当及时予以纠正。

第九十三条 公务员认为机关及其领导人员侵犯其合法权益的，可以依法向上级机关或者有关的专门机关提出控告。受理控告的机关应当按照规定及时处理。

第九十四条 公务员提出申诉、控告，不得捏造事实，诬告、陷害他人。

第十六章 职位聘任

第九十五条 机关根据工作需要，经省级以上公务员主管部门批准，可以对专业性较强的职位和辅助性职位实行聘任制。

前款所列职位涉及国家秘密的，不实行聘任制。

第九十六条 机关聘任公务员可以参照公务员考试录用的程序进行公开招聘，也可以从符合条件的人员中直接选聘。

机关聘任公务员应当在规定的编制限额和工资经费限额内进行。

第九十七条 机关聘任公务员，应当按照平等自愿、协商一致的原则，签订书面的聘任合同，确定机关与所聘公务员双方的权利、义务。聘任合同经双方协商一致可以变更或者解除。

聘任合同的签订、变更或者解除，应当报同级公务员主管部门备案。

第九十八条 聘任合同应当具备合同期限，职位及其职责要求，工资、福利、保险待遇，违约责任等条款。

聘任合同期限为一年至五年。聘任合同可以约定试用期，试用期为一个月至六个月。

聘任制公务员按照国家规定实行协议工资制，具体办法由中央公务员主管部门规定。

第九十九条 机关依据本法和聘任合同对所聘公务员进行管理。

第一百条 国家建立人事争议仲裁制度。

人事争议仲裁应当根据合法、公正、及时处理的原则，依法维护争议双方的合法权益。

人事争议仲裁委员会根据需要设立。人事争议仲裁委员会由公务员主管部门的代表、聘用机关的代表、聘任制公务员的代表以及法律专家组成。

聘任制公务员与所在机关之间因履行聘任合同发生争议的，可以自争议发生之日起六十日内向人事争议仲裁委员会申请仲裁。当事人对仲裁裁决不服的，可以自接到仲裁裁决书之日起十五日内向人民法院提起诉讼。仲裁裁决生效后，一方当事人不履行的，另一方当事人可以申请人民法院执行。

第十七章　法律责任

第一百零一条 对有下列违反本法规定情形的，由县级以上领导机关或者公务员主管部门按照管理权限，区别不同情况，分别予以责令纠正或者宣布无效；对负有责任的领导人员和直接责任人员，根据情节轻重，给予批评教育或者处分；构成犯罪的，依法追究刑事责任：

（一）不按编制限额、职数或者任职资格条件进行公务员录用、调任、转任、聘任和晋升的；

（二）不按规定条件进行公务员奖惩、回避和办理退休的；

（三）不按规定程序进行公务员录用、调任、转任、聘任、晋升、竞争上岗、公开选拔以及考核、奖惩的；

（四）违反国家规定，更改公务员工资、福利、保险待遇标准的；

（五）在录用、竞争上岗、公开选拔中发生泄露试题、违反考场纪律以及其他严重影响公开、公正的；

（六）不按规定受理和处理公务员申诉、控告的；

（七）违反本法规定的其他情形的。

第一百零二条 公务员辞去公职或者退休的，原系领导成员的公务员在离职三年内，其他公务员在离职两年内，不得到与原工作业务直接相关的企业或者其他营利性组织任职，不得从事与原工作业务直接相关的营利性活动。

公务员辞去公职或者退休后有违反前款规定行为的，由其原所在机关的同级公务员主管部门责令限期改正；逾期不改正的，由县级以上工商行政管理部门没收该人员从业期间的违法所得，责令接收单位将该人员予以清退，并根据情节轻重，对接收单位处以被处罚人员违法所得一倍以上五倍以下的罚款。

第一百零三条 机关因错误的具体人事处理对公务员造成名誉损害的，应当赔礼道歉、恢复名誉、消除影响；造成经济损失的，应当依法给予赔偿。

第一百零四条 公务员主管部门的工作人员，违反本法规定，滥用职权、玩忽职守、徇私舞弊，构成犯罪的，依法追究刑事责任；尚不构成犯罪的，给予处分。

第十八章　附则

第一百零五条 本法所称领导成员，是指机关的领导人员，不包括机关内设机构担任领导职务的人员。

第一百零六条 法律、法规授权的具有公共事务管理职能的事业单位中除工勤人员以外的工作人员，经批准参照本法进行管理。

第一百零七条 本法自 2006 年 1 月 1 日起施行。全国人民代表大会常务委员会 1957 年 10 月 23 日批准国务院 1957 年 10 月 26 日公布的《国务院关于国家行政机关工作人员的奖惩暂行规定》、1993 年 8 月 14 日国务院公布的《国家公务员暂行条例》同时废止。